汉族汉语独立时期考

孙玉文 著

商务印书馆
The Commercial Press

图书在版编目（CIP）数据

汉族、汉语独立时期考 / 孙玉文著. —北京：商务印书馆，2023
ISBN 978-7-100-22851-0

Ⅰ.①汉…　Ⅱ.①孙…　Ⅲ.①汉藏语系—研究
Ⅳ.①H4

中国国家版本馆 CIP 数据核字（2023）第 164700 号

汉族、汉语独立时期考

孙玉文　著

商 务 印 书 馆 出 版
（北京王府井大街 36 号　邮政编码 100710）
商 务 印 书 馆 发 行
三河市春园印刷有限公司印刷
ISBN 978-7-100-22851-0

2023 年 10 月第 1 版　　　开本 850×1168　1/32
2023 年 10 月第 1 次印刷　　印张 14⅝

定价：68.00 元

自　序

　　我在上大学读中文系时，接触到"汉藏语系"这个概念，当时是被动接受，懵懵懂懂。随着年齿的增长，一探究竟的愿望一直左右着我："汉藏语系"的假说能成立吗？支撑这个假说的证据是什么？我在想：无论是否存在着一个汉藏语系，都得回答：汉语至晚什么时期已经是一个独立的语言？我在20世纪80年代中期开始陆续接触到证明汉藏同源的一些证据，但如果往深里追究，总感到这些证据有漏洞，不太容易满足我的求知欲。真理往往是平平淡淡的，这些证据里有相当多预设的前提并没有得到足够的证实，而且论证中拐的弯太多。因此，在那时，我对汉藏同源的假说将信将疑。世界上只有公理不需要论证，因为公理已经得到多方面的证明和检验；汉藏同源的假说，远不是公理，尽管海内外不少权威学者对此深信不疑，而且将它作为常识写进了辞书和教材，但逻辑学和科学方法论告诉我，这些都不是证明汉藏同源的决定性证据。

　　语音一发即逝，在现有条件下，我们无法知道史前汉语的起点。老话说，一代有一代的学问。近三四十年，尤其是近一二十年来，我国有大量的史前考古发现，现今是我国历史上地下发掘最多的时期；我国周边一些国家也有相当多史前考古新发现。现代科技的飞速发展，使得人们对史前文物的年代较以往有更客观的认识。因此，我们能接触到千百年来没有接触过的史前材料和有关这些材料的认识成果。将史前考古发现和相关材料相结合，就能促使我们在新的历史条件下形成思考汉族、汉语独立的新机遇。距今 7500~9000 年的河南漯河贾湖遗址，发掘出了占卜用的龟甲，上面有刻符；大约 2016 年，我偶然从互联网上搜寻到：在距今 8000~9000 年的浙江义乌桥头文化遗址中发掘出一个陶罐，上有八卦豫卦的刻符。我知道，龟甲占卜、八卦都是汉民族原创性的文化符号，这是汉族成为一个独立民族以后才产生的文化现象，那么汉族独立成族有 9000 多年的历史。我想：如果扩大关注的范围，我们就能根据汉民族的一些原创性的文化成果继续往前追溯。果不其然，现在根据这类汉族先民原创性的文化现象可知：汉族独立成族有一万至两万多年的历史了。于是有了写作本书的最初冲动。

我在中学阶段学过一点儿几何。四十多年岁月的冲刷，那么一点儿几何知识早已还给中学数学老师了。但有个知识点一直强烈地冲击着我的大脑，这就是"几何变换"，是一种解题的方法思路，即在解题时，如果题目给出的条件不够或不明显，解题者可将图形做一定的变换，从而发现问题的隐含条件，完成解题。拿陆放翁的话说，这叫"山重水复疑无路，柳暗花明又一村"。由此我想到：独立的民族必有独立的语言，汉族独立成族有一万几千年至两万多年的历史，那么汉语独立成语不就有一万几千年至两万多年的历史吗？

2021 年 9 月，我给北大中文系本科生开设"汉语史（上）"课程，在"绪论"部分，根据出土证据证明汉族独立成族、汉

语独立成语至少有 9000 年历史。10 月 9 日，在上海大学做了
《谈谈研究上古音的材料和方法》的演讲，第一部分举例论证
汉族独立成族、汉语独立成语至少有 9000 年的历史，得到冯
胜利、华学诚、丁治民等先生的肯定。冯、华二位建议我将这
部分内容单独写出来发表。这建议很好，我欣然采纳，于是有
了本书的写作。

　　本书先厘清相关概念，然后通过早期传世文献论证：先秦
"华夏"和"四夷"的区别不能简单认为是汉族先民和非汉族
先民的区别，先秦的"华夏"主体固然是原始汉族的后裔，但
"四夷"既有非汉族的后裔，也有原始汉族的后裔。利用古代
材料研究汉族、汉语独立的时期时，要区分事物、概念、语词、
汉字这四样东西。我们说，汉族作为一种客观事物，早已存在，
但"汉族"作为一种概念，它的产生是近代的事。翻看一下
《汉语大字典》《汉语大词典》"族"字条、《汉语大词典》"民
族"词条，就可以知道，它们都没有列古代书证。夏商周之前，
原始汉族的后裔早已开枝散叶，既聚居在中原地区，也分布在
四夷地区。在先秦两汉，民族的概念没有形成，"华夏"和"四
夷"不可能是中原汉族跟汉族以外的民族的对立。在当时中原
地区汉族人的心目中，"四夷"既有非原始汉族的后裔，其中包
括周边的外国人群，也有远古时期原始汉族分化出来的人群；
早先的"夷"并没有真正跟"民族"的概念挂钩。可能到鸦
片战争以后，人们才真正将"夷"跟"民族"的概念挂钩，将
"夷"引申来专指外国，所以魏源在他的《海国图志·叙》中
说："是书何以作？曰：为以夷攻夷而作，为以夷款夷而作，为
师夷长技以制夷而作。"其中的"夷"专指西方资本主义国家。
因此，拿后代的概念去理解先秦两汉的"华夏"和"四夷"，必

然会带来一系列误解，而这种误解充斥着学术界，必须拨乱反正，才能将相关问题研究清楚。我在利用文献材料研究民族及民族语言的来源问题时，有一些新想法，例如关于瑶族和瑶族语言的形成，本书提供了我的一些思考。

本书接着选取近几十年汉族居住地以及环绕汉族住地的出土文物对汉族至晚何时独立成族这一问题进行论证，通过论证所选取的最能代表汉族先民文化特色的考古文物，最早的距今有一万至两万多年，从而论证汉族独立成族距今有一万至两万多年、汉语独立成语距今有一万至两万多年，进而又证明汉族文化作为一种独立的文化沿袭了一万至两万多年。这两部分的内容，对古书的若干解读提出了拙见，是否能成立，希望得到批评。最后，本书对"汉藏诸语言同源"这一假说发表了自己的见解，认为即使汉藏语同源，它们与汉语的分化也在一万多年甚或两万年以上，不能根据汉藏语系的其他语言去构拟上古音；指出研究上古汉语必须充分利用上古时期的内证材料，不能将上古时期与汉语的史前时期混为一谈。根据本项研究成果，探讨汉藏诸语言研究走出困境的途径，提出若干研究方向，旨在推进汉藏诸语言研究迈上更高的台阶。

本书利用汉字材料研究民族及民族语言问题时，注意跟史前考古材料的结合。由史前考古材料昭示的事实，可知汉族、汉语独立的最晚时期远超一般人想象，这一事实启示我们，解读商代以降的汉字资料时，必须将汉族、汉语的起源问题放到更久远的时段中去思考，汉族、汉语之独立，距商代应该已有万年以上，商代绝非距离汉族、汉语独立不远的时期。

我有时候产生奇怪的想法：也许再过千年，回头想想 19

世纪末到 21 世纪初的中国知识界乃至整个社会，不难发现一个奇特的文化现象：有些认识成果被人们反复用坚实的证据证明是虚幻的，但一直有人坚持；有些认识成果被人们反复证明是真理，但一直有人排斥。造成这种现象的原因或许有很多，其中个人所怀信仰的力量对支撑他坚持何种认识成果有至关重要的作用。无论如何，坚持真理是学者们必有的基本素质，求真是人类最大的良知。

随着互联网时代的到来，全球一体化的进程加速。文化一元化和文化多元化的两种不同的追求夹裹着各种人群之间的利益之争，发生更加剧烈的碰撞；新冠疫情影响全球，全球局势愈加动荡不安。在此时代背景下，原来的文化已经难以适应时代需要了，创造新文化的号角正在吹响。在我国，综合国力全面提升，中华民族正大踏步走在实现伟大复兴的康庄大道上。近几十年来的史前考古，特别是我国的史前考古，取得了前所未有的成就，史前考古与早期汉语文献的密切结合，必将绽放绚烂的学术创新之花、文化创新之花。这一切，都预示着新文化建设的大潮即将涌来。反映在学术上，可以预期：新的学术思潮即将出现，创造新的研究范式将会成为学术文化建设的新追求。本书的研究，希望在创新学术研究思潮方面贡献自己的绵薄，做一点创新的工作，期待着更多的弄潮儿劈波斩浪。

我曾在本书写作过程中，就书稿的部分观点和内容在外交部做过演讲。初稿完成后，曾先后在武汉大学"黄侃讲坛"、国家图书馆"文津讲坛"、中央民族大学做过相关内容的演讲，均得到有益反馈。我还在我学生组织的"天趣斋汉语史沙龙"上展开讨论，大家提出不少宝贵的意见，李建强、崔彦、孙洪伟、郑妞、赵团员等人所提的意见尤多。后来，顾青先生建议我请考古专业的行家帮忙审读一下，我也有这个想法；王立军先生建议我将书稿的题目定为今名，徐从权先生建议将此书纳入商务印书馆的出版规划，这些意见都很好。湖北省社科院的刘玉堂先生是我国著名的楚史研究专家，也是我在湖北大学读本科时的同学（他是历史系，我是中文系），我特地请他帮我审阅一过，并多采纳其说；我还请中国人民大学历史学院的赵永磊教授帮我润色一过。何翎格同志帮我看了初稿，并加上插图，给本书增色良多。很高兴俞必睿女士、边疆先生先后担任本书的责任编辑，他们细心的编辑工作，很令人感佩。书稿交到商务印书馆后，顾青、余桂林两位先生敦促编辑室加快审稿进度，以便早日付梓，从而使本书能比较快地与读者朋友见面，高谊可感。书法家邓宝剑教授特地为本书题写书名。在此，一并表示衷心的感谢。本书写作时，得到先师郭锡良先生的关怀和师兄卢烈红先生的赐教。即将付梓时，两位先生不幸染病，遽归道山，令人悲思不已。谨以此书献给锡良师和烈红兄灵前。

老话说，敝帚自珍，我自信本书的研究有新视角，提出并论证了我的新观点。史前考古的新发现，是亘古所未见的材料，适时抓住这类材料，进行新的推阐，是极有意义的事。本书的研究近乎筚路蓝缕，所论定当存在不少问题，诚望海内外博雅赐教。

孙玉文 2023 年 1 月 25 日于京西五道口嘉园之天趣斋

目 录

一　绪论 …………………………………………………… 1

二　民族和语言、文化 …………………………………… 9

三　姓氏、氏族、部族、部落、民族、国诸名 …………… 28

　（一）姓氏 ……………………………………………… 28

　（二）家族、宗族、氏族 ……………………………… 32

　（三）族群、部落 ……………………………………… 36

　（四）国 ………………………………………………… 38

四　上古史料中的汉族先民和汉语 ……………………… 48

　（一）疑古与信古 ……………………………………… 48

　（二）"夷夏、夏言、夷言"及相关概念 ……………… 65

　（三）华夏和四夷 ……………………………………… 76

　（四）东夷 ……………………………………………… 89

　（五）南蛮 ……………………………………………… 96

　（六）西戎 ……………………………………………… 111

　（七）北狄 ……………………………………………… 116

　（八）华夏的夷化和四夷的华夏化 ………………… 120

五　主要从史前考古推断汉族在 10000~20000 多年前
　　已是独立的民族 ·· 142

　　（一）我国史前遗址的文化分类 ····················· 142

　　（二）本书论证思路 ································· 146

　　（三）黍、粟 ·································· 155

　　（四）水稻 ···································· 162

　　（五）大豆 ···································· 168

　　（六）八卦 ···································· 170

　　（七）龙 ····································· 177

　　（八）蚕和丝绸 ································· 182

　　（九）礼器 ···································· 188

　　（十）龟甲占卜 ································· 194

　　（十一）发簪和发笄 ······························ 199

　　（十二）鼎 ···································· 209

　　（十三）北斗和四象 ······························ 214

　　（十四）神乌和凤凰 ······························ 219

　　（十五）蒸汽炊爨 ································ 222

　　（十六）天圆地方 ································ 225

　　（十七）茶树、茶叶 ······························ 229

　　（十八）筷子 ·································· 231

　　（十九）毛笔和砚台 ······························ 234

　　（二十）版筑技术 ································ 240

　　（二十一）砖瓦 ································· 245

　　（二十二）席子 ································· 250

　　（二十三）榫卯工艺 ······························ 252

　　（二十四）瓷器 ································· 255

（二十五）姓氏 …………………………………… 257

（二十六）文字 …………………………………… 263

（二十七）乐器 …………………………………… 282

（二十八）铜器 …………………………………… 291

（二十九）铜镜 …………………………………… 294

（三十）针砭 ……………………………………… 298

（三十一）陶器和彩陶 …………………………… 310

（三十二）漆器 …………………………………… 317

（三十三）饕餮纹 ………………………………… 320

（三十四）阴阳 …………………………………… 323

（三十五）墓葬 …………………………………… 326

（三十六）薏苡 …………………………………… 339

（三十七）耒耜 …………………………………… 345

（三十八）杵臼 …………………………………… 347

（三十九）葛麻 …………………………………… 350

（四十）小结及余论 ……………………………… 355

六 中原文化四周的史前考古发现 ………………… 362

（一）东方 ………………………………………… 364

（二）南方 ………………………………………… 370

（三）西方 ………………………………………… 378

（四）北方 ………………………………………… 389

七 原始汉语和皮钦语、克里奥尔语 ……………… 393

八 汉藏诸语言比较研究的坦途 …………………… 407

（一）汉藏诸语言比较研究面临困境 …………… 407

（二）描写与比较 ………………………………… 409

（三）古书阅读能力及汉语史研究的重要性 …… 413

（四）语言接触的视角 ·················· 419

（五）类型比较的视角 ·················· 425

（六）区分原始汉语和后原始汉语 ·········· 428

九 结论 ·························· 433

参考文献 ···························· 436

一　绪论

世界上现存的语言，可能有六七千种，SIL（Summer Institue of Linguistics，美国暑期语言学院）官网目前统计的是 7139 种，当然加上在历史长河中消失的语言，远不止此数。19 世纪，欧洲语言学家发现印欧语系的存在。受此启发，人们试图将后代一些已知的语言归入各种语系的"谱系树"框架；有的语言跟其他语言没有亲属关系，更多语言跟其他语言来自同一原始母语。现在已知，地域的邻近不能成为语言同源的依据，美洲印第安人所操的语言，有人称为印第安语。截至目前，人们已知印第安语分为 71 个语系和 42 种孤立语言，有些语系和孤立语言已死亡。

19 世纪以来，学术界提出了"汉藏语系"（早期也叫"印—中［Indo-Chinese］语系"，见布龙菲尔德《语言论》，第 80 页）假说。在承认这个假说的前提下，对于汉藏语系包括今天哪些语言，以及各语言之间的关系远近，有分歧意见，其中最主要的分类法是分为汉语、藏缅语、苗瑶语、壮侗语四个分支。我上大学时接受的就是这个假说，它作为定论被写进了当时的《语言学概论》《现代汉语》等教材。20 世纪 90 年代以后，我感觉到这个假说论证不周密，开始抱有怀疑。郭锡良先生于

2008 年发表《汉藏诸语言比较研究刍议》，对汉藏诸语言同源假说提出质疑，明确否定了藏缅语跟汉语同源的假说；后来瞿霭堂、劲松《论汉藏语语言联盟》也明确否定了汉藏诸语言同源的假说。近几十年来，地不爱宝，各地发掘了相当多史前遗址，这促使我进一步思考"汉藏语系"及其分类问题。

　　汉语跟周边民族语言间有没有亲属关系；如果有，跟哪些语言有这种关系，现在还没有弄清楚，还没有找到可靠的办法对汉藏诸语言同源的假说加以证实或证伪，承认汉藏同源或否认汉藏同源，常常出于各自的一种坚信，也都提供了一些材料支持自己的见解。无论如何，独立的思考是最值得尊重的。

　　关于汉藏同源假说面临的困境，可参看上引郭先生和瞿霭堂、劲松二氏文，这里不讨论。汉藏即使同源，但如果时代太久远，那么探讨同源不同源这样的问题就不是最切要的，意义也不大。有人之所以坚持同源假说，是因为他们想利用藏缅语等语言构拟汉语上古音，这就附带设想藏缅语等语言跟《诗经》时代相距不远。即使汉藏真的同源，可是我们如果证明汉族独立为族、汉语独立为语已有万年以上的历史的话，那么利用藏缅语等语言构拟汉语上古音的想法就会竹篮打水一场空。

　　本书想先绕开汉藏同源不同源的话题，尝试回答一个问题：汉语至晚于何时成为一种独立的语言？语音是一发即逝的东西，在今天的科学条件下，我们没有办法知道最早的汉语是什么样子。但如果知道汉族至晚何时成为一个民族，我们一般就能回答汉语至晚何时成为一种独立的语言。语言往往跟民族联系在一起，独立的民族往往拥有独立的民族语言。随着我国近几十年来史前考古材料的增多，根据这些材料，我们大致可以知道汉族至晚何时成为一个独立的民族，进而可知汉语至晚何时成为一种独立的语言。

在讨论这一问题时，我们应该区分事物、名称、字、词这些概念。"汉族"这一名称的出现是很晚的，但是我们探讨的是它作为一种客观事物至晚什么时期已经出现，这是两个问题，必须区分清楚。关于汉族的形成问题，学术界此前已有相关判断。有人认为，汉族的形成经过了一个很长的时期，始于夏商周，成于汉代。（见达力扎布主编：《中国民族史研究60年》，中央民族大学出版社，2010年，第62~86页；李振宏、刘克辉著：《民族历史与现代观念——中国古代民族关系史研究》，河南大学出版社，2010年，第60~75页）这是值得商榷的，据我的研究，汉族作为一种客观事物，它的形成远在夏商周以前。

这些年来，随着史前考古材料的增多，我逐渐感到讨论汉族最晚何时成为一个独立民族的时机日渐成熟。综合一些史前考古发现，大致可以形成对这一问题的新认识。我原来根据相关出土材料，推断汉族独立成族至少有9000年的历史，那么汉语独立成语相应地至少有9000年的历史。由此我认为，如果我们将汉语上古音的时代限定在周秦两汉，那么，即使汉语跟周边其他语言存在同源关系，也不能直接根据周边民族语言的音值来构拟汉语上古音。2021年9月，我给北大中文系本科生开设"汉语史（上）"课程，在"绪论"部分，根据出土证据证明汉族独立成族、汉语独立成语有9000多年历史。10月9日，我在上海大学做了《谈谈研究上古音的材料和方法》的演讲，第一部分就是举例论证汉族独立成族、汉语独立成语至少有9000年历史，得到冯胜利、华学诚、丁治民等先生的肯定。冯、华两位先生建议我将这部分内容单独成书出版。这建议很好，我欣然采纳。单独成书的工作又促使我进一步搜集材料，当注意到粟、黍、稻的起源和传播的材料时，我便将汉族独立成族、汉语独立成语的时间提前至一万至两万多年。

本书撰写过程中，我从中国科学院网站看到 2020 年 5 月 15 日发布的《古脊椎所揭秘中国史前人群迁徙动态与族群源流》一文，得知中国科学院古脊椎动物与古人类研究所于 2020 年 5 月 15 日在美国《科学》（Science）期刊以 Research Article（研究性论文）的形式，正式在线发表付巧妹团队独立主导、多家单位参加的研究论文 "Ancient DNA indicates human population shifts and admixture in northern and southern China"。该论文据最近开发的具有关键作用的古 DNA 技术，捕获测序中国北方山东、内蒙古及南方福建、毗邻的亮岛和锁港等地 11 个遗址的 25 个 4200~9500 年前的个体和 1 个 300 年前的个体的基因组，发现：以秦岭淮河为界，我国南北方古人群早在 9500 年前已经分化。此文还得出了一些很有意义的新结论，在国内外学术界产生影响。

尽管《科学》杂志发表的这篇论文是从基因分析的角度得出结论，我的研究主要是从史前考古的角度得出结论，但我们的主要观点几乎完全相同。不过该论文也有不足：在样本采集的地点分布上重南北基因比较，对东西比较有所忽视。在研究方法的精密化方面也不无可议之处，例如该文没有对这种研究方法的有效性进行充分论证，如果从世界上任选不同人群的基因进行对比分析，不知道会得出一些什么结论。作者主要从自然科学方面进行基因分析，这对研究人种有很大帮助，但人类除了自然方面的属性，必然有复杂的社会属性，单从基因的角度分析种族、语言，具有先天缺陷。不从社会性方面分析遗传基因背后的因素，不可能解释清楚种族、语言的源流，遗传基因、种族、语言之间复杂的关系，必须对这些问题进行更深入、细致的探讨。探寻史前一个民族及其语言至晚形成的时期，要从它文化创造的独特性角度入手。

关于从血缘、基因等角度探索种族、语言关系的论证效力，这里不妨引用中外几位语言学家的忠告。瑞士费尔迪南·德·索绪尔《普通语言学教程》中说："认为语言相同可以断定血统相同，语言的系属同人类学的系属相吻合，那是错误的。实际上没有这么简单……血统相同和语言相同似乎没有必然的关系，我们不能拿它们来互相推断。在许多情况下，人类学的证据和语言的证据是不相符的，我们没有必要把它们对立起来，也不必从中作出选择；它们各有各的价值。"（第310~311页）美国爱德华·萨丕尔（罗常培《语言与文化》译作萨皮尔）《语言论》"语言是一种文化功能，不是一种生物遗传功能""语言、种族和文化相一致是天真的想法。语言和种族不必相应"。（见该书目录）俄罗斯 B. 阔姆力《语言与史前史》："基因完全根据其遗传生物规律传承，并且每个人都不能对其基因有任何改变。而与此相反的是语言的传承则是一个文化过程……语言学和遗传学在分类上是不相吻合的……但尽管如此，并不是说可以放弃在语言学和遗传学分类上试图达成一致的研究……而令人惊奇的是语言学与遗传学之间相互影响渗透成为可能——而这本身就是语言学与遗传学分类上的不相吻合所致。"（第362页）郭锡良先生《汉藏诸语言比较研究刍议》："通过遗传基因研究人与人的亲缘关系固然有它的独特作用，但是要用它来解决现代人的起源，恐怕还存在许多有待解决的困难。"

这些话都没有过时，试图通过生物化的研究模式来解决民族起源和迁徙以及语言的亲属关系，论证效力不够。即便如此，《科学》杂志上的这篇论文强调以前人们忽视的一个研究角度，部分结论在我看来较有启发性，值得重视。因此，本书将引用该文的部分成果作为佐证。我们必须认识到，考古遗址的证据比从血缘、基因等角度对民族、语言方面进行的推断要可靠得多，当然最好是结合起来进行分析。这些年来，撇开考古证据，只从血缘、基因等角度对东亚民族、汉藏诸语言进行推断的文字颇不鲜见，但是水平参差不齐，其推断往往无法得到考古证据的支持。

从基因的角度，采取 DNA 分析的办法证明民族、语言之间的亲缘关系，其效率是十分有限的，只能作为一种参考。尤其要注意，从 DNA 的角度分析民族起源，起步较晚，目前处于探索阶段，有很多前提条件还来不及深入讨论。我们注意到，国际上从这个角度分析得到的某些结果，很不一致，甚至相左，但各有理据。例如，有人说藏族人的基因跟日本民族的很近，有人说跟汉族的很近；有人说越南京族的基因跟汉族的相差较远，跟泰国人的基因很近，而汉族的基因跟泰国人的基因也很近，言人人异，让人莫衷一是。

有些 DNA 分析者先入为主，先有一个主观性极强的观点预设在那里，并非全面分析人类以及同一个族群的尽可能多的个体的 DNA 数据，而是有意忽视一个族群个体来源的复杂性，只选择符合自己既有结论的数据来愚弄学人，这种做法极不可取。例如为了从基因的角度证明汉藏同源，有人选择性地寻找汉族、藏族部分人群之间相同的基因，这种做法不太科学。尽管汉族、藏族、蒙古族，甚至朝鲜族、日本和族，还有东南亚的一些民族都是黄种人，但众所周知，蒙古语、朝鲜语、日语等跟汉语没有亲缘关系。如果要从基因的角度研究汉藏之间是否有亲缘关系，光比对汉藏部分人群之间的 DNA，那是片面的，我们该全面比对黄种人之间、黄种人跟非黄种人之间的 DNA，得出的结论才有一定的旁证作用。要研究清楚汉藏之间的基因关系，除了全面研究黄种人的基因，恐怕还要比对尼泊尔、印度等人群的基因。因此，我们要区分"选择性的基因分析"和"全面性的基因分析"，基因分析本身有科学和不科学之分，基因数据的解释有严密和不严密之别。例如有人说，藏族和汉族有一些相同的基因，由此推理说，藏族是从中原地区迁徙过去的，但基因分析是得不出这个明确的结论的。相比而言，有一种结论更可信：汉藏二族之间有较为频繁的基因交流。当然，这种说法并不意味着藏族跟汉族以外的其他民族没有基因交流，说到底，这种分析对证明汉藏同源意义不大。学界公认越南语跟汉语没有同源关系，但是越南史前考古证实，越南人跟汉族人之间有频繁的基因、文化交流。

现在看来，世界上不同物种以及同一物种的不同群体之间基因的趋同，是非常复杂的研究课题，尚无清楚的研究结论，而且必须充分注意基因突变问题。据最近的研究，苏格兰高地的红狐跟松貂通常生活在同一片领地里，研究人员使用一种基于 DNA 鉴定和快速 DNA 测序的代谢物鉴测技术，收集并调查了生活在苏格兰高地的松貂和红狐粪便，发现家养宠物狗的 DNA 是红狐粪便样本中第二常见的，接近 40%；而狗的 DNA 在松貂样本中几乎没有，他们由此认为，这是因为狗的粪便已成为红狐在猎物匮乏时赖以生存的重要食物来源，红狐大量摄取狗粪，是导致基因趋同的原因。这个实验需要更多的证据来支撑，但由此可见，遗传不是基因趋同的唯一原因，这也决定了根据基因分析探讨族群之间关系的方法有局限性。

　　总体来说，通过基因分析民族起源和民族关系，不失为一种辅助性的研究手段，但是它的论证效力局限在研究人种起源及其变迁上。民族起源和民族关系，各语言的起源和民族间的语言关系，跟社会、文化的关系太密切了。因此，如何利用这种手段研究民族起源和民族关系问题，还有漫长的路要走，尤其要关注全球各地的考古发现。例如，原来有人笃信人类来自非洲，所以就有人认为两河流域的苏美尔人也来源于非洲，可是在中东地区（也就是美索不达米亚平原地区）发现了比非洲所发现的猿类更早的存在，因此迄今为止仍无法确定苏美尔人真正的历史溯源。这是在研究汉族的来源时也会面临的问题，会有不同的解释，无法定于一尊。

二　民族和语言、文化

　　"民族"的定义不一,有从血缘和人种、宗教、语言、共同的经济生活、共同的生活地域、共同的政治生活、共同的文化、心理认同等不同角度划分的。"民族"这个词产生得很晚,跟英语的"nation"有关系。《汉语大词典》给"民族"下定义:"特指历史上形成的有共同语言、共同地域、共同经济生活以及表现于共同文化上的共同心理素质的人的共同体。"《民族百科全书》所下定义与此基本相同,主要的不同是在"共同体"前面加上"稳定的"三字。尽管这个词产生很晚,但人们认为它所指的对象却出现得相当早。例如说印欧语的人,现在隶属于不同的民族,但"印欧语系"这个术语就意味着这些说印欧语的不同民族的人群,从来源说,都由同一个原始印欧民族分化而来。后来人们仿照"印欧语系"这一术语创造了"汉藏语系"的术语,这也意味着说汉藏语的不同民族的人,从来源说,都是由一个原始汉藏民族分化而来的。

　　我国对于"民族"的定义,多多少少受到苏联影响,也很难说没有受到西方对"民族"认识的影响。苏联采取了民族划分的四条标准:(1)共同语言,(2)共同地域,(3)共同经济生活,(4)表现于共同民族文化特点上的共同心理素质。"民族"的概念尽管理解起来有分歧，但这个概念关联的事物却是客观存在的。由此可见，"民族"和"语言"具有一致性，这是共识。之所以能形成这种共识，是因为它是建立在对客观事实进行归纳、分析的基础上。一个族群的人长久相处，必须要用语言作为交流的工具，独立的民族必须要有独立的语言作为基本要素。这种认识，在早期现代语言学家那里已有表露，迄今形成传统。例如索绪尔《普通语言学教程》说"一个民族的风俗习惯常会在它的语言中有所反映，另一方面，在很大程度上，构成民族的也正是语言"。（第43页）又说，"有一个无比重要的、唯一基本的、由社会联系构成的统一体，我们管它叫民族统一体。所谓民族统一体就是一种以宗教、文化、共同防御等等多种关系为基础的统一体……社会联系有造成语言共同体的倾向，而且也许会给共同的语言烙上某些特征；反过来，语言共同体在某种程度上也会构成民族统一体。一般地说，语言共同体常可以用民族共同体来加以解释"。（第311页）当然，共同的语言是构成民族的必要条件，而不是充分条件，丹麦奥托·叶斯柏森在《人类，民族和个人》中指出："仅仅有共同的语言还不能构成民族。民族的形成涉及诸多因素。地理上的统一和共同的历史跟共同语同样起作用，但有时语言的作用又被置之于不顾……民族是作为介于整个人类和个人之间的使用语言的单位，一个语言群体。"（第3页）

"民族"跟"国族"不同，国族是指以政治、文化等目的结成的新族群，在文化习俗融合的情况下，国族不可以直接转化成民族概念。典型的国族概念有中华民族、巴西民族、美利坚民族等。研究"民族"的概念，还得考虑"民族"和民族划分的相对性问题。例如我国划分民族，无疑有政治和数量上的考虑；现在划分了 56 个民族，在民族认定的理论上，采用了上述"民族"的定义，借鉴了苏联的划分模式，但没有机械套用，有些民族跟我国境外某些国家的某些族群属同一民族。因此，这种划分，从学术层面说，必然具有一定的相对性。例如，蒙古族在我国是一个民族，但在俄罗斯则分为布里亚特族、卡尔梅克族等不同民族。利用"民族"的概念研究民族、语言的起源，必须充分考虑到这个问题。

必须注意到，一个国家在行政上进行民族划分所得出的民族，跟实际存在的民族之间不能画等号，行政上的民族具有一定的相对性。古书中经常提到"羌人、越人"之类，往往不专指某一个具体的民族，而是一些文化相近的民族的概称，这是应该引起重视的问题，我们不能机械地将这种称谓跟当今某一个具体的民族挂钩，瑶族的情况很可能就是这样。在从事民族语言研究时，人们很早就注意到：被称为"瑶族"的这个大"族群"之下，有的"族群"说苗瑶语，有的"族群"说壮侗语，它们并不能假定为同一个原始瑶语衍生下来的。表面上看，这似乎是民族和语言具有一致关系的例外，但并非真正的例外。

经考察可知，瑶族语言和民族不一致，另有原因。我们把瑶族的语言跟它的文化联系起来考察就能看得清楚一些。瑶族自称、他称较复杂，不同群体之间语言差别很明显。瑶族的来源迄今没有弄清楚，有人将整个瑶族看作一个来源，而且跟史前时期的九黎部族联系起来，认为瑶族是九黎之后，缺乏可靠依据。有人认为瑶族源于秦汉时的"五溪蛮"，也认为瑶族是一个来源。他们认为瑶族在公元前 3 世纪到公元 2 世纪，主要生活在湖南北部，5~6 世纪向北迁徙，13~17 世纪大量南迁到两广一带，形成"岭南无山不有瑶"，而在 17 世纪，部分瑶族人又从两广分别迁徙到贵州和云南南部山区，形成了"大分散、小聚居"格局。

对比起来，认为瑶族来源不一是可取的见解。瑶族因分布在南方不同地域，文化、语言出现不一致现象，情况复杂：一半以上的瑶民自称"勉"，其语言称为"勉语"，属苗瑶语族瑶语支，广西、湖南、云南、广东、贵州、江西等省（自治区）的90多个县的瑶族使用这种语言；自称"布努"的瑶族，其语言称为"布努语"，瑶民五分之二的人说布努语，属苗语支，广西都安、巴马、大化各瑶族自治县等地瑶民说这种语言；自称"拉珈"的瑶族，其语言称为"拉珈语"，分布在广西金秀瑶族自治县境内，属壮侗语族。还有一个"炳多优语"，这是自称"炳多优"的瑶族的语言，主要分布在广西富州和湖南江华县等地，跟汉语接近而不同于当地汉语，可能是一种汉语方言，当地人叫"梧州话"，据说原来是说勉语的瑶族的一支。瑶族不同的语言之间不能互相通话，但瑶民长期与汉、壮、苗等民族接触，一般兼通汉语，部分兼通壮语和苗语。如果今天的瑶族是原来某一个民族变来的话，那么瑶族人原应说同一种语言，各地不同瑶语应该主要是跟不同语言接触的结果。但这种解释很难成立：瑶族不同人群之间，有的语言差别大到属于不同的语族，一个是壮侗语族，一个是苗瑶语族；即使同一个语族，也分属不同语支，一个是瑶语支，一个是苗语支。如果认为瑶民原来就说不同的语言的话，那么各地不同的瑶语主要是独立演变的结果。显然，将瑶族理解为来自原来不同的族群，将瑶语理解来自原来不同的语言，才是合理的解释。

在文化上，说不同瑶语的族群有相当大的差别。自称"勉"的瑶族，以长鼓为标志，崇拜龙犬（盘瓠）图腾，他们认为自己是龙犬盘瓠的子孙，尊奉盘王为自己的始祖，跟畲族有相同的崇拜。《南史·夷貊传下》说"豫州蛮"也是"盘瓠之后也"，《周书·异域传上》："蛮者，盘瓠之后。"《宋史·蛮夷传一》："西南溪峒诸蛮皆盘瓠种。"自称"布努"的瑶族，以铜鼓为标志，尊创世女神"密洛陀"为始祖，他们自认为是密洛陀的后代。自称"拉珈"的瑶族，以陶鼓为标志，不受某一图腾或始祖崇拜的制约，他们的民族固有文化与宗教文化相糅合，跟上面的两族群不同。这说明，说壮侗语和说苗瑶语的瑶族人，不仅自称不同，而且对自己的祖先有不同的文化记忆。

这些不同的人群，之所以都归属于"瑶族"，是族群之外的历史造成的。他们在古代都曾经是不服徭役的少数民族人群，不是按血族关系划分出来的，所以汉族人称他们为"瑶族"。《南史·夷貊传下》："荆、雍州蛮，盘瓠之后也，种落布在诸郡县。宋时因晋于荆州置南蛮、雍州置宁蛮校尉以领之。孝武初，罢南蛮并大府，而宁蛮如故。蛮之顺附者，一户输谷数斛，其余无杂调。而宋人赋役严苦，贫者不复堪命，多逃亡入蛮。蛮无徭役，强者又不供官税。结党连郡，动有数百千人，州郡力弱，则起为盗贼，种类稍多，户口不可知也。所在多深险。居武陵者有雄溪、樠溪、辰溪、酉溪、武溪，谓之五溪蛮。而宜都、天门、巴东、建平、江北诸郡蛮所居皆深山重阻，人迹罕至焉。"《南史》指的应该是包括自称"勉"的瑶族先民，但不止一个血族，"种类稍多，户口不可知也"，指的是那些不服徭役的少数民族；"荆、雍州蛮"融入了一些汉族先民，"宋人赋役严苦，贫者不复堪命，多逃亡入蛮"。因为"无徭役，强者又不供官税"，所以后来管他们叫"徭"；因为叫作"徭"的人群种类多，所以《隋书·地理志下》说："长沙郡又杂有夷蜒，名曰莫徭，自云其先祖有功，常免徭役，故以为名。"在"徭"前面加一个"莫"字，以示莫徭与其他的"徭"有分别，"徭"已经不指有某种血缘关系的单一族属了，"莫徭"可能含有"不用服徭役"的意义。

据周去非《岭外代答》"猺人"条，瑶族到了宋代，已经成为广西一带重要的民族："猺人者，言其执徭役于中国也。静江府五县与猺人接境，曰兴安、灵川、临桂、义宁、古县。猺人聚落不一，最强者曰罗曼猺人、麻园猺人。其余曰黄沙、曰甲石、曰岭屯、曰褒江、曰赠脚、曰黄村、曰赤水、曰蓝思、曰巾江、曰竦江、曰定花、曰冷石坑、曰白面、曰黄意、曰大利、曰小平、曰滩头、曰丹江、曰縻江、曰闪江、曰把界。山谷弥远，猺人弥多，尽隶于义宁县桑江寨。"《宋史·蛮夷传一》："隋置辰州，唐置锦州、溪州、巫州、叙州，皆其地也。唐季之乱，蛮酋分据其地，自署为刺史。晋天福中，马希范承袭父业，据有湖南，时蛮猺保聚，依山阻江，殆十余万。"说到"蛮徭"人数有"十余万"，应该指包括自称"勉"的瑶族先民，属于西南诸蛮夷的数种蛮，所以《蛮夷传一》接着说："辰州溪峒都指挥使魏进武率山猺数百人数寇城砦。"山猺显然是"徭"的一种，"庆历三年，桂阳监蛮猺内寇，诏发兵捕击之。蛮猺者，居山谷间，其山自衡州常宁县属于桂阳、郴连贺韶四州，环纡千余里，蛮居其中，不事赋役，谓之猺人"。据《蛮夷传二》，北宋靖康年间，开始要求徭人服徭役，但是徭人势力强大，对抗官府，"比年多故，其制浸弛，徭蛮因之为乱，沿边诸郡悉受其害"，"辰、沅、靖三州之地，多接溪峒，其居内地者谓之省民，熟户、山徭、峒丁乃居外为捍蔽"，"山徭、峒丁之常租仍虚挂版籍，责其偿益急，往往不能聊生，反寄命徭人"。据《蛮夷传三》，"嘉定三年，章戣知静江府，建议以为广西所部二十五郡，三方邻溪峒，与蛮猺、黎、蜑杂处"。《明史·广西土司列传》："广西瑶、僮居多。"这些都可以证明瑶族不是根据他们的族源关系确定的，而是根据是否服徭役形成的少数民族。因此，瑶族的例子不是民族、语言、文化不一致的证据。

关于语言和文化，罗常培《语言与文化》说："美国已故的语言学教授萨皮尔（Edward Sapir）说：'语言的背后是有东西的。而且语言不能离开文化而存在，所谓文化就是社会遗传下来的习惯和信仰的总和，由它可以决定我们的生活组织。'柏默（L. R. Palmer）也说：'语言的历史和文化的历史是相辅而行的，他们可以互相协助和启发。'另外有一位人类学者戴乐尔（E. B. Tylor）也指出文化是'一个复杂的总合，包括知识，信仰，艺术，道德，法律，习俗，和一个人以社会一员的资格所获得的其他一切能为习惯'。由这些话看来，我们可以知道语言和文化关系的密切，并且可以知道他们所涉及的范围是很广博的。"（第1页）

根据人们对于"民族"概念的认识，我们可以知道独立的民族必有独立的地域、独立的语言、独立的文化、独立的经济生活、独特的心理素质。语言以语音为物质载体，语音一发即逝，我们无法真切地知道一种语言的史前信息。但我们可以通过史前考古知道一个民族的一些史前文化信息，包括物质文化和精神文化信息。如果某地域考古发现的文化现象跟该地域中某民族的独特文化创造完全吻合，那么我们可以推定该民族在这种文化创造出现的年代已经独立为族，其语言已经独立为语了。讨论民族、语言、文化的一致性，如同段玉裁在给王念孙《广雅疏证》作序时提出的形、音、义互求，尤其是以古形、今形、古音、今音、古义、今义六者互求，寻找汉语的内部规律。我们可以区分原始汉族、后原始汉族，原始汉语、后原始汉语，原始汉文化、后原始汉文化这六个范畴，它们之间也一样可以互求，利用这六个范畴探索汉文化的内部规律，知其一而可以推其五，这在方法论上，应该是成立的。

也许有人坚持汉藏同源的观点，不得不承认某些标志性的文化能证明汉族独立有上万年乃至两万多年了，因而辩解说：这时候，汉藏语之间可以算是一种语言的不同方言之间的关系。这里先不问持这种看法有没有具体证据，我只想说：这种辩解同时又考虑到一种语言分化为不同的语言时，常常是先形成方言，有一定理论依据，但在理论上终究没有说服力。不同语言和不同方言的差异有时是相对的。常常出现这种情况：两种不同地域的语言形式，差别很大的可以算作不同的方言，差别小的却可以算作不同的语言。因此，区别不同语言和不同方言要看是否处在一个社会共同体中，特别是一个政治共同体中，有时甚至只是一种政治上的划分。处在一个共同体中时，差别很大的地域语言形式仍是方言；不处在一个共同体中，差别很小的地域语言形式往往是不同的语言。汉语方言间的区别甚至比欧洲一些语言间的区别还要大，就是活生生的例子。即使汉藏真的同源，但如果我们找到汉族独立为族的文化创造中，有足以显示汉族与其他民族间差别很大的文化特色，例如显示出农耕文化和游牧文化之别，这是差别甚大的社会文化形态，据此，我们就不能认为汉语和藏语之间是同一语言的不同方言，必须承认它们之间是不同的语言。游牧文化和农耕文化，这是人类历史上十分重要的文化差别，不可轻视，这种差别会带来社会、心理、语言的一系列差别。就人类社会发展进程看，很多游牧社会后来进入农耕社会，但由农耕社会走向游牧社会却是没有的，除非因种种原因融入游牧社会。

　　有人之所以要将上古汉语和藏缅语的关系说成是方言关系，是为了做远程构拟，想借助藏语、缅语等有早期文字的语言构拟汉语上古音。光说汉语原来跟藏缅语是兄弟语并没有达到他们的目的。他们需要的结论是，直到商周时期，汉语跟藏缅语还是同一个语言的不同方言，这样才能为他们构拟的上古音找到理论根据。可是，如果证实一万几千年至两万几千年以前汉族已经独立为族、汉语独立为语，那么这种观点与做法显然就站不住脚了。所以，即使将一万几千年甚至两万几千年以前的汉语和藏缅语看作兄弟语言，跟远程构拟者的心理期待仍然落差甚大，这对实现他们的主观愿望没有实际帮助。本书后面的证据无可辩驳地显示：一万至两万多年以前汉族已经独立为族、汉语已经独立为语了。

　　解决这个问题，如同比较、区别一些古老的人群是不是一个民族，以及怎么判断一个民族的起源。张正明《荆楚族源通议》说："古代民族的流徙、错杂、分裂、融合，是正常现象……忽而受这种原始文化影响，忽而受那种原始文化影响……探寻一个古代民族的族源，主要目的应是辨明它与其他古代民族的异同。一般地说来，对于上古的民族，只要有真凭实据，能推多远就多远，推到芒昧难稽之世即适可而止，能分清它是哪个族系的就行了。"判断汉藏以及其他语言和汉语关系到底是不同语言，还是一种语言的不同方言，相当于如何推溯民族的族源，推到芒昧难稽之世，就可以分清族系。将汉语推到汉文化的难以稽考之世，也就可以借此分清汉语和其他语言的区别。无论是文献还是考古文化，只要形成了独特、复杂的汉文化，也可以分清汉语与其他语言的区别，确定汉藏诸语言是不同语言的差别，还是同一语言间的不同方言的差别。

有些文化创造在不同的民族中具有偶合性，是不约而同的文化创造。越简单的文化现象，创造的难度就越小，偶合的可能性就越大；反过来，越复杂的文化现象，创造的难度就越大，偶合的可能性就越小，甚至是没有。因此，要排除偶合性，就要认真研究每一项文化创造的难易程度。例如世界上野生水稻在我国、印度以及东南亚都有分布，原来在古印度地区和我国长江流域的考古遗址都较早发现水稻遗存，这些水稻遗存出现的时间差不多，有人据此推测：古印度和中国都独立驯化出水稻。后来在浙江上山遗址发现了距今 10000 多年以前的稻米遗存，早于印度及其他国家几千年。人们又发现，驯化水稻很复杂，需要有相当大的创造性：水稻是唯一被人类选择栽培并驯化的湿地植物，最初的野生稻是多年生草本植物，有很强的宿根性和发达的地下茎，不需要结实繁殖，可以从倒伏茎的高节根中发芽。人们能够发现和利用这些多年生的湿地草本，最终驯化改造成今天世界上产量最高的一年生农作物，非常了不起。现在人们基本上论定，栽培水稻的原产地在长江流域，印度等地的水稻种植技术是长江流域传播过去的。因此，我们在利用文化创造研究民族的独立和语言独立时，一要选择复杂的、具有标志性的文化创造；二要综合利用这些复杂性、标志性的文化创造来研究民族和语言的独立问题。

要综合利用这些具有复杂性、标志性的文化创造来研究民族和语言问题，这一点非常重要。很多标志性的文化创造对于民族的形成、分化有着极为重要的影响。例如汉族地区栽培水稻、粟、黍的农耕文化，足以将汉族和其他游牧部族分开。我国北方和西方，原来基本上都是游牧部族，《说文》说"羌，西戎牧羊人也"，可见直到上古，羌人仍然是游牧部族，他们跟汉族这种农耕型部族很不相同。种植农作物作为一种容易传播、容易接受的谋生手段，按理说很容易传播到周边民族地区，但直到秦汉，都没有被周边民族地区普遍接受，由此我们可以将它们作为判定族属的一项标准。再如八卦、龟甲占卜、汉字、汉族姓氏、汉族地区特有的礼器、风俗等，都足以将汉族跟周边的其他民族区分开。苗瑶语、壮侗语的不少族群也很早就进入农耕社会，但八卦、龟甲占卜是汉族先民独创的文化，因此也可以将汉族跟南方、西南方的农耕文化的族群区分开。

民族文化具有传递性和传播性。一项重要的文化创造，作为前人取得的一项成就，会代代相传，具有传承性。如果一个民族的居住地广袤而分散，那么民族文化的创造总有可能在某地先出现，然后传递到该民族其他地区，也会传播到邻近的民族地区。由于独立的民族必有其独立的地域、语言、文化、经济生活、心理素质，因此联系纽带紧密，其文化创造反映在传播速度上的特点是，它在本民族不同地域的传播速度远快于它对周边民族地区的辐射。事实上，汉族地区的不少文化创造成就很早就传播到周边民族地区，乃至世界各地，只不过晚于在汉族地区的传播而已。这种文化创造的传播性当然不能作为否认凭借它们论证汉族至晚何时独立为族、汉语至晚何时独立为语的具体成效的理由，我们首先只要证明每一种文化创造是汉族地区最早创造出来的就行。

研究"民族"形成，不可能离开"血缘关系"的概念，所以人们有根据血缘关系和人种来划分民族的尝试。他们将世界上一些语言进行谱系分类，相同的谱系意味着有亲缘关系，亲缘关系跟血缘没有办法不发生关系。方光焘在《语言是社会现象》中说："语言是随社会的发展而发展的。社会发展的各个阶段有自己的规律：氏族、部落、部族、民族。相应地语言的发展也有一定的阶段，语言有分化，有统一。一般规律是：氏族（统一）—部落（分化，即使原来是一个氏族的，可能变成不同的语言）—部族（可能在形成部族时使语言统一）。到了民族阶段，就有了民族的共同语言。部族如果分解了，语言也可能会分解。"尽管民族在以血缘关系为主体的族群基础上形成，但世界上不可能有纯种的民族。

据文化与民族、语言的关系研究民族和语言的起源及发展，是一条坦途。我们必须认识到，文化、民族、语言的关系错综复杂。对此，许多语言学家都有有深度的论述。法国约瑟夫·房德里耶斯《语言》："有三类学者分别在史前学领域内进行工作：人类学家、考古学家和语言学家。第一类学者所处理的是骨骼和头骨，第二类学者所处理的是文物，如装饰品、兵器、陶器、各种形状和材料的用具，总之，是史前人类遗留下来的一切用具。语言学家使用的却是声音和词的比较。这三类学者都埋头于把他们所研究的事实有条不紊地加以归类，构成系列，并尽可能在自己的领域里确定这些系列间的年代关系和从属关系。但是直到现在，他们还没有办法使他们自己的系列和相邻学科的系列取得一致。他们没有共同的尺度。"（第336页）美国萨丕尔《语言论》第十章"语言、种族和文化"说："语言也不能脱离文化而存在，就是说，不脱离社会流传下来的、决定我们生活面貌的风俗和信仰的总体。"这是说民族的语言和它的文化相依而生。他注意到，"历史学家和人类学家发现，种族、语言和文化分布不平行，它们的分布区域犬牙交错，最叫人迷惑，并且它们的历史会各自走不同的道路"。他认为种族跟语言、文化没有内在联系，"种族比语言容易混合……只要能确信，种族……对语言和文化的历史全不关心，只要能确信，语言和文化的历史不能直接用种族来解释"；"语言和文化没有内在联系"，"到了文化的地理、政治和经济决定因素已经不再相同的时候，共同语言也就不能无限期地作为共同文化的印证"。"语言、种族和文化不一定互相关联"，但"把时间往上推，我们不得不假定，比较稀少的人口世世代代占居着广大的地区，和别的人口集体的接触不会像后来那样急切而持久。地理和历史上的孤立造成人种的差别，自然也有利于语言和文化上的差异"；"我也不相信文化和语言真有因果关系"，但"语言的内容，不用说，是和文化有密切关系的……语言的词汇多多少少忠实地反映出它所服务的文化，从这个意义上说，语言史和文化史沿着平行的路线前进，是完全正确的"。（第186~196页）

　　民族、语言、文化之间可以结合起来进行研究吗？房德里耶斯《语言》说，"语言亲属关系的证明是一件相对的事情"，为了证实语言的亲属关系，除了历史比较法，"靠语言证据要丰富"，还要"得到政治史或社会史的证实，可以构成或大或小的一束凭据"。（第343页）

　　正因为语言和文化没有捆绑在一起，具有相对独立性，所以我们可以在原始汉语、后原始汉语消失的情况下，通过史前考古发现的文化推断原始汉族、后原始汉族和原始汉语、后原始汉语独立为族、为语的最晚时期。为了得到有效的成果，必须摒除先入之见，具体问题具体分析，同时要综合利用、分析这些特色文化，让它们形成一系列的证据链，比较特色文化在周边地域的传递、传播，达成研究目标。

以前，罗常培《语言与文化》通过语言的材料"帮助考订文化因素的年代"，他说"语言，像文化一样，是由不同年代的各种因素组合而成的。其中有些因素可以推溯到荒渺难稽的过去，另外一些因素不过是由昨天的发展或需要才产生的。假如咱们现在能够把文化变迁和语言变迁的关系安排好了，咱们对于文化因素的相对年代就可以估量出来"（第90页）。本书则要通过考古遗址中发现的，业已证实属于汉民族先民的标志性的文化创造来推断汉族独立为族、汉语独立为语的最晚时期，这跟通过语言研究文化采取了相反的研究策略。民族、语言、文化都是历史现象，通过文化推断汉族独立为族、汉语独立为语的最晚时期，就是寻找三者在断代上的契合度。这是一项全新的工作、全新的研究方向、全新的道路，本书希望能有所斩获。

具体的工作原理很简单：在汉族和邻接汉族的周边民族区域范围（不限于中国国内）内，首先找到已经确认为汉族先民独特文化创造的标志性成果，然后通过史前考古遗址发现的最早材料，确认它代表的具体年代，据此证明在此年代或此前汉族已经独立为族。例如汉字是记录汉语的文字系统，不是记录藏缅语、苗瑶语、壮侗语的书写符号。如果我们找到 A 时期已有汉字，那么该时期汉族必然独立为族、汉语必然独立为语。当然，在非汉族地区也能找到带有汉字的文物，例如土库曼斯坦和我国西藏。但这只能是个别的、偶然出现的情况；而且也肯定不会在汉族地区都能找到带有汉字的同期文物，汉族地区考古遗址发现的汉字也必然有先有后，但这些都不能推翻我们的结论。道理就是这么简单，一旦发现，就"豁然理解"。

有时候，即使不是汉族先民的独特文化创造，但由于我们的目的是在探讨汉语跟藏缅语、苗瑶语、壮侗语是否具有同源关系，探讨汉族独立为族、汉语独立为语的最晚时期，因此只要能证明汉族地区很早引进某种文化创造，而后经过几千年才传播到其他无此文化创造的地区，也对证明汉族独立为族、汉语独立为语的时间判定起到至关重要的作用。例如铜镜从西域引进汉地，可能是从我国北方游牧部族那里传播到汉地。是不是从西域引进不重要，重要的是汉族地区逐步将铜镜的制作工艺精致化，大大增强铜镜的传播速度，从汉族地区传播到说藏缅语、苗瑶语、壮侗语的地区。

如果一项文化创造不只是汉族先民独特的文化创造，世界各地都有，且各具特色，但当我们有铁证证明这种文化创造的细微之处是汉族的特色时，那么就可以作为研究汉族独立为族的一项标志。但是我们研究得还不是太细致，以至于没有发现这些特色。为了谨慎起见，本书就不选取这类文化创造作为比较项。

例如食盐，若拿汉族对食盐的开采、加工跟其他跟民族做比较，也许能发现汉族地区的制盐业应该有自己的特色，但我们目前还没有找到汉族地区的这些食盐制作特色，所以目前不宜拿它做比较项。如果没有找到这些特色，忽视产盐地不限于海隅，只将食盐的开采、加工区域局限在海滨，去推论汉族跟兄弟民族的关系以及汉族地区种群的迁徙，那么根据采海盐这样的参照项，推出来的结论就很难取信于人。

　　人类跟猩猩、猴子等动物不同，需要大量摄取盐分，猩猩、猴子等不少动物需要的盐分远少于人类。尤其是人群进入农耕社会以后，多从植物上摄取维持生命的成分，而盐是人生存下来的必需品，这样就需要单独获取食盐。盐在世界上分布广泛，根据来源可分为海盐、湖盐、井盐、矿盐、土盐、岩盐等。据研究，井盐原料采自千米深井以下侏罗纪地质年代的天然卤水和岩盐矿床，富含各类天然矿物元素，杂质少且远离污染，更纯净，品质好。我国古人非常重视对食盐的记载，《尚书》就有这方面的内容，西汉桓宽的著作就叫《盐铁论》。古人出使异域，也舍得在他们的著作中花篇幅记载食盐情况。例如明代费信的《星槎胜览》叙述郑和下西洋的见闻，卷一《忽鲁谟斯国》："山连五色，皆是盐也。凿之，旋为器皿、盘碟之类，食物就而不知盐也。"（《康熙字典》"盬"字下引此文，略有不同）忽鲁谟斯国在今伊朗东南部，在霍尔木兹海峡附近。可见，重视食盐的记载是我国古书的一项传统。

　　我国是世界上少数几个湖盐矿产资源极其丰富的国家之一，除了东部等沿海地区以外，内蒙古、青海也都是产盐大户。湖盐及其他矿盐产地主要集中在中西部地区，西部地区尤多。湖盐产量最多的是青海，井、矿盐区则包括四川、湖北、湖南、云南、江西、河南、安徽及重庆等省市，江苏、山东、广东、甘肃、陕西等省也有矿盐。因此，大多数地区基本可以解决食盐问题。《书·禹贡》载，青州一带"厥土白坟，海滨广斥"，是指在海边有大片盐碱地，"厥贡盐绨，海物惟错"，说明在夏朝，青州一带的海盐特别丰富，制盐业很发达。《史记·货殖列传》："山东食海盐，山西食盐卤。"古人很早就认识到盐碱地含盐，汉族西部地区管盐碱地叫"卤"，东部地区叫"斥"，"卤"字在商代甲骨文中已经出现。"卤"又指天然的盐，"盐"是经过人加工的盐。海边的盐容易获取，按照古人的说法，"盐"最早是从海盐中炼出来的，《说文·卤部》："盐，咸也。从卤，监声。古者宿沙初作煮海盐。"还有一个词叫"鹻"，指盐卤，反映了人们获取盐的一种方法。《说文·卤部》："鹻，卤也。"桂馥义证："卤也者，鹻地之人，于日未出，看地上有白若霜者，扫而煎之，便成鹻矣。"这样获取的盐当然比较粗糙，是下等的盐，但桂馥所言之法不失为获取食盐的一种方法。

从史前考古看，古人很早就利用多种办法找到食盐，可能在早期食盐的运输渠道不太畅通，所以国都多建立在容易就地取材获取食盐的地区附近。海盐主要分布在山东渤海湾，池盐主要产于山西，井盐则集中在四川盆地及云南地区。浙江、山东等滨海地区当然容易解决食盐问题。浙江宁波大榭史前制盐遗址发现了距今4100~4400年的海盐生产证据，是目前我国最早的海盐制作遗迹，相当于良渚文化晚期至末期。大榭遗址发现了煮盐灶等工具，证据显示，4000多年前的制盐工艺与传承至今的煮盐工艺如出一辙，人们还在遗址周边发现了商周时期大规模的盐业遗址群。距离沿海很远的地区，例如在四川、重庆、山西、云南等内陆地区盐业资源丰富，考古证据显示，新石器时代晚期以来，这些地区已经存在制盐产业和相关的贸易活动。像晋南解池就发现了史前制盐遗址。这个盐池，直到秦汉都很有名，原来叫作"盬"，《说文·盐部》："盬，河东盐池。袤五十一里，广七里，周百十六里。"这可能是就东汉已经开发的情况说的，实际产盐处远大于开发的盐池，所以不同古书记载产盐地的长度、宽度不完全相同。甘肃红古下海石遗址为一处新石器时代马厂类型的遗址，在其中发现了一个盛盐的陶罐。长江三峡一带，盐矿资源非常丰富，分布着众多盐泉，数量之多、分布之广居全国之冠。据不完全统计，在长江两岸的巫溪、城口、巴东、奉节、云阳、万县、忠县、开县、彭水、武隆、丰都、南川、石柱等十几个县内的溪河边，分布着数百眼盐泉，湖北境内的清江流域也分布着不少盐泉，这是我国井盐的主产区。发掘出来的四川忠县中坝遗址，出土了大批制盐遗物，构成了三峡地区上迄新石器时代晚期至今长达 4500 年的盐业发展史，其中尤以先秦时期的制盐遗迹和遗物最丰富，这个考古遗址的新发现填补了四川盆地史前盐业生产的资料空白。食盐不可能在每一个地区都能得到，这就决定了自史前时期开始，东亚不同地区已有食盐贸易，不同的人群、族群有较为频繁的接触。很显然，我国迄今考古发掘的制盐地是晚于先民制盐的历史的。

食盐制作尽管在我国有着悠久的历史和传统，《尚书》就有关于食盐的文字记载，各地居民因地制宜，发明了多种开采湖盐、井盐、海盐的技术，但考古证明，目前发现最早的制盐活动的证据，主要集中在欧洲东南部，时代为新石器时代中期。人们在欧洲的波伊纳·斯拉提内（Poina Slatinei）一带的古盐泉周围找到了 8000 年前燃烧的遗迹，这可能是陶器出现之前的制盐遗址。法国阿尔卑斯山的莫里耶（Moriez）一带也发现有年代相当的制盐的证据。保加利亚在距其海滨城市瓦尔纳以西约 50 公里处的普罗瓦迪亚市郊发掘、清理出约 30 个保存完好、制作工艺精良的黏土容器，古人利用它们储存海水，再将蒸发后析出的海盐从容器底端的孔倒出。这是欧洲最古老和最大的史前盐场，它的历史可追溯到约 7400 年前。由此可见，汉族的制盐工艺跟欧洲应该是独自发展的结果，不存在传播关系。如果假定炎黄部落原来包括藏族先民，炎帝一支由于要到海边去寻找食盐，从而导致炎黄部落分开，那么可以肯定，这种假定存在漏洞。我国民族地区也应有各自获取食盐的途径，因为我们对各民族的制盐工艺的独特之处了解得还不够，所以本书不将加工食盐作为汉族的一项文化创造的证据来研究汉族独立为族问题。

本书是根据独立的民族必有独立的民族语言的原理来证明汉语独立至晚有多少年的历史，所使用的是汉族先民独特的史前文化创造，以其为标志。那一段时期的汉语面貌由于缺乏史料依据，因此无法科学地构拟出来，这是我们必须警觉的一件事。我们研究汉语史，只能利用商周以后的文献探讨商周以后的语言系统。在没有过硬证据的条件下，主观地构拟史前汉语的语言系统，则容易走入魔道，我们必须要牢记这一点。

三　姓氏、氏族、部族、部落、民族、国诸名

研究汉族独立为族、汉语独立为语的时代是一种溯源研究。人不可能回到过去，所以溯源工作只能据后代的情况进行合理推定才能知道一个大概。我们必须厘清"部族"和"民族"的联系与区别，本项研究也涉及"姓氏、氏族、部族、国"这些概念，由于人们对上述概念有不同的理解，这里先做一番讨论。

这些概念都是实概念，随着历史的迁移和社会的发展，它们所揭示的事物古今都有变化。它们在起先都跟血缘关系紧密联系在一起，这是溯源研究不可避免的问题。据说，人类是某种类人猿演变来的，这种类人猿可能是按照血缘关系聚族而居的，早期的人类保留了这种群居的生活方式。

（一）姓氏

"姓"字左边是从"女"，早期有"姬、姒、姜、妫"等姓都以"女"为表意偏旁。有人根据这些征象推测汉族的姓氏起源于母系社会。这种推测可能有一定道理，但不是定论，我们见到最早的姓都是随父姓，不随母姓，由此可知，至晚汉族在父

系时代就已经有姓。之所以产生姓，是为了避免近亲结婚造成生殖隔离，进而造成种族繁衍受损。有了姓，就有了"同姓不婚"的形式标准。同时，汉族先民之所以产生姓，还反映出当时有相近血缘关系的血族早已开枝散叶，彼此不容易识别是否为同一血缘关系派生下来的，而通过姓的制度，将这种血缘关系确定下来。李学勤《考古发现与古代姓氏制度》一文基于多地考古发现的成果证明，甲骨文、金文中反映出当时有姓氏制度，而女子称姓比较少见，"商代甲骨、金文中少见女姓，不等于当时没有女姓，只是在卜辞和器铭里不常应用罢了。不过由此可以证明，当时的姓不会很多，恐难大大超出文献所见各姓的范围"。

《说文·女部》："姓，人所生也。古之神圣母，感天而生子，故称天子。从女，从生，生亦声。《春秋传》曰：'天子因生以赐姓。'"《白虎通·姓名》："姓者，生也。"由此可知，"姓"是"生"的滋生词。这个字在甲骨文里已经出现了。"姓"来自"生"，反映出古人认为"姓"是与生俱来的。《楚辞·离骚》："帝高阳之苗裔兮，朕皇考曰伯庸。摄提贞于孟陬兮，惟庚寅吾以降。皇览揆余初度兮，肇锡余以嘉名。名余曰正则兮，字余曰灵均。纷吾既有此内美兮，又重之以修能。"这里"内美"总括上文，按王逸解释，是"言己之生，内含天地之美气"。屈原的姓氏包含在"内美"之中。"生"的滋生词还有"性"，"性"也是指天然的、后天不可改变的本质，《荀子·性恶》："凡性者，天之就也，不可学，不可事。礼义者，圣人之所生也，人之所学而能，所事而成者也。不可学，不可事，而在人者，谓之性；可学而能，可事而成之在人者，谓之伪。""姓"既然来自"生"，那么它就反映出古人已经认识到自身跟祖宗的血脉是相承的。姓是表明家族系统的称号，起先只有贵族才有姓、氏，平民以下没有姓、氏，只有名，所以姓、氏都是有身份的象征。

在先秦，同姓必同祖、同血统。我国很早就有赐姓的制度，后来封建王朝对臣下赐姓，包括给原本有姓的汉族臣下改姓，例如汉初娄敬，本姓娄，齐人，被汉高祖刘邦赐姓为刘，《史记·刘敬叔孙通列传》："于是上曰：'本言都秦地者娄敬，"娄"者乃"刘"也。'赐姓刘氏，拜为郎中，号为奉春君。"天子还对来自外族的臣下赐姓，例如金日磾，《汉书·霍光金日磾传》："金日磾，夷狄亡国羁虏汉庭，而以笃敬寤主，忠信自著，勒功上将，传国后嗣，世名忠孝，七世内侍，何其盛也！本以休屠作金人为祭天主，故因赐姓金氏云。"这些做法往往带来血缘关系的混乱，开启后代同姓不一定同祖的先例。

姓氏都有一定的相对性。早先同姓氏一定同血缘，但不同姓的不一定不同血缘。有些氏族尽管不同姓，但也同祖，同血统，而且血缘关系很近。传说黄帝有二十五子，他们被赐予了不同的姓，但都是黄帝一脉。往以前追溯，由于周边后原始汉族以外的族群没有姓氏制度，只有后原始汉族人群有这个制度，因此周秦以前凡有姓氏者，都是原始汉族的后裔，只因年代久远，血缘关系已经很淡薄了。因此，所谓同姓同血缘，要看追溯到什么时候。

姓氏的"氏"，应该跟"支、枝、肢（胑）、翅（翄）"和"歧、岐"等是同源词，都含有"分支"的意思。"氏"是"姓"的分支。由"氏"的命名我们可以知道，在古人的文化记忆里，"氏"是来自同一个主干，是从同一个血族分支下来的。《左传·隐公八年》："无骇卒，羽父请谥与族。公问族于众仲，众仲对曰：'天子建德，因生以赐姓，胙之土而命之氏。诸侯以字

30

为谥，因以为族。官有世功，则有官族，邑亦如之。'公命以字为展氏。"孔颖达疏："姓者，生也，以此为祖，令之相生，虽下及百世，而此姓不改。族者，属也，与其子孙共相连属，其旁支别属，则各自立氏。"可见"氏"相当于"族"，即家族。

"氏"是加在远古传说中有重要贡献的人物后面，或者世袭官职、居住地后面的称谓，例如有巢氏、燧人氏、伏羲氏、神农氏、高阳氏、帝鸿氏、颛顼氏、太史氏、夏后氏、有扈氏、蜀山氏、陈锋氏、陬訾氏、有邰氏、有娀氏等，这里的"氏"既指氏族的始祖，也指他们的后裔，即同一氏族的人。同一氏族的人群，具有相同的血缘关系；当一个氏族很大时，还可以分裂为若干氏族。例如炎黄二帝，本来是同一氏族，随着他们的发展壮大，分化为炎帝氏族和黄帝氏族。

我国的"某某氏"，都应该是父系社会形成的，不同的氏族在中华大地，主要是中原大地迭相兴衰。《史记·五帝本纪》："轩辕之时，神农氏衰。"就是这种情况的反映。

古人姓、氏有别，在早期社会，姓和氏都可以改变，但姓并不能轻易改变，大概有极大建树和优势的氏族首领才可以改姓。例如黄帝姓公孙，后因居住在姬水旁，改为姓姬。另外，早期只有姓，没有氏，姓兼有氏的作用。一个姓如经长时间沿用，跟同祖的其他氏族关系变远了，或者该氏族强大了，自身发展壮大了，就有可能改姓。黄帝原姓公孙，姓公孙的应不止他一支，黄帝一族逐渐强大，所以他改了自己的姓。陈国是西周诸侯国，始封国君胡公满是舜的后裔，舜出生在姚墟，姓姚，所以胡公满也是姚姓。而舜帝没有发迹时，居住在妫水，所以胡公满受封时，周天子据妫水赐姓给胡公满，改姓妫。此后古人又创造了"氏"这个词，跟"姓"的概念相区别，因而就很少改姓了。

我国很早就分封诸侯。分封对象可能原来都是后原始汉族的人群，分封行为也是在有共同的祖先记忆的族群之间或内部进行。在共同记忆里没有血缘关系的族群，得不到分封。

（二）家族、宗族、氏族

家族、宗族、氏族都是指以血缘关系为纽带建立起来的族群。

家族，就是具有血缘关系，奉祀同一宗庙，以宗庙为中心、以家庭为实体聚集起来的人群，通常几代人形成一个家族，有时多达十几代人，甚至更多。家族是比家庭更大一级的血缘关系族群。古人往往聚族而居。《管子·小匡》："公修公族，家修家族。使相连以事，相及以禄。"如果一个家族人口多、分支繁，就叫"大族"。家族很早就出现了，《尚书·尧典》："克明俊德，以亲九族。九族既睦，平章百姓。百姓昭明，协和万邦。"陆德明《释文》："上自高祖，下至玄孙，凡九族。"陆德明采用了郑玄的看法。同一家族的人必同姓，在地缘上常常紧挨着居住。古书中有些"氏"指的是家族，是"姓"的分支。《春秋·宣公十年》："齐崔氏出奔卫。"指齐国崔杼这一家族的人，崔杼是姜姓，齐丁公后裔。《左传·宣公四年》："（郑）襄公将去穆氏，而舍子良。子良不可，曰：'穆氏宜存，则固愿也。若将亡之，则亦皆亡，去疾何为？'乃舍之，皆为大夫。"杜预注："逐群兄弟。"郑国是姬姓，这里的穆氏，指的是郑穆公这一家族的人，实际上也是公子坚（郑襄公）、公子去疾的亲兄弟。

可能在原始时代，为适应当时生存、繁衍的需要，家族的规模比后来要大很多，往往是很多代的人都聚居在一起，形成大家族。甘肃天水市大地湾遗址是一处距今 4800~8000 年的史前遗址，2006 年发掘研究显示，大地湾遗址的人类活动的历史可以由 8000 年前推前至 6 万年前，该遗址总面积达 270 万平方米，是年代较早、规模较大的最具中国建筑风格的深穴窝棚式建筑，布局规整，平衡对称，由主室、东西两侧室和后室、门前附属物构成，总面积 420 平方米，在墙壁、门、灶台的设计布局上还增加了防火保护层，该遗址共发掘出房址 241 座，有灶址 104 个、灰坑和窖穴 321 个、窑址 35 个、墓葬 70 座、壕沟 9 条，还出土了陶、石、玉、骨、角、蚌器等文物近万件。距今 4600~5200 年的庆阿市西峰区南佐行政村王嘴自然村的南佐遗址，分布在董志塬西北部两条沟壑之间的塬面上，遗址面积约 600 万平方米，文化层厚 2~7 米不等。核心区由 9 座大型夯土台围合而成，面积约 30 万平方米，夯土台外侧的紧临处发现了 2 道环壕，在核心区东、南、北三面约 1000 米处还发现外环壕遗迹。遗址的房屋多为半地穴式，呈平面圆角长方形或"吕"字形，面积为 16 万平方米左右，居住面和四壁块以一座大型夯筑祭祀性殿堂建筑为主，也有小型房址。该遗址中的中央大殿南侧、东侧、西侧都发现了部分宫墙。在该遗址中还发现大量的炭化粮食（稻、粟、稷等）。

河南舞阳县贾湖遗址距今 7500~9000 年，遗址近似圆形，总面积 5.5 万平方米，文化层厚 1~1.5 米。贾湖遗址清理出房址 45 座、陶窑 9 座、灰坑 370 座，墓葬 249 座、瓮棺葬 32 座、埋狗坑 10 座等。墓地多成片出现；房址多为椭圆形，房屋多是半地穴式结构的单间，有少量依次扩建的多间房，房址内有灶台、柱洞等。窑址较小，有窑室、火门、烟道和烟孔，有的保留有窑壁和火道。河南省新郑市的裴李岗遗址，发现过距今26000~30000年的鸵鸟蛋串珠饰品，可见当时就有人类在此生产、生活；在遗址西部还发现了旧石器遗存，南北宽约60米，东西长约90米，面积达5000平方米以上，调查范围内见到的旧石器遗存分布面积约20000平方米。此处聚族而居的情况尤为明显，东半部为村落遗迹，西半部为氏族墓地，发掘出墓葬114座、陶窑1座、灰坑十余个，还有几处残破的穴居房基，可以证实当时有以原始农业、手工业和畜牧业为主的氏族经济生产活动，在遗址中还发现距今约8000年的使用红曲霉发酵酿成的酒，用稻米加芡实和小麦族种子为原料，是目前发现的最早使用这一方法酿酒的。

陕西临潼的姜寨遗址距今6400~6600年，占地20000多平方米，发掘面积10000平方米，由居住区、陶窑场和墓地组成，应该是一个家族的居住寨落。研究表明，居住在这里的原始先民生活稳定，其发展、延续经历了仰韶文化时期的四个阶段（包括半坡早期类型、史家类型、庙底沟类型、半坡晚期类型）和龙山文化时期。遗址围绕着一个广场分布着100多座房屋，可分为5个建筑群。每个建筑群以1座大房子为主体，包括10~20座中小型房屋，门均朝向中心广场。墓地有三片，居住区正东的一片有53座土坑墓和20座瓮棺葬，东南的一片有51座土坑墓和31座瓮棺葬，东北的一片只有53座土坑墓，同正东一片相距约40米，由此推断，居住于此的人群应该是人们据血缘关系的远近各自形成不同的小家族，同一小家族的人葬在同一片墓地里。瓮棺葬绝大部分安排在各组房屋近旁，分为若干小群。人成年不易，夭折的情况常见，还有成人死于非命，瓮棺葬就是以瓮、盆为葬具，埋葬这两类人的一种丧葬方式。

　　浙江余姚河姆渡遗址距今 5000~7000 年，总面积达 40000 平方米，叠压着四个文化层，第四文化层在 6500~7000 年前，第三文化层在 6000~6500 年前，第二文化层在 5500~6000 年前，第一文化层在 5000~5500 年前，遗址出土陶片多达几十万片，还有陶器、骨器、石器以及植物遗存、动物遗骸、木构建筑遗迹等大量珍贵文物。

　　有的史前考古遗址发现了单独用来祭祀的建筑，已发现的祭祀遗迹主要分布在辽河流域、黄河流域和长江流域，包括祭坛、祭祀坑、庙宇、积石冢、石圈遗迹和少数房屋内的绘画遗迹等。例如距今 5650 年前后的辽西牛河梁女神庙遗址，它由大型祭坛、女神庙和积石冢群址组成，神庙内有女神塑像。湖北天门石家河印信台遗址是目前发现的长江中游规模最大的史前祭祀场所，面积达 1175 平方米，这是石家河文化晚期的祭祀场所。距今 4600~5200 年的甘肃庆阳南佐遗址以一座大型夯筑祭祀性殿堂建筑为主，也有小型房址。这个特大型房址是南佐遗址最核心的区域，是一座室内面积达 630 平方米的大房址遗迹，走向由西北到东南，东西宽约 18 米，南北长约 33 米，前厅后室，属集体活动场所。根据出土的白陶簋、白衣陶簋、大型彩陶罐、白色堆纹陶罐、带塞盖喇叭口平底彩陶瓶、彩绘黑陶、朱砂彩绘陶、涂朱砂的石镞和骨镞，以及河流遗迹，研究人员推测，这些遗存具有浓厚的祭祀和礼仪色彩。该遗址还发现了骨笋、陶瓮，炭化的稻、粟、稷等，这都是汉族先民的文化创造。

　　宗族，指同宗同族的人。"族"，指父系单系亲属集团。几个甚至几十个家族，可以构成一个宗族，宗族是比家族大的氏族单位。同一宗族的人，不一定居住在一起，彼此可以不同世代，互不来往。《尔雅·释亲》："父之党为宗族，母与妻之党为兄弟。"确定宗族，要看将自己的始祖追溯到什么时候，是有一定弹性的。

"宗族"有时单用"宗"字表达，《左传·僖公五年》："晋侯复假道于虞以伐虢……公曰：'晋，吾宗也，岂害我哉？'（宫之奇）对曰：'大伯、虞仲，大王之昭也。大伯不从，是以不嗣。虢仲、虢叔，王季之穆也，为文王卿士，勋在王室，藏于盟府。将虢是灭，何爱于虞？'"据此，晋国、虞国、虢国、吴国，都是同"宗"的人群，他们都是从周室分化出来的：晋国始封国君唐叔虞是周武王姬发的儿子，周成王姬诵的弟弟；周康王时期，分封周太王次子仲雍的曾孙虞仲，建立虞国；周武王灭商后，周文王的两个弟弟分别被封为东西两个虢国的国君，虢仲封东虢，虢叔封西虢；周太王想传位于姬昌，泰伯和二弟仲雍一起逃到江南，建立吴国，后来得到周室正式加封，这里反映了虞国国君对自己宗族系属的认识。

古书上有些用"氏族"的字眼儿实际上指的是宗族。班固《王命论》："是故刘氏承尧之祚，氏族之世著于《春秋》。"这是指刘氏宗族的人在《左传·昭公二十九年》中有"刘累"的记载。在现代，人们又解"氏族"一词为原始社会中以血缘关系结合起来的社会群体，其成员在族群记忆中有一个共同的祖先。氏族大约产生于旧石器时代中晚期，一个氏族往往用一种动物或植物作为本氏族的图腾标记。

（三）族群、部落

族群，指地理上靠近、语言上相近、血统同源、文化同源的一些血亲的集合体，也称族团。同一族群的人，无论他们后来是否在文化上如何渐行渐远，但他们都有对于共同祖先的记忆。族群是比氏族更大的人群，不同的氏族可以组成一个族群。

部落，主要由有共同血统的氏族组成，是跟氏族相当或比氏族更大，但比民族小的社会单位。炎帝氏族和黄帝氏族也可以叫炎帝部落和黄帝部落；有人说，炎帝、黄帝曾经联合起来跟蚩尤部落作战，所以又管这种联合叫"炎黄部落"，当然也叫炎黄部落联盟，可见部落和部落联盟的区分有时是相对的。《汉书·鲍宣传》："凡民有七亡……部落鼓鸣，男女遮列，六亡也；盗贼劫略，取民财物，七亡也。"也有单用"部"指部落的，《后汉书·南匈奴传》："时，比弟渐将王在单于帐下，闻之，驰以报比。比惧，遂敛所主南边八部众四五万人，待两骨都侯还，欲杀之。"

为了扩充势力，部落之间会形成部落联盟。这是我国形成大一统局面的雏形，部落联盟很早就有，例如蚩尤是九黎部落联盟的首领，黄帝是各路诸侯的首领。《史记·五帝本纪》："蚩尤最为暴，莫能伐……于是黄帝乃征师诸侯，与蚩尤战于涿鹿之野，遂禽杀蚩尤，而诸侯咸尊轩辕为天子，代神农氏，是为黄帝。"正义："《龙鱼河图》云：'黄帝摄政，有蚩尤兄弟八十一人，并兽身人语，铜头铁额，食沙石子，造立兵仗刀戟大弩，威振天下，诛杀无道，不慈仁。万民欲令黄帝行天子事。黄帝以仁义不能禁止蚩尤，乃仰天而叹。天遣玄女下授黄帝兵信神符，制伏蚩尤。帝因使之主兵，以制八方。蚩尤没后，天下复扰乱。黄帝遂画蚩尤形像以威天下。天下咸谓蚩尤不死，八方万邦皆为弭服。'……孔安国曰'九黎君号蚩尤'是也。"

（四）国

国，跟"域"是同源词，它们都从"或"得声，含有"地域"的意思；跟"囿"也是同源词。据《说文》，"或"是"国"的古字，《戈部》："或，邦也。从口，从戈，以守一。一，地也。域，或又从土。"

最开始的国是以部落或家族为基础建立起来的。苏秉琦在《中国文明起源新探》中，将最初的"国"叫"古国"，认为后来在此基础上发展出"帝国"，苏先生设想中国文化走的是由古文化至古城，由古城至古国，由古国至方国，由方国至帝国的演化途径，"古国"形成后，继续演变为一种统辖多个"古国"而独霸一方的"方国"，而后强势的"方国"兼并天下，成为"帝国"（如秦代），最终形成"大一统"格局。这种看法有可取之处。文献中记载夏代以前有"万国"或"万邦"，可见传说时代有"国"或"邦"，这其实指的是古国，是以血缘关系为主体建立的社会组织，既然是"万邦"，那么当时的"国"必然不会太大，各个"国"也不可能平分秋色，而是有大有小，有强有弱。从考古遗址看，距今 3000~5000 年的四川广汉三星堆遗址无疑是一个大的邦国国都遗址，分布面积达 12 平方千米，有保存完整的东、西、南城墙和月亮湾内城墙，已确定的古文化遗存分布点达 30 多个。据考，这是古蜀国国都遗址，说明至晚在 5000 年以前，我国西南的蜀国已经出现了，也验证了古书记载的古蜀国的真实存在。

夏商周三代保留着大量上古延续下来的古国，它们有人口、武备、疆域、城郭等，也有自己的信仰、礼仪和制度。在山东、豫西、晋南、长江中游、河套等地区的龙山文化时代考古遗址中，发掘出以大型城址为中心的聚落群，每一聚落群都是有一定地域范围的政治实体，形成了"天下万国"的形势。随着农业的发展和人口的增加，有些区域出现了由中心聚落和从属性聚落组成的聚落群，聚落群内出现了明显的社会分层现象，可能已是古国的雏形。随着社会分工日趋复杂，社会也更复杂，实现了更大范围内的区域社会整合、国与国之间的整合。社会进一步复杂化，导致汉族先民从古国时代走向王国时代。例如距今4000多年的河南洛阳二里头遗址，总面积为3.75平方千米，遗址内发现有宫殿建筑基址、平民居住遗址、手工业作坊遗址、墓葬和窖穴等，出土了铜器、陶器、玉器、象牙器、骨器、漆器、石器、蚌器等器物。遗址中部发现的30多座夯土建筑基址。该遗址都城布置严格方正，实现了"居葬合一"，同宫城宫市制度、青铜礼乐制度等一起，为商周及后世文明奠定了最主要和最直接的基础。考古工作者认定为宫殿建筑基址群，有人甚至认为这个遗址是夏代都城遗址，即夏斟鄩的所在地。

从古书材料看，分封诸侯国，应远在夏商周之前。《国语·晋语四》："昔少典娶于有蟜氏，生黄帝、炎帝。黄帝以姬水成，炎帝以姜水成。"《史记·五帝本纪》："黄帝者，少典之子。"索隐："少典者，诸侯之号，非人名也。"《五帝本纪》还说："轩辕之时，神农氏世衰。诸侯相侵伐，暴虐百姓，而神农氏弗能征。于是轩辕乃习用干戈，以征不享，诸侯咸来宾从。而蚩尤最为暴，莫能伐。炎帝欲侵陵诸侯，诸侯咸归轩辕。"上述材料均能证明，黄帝之前，早已有分封制度。据《史记》，后来尧、舜、禹莫不如此，例如《五帝本纪》"尧崩……诸侯朝觐

者不之丹朱而之舜"，《夏本纪》"天下诸侯皆去商均而朝禹"，
"自孔甲以来而诸侯多畔夏"，"汤封夏之后"，"太史公曰：禹
为姒姓，其后分封，用国为姓，故有夏后氏、有扈氏、有男氏、
斟寻氏、彤城氏、褒氏、费氏、杞氏、缯氏、辛氏、冥氏、斟
戈氏"，《殷本纪》"契长而佐禹治水有功……封于商，赐姓子
氏"，"于是诸侯毕服，汤乃践天子位，平定海内"，"于是周武
王为天子……而封殷后为诸侯，属周"，"契为子姓，其后分封，
以国为姓，有殷氏、来氏、宋氏、空桐氏、稚氏、北殷氏、目夷
氏"，《周本纪》"帝舜……封弃于邰，号曰后稷，别姓姬氏"。

　　历朝历代，分封同姓子弟者甚多，但有些朝代也分封异姓
诸侯，诸侯被分封到全国各地，包括四夷地区，共同维护王朝
的统治，也形成了族群的大流动。《战国策·齐策四》："古大禹
之时，诸侯万国。"可见夏朝诸侯国甚多。上文所引《史记·夏
本纪》中所列夏禹分封的有 12 个诸侯国，这 12 个诸侯国只是
《史记》举例性质所列举的，都是夏朝分封的，多夏禹后裔。越
国始祖是夏朝君主少康的庶子无余，越国是少康给他的封地，
《史记·越王勾践世家》："越王勾践，其先禹之苗裔，而夏后
帝少康之庶子也。封于会稽，以奉守禹之祀。"杞国也是夏朝始
封的诸侯国，历商周至战国初年才被楚国灭掉。缯国，据《世
本·氏姓篇》："鄫，鄫氏，分封用国为氏，鲁有鄫鼓父。曾氏，
夏少康封其少子曲烈于鄫。"（秦嘉谟辑补本）褒国，国君为有
褒氏，是夏禹的儿子，夏后启的兄弟。褒国是褒姒的娘家，如果
承认历史上有褒姒，就要承认有褒国，承认有夏朝；只有这样，
才能真正解释清楚相关的文化现象。至于商代，分封诸侯已经
可考了，分封的宗室及异姓如邓国（在今湖北襄阳、河南邓州
一带，武丁叔父的封地）、孤竹国（在今河北至辽西一带，商的

宗室墨氏一支）、崇国（夏商都有崇国，是夏的后裔，商的崇国分封在陕西丰、镐之间的关中地区，即今陕西西安鄠邑区一带）、杞国（夏的后裔，在今河南杞县一带）、宋国（商代已有宋国，是商的后裔，在今河南商丘一带）等。

　　夏朝也分封异姓为诸侯。例如徐国，《元和姓纂》和《通志·氏族略》记载，徐氏为颛顼、皋陶的后代。夏禹时封伯益之子嬴若木于徐国，国都原在山东郯城，后来迁至今江苏宿迁市泗洪县，春秋时期，徐国在淮夷诸国中国力最强，在其地出土的大量青铜器能有力地证明徐国是说汉语的国家。

　　历史上有一些同名的国，实为两个或多个不同的实体。上面说到东虢国和西虢国就是如此。周武王封周文王的两个弟弟，虢仲封到制地，建立东虢国；虢叔封到雍地，建立西虢国。周厉王、宣王之际，西虢国东迁到河南三门峡一带立国，成了南虢国，并在东迁之前的原地留有一小部分人，称为小虢国；河南三门峡市发掘出南虢国的墓葬及大量文物，其中相当多的青铜礼器上的铭文是汉字。东虢国后来被郑武公灭了，周平王封他的后裔虢序于夏阳，建立北虢国。这仍是在姬姓的范围内的变迁。

河南三门峡南虢国墓葬出土兽叔铜盨及其铭文

有的诸侯国在不同的朝代重新得到分封，这种情况非常常见，表明后起王朝对这个早已存在的实体的承认，也表明该王朝对这个实体具有统治地位。《史记·周本纪》"伐崇侯虎"下《正义》引皇甫谧："夏鲧封。虞、夏、商、周皆有崇国，崇国盖在丰、镐之间。"尧舜时，因夏禹的父亲鲧建造城郭有功，尧把崇地（在今河南登封嵩山周围）封给了鲧，《国语·周语下》："其在有虞，有崇伯鲧。"韦昭注："崇，鲧国。伯，爵也。"

还有不少国是国名相同，但是改换了姓。上面说到齐国，原来是姜齐，后来是田齐代姜，而国名没有改变。蓼国是夏朝远支宗室在中原建立的国家，是黄帝的后裔，其地在今河南南阳唐河县南的湖阳镇，东北依蓼山。《左传·桓公十一年》："郧人军于蒲骚，将与随、绞、州、蓼伐楚师。"杜预注："蓼国，今义阳棘阳县东南湖阳城。"春秋时还有一个蓼国，《左传·文公五年》："冬，楚（公）子燮灭蓼，臧文仲闻六与蓼灭，曰：'皋陶庭坚不祀忽诸。'"杜预注："蓼国，今安丰蓼县。"又注："蓼与六皆皋陶后也。"这个蓼国位于今河南固始县，是庭坚的后裔。

唐国，起先是帝尧做国君时的封国，在河北保定唐县，后迁徙到山西太原一带。这是复姓伊祁氏的唐国。位于山西襄汾的陶寺城址，是迄今为止我国古代都城考古遗址中发现的时代最早、反映史前都邑生活最全面的城址，都城由宫城和外郭城组成，有人推测该城址应为尧都。在陶寺遗址考古发现的两座墓葬中出土了与"测中"有关的"鸷表"等遗物，折射出陶寺城址当年选址的"求中"理念。周成王在位时，将唐国所在地（今山西翼城县）封给他弟弟唐叔虞，唐叔虞的儿子燮父继位后，迁徙到晋水，于是更国号为晋，就是晋国，后来一度成为诸侯霸主。这是姬姓唐国。唐国既然封给了唐叔虞，于是将尧的后裔改封到杜地。

距今4100~4300年的陶寺早期遗址总面积约160万平方米，其中宫城有13万平方米，有结构复杂的曲尺形角门，已发现疑似"冰窖"的附属建筑；南外侧近10万平方米，是下层贵族居住区的小城，已发现双开间半地穴式住宅。宫城东西两侧是普通居民区，东侧有大型仓储区。东南是王族墓地，已发掘王墓6座，随葬品100多件，出土了彩绘陶龙盘、彩绘陶礼器、彩绘木器、玉石钺、大厨刀、日用陶器等；大贵族墓有几十座，随葬品有几十件，含石磬、陶鼓、鼍鼓等礼乐器组合，以及彩绘陶器和日用陶器；其余近千座小墓几乎没有随葬品。由此可见，陶寺遗址反映出当时社会已有明确的阶级之分。反观汉族周边，有些民族在1949年以前还处于原始部落阶段，跟汉族很早进入阶级社会是很不相同的社会形态，这对汉藏诸语言同源的说法也是不利的。

春秋以前，有两个燕国，即南燕、北燕，早期史籍中出现的"燕"多指南燕，它是姞姓诸侯国，始封国君伯儵是黄帝后人吉光的后裔。这个燕国位于今河南延津，早于北燕国。《国语·晋语四》载："凡黄帝文子二十五宗，其得姓者十四人，为十二姓，姬、酉、祁、己、滕、任、荀、葳、僖、姞、儇、依是也。"《左传·隐公五年》："卫人以燕师伐郑。"杜预注："南燕国，今东郡燕县。"孔颖达疏："燕有二国，一称北燕，故此注言南燕以别之。《世本》：'燕国姞姓。'《地理志》：东郡燕县，'南燕国，姞姓，黄帝之后'也。小国无世家，不知其君号谥，唯《庄二十》燕仲父见传耳。"《潜夫论·志氏姓》："姞氏封于燕……姞氏之别有阚、尹、蔡、光、鲁、雍、断、密须氏。"

南燕国可能在春秋时就被灭了。周武王灭商后，封其弟姬奭于燕地，建立燕国，姬奭没有去燕地就封，派他的长子姬克管理它；于是武王将国都及其附近地区的召地封给姬奭，人称姬奭为召伯、召公或召公奭。北京及周边考古发现的青铜铭文中的"匽"则多指北燕，也就是战国时期七雄中的"燕"。

在先秦，有两个虞国。夏朝初年，大禹封帝舜（有虞氏）之子商均建立虞国，治所位于今河南商丘虞城县，这是姒姓诸侯国。还有周初的封国虞国。周太王的儿子太伯和大弟弟仲雍来到吴地，太伯在吴地建立句吴古国，因为他无子，所以让弟弟仲雍继位。周武王得了天下，寻找太伯、仲雍的后代，这时吴国在位的是周章，于是正式封吴国为诸侯国；又将周章的弟弟虞仲封在周北边的夏都故址，在今山西平陆县建立虞国，这是姬姓诸侯国，后来这个虞国被晋国灭了。按情理推测，可能越往前，弱肉强食的情况越常见，这种吕之代嬴、黄之易芈的现象更多。

一个诸侯国，是以某一个宗族为基础建立起来的，这没有疑问。但至晚黄帝时代开始，同一个诸侯国的人就绝不仅仅是同一宗族的人，还有该宗族以外的人，包括很多有名无姓的奴隶及其他人群。不但诸侯国如此，最晚尧舜至夏商周三代的王朝也是如此。当然，宗族个体的配偶一般都是异姓的女性。《书·尧典》："九族既睦，平章百姓。"旧题孔传："百姓，百官。"之所以管百官叫"百姓"，是因为尧的朝廷中有许多异姓人士做官，孔疏："百姓，谓百官族姓。"据说，商朝武丁时期的傅说，本是傅岩筑墙的奴隶，武丁梦得圣人，名曰说，于是求于野，在傅岩得之，赐姓傅，举以为相。当然，说傅说是后原始汉族人应该是没有问题的。周朝起先只是商朝的一个诸侯国，未得天下时，西伯侯姬昌遇姜尚垂钓于渭水之滨，拜他为太师。姜尚辅佐姬昌建立霸业。周武王即位，尊其为"师尚父"，姜尚辅佐武王建立周朝，后在镐京病逝。鲁国本是姬姓国家，但孔子是商人后裔。吴国也是姬姓国家，但楚国的伍子胥做了吴国的大夫。春秋五霸，每一个诸侯国里都有大量的同一个宗族之外的人，这些人有的是通过战争手段得来的，有的是主动加入的，都对原来靠血缘纽带为基础建立的国家产生极大冲击。管国，是姬姓诸侯国。周朝建立后，周武王封其三弟姬鲜在管地建国，国都位于今天的河南郑州管城区。周公摄政之后，管叔勾结蔡叔度、霍叔处、武庚发动叛乱，周公率兵剿灭，管国被废，管叔鲜被诛。管叔鲜的子孙只好流亡异地，时齐鲁一带富庶，管叔后裔多数迁徙到齐、鲁一带，也有南迁到安徽、江苏北部和河南东部一带的，春秋时齐国有管仲、管至父。陈国是妫姓诸侯国，本是舜的后裔妫满的封地，始封国君妫满是在周文王朝廷担任陶正的遏父的儿子。陈国最后为楚国所灭，后代有迁徙到齐国去的。陈厉公跃的儿子陈公子完做了齐国大夫，其后裔就以田为氏，成为妫姓田氏，公元前386年，田氏代齐国吕氏姜齐为田齐。由此可见，齐国辖域里有大量非姜姓人群。

　　一个国家里有没有无血缘关系的人群呢？肯定有。汉族在史前时期一直在同化一些黄种人，可能也同化了一些白种人。无血缘关系人群的杂居、混居，在不同种族的人群冲突、交融最为频繁的边缘地带反映得最明显，不过即使是中原王朝腹地也会有这种情况，这可能是由战争带来的。例如距今3253~4836年的陕西榆林石峁遗址显示，当时居住在这个遗址的人群，跟现代汉族人群，尤其是中国北方即秦岭—淮河以北的汉族人群之间母系遗传联系最紧密；相比其他已发现的甘肃—青海地区、山东地区、河南青台遗址、陶寺遗址等有关仰韶时代和龙山时代的黄河流域古人群信息，石峁人群对现代北方汉族可能有更大的遗传贡献，考古研究显示，石峁遗址的先民是后原始汉族的居民，但是石峁遗址的石雕人面像中不乏高鼻深目者，显然是欧罗巴人种。

河南安阳出土了几千具人骨，研究者对其中的410个头骨进行了测量，确定头骨的主人属于蒙古人种的中国北部类型，他们中大部分都应该是汉族人。但在殷墟，头骨中有1%的高加索人种，属地中海类型，跟今天居住在中东和环地中海地区的白种人同源；有太平洋黑色人种，也可以叫棕色人种，跟大洋洲的巴布亚人相似；有蒙古人种中的因纽特人种，跟东北鄂伦春族人非常相似；另有一个尚不能确定类别的人种，其特征是小头、小脸。这说明，在商朝的中原腹地，也有非汉族人出现。

由以上情况，可以推断，有的诸侯国里应不止一种语言。诸侯国的建立或扩张，会使国内聚集不同的族群、民族，并存不同的语言。例如楚国说汉语，但至晚在春秋以前，其境内就有说越人语言的族群，所以刘向《说苑·善说篇》所载越人歌，是楚国下属鄂国的越人唱的，越人说的不是汉语，而是一种民族语言，所以鄂君子皙听不懂，需要人翻译。这说明，一国在主体语言之外，还有其他民族的语言的现象，这在边缘地带的诸侯国、地域广袤的诸侯国中显然是常态。

古书上对有些远古帝王或朝代的起源地、活动区域常常有不同的记载，似乎说法并不统一。其实这些不同的记载，往往都有根据，彼此之间不一定是矛盾的。原因是这些远古帝王或朝代成为强势后，随着维持强势的需要，不断迁徙，不断向四周扩充，开枝散叶，他们每占居一地，则这一地区便可以被后人说成是其族群、国家的起源地或活动区域。例如炎帝是炎帝部落的首领，关于炎帝的故里、活动区域，就有湖北随州、山西晋城高平、河南商丘、湖南怀化、湖南株洲、陕西宝鸡等不同说法，各有所据。再如关于商代的起源是在商丘。但是商丘在哪里？有不同说法，有的说起源于北方，有的说起源于东方，也都有其根据。

　　因为一个诸侯国里面可能存在着没有血缘关系的种族，四夷地区尤其会存在这种现象，所以夏商周时期的中原汉人为了强调自己的正统性，贬低四夷地区的人群，不但对处在四夷地区的原始汉族的后裔也称为"夷"，有时还会把四夷地区居住的部分民族的文化特征加在整个四夷地区居住的所有人群上面，无论他们是否属于原始汉族的后裔。这是阅读古书的相关内容时必须要注意到的一个方面，否则，会做出片面的判断。例如《淮南子·齐俗》说："故胡人弹骨，越人契臂，中国歃血也，所由各异，其于信一也。三苗髽首，羌人括领，中国冠笄，越人劗发，其于服一也。"胡人弹骨，根据许慎注，"胡人之约盟，置酒人头中，饮以相诅"，这可能是实有其事，是整个胡人的盟誓习俗。所谓"越人契臂"，如果越地有后原始汉族人群的话，这句话只能证明越地的少数民族人群有刻臂为盟的习俗，不能证明当地后原始汉族人群也这样。同理，"三苗髽首，羌人括领……越人劗发"，也不能证明三苗、羌人、越人居住地区所有的人群都这样，不排除其中后原始汉族的人群有其他的习俗，我们理解古书不能以偏概全。

四　上古史料中的汉族先民和汉语

（一）疑古与信古

　　近百年以来，疑古与信古一直是人们津津乐道的话题，其中"疑古"更为人所推崇，"信古"则受到抑制，影响至今，与此相关，形成了"疑古思潮"的概念。因为正确利用上古史料研究汉族先民和汉语问题，必然要面对"疑古"和"信古"的问题，所以我们要对此做出阐释和取舍。

　　本书的研究既非疑古派，也非信古派，只是关心：文献记录的古史不可信这一结论，是否经过了严格的逻辑推理论证。本书分两个部分来研究汉族独立为族、汉语独立为语的最晚时期。第一个部分主要是利用传世文献，采取疑古派和信古派兴起之前的考证途径探讨这个问题，疑所疑，信所信；第二个部分主要利用出土材料来探讨这个问题。这两个部分是有契合点的，合则双美离则两伤，我们不将二者对立起来。疑古派提出古人对古史记载有不一致处，这是值得重视的，但这是历史研究中经常会遇到的情况，古人对某朝的古史记载的不一致处，推不出该朝代不存在的结论。

　　"疑古"和"信古"都是模糊概念，因此"疑古"和"信古"都不是严格意义上的科学概念。无端猜测必然陷入虚无主义，盲目迷信必然导致食古不化。我们应该区分"无端猜测"和"科学怀疑"、"盲目迷信"和"科学相信"这两对术语，将"疑古"的"疑"理解为"科学怀疑"，"信古"的"信"理解为"科学相信"，然后才可以将"疑古"和"信古"纳入科学轨道。有人还提出了"释古"的概念，这也是一个模糊概念，"释"有正释和误释之别，只有将"释"理解为正确解释，才是正确的。

科学相信和科学怀疑是相反相成的一对概念。没有怀疑就没有相信，没有相信就没有怀疑，相信也必然伴随着怀疑，怀疑是为了相信。因此，科学怀疑和科学相信是须臾都不能分离的，没有科学怀疑的对立面科学相信，科学怀疑就不可能成立；反过来也一样。从这个意义上说，疑古和信古都是正确的，不应扬此抑彼，求真务实永远是科学的最高追求。

我国自商代开始，对古书就有"疑古"和"信古"这两种不同的思维路径。《论语·述而》："子曰：'述而不作，信而好古，窃比于我老彭。'"老彭是商代的贤大夫，孔夫子的话表明，商代一定有人没有采取"述而不作，信而好古"的治学方式，否则这样的话就成了无的放矢。"信而好古"是针对"不信而好古"来说的，不信而好古，正好可以说明商代至春秋时，有人对古书采取疑古的态度。孔夫子树立了"疑古"和"信古"相结合的思维方式的榜样，这也是先秦重要的思维方式，《吕氏春秋》将这种思维方式叫作"察传"。《吕氏春秋·察传》载："鲁哀公问于孔子曰：'乐正夔一足，信乎？'孔子曰：'昔者舜欲以乐传教于天下，乃令重黎举夔于草莽之中而进之，舜以为乐正。夔于是正六律，和五声，以通八风。而天下大服。重黎又欲益求人，舜曰："夫乐，天地之精也，得失之节也。故唯圣人为能和乐之本也。夔能和之，以平天下，若夔者一而足矣。"故曰"夔一足"，非"一足"也。'……子夏之晋，过卫，有读史记者曰：'晋师三豕涉河。'子夏曰：'非也，是己亥也。夫己与三相近，豕与亥相似。'至于晋而问之，则曰，晋师己亥涉河也。"此后，疑古和信古之风都传承了下来，有人疑古多一些，例如王充《论衡》等；有人信古多一些，例如"十三经"的一些旧注，这些都无可厚非。如果细绎古书，就可以知道，中国历史上一直都存在着"疑古"和"信古"的思维路径。

日本白鸟库吉于 1909 年在东洋协会评议委员会上讲演，明确否定有关尧舜禹的传说，这就是"尧舜禹抹杀论"。内藤湖南于 1921 年发表《尚书稽疑》，结论是："《尚书》中周书以前关于殷商的诸篇，离孔子及其门下的时代已甚远，而关于尧舜禹的记载不得不认为更是后来附加上去的。"1922 年，他发表《禹贡的制作时代》，指出《禹贡》一书是利用战国末年最发达的地理学知识编成，其中虽多少含有部分战国以前的材料，但大多数材料都不可能是战国以前的。疑古派的代表人物生当晚清，那时候早已海禁大开，西洋、东洋的学术成果比较容易获得，在阅读上，原来精读的阅读风气渐渐演化为以泛读为主了，科举考试也不再是学子的唯一出路，尤其是废除科举以后，人们的阅读面更多地放在获取外国著述方面，这使得他们接受了更多的国外新知，给学人带来了比较的视野，视野远比以前宏阔，所以到 20 世纪 20 年代，受欧美及日本学术的影响，胡适（后发生转变）、钱玄同、顾颉刚等人从理论上提出了"疑古"的思想认识，在新文化运动以后形成了一个以"疑古辨伪"为特征的史学、经学研究的学术流派，伴随着一种极端的疑古思潮，影响至今。胡适于 1919 年在我国国内出版《中国哲学史大纲》（上卷），大量接受既往的辨伪意见，对我国东周以前的古书持怀疑的态度，这对古史辨学派的形成产生巨大影响。章炳麟《论经史实录不应无故怀疑》一文已经注意疑古思潮受到日本的影响，对疑古派的做法进行了激烈的批评，提出希望："此种疑古，余以为极不学可笑者，深望国人能矫正之也。"

古史辨学派的理论和方法对于冲击、涤荡"佞古"的学术弊端起到积极作用，他们的某些古史辨伪成果很有道理，有些理论，诸如层累地造成古史等，大致还是符合史实的；有可取之处。但古史辨学派忽视了疑古和信古的辩证法，客观上造成疑古和信古的对立，有意无意将传世文献和出土材料对立起来，抑制信古，片面夸大疑古的价值，甚至为怀疑而怀疑，主观上先立下研究目标，企图打破"华夏正统"的旧史学框架，不完全符合科学精神，不免先入为主，抱有成见。站在今天的科学高度说，他们的某些理论及具体成果越来越在理论和实践上暴露出局限性，也越来越不符合时代的需要。胡适、钱玄同、顾颉刚等人怀疑古书的真实性，同时又不得不利用古书，势必相信部分古书或古书的部分内容的真实性，显示出"相信自己所相信的"的古书，"不相信自己不相信的"古书的任取所需的局面，自相矛盾，进退失据，顾颉刚甚至提出过"大禹是一条虫"的结论。根据大禹名中有"禹"字，推论大禹是根据动物起名的，这是中规中矩的逻辑推理；由"禹"字推出"大禹是一条虫"则不合逻辑，犯了"推不出"的逻辑错误。在求真的道路上，实证永远是第一位的。

顾颉刚得出"大禹是一条虫"的假设，尽管他后来放弃了，但是这种得结论的思路他并没有放弃，因此我们在这里略做剖析。顾氏希望透过古书记载中的荒诞部分，去伪存真，还原历史真相，这是很好的愿望，借鉴了当时欧洲学者的研究思路。问题在于如何还原，具体做法有科学不科学之分，因此得出的结论会有云泥之别。不得不指出，顾氏原来所持大禹由虫变人间帝王的假设，很多都是猜的，没有可靠证据。这只要将他的论证过程加以分剖，看看支撑他这个结论的各项证据，这些证据是猜测还是基于材料，就看得很清楚。他以为禹或是九鼎上铸的一种动物，当时铸鼎象物，奇怪的形状一定很多，禹是鼎上动物的最有力者，这多不是既有的事实，而是顾氏的臆测；他又推测，九鼎上或者有敷土的样子，就算大禹是开天辟地的人，这也是猜测，既无出土材料，也无传世文献为证。他进一步推测，流传到后来，大禹就成了真的人王了。顾氏选择性地承认有九鼎，九鼎上铸刻某种动物；猜想出九鼎上有很多奇怪的形状，禹是鼎上最有力的动物，鼎上还有敷土的样子，象征禹是开天辟地的人，禹在流传过程中变成了人王，据此他彻底否定禹的存在。由此可知，顾颉刚的这条路子，揣测跟沿袭共舞，疑古和信古并行，科学与非科学齐臻，理论和实践脱节，这是极端疑古者的必然做派，充满了矛盾，不符合严格的逻辑推导。正如王力先生在《训诂学上的一些问题》中所批评的："自从胡适提出了'大胆假设，细心求证'的实用主义观点，许多人受了他的影响，抛弃了清代学者朴学的优点，而在前人主观臆测的缺点上变本加厉，以达到实用主义的目的。于是大禹变成了一条虫，墨子变成了印度人！训诂学上的实用主义，至今没有受到应得的批判。"（第 312 页）很多时候，疑古和信古不是一种典型的科学之争，而是一种信念的博弈，因为双方都无法令人信服地论证自己的观点，有时不免流于口舌之

争。论争中涉及一个重大问题，即如何对古书的具体记载加以
采信和证伪？有关这一点，论争双方似乎都没有给出有效的解
决办法。由于没有给出有效的解决办法，因此迄今还有少数学
者沿着极端疑古派的步履，走得更远。他们变着花样从古书的
字里行间中"寻真相"，比如信口开河或拐弯抹角地运用一声
之转，弃其精华，取其糟粕，得出一些荒谬的结论。

　　回顾学术史，古史辨学派是宋代吴棫、朱熹以来否定古
文《尚书》一脉的延续，但是破坏力更强。古史辨学派至今仍
然造成一定影响，我们不能忽视它的消极影响。曾经有一段时
间，该学派甚至怀疑历史上是否有屈原这个人。为了将地下
发掘和传世古书对立起来，拔高地下发掘的价值，网上有人发
帖，不惜捏造一个批判的靶子，说西方人不相信古书记载，因
为没有像见到商代文物那样见到夏代文物，尤其是夏代汉字，
于是西方学者不承认有夏朝存在。但是发帖者从来没有说当
今有哪位西方学者明确否认夏朝的存在。有人大概看出这是
个虚构的靶子，于是找理由说，国外编写的历史书只是说，中
国的历史学家传统上把中华民族的起源追溯到4000多年前夏
朝建立的时期，但人们对这个朝代知之甚少，第二个王朝商朝
取代了这个王朝。他们由此推定：世界多数国家都不承认中国
夏朝的真实存在。这是基本的逻辑推理的失误。据我看来，有
人虚构西方不承认夏朝存在的靶子，尽管主观动机是什么不好
去揣测，但此说无疑是受到古史辨学派的消极影响。幸亏商朝
有出土材料印证古书所记不误，不然，恐怕连商周的存在都要
否定了。

　　细读否定夏朝存在的文章，我们会感到，这是一种粗放型
的研究，留下了许多宏观和微观上的研究漏洞。例如"九河"

古来都以为是黄河下游经过大禹疏导的九条分支，九河的得名跟大禹治水有关。《书·禹贡》有："九河既道。"《尔雅·释水》："徒骇、太史、马颊、覆鬴、胡苏、简、絜、钩盘、鬲津，九河。"《尚书正义》："李巡曰：'徒骇，禹疏九河，以徒众起，故云徒骇。太史，禹大使徒众，通其水道，故曰太史。马颊，河势上广下狭，状如马颊也。覆釜，水中多渚，往往而处，形如覆釜。胡苏，其水下流，故曰胡苏。胡，下也。苏，流也。简，大也，河水深而大也。絜，言河水多山石，治之苦絜。絜，苦也。钩盘，言河水曲如钩，屈折如盘也。鬲津，河水狭小，可鬲以为津也。'孙炎曰：'徒骇，禹疏九河，用功虽广，众惧不成，故曰徒骇。胡苏，水流多散胡苏然。'其余同李巡。郭璞云：'徒骇今在成平。东光县今有胡苏亭。'覆釜之名同李巡，余名皆云其义未详。计禹陈九河，云复其故道，则名应先有，不宜'徒骇、太史'因禹立名，此郭氏所以未详也。或九河虽旧有名，至禹治水，更别立名，即《尔雅》所云是也。"如果不同意大禹治水之说，那么必须要拿出铁证，证明"徒骇、太史"得名跟大禹治水无关，但是没有见到有这样的论证，令人遗憾。再如先秦学者常常在他们的著作中引谚语来帮助自己阐发观点。他们有时直接说"谚、语"，有时说"古言、古人言、人言、古语、先圣谚、遗谚、野语、鄙谚、鄙语、里语、民语、人言、国言、齐人言"等。值得注意的是，他们有时候在"谚"前面冠上朝代，有"周谚"，特别是《晏子春秋·内篇》《孟子·梁惠王下》都引了"夏谚"，《晏子春秋·内篇问下·景公问何修则夫先王之游晏子对以省耕实》："夏谚曰：'吾君不游，我曷以休？吾君不豫，我曷以助？一游一豫，为诸侯度。'"《孟子·梁惠王下》："夏谚曰：'吾王不游，吾何以休？吾王不豫，吾何以助？一游一豫，为诸侯度。'"按照阅读古书达成的共识，那必须得假定《晏子春秋》《孟子》引夏谚不可能是他们胡编乱造的，说到底，他们一定是见到了夏代传下来的书中有这个谚语。如果不承认有夏朝，就必须论定，而不是猜测这里所引夏谚是孟子等人编造出来的。但是我们也没有见到这样的论证。总起来说，断定夏朝不存在，必然要面对许多琐细的论证，匆忙下结论是不可取的。

否定夏朝的存在，这是一个老看法，白鸟库吉、顾颉刚已有这样的观点。这种观点迄今仍有一定影响力。有人不承认传世文献的价值，又因为没有看见明确的夏朝时期的出土资料而否定夏朝的存在，这类学者在中国和西方都有。但也有不少学者撰文论定夏朝存在，例如王国维论证夏禹的记载不仅见于传世古书，也见于春秋青铜器。再如在湖北随州春秋曾国贵族墓地出土了2000余件青铜器，其中400多件青铜礼乐器上都有铭文，在尚未除锈的情况下，共发现近6000字铭文。其中M190墓出土曾公求镈钟铭文达312字，M169曾侯夫人芈加墓出土编钟铭文"帅禹之堵""以长辥夏"，是首次经科学考古发掘出的在春秋时期青铜器上明确记载"禹""夏"的铭文，比此前传世所见豳公盨、秦公簋、叔夷镈上的"禹""夏"铭文更早。章炳麟《论经史实录不应无故怀疑》批评了"今人以为史迹渺茫，求之于史，不如求之于器"的"恃器证古"的做法，可参。我国目前所见最早的带有铭文的青铜器，是二里岗时期即商代早期的青铜器，其上只发现个别铭文。商代中期以后，特别是盘庚迁殷以后直到商末，青铜器的铭文最多的达到几十个字，但是这不能推出汉族地区在商代才开始铸造带字青铜器的结论。

湖北随州春秋曾国贵族墓地出土 M190（曾公求）编钟组合

《尚书》中的《大禹谟》《皋陶谟》《益稷》等有一些韵文，反映的韵部变化现象跟秦汉以后不同，这很难是秦汉以后人仿古能模仿得出来的。《尧典》是夏以前的文献记录，《禹贡》是夏朝的文献记录，它们在写作时，一定是用早于商代的文字记录的，它们的遣词造句有的很古奥，这些古奥的表达不可能是后人造出来的，以前的疑古派对此关注不够。有人在没有铁证的情况下，认为是周代以后伪造的，清代魏源、王国维以为是周史官所作，康有为以为是孔子所作，钱玄同、郭沫若等以为是战国时人所作，陈梦家以为是秦代成文，顾颉刚以为是汉武帝时所作，但都没有过硬的证据。原因之一就是忽视了《尧典》《禹贡》的遣词造句有先于周秦的语言成分。后来有人撰文，根据《尧典》对星象的记录符合帝尧时期的天文现象，推断《尧典》不可能是后人编造出来的。章炳麟《论经史实录不应无故怀疑》："夫伪造《尧典》《禹贡》者，果何人哉？……然《禹贡》所载山川，有孔子前早已失去者……又就天象考之，古人以昏中之星验天，而《尧典》所言中星，与后世所见不同……《尧典》《禹贡》既不能证其伪造，则尧、禹之不得怀疑，无待繁言而解矣。"

《大戴礼记》有《夏小正》，相传是夏代流传下来的，据后人研究，应该有后人窜入的内容。日本学者能田忠亮《夏小正星象论》研究《夏小正》，论证《夏小正》的极大部分天象属于公元前2000年前后（夏朝初年）。春秋战国时期，就有夏历、殷历、周历等历法的不同，它们对于岁首的月建有不同，是所谓"三正"，对此古人从来没有否定的意见。如果不承认夏朝的存在，那么就没有办法合理地解释夏历是怎么来的，这总不可能是后人编出来的吧。

其实，春秋战国时期还有比夏历更早的历法传下来。例如秦国使用的是颛顼历。颛顼是黄帝的孙子，秦国的远祖，他的后裔蜚廉（也写作飞廉），是商纣王的大臣，蜚廉的儿子叫恶来，是秦国的始祖。《史记》《汉书》都提到，直至汉初，颛顼历仍在使用。秦国使用颛顼历，有传世文献记载可证，出土文献也可以证实。席泽宗《马王堆汉墓帛书中的〈五星占〉》根据日食发生的时间断定《吕氏春秋·序意篇》"维秦八年，岁在涒滩，秋甲子朔"采用的是颛顼历；张培瑜《新出土秦汉简牍中关于太初前历法的研究》论证"战国后期在秦国施行的是颛顼历"，秦统一后对历法进行了改革；陈久金、陈美东《从元光历谱及马王堆帛书天文资料试探颛顼历问题》，也论证了历史上关于颛顼历的记载是事实，可以成立；此外，严敦杰《释四分历》尽管论证"战国末和西汉初不一定都用颛顼历和殷历"，但是他的研究没有否定秦国使用颛顼历。楚国跟秦国一样，都是颛顼的后代，《史记·楚世家》："楚之先祖出自帝颛顼高阳。高阳者，黄帝之孙，昌意之子也。"关于楚国的历法，学界有建亥、建寅、建丑三种观点，本书作者倾向于建亥即以亥月为岁首的说法。湖北云梦出土秦简甲种《日书》有一份秦楚月名对照表，跟秦不一样，楚国是以亥月为岁首，一月相当于秦的十月，秦的历法应该更古老一些，楚国则不同于颛顼历。因此，秦国使用过颛顼历，这是从来没有不同意见的。如果秦国使用颛顼历是后人编造出来的，历史上没有颛顼这个人，这种现象就不可能解释清楚，如果对这种现象都要否认，我不知道这是不是有点儿胡搅蛮缠。

不承认夏朝的存在，不但不合古书记载，而且没有可能讲清后来一些诸侯国以及姓氏、九州、汉字等一系列的文化现象的由来，所以这不仅仅是否定文字记载的问题。例如《广韵·东韵》"公"小韵"功"下注："又汉复姓。《何氏姓苑》云：'汉营陵令成功恢。禹治水告成功，后为氏。'"如果不承认大禹治水的事，那么如何解释"成功"这一复姓的来历？徐国是夏朝至西周时期诸侯国。开国君主若木是伯益之子，嬴姓。徐的都城多次迁徙，曾迁徙到徐城（今江苏宿迁泗洪县），徐国后成为东夷集团中最强大的国家，西周时，跟西周王室多次兵戎相见，跟鲁国、淮夷也有军事冲突，徐偃王时，曾大举进攻周朝首都，被周穆王打败，周穆王封他的子孙为徐子，徐国继续存在，最终被吴国灭掉了。考古发现了徐国的多种青铜器，据青铜器可知，徐国说汉语是明摆着的事实。否认夏朝的存在，表面上似乎是治学严谨，其实适得其反。据此说法，必然要假定商朝是我国最早的王朝，可是就考古成果看，商朝作为王朝，是非常发达的。如果商朝是最早的王朝，那么就必然假定我国的王朝是突然出现并走向发达的，完全不符合基本的历史逻辑，况且说夏朝不存在，根据是什么呢？很显然，没有发现夏朝的考古证据怎么能证明夏朝不存在呢。这种论证方式我不知道是怎么严格推导出来的。在我看来，这是没有科学根据的一种推导，它既非充足条件，也非必要条件，是逻辑推理上的严重缺陷。

那么，我们该怎样利用古书的材料进行辨伪呢？还是应该回到科学的轨道上来，具体问题具体分析，不能一刀切，而且也切不开。对待既有的辨伪成果要这样，从事辨伪工作也要这样。

第一，必须尊重常识。科学研究不违背常识是世界上从事科学研究都必须遵守的一条研究原则。大家认识到，常识是经验得来的，不免有错误，缺乏系统性，但是对于常识中的错误和不系统的部分，必须要有铁的证据加以纠正，否则科学研究必不能违背常识。古人的生活今已远，许多生活情况，我们只能根据古人的记录才可以知道，这些记录一直为人采信，其中很多部分就连古史辨学派也没法否认。如果连这些都否认，那还怎么去研究古史？例如大家都承认秦始皇是一个真实的存在。如果有人异想天开，对此都要加以否认，并且反客为主地宣称，谁承认秦始皇存在，谁就要去加以论证，那就不免强词夺理，陷入虚无主义的泥淖。诚然，古史的辨伪不是法律的无罪辩护，这跟司法上面的"疑罪从无"是两个不同的问题，采信常识是一种科学相信，跟司法上的"疑罪从无"是没有什么可类比之处的。

再如《墨子》讲墨子能看到夏商周以前的古籍，《兼爱下》："何知先圣六王之亲行之也？子墨子曰：'吾非与之并世同时，亲闻其声、见其色也，以其所书于竹帛，镂于金石，琢于盘盂，传遗后世子孙者知之。《泰誓》曰……且不唯《泰誓》为然，虽《禹誓》即亦犹是也……且不唯《禹誓》为然，虽《汤说》即亦犹是也……且不惟《誓命》与《汤说》为然，《周诗》即亦犹是也。'"据此，墨子可以通过流传到当时的"竹帛""金石""盘盂"知道"先圣六王"的一些言行。如果没有充足的证据，我们不应该轻易断定《墨子》的这些话是假话。

第二，必须尊重事实和进行严格的逻辑推理。辨伪学是一门非常复杂的学问，涉及大量的逻辑推理，推理的严密性是必须要认真考虑的。我们对待信古派和疑古派的研究成果都应该一视同仁，不能只要求信古派拿出切实的证据，但对疑古派就降低要求，要具体问题具体分析，不能搞大而化之的研究。例如关于历史上是否有屈原这个人，有人举出一些证据，企图证明历史上没有屈原这个人，但是所列的证据并没有达到这样的论证效果，在逻辑上属于"推不出"，这样的论证陷入了为怀疑而怀疑的泥淖，是钻牛角尖。再如关于帝系，古书里的记载有的是矛盾的，到底信从哪一个呢？在逻辑上，只能证明有的帝系记载有误，不能必然推出帝系不存在。严格的逻辑推理只能证明到这一步，那么对对不上茬儿的记载应该如何取舍？首先应该根据相关的材料进行考信工作。如果不能考信，那么可以通过上下文包含的若干信息，分析它产生的原因及其言外之意，换一个角度进行更为严格或更为合理的推理。例如某诸侯国的姓，古人所记有时候不一致，但是我们可以推断：该诸侯国是肯定有姓的。

在我看来，根据地下出土材料没有发现某一个朝代的文物，就断定某一个朝代是虚构的，这是很荒唐的推理；根据地下出土材料没有发现夏朝的文字记载，就断定夏朝不存在，毫无道理。如同我们今天的考古，没有发现商代至西周的简牍，我们不能断定商至西周不用简牍作为汉字的载体。相对于古代曾经有过的一切事实，地下考古发现十分有限，必须谨慎对待。两三千年来，古人从没有否认夏朝的存在，科学无禁区，疑古派有挑战传统观念的勇气，是值得肯定的；但是还需要有论证夏朝的不存在的智慧和功力，要洒下辛勤的汗水，这是疑古派的部分学者所不具有的，他们往往只有一些印象式的论证，很多必要的微观研究都没有开展。对于受众来说，匆忙接受这种结论，加以吹捧，也是不科学的。

有人以为古书记载的民族起源多为伪造，并以体质人类学的研究作为佐证。我们要说，体质人类学的证据在证明民族起源上面有严重缺陷，这跟用 DNA 证明民族与民族之间的分别并没有说服力道理相同；而且这方面的证据残缺不全，它的证明作用远远赶不上语言学的证据。比如北方汉人，撇开个体的汉人进入游牧部族不谈，无论是史前时期还是有史时期，都会有一些人群因种种原因被迫或主动融入北方游牧部族。《史记·匈奴列传》关于匈奴起源的说法是"匈奴，其先祖夏后氏之苗裔也，曰淳维"，说得斩钉截铁。现在我们知道，匈奴的主体不可能是夏后氏的苗裔，他们不可能只有一个血统来源，但他们是说阿尔泰语的人群。《史记》这话是不是空穴来风呢？并不是。匈奴在相当长一段时间里，一直依附汉朝，这应该是匈奴人主动迎合汉朝而编造的跟汉族的血缘关系。由此我们可以推断：匈奴人里一定融入了夏后氏的苗裔。《魏书·序纪》关于鲜卑起源的说法是："昔黄帝有子二十五人，或内列诸华，或外分荒服。昌意少子，受封北土，国有大鲜卑山，因以为号。其后，世为君长，统幽都之北，广漠之野。畜牧迁徙，射猎为业，淳朴为俗，简易为化，不为文字，刻木纪契而已。世事远近，人相传授，如史官之纪录焉。黄帝以土德王，北俗谓土为托，谓后为跋，故以为氏。其裔始均，入仕尧世，逐女魃于弱水之北，民赖其勤，帝舜嘉之，命为田祖。爰历三代，以及秦汉，獯鬻、猃狁、山戎、匈奴之属，累代残暴，作害中州，而始均之裔，不交南夏，是以载籍无闻焉。"现在学者们经过研究，一般都认为鲜卑语是一种阿尔泰语，因此鲜卑族的主体不可能是汉族先民，因此一般认为《魏书》的这个记载不可信，但这种说法不可能是空穴来风，我们仍然可以推断：至晚从黄帝时起，就有汉族先民融入鲜卑族。所以读古书中的类似记载，不能全部相信，但是也不要一口否决，要冷静、客观分析，看看证伪和证实的证据是否充分。英国学者赫胥黎在《人类在自然界的位置》中说："古代的传说，如用现代严密的科学方法去检验，大都是像梦一样平凡地消逝了。但奇怪的是，这种像梦一样的传说，往往是一个半醒半睡的梦，预示着真实。"章炳麟《论经史实录不应无故怀疑》："史有事实离奇，难于确然置信者，其故盖由于实有其事，而描写过甚。"这些话对我们进行科学思考有借鉴意义。

我国至少有三千年以上的传世文献，这种文化传承现象在世界上是独一无二的，其间的真伪情况非常复杂。面对着这一大宗材料进行文化考古，即使有地下发掘成果，我也可以肯定地说，片面接受疑古派或信古派的主张都不可能解决其真伪问题，采取选边站的办法是不科学的，也是不可行的；尤其是顾颉刚等人的疑古派思路，经过百年沉淀，暴露出来的问题越来越多，需要深刻反思。

上面说到，在中国学术史上，一直存在着疑古和信古两种倾向，看来这两种倾向还会在相当长的历史中存在下去；

古人在研究历史问题时，必然会面对着疑古和信古的问题，也会有他们的取舍。本书对于古书材料的具体处理，还是采取传统的办法，这种办法跟笛卡尔创立的可知论的怀疑主义是相通的，也是理性和科学的；不采取这种办法，就容易滑向不可知论的怀疑主义泥淖。不可知论的怀疑主义是为怀疑而怀疑，过分夸大感觉和认识的相对性，只有破坏性而没有建设性，反映在对于我国传世文献的态度上，必然的结果就是，古书上的叙述，如果没有得到出土材料的验证，就必然不可信。这种推理显然有问题，不可能贯彻始终。例如原来发现最早的希腊文碑铭是在希腊雅典城和东南面的锡拉岛（Thera）出土的公元前 9 世纪的遗物。随着考古新发现，这个结论得到修正，原因是在希腊西南角有一个名叫 Iklaina 的地方，历史年代可追溯到公元前 1500~ 前 100 年的迈锡尼时期（Mycenaean），Iklaina 后来在公元前 1400 年为内斯特国王（King Nestor）所征服。前几年，一个美国人在该地发现一块刻有文字的土板，上刻一个极具当时古希腊特色的字母 B，还在土板上识别出一个与制造相关的动词。如果这个考古发现是确实的话，那么它就将欧洲最早的文字上推到 3500 年前。在此发现之前，人们并没有因为文字记载发现较晚而否定希腊的史前史，也就是没有否认此前的米诺斯文明、迈锡尼文明等，也没有人认定希罗多德《历史》、修昔底德《伯罗奔尼撒战争史》、斯特拉波《地理志》、色诺芬《长征记》、阿里安《亚历山大传》、普鲁塔克《名人传》及其他历史著作是后人伪作，它们所记载的内容尽管多未得到考古发现的进一步证实，但没有人怀疑它们的史料价值。这是科学的做法，它有力地说明：古书上的叙述，如果没有得到出土材料的验证，就必然不可信这样的结论是不科学的。

　　以前有的信古派和疑古派都有"过度推理"的弊端，从而导致其屡犯"推不出"的逻辑错误，这应该竭力避免。例如有人根据《史记·吴太伯世家》等相关记载，推定太伯、仲雍进入吴地之前，吴地只有少数民族人群，没有汉族先民，这种推理就不很严格，因为根据他们提供的古书材料，根本推不出这个结论；那些话充其量只能证明太伯、仲雍入吴之前，吴地有相当多少数民族人群，不能证明当地没有汉族人群。《孟子·滕文公下》："孟子谓戴不胜曰：'子欲子之王之善与？我明告子。有楚大夫于此，欲其子之齐语也，则使齐人傅诸？使楚人傅诸？'曰：'使齐人傅之。'曰：'一齐人傅之，众楚人咻之，虽日挞而求其齐也，不可得矣。引而置之庄、岳之间数年，虽日挞而求其楚，亦不可得矣。'"有人据此推理说，孟子时代，齐国话跟楚国话有很大差别，这也是推不出的结论，这段话只能证明当时齐国话跟楚国话有差别，不能证明差别很大。《书·多士》："惟殷先人，有册有典。"有人据此推测，这是强调殷商民族发明了文字、典册，这也是"过度推理"，这句话并没有否认夏代有文字。又有人根据早期古书记载夏朝历史有彼此不一之处，有附会之处，推断夏朝不存在，同样也是犯了"推不出"的逻辑错误。

　　诚然，古书上对同一事件的记载不一，对此我们应该求真务实，如果没有办法得出明确的结论，那就应该阙疑，不能得出古书不可信这样一种假大空的结论。例如《尚书》中的某些篇章被认为是后人所作，对此我们应该区分伪作和所记内容是否作伪，不能一概否定。《书·旅獒》"西旅献獒"的"獒"旧题孔传："西戎，远国，贡大犬。"孔颖达疏："郑云：'獒，谓豪，西戎无君，名强大有政者为酋豪。国人遣其酋豪来献，见于周。'良由不见古文，妄为此说。"现在很难对此做出抉择，也许郑玄的解释是对的，至少是有根据的。清代阎若璩《尚书古文疏证》卷五下："安国壁中书原有《旅獒篇》，马融、郑康成亲从讲习，知'旅獒'不得读以本字，故注《书序》，马云：'作豪，酋豪也。'郑云：'獒读曰豪，西戎无君，名强大有政者为酋豪，国人遣其酋豪来献，见于周。'盖从篇中文与义定之也。伪作此篇者，止见《书序》有'旅獒'字，遂当以《左传》'公嗾夫獒焉'、《尔雅》'狗四尺为獒'之'獒'，若似马、郑为不识字也者。窃谓马、郑两大儒，其理明义精之学或不如后代，而博物洽闻迥非后代所能仿佛，岂并'獒'字亦不识乎？亦待之太薄矣。"因此，面对这种不同的解释，我们应该存疑。

（二）"夷夏、夏言、夷言"及相关概念

《书·禹贡》等所记的地域相当辽阔。由《山海经》可知，汉民族先民很早就没有将自己的活动区域限制在中原的范围之内。这些记载都能证明战国以前，汉民族先民不仅从陆路深入遥远的国度，而且从海路到达海外。据研究，《山海经》所记山水南至广东南海和越南南部，西至柴达木盆地和帕米尔高原，北至贝加尔湖和白令海，东至朝鲜海，东南至台湾岛，如果不是亲身游历过这些地方，就不可能写出《山海经》这部巨著。这必然能证明，在夏商周之前，汉族地区的陆运、海运、军事、外交以及汉族先民扩展疆域的能力等方面臻于极高境地。后来，人们写出《穆天子传》这种想象周穆王西巡天下，行程三万五千里的传奇著作。由此，我们绝不应该凭空想象，将早

期汉族先民的生活区域局限在中原范围之内。

　　先秦时汉族先民非常重视"夷""夏"之别。《说文·夂部》："夏，中国之人也。从夂，从页，从臼。臼，两手；夂，两足也。"大部："夷，平也。从大，从弓。东方之人也。"可见"夷"是专为东夷的"夷"造的字。许慎用"平"去解释"夷"，对"四夷"中属于"东夷"的那部分夷人是最肯定的，他是认为东夷之人最平易。这反映了先秦两汉对"四夷"的整体认识。因为东夷最值得肯定，所以古人用东夷的"夷"引申指四夷，词义范围扩大了。我们这里讨论"四夷"的"夷"。

　　很多人以为"夏"是指中原汉族，这是对的，当然那时候还没有"民族"的概念，"夏"实指汉人为主体的部族；但误以为"夷"只指中原周边的少数民族。这是缺乏严密逻辑论证、非常不准确但又影响深远的一种糊涂认识。例如《汉语大词典》大部"夷"第一个释义："我国古代中原地区华夏族对东部各族的总称。亦泛指中原以外的各族。《礼记·王制》：'东方曰夷。'《孟子·梁惠王上》：'莅中国而抚四夷也。'近代亦以称外国。清林则徐《密陈夷务不能歇手片》：'自结之后，查验他国夷船，皆已绝无鸦片。'"《汉语大字典》大部"夷"第一个释义："我国古代东部民族名。殷代分布在山东、江苏一带。后来泛指东方各族。"按："我国古代东部民族名。殷代分布在山东、江苏一带"是说"夷"指东方的一个具体的民族，不知何据，今所见都是"泛指东方各族"。所举《周礼·夏官·职方氏》引用时"邦国"断开，未安："职方氏掌天下之图，以掌天下之地，辨其邦国、都、鄙、四夷、八蛮、七闽、九貉、五戎、六狄之人民与其财用、九穀、六畜之数要，周知其利害。"郑玄注："郑司农云：'东方曰夷，南方曰蛮，西方曰戎，北方曰貊、狄。玄谓：闽，蛮之别也。"第二个释义是："古代中原以外各族的蔑称。"《辞源》（第三版）大部"夷"第一个释义："古代中原地区对异族的泛称。多用于东方民族……春秋以后，多用为对中原以外各族的泛称。如'四夷''九夷'。"按："九夷"的"夷"不是"对中原以外各族的泛称"，而是泛称东夷，此例未当。《尔雅·释地》："九夷、八狄、七戎、六蛮，谓之四海。"其中东西南北的四夷地区都在"夷、狄、戎、蛮"上加一个数目字，"九夷"无疑是指东夷，不可能是泛指四夷。《现代汉语词典》（第7版）"夷²"条第一个释义是"我国古代称东方的民族，也泛称周边的民族"，例如"淮夷、四夷"；第二个释义是"旧时泛指外国或外国人"，例如"夷情、华夷杂处"。上面所举辞书，解释"夷"时都用到"各族、民族、异族"的"族"，都是指民族，不是部族。这种认识，已经将"夷"限定在指称汉族以外的民族上面了。

我们知道，民族作为一种客观事物，很早就出现了，远在夏商周之前。但是形成"民族"概念，以及由此概念产生的"民族"一词，是很晚的事情。《汉语大字典》"族"下第八个义项："民族。如：汉族；回族；斯拉夫族。"《汉语大词典》"族¹"下第四个义项："民族。如：汉族；回族。"可见"族"指"民族"在古代文献中很难找到用例，所以《汉语大字典》《汉语大词典》没有列文献的证据。《汉语大词典》"民"下"民族"条列了两个义项。其一，"泛指历史上形成的、处于不同社会发展阶段的各种人的共同体。如：原始民族；古代民族；现代民族；中华民族"。其二，"特指历史上形成的有共同语言、共同地域、共同经济生活以及表现于共同文化上的共同心理素质的人的共同体。如：少数民族；多民族的国家"。《汉语大词典》"民族"条下没有列古代书证，也说明古代没有"民族"的概念，"民族"的概念是后起的。"华夏"和"四夷"是先秦早已存在的概念，它们不可能指汉族和非汉族的不同。拿"汉族"跟"华夏"对应，拿"非汉族、少数民族"跟"四夷"对应，这是以今律古，不可能是"华夏、四夷"真正的词义及词义区别。但是这种简单对应写进了辞书，对人们理解"华夏、四夷"的概念形成了误导，是亟待纠正的错误认识。

这里仅就这种误解对汉藏诸语言的历史研究造成的影响方面来说。上述语文工具书对"夷、夏"等相关词语的不尽正确的释义，显然不是从语文工具书编者那里开始的，而是反映了人们对这些词语的这种理解，在工具书编写和修订之前早已深入人心。有不少从历史上研究汉语跟周边民族语言关系的论著，特别是研究汉藏诸语言关系的论著，正是基于这种不尽正确的理解，开展其历史叙述的。因此，其历史叙述的科学性必将大打折扣，带来的负面影响未可忽视，必须予以足够的重视。

四夷和中原王朝最直观的不同，是空间位置。古人注意及此，多从这个角度对"夷"进行释义，他们说四夷是外族，但没有说四夷是外民族，外族和外民族的概念不同，外族指外部族。"族"指民族尽管是后起的概念，但这种事物古已有之，所以理解为外民族在表述上没有什么不可以，问题在于这个表述不完全符合事实。人们起先创制"华夏"和"四夷"的术语时，含有"族"的语义，但是这个"族"是"部族"义，不是"民族"义，拿后起的"民族"概念去理解"华夏"和"四夷"，未免扞格不通。《周礼·夏官·职方氏》："乃辨九服之邦国：方千里曰王畿，其外方五百曰侯服，又其外方五百里曰甸服，又其外方五百里曰男服，又其外方五百里曰采服，又其外方五百里曰卫服，又其外方五百里曰蛮服，又其外方五百里曰夷服，又其外方五百里曰镇服，又其外方五百里曰藩服。"这个"夷"跟一般所理解的"四夷"的"夷"相关但不全同。贾公彦疏："言蛮者，近夷狄。蛮之言縻，夷政教縻来之。自此已下皆夷狄。诸言夷者，以其在夷狄中，故以夷言之。"距离更远的，则称为"镇服、藩服"。这应该是理想状态的划分，是政策性的规定，实际情况比这个要复杂得多。裘锡圭《甲骨卜辞中所见的"田""牧""卫"等职官的研究》注意到商代文献中"侯、甸、男、卫"等称号的诸侯领地，就存在这种复杂的情况，值得重视。当然，我们不能因为存在着复杂的实际划分，就否定商周的这种政策性规定。扬雄《方言》卷十二："裔，夷狄之总名。"郭璞注："边地为裔，亦四夷通以为号也。"这正是从空间上看待夷夏的关系。扬雄《方言》所录的"方言"，往往不只是汉语，还包括其他民族语言，这正是区域之别大于民族之别的一个例证。"方言"是"四方之言"，跟"雅言"相对，今天的"方言"指同一语言的不同地方变体，跟古代的方言有很大的不同。古代的"方言"强调的是地域性，而不强调民族性，当今的一些词典拿今天对"方言"的定义来套古代汉语。如《汉语大词典》"方言"条，"语言的地方变体，一种语言中跟标准语有区别的，只通告于一个地方的话"，所举例证有现代的，也有古代的，这是认为古今"方言"的内涵一致，不合事实。其他词典也有类似表述，这些表述并不符合古人对"方言"的理解，所犯的错误与将夷理解为周边少数民族是一样的。

古人"四夷"所指，清清楚楚表明，他们所理解的"族"不是指民族，而是指部族，所以"四夷"可以包含后原始汉族的部族。例如，据古书记载，虞舜和周文王都是典型的后原始汉族人，但《孟子·离娄下》说："舜生于诸冯，迁于负夏，卒于鸣条，东夷之人也。文王生于岐周，卒于毕郢，西夷之人也。地之相去也，千有余里，世之相后也，千有余岁。得志于中国，若合符节。先圣后圣，其揆一也。"孟子这里是客观叙述舜、文王的生卒及活动地域，断定舜是"东夷之人"，周文王是"西夷之人"。需要注意的是，孟子在说明舜是东夷人、文王是西夷人的时候，所依据的并不是他的民族的族属，而是就他们的出生地、居住地或葬地、当地的文化氛围等来说的，他们分别是东夷地区、西夷地区的人，这可证所谓"夷"的概念，是和"华夏"相对而言的，不是单指民族而言，古人对地域之别的重视，往往不亚于民族或血统，这一观念直至民国时期依然存在，只是今天随着各种原因才消退一些。《潜夫论·志氏姓》："炎帝苗胄，四岳伯夷为尧典礼，折民惟刑，以封申、吕。裔生尚，为文王师，克殷而封之齐。或封许、向，或封于纪，或封于申，申城在南阳宛北序山之下，故《诗》云：'亹亹申伯，王荐之事。于邑于序，南国为式。'宛西三十里有吕城。许在颍川，今许县是也。姜戎居伊、洛之间，晋惠公徙置陆浑。州、薄、甘、戏、露、怡，及齐之国氏、高氏、襄氏、隰氏、士强氏、东郭氏、雍门氏、子雅氏、子尾氏、子襄氏、子渊氏、子乾氏、公旗氏、翰公氏、贺氏、卢氏，皆姜姓也。"这段话说明，同为姜姓后裔，有的在中原，有的在四夷地区。在四夷地区的，有的是分封去的，不是流放，它们必然是四夷地区具体的主宰，显然都聚族而居，不可能同化于少数民族，也不可能说少数民族语言。《志氏姓》中有大量类似的叙述，都表明夷夏之别不可能是汉族先民跟非汉族先民的区别，四夷地区有大量汉族先民。

　　有史以来的材料表明，古人对于自己姓氏的来源，往往有较为清楚的认识，是不会胡乱地认祖归宗的。尽管有些部落首领被人们严重丑化，但如果他们是后人编造出来的，那么很难想象：为什么有人会将这些编造出来的、被严重丑化的首领认作自己的祖先？蚩尤、共工等，都有后裔毫无保留地承认这些首领是他们的祖宗，保留他们的姓氏。例如共工的后裔四岳，从来没有否认自己是共工的后代；夏是鲧的后代，对此，夏朝及其后裔都是承认的。《国语·周语下》："其在有虞，有崇伯鲧，播其淫心，称遂共工之过，尧用殛之于羽山。其后伯禹念前之非度……共之从孙四岳佐之……皇天嘉之，祚以天下，赐姓曰'姒'、氏曰'有夏'，谓其能以嘉祉殷富生物也。祚四岳国，命以侯伯，赐姓曰'姜'、氏曰'有吕'，谓其能为禹股肱心膂，以养物丰民人也。此一王四伯，岂繄多宠？皆亡王之后也。唯能厘举嘉义，以有胤在下，守祀不替其典。有夏虽衰，杞、鄫犹在；申、吕虽衰，齐、许犹在……夫亡者岂繄无宠？皆黄、炎之后也……其兴者，必有夏、吕之功焉；其废者，必有共、鲧之败焉。"古书从来没有材料说四岳不是共工后裔，夏不是鲧的后裔。据《国语·楚语》《史记·楚世家》，楚国是祝融的后裔；据《左传·僖公二十八年》，楚国的别封之君夔子不祀祝融和鬻熊，就举兵灭了夔国，可见楚国认定他们是祝融的后裔。

　　古人祭祀也是认祖归宗的，哪怕是被严重丑化的祖先，他的后裔有自己的理解与判断，也会加以祭祀。例如夏禹的父亲鲧，据《国语·鲁语上》："夫圣王之制祀也，法施于民则祀之，以死勤事则祀之，以劳定国则祀之，能御大灾则祀之，能扞大患则祀之。非是族也，不在祀典……黄帝能成命百物，以明民共财，颛顼能修之。帝喾能序三辰以固民，尧能单均刑法以仪民，舜勤民事而野死，鲧障洪水而殛死，禹能以德修鲧之功……故有虞氏禘黄帝而祖颛顼，郊尧而宗舜；夏后氏禘黄帝而祖颛顼，郊鲧而宗禹……幕，能帅颛顼者也，有虞氏报焉；杼，能帅禹者也，夏后氏报焉……凡禘、郊、祖、宗、报，此五者国之典祀也……非是不在祀典。"这说明，尽管鲧"障洪水而殛死"，但是夏后氏依然祭祀他。

很多人以为今天的汉族是后来不同部落融合而成的，这种认识没有什么不对。我国在夏商周以前，都是以部落为主建立国家，中原及中原四周分布着大大小小的各种族群，一个国家之内，除了血缘纽带形成的部落，还允许有一定的外部落甚至外族居民。问题是：这些融合成后来汉族的部落又是怎么来的，他们都是说别的语言的民族，跟中原汉族说的是完全不同的语言吗？如果是，那么后人是怎么知道的？至少，我们可以追溯的最早的汉族、最早的汉语不是这样的。古文献中，人们说到各种各样的"某某氏"，不同的"氏"之间往上追溯，它们在血缘谱系上往往有同一个血统渊源，这是一个基本事实，没有任何有力的证据能证明这点是先秦时人为了谱系化而作伪的产物。

不同民族杂居，容易带来民族融合。有些民族之间互相同化，例如《白族简史》说，"在不同的历史时期内，此一族体内的一部分人分化出去加入了其他族体，同样也必有一些他族的人加入了此族；他族亦复如是。这在多民族的杂居区尤其如此。因此导致了研究云南各民族的族源时，对于文献记载中不同时期的各种古代族称，经常发生一些分歧的意见和解释。但是，民族是历史形成的。在其形成过程中，通常是以一个族体为主，同化或融合了一些其他族体的人；它不是也不可能是一个有关各族的混合体，也不能因曾有他族的一部分人加入此族，而把他族的历史误认为此族的来源。"（第1~2页）这话有道理。

南北朝以迄清朝，少数民族政权多次入主中原，这对人们的认知产生影响，使后人逐步将"夷"定义为在少数民族，这就跟先秦所说的"夷"不完全相同了。事实上，历代对"夷夏"都有阐释。西学东渐，尤其是鸦片战争以来，西方文化对汉字文化产生强有力的冲击，在中国思想界形成"华夷之争"或"夷夏之争"，人们将西方列强视为"夷"。魏源在1842年的《海国图志》中提出"以夷制夷""师夷长技以制夷"的观点，这是借传统的"夷"字指西方列强，带来"夷"字字义新的变化。历史上对"夷夏"的阐释多有现实利益的因素在内，不完全是语言学立场的词义描写，但这种阐释对人们理解"夷夏"的词义有相当大的影响，往往使人们对传统"四夷"概念产生误解。

20世纪，有人一反传统认识，主观认定：古人将四夷的部分部落、国家说成是更早的汉族分化出来的，是古人的偏见，是"汉人至上"的观念在作祟。因此在没有过硬证据加以证实的情况下，以此为前提，常常假定上古人所说的"四夷"都是不说汉语的部落或国家，都是跟汉族、汉语没有直接联系的部落、国家，所操的都是汉语以外的语言。这种观念影响深远，当今几乎所有研究历史上夷夏关系的论著，都是以此观念作为毋须论证的前提，从而展开讨论的，因此其结论的可靠性大打折扣；有的论著一方面无法否定古书记载的事实，承认"四夷"中有的部落、国家是后原始汉族分化出去的，另一方面，又全盘接受"四夷"都是跟汉族、汉语没有直接联系的民族、民族语言的部落、国家的片面见解，导致自相矛盾，不能形成圆融自洽的理解。因此，我们必须对此做正本清源的工作，从词义的角度正确认识"夷夏"的本来意义，它的内涵和外延，必须根据古书昭示的事实做出澄清。

从后面将要用到的考古材料看，汉族的形成下距夏商周三代至少有几千年至上万年了，原始汉族、后原始汉族的先民已经创造了十分发达的物质文化和精神文化，夏商周只是沿袭这些文化创造，加以发扬光大。有人说，夏朝、周朝出自黄河西部，商朝来自黄河东部，这话没有错，但这只是后来的情况，是根据后来的史料得出的结论。如果往前追溯，至少有几千年到上万年的时间空白，其间发生的人群迁徙我们不清楚。人们有理由问：夏朝、周朝的先民发迹于西部、商朝的先民发迹于东部之前，它们早先在部落时期的活动区域是否一直不变？如果发生过改变，那么在史料可以追溯的时代之前，我们就不能保证：夏朝、周朝没有在东部居住过，商朝没有在西部居住过。

认为夏朝距离原始部落时代很近的认识是片面的。在此基础上，主观地将以前的燧人氏、有巢氏、伏羲氏等文献记载的内容统归为后人捏造出来的历史传说，完全不加理会，这样的做法是不科学的。这种做法的问题是：你采取了哪些行之有效的证明手段？是怎么知道这些内容是后人捏造出来的？即便是捏造的，但是从反映论角度看，总要有客观外界的刺激才可以。如果不加科学论证，就武断地定为捏造，将反映这些内容的文献束之高阁，那是不能使人信服的。

古书中有"夷言、夷音"的说法。例如《左传·哀公十二年》："太宰嚭说，乃舍卫侯。卫侯归，效夷言。"实际上是卫

侯仿效太宰嚭说吴地的汉语，不是少数民族语言，也得不出
该"夷言"不是汉语的结论。《左传杜林合注》引宋林尧叟《春
秋左传句解》："学为吴人方言。"再如吴国有一个地名叫善
道，在今江苏盱眙。《左传》引《春秋经·襄公五年》："仲孙
蔑、卫孙林父会吴于善道。"《公羊传》《谷梁传》"道"引作
"稻"，《谷梁传·襄公五年》："吴谓善伊，谓稻缓。号从中国，
名从主人。"有人据此推测说，"伊缓"是少数民族语言的用词，
这是犯了推不出的逻辑错误，因为"伊缓"既可能是当时吴地
的少数民族用词，也可能是当时吴地的汉语方言用词。既然
"四夷"可以包括说汉语的部落、国家，也包括说汉语以外的
部落、国家，那么"夷言"就不能理解为仅指少数民族或外国
的言语。《汉语大词典》"夷言"释义是："古指黄河流域华夏
族以外的各种语言。后亦泛指少数民族或外国的言语。"这个
释义借助"华夏族"的概念阐释"夷言"，概括性较强，释义可
取，但容易使人误解为汉语以外的民族语言。

　　为便于讨论，我将汉族的早期形式"华夏"，以及比"华
夏"更早的汉族独立为族形成的早期汉族和它后代分化出的
汉族不同族群都叫作"汉族"，也可以叫"华夏族"。所谓"华
夏族"和"汉族"只是不同时代的叫法不同而已，实质上都是
指说汉语的这个主体民族。华夏族不可能是周秦才开始形成
的，必然有一个开始阶段，华夏族的起源早在周秦时代以前，
但"华夏"的术语是先秦产生的，不能有效地囊括先秦以前。
我将华夏族的开始形成阶段叫"原始汉族"，原始汉族的起点
今已不可考。原始汉族到周秦汉族这一段时间的汉族叫"后
原始汉族"或"原始汉族后裔"。

　　汉藏语系的概念认为汉语跟周边的某些现存语言，诸如藏

语、缅语等来自同一个原始母语。上面说到，这只是一个未经严格证实或证伪的假说，是就现今的汉语和现今的其他语言的同源关系来说的，跟古书上的"夷、夏"不是一回事。1949年以前，汉族周边的一些民族发展水平参差不齐，有的还处于原始部落状态，有的进入奴隶社会或更高的发展形态。无论汉语跟汉藏诸语言的其他语言有没有同源关系，必然在一个特定的历史时期内独立成语，本书在如下名词术语上取"族"的"民族"一义，将最早独立成语的汉语叫"原始汉语"，将操这种语言的人群叫"原始汉族"，原始汉族、原始汉语的具体时间今天没有办法说清楚，但一定存在；原始汉族的后裔叫"后原始汉族"，原始汉语的后裔叫"后原始汉语"。本书在后文要证明，四夷人群中有跟华夏人群同操"后原始汉语"的人群，即后原始汉族人群。不过，既然有"夷夏之别"，那么我们可以管华夏人群叫"中原人群"，中原人群所操的汉语叫"中原汉语"；管四夷中后原始汉族的人群叫"边地汉族"，管边地汉族所操的汉语叫"边地汉语"。同时管"四夷"中来自原始汉语以外的民族叫"外族族群"，所操的语言叫"外族族语"。区别这些概念，是为了方便后文的讨论。

（三）华夏和四夷

汉族先民很早就占居着黄河中下游、长江中下游一带。史前考古表明，在夏商周以前，汉族文化不一定以中原为中心，那时已呈现出多元发展的文化格局。我们从五色观念的形成说起。《书·益稷》："以五采彰施于五色。"中国科学院南京土壤研究所土壤与农业可持续发展国家重点实验室张甘霖团队绘制了我国第一幅高精度土壤颜色地图——全国土壤颜色三维分布图，该成果发表于国际著名土壤学期刊 *Geoderma* 上。据杨顺华《揭开中华五色土的奥秘》，汉语将"五方"跟"五色"相配，跟汉族先民根据他们占居的各分土地密切相关。该文得出结论：

东部地区：长江、淮河和黄河的下游以及鄱阳湖周围的土壤母质多为河湖相沉积物。这些区域地形低洼，排水不畅，土壤长期处于淹水状态，其中的氧化铁被还原成氧化亚铁，从而呈现淡褐色，并趋于灰青色。这跟东方所配之色为"青"相吻合。

西北地区：沙漠、荒漠和戈壁区域植被稀疏，蒸散发强烈，土壤有机质含量低，富含碳酸钙、石膏等白色物质，加上可溶性盐在土壤表层聚集，所以变成了白色或灰色。这跟西方所配之色为"白"相吻合。

西南地区：四川盆地大部分被"紫色土"覆盖，这主要由于土壤继承了母质（砂岩或页岩）的颜色特性。在贵州和广西等以石灰岩为主的喀斯特地区，则可看到较浅的颜色。

南方地区：南方土壤颜色偏红，尤以江西、湖南和云南一些区域颜色最红。这里气候闷热潮湿而又多雨，导致大量易溶于水的土壤物质受雨水冲刷而流失，最终剩下氧化铁和氧化铝等显色矿物，因而呈现红色。土壤侵蚀导致埋藏的红层出露也是原因之一。这跟南方所配之色为"赤"相吻合。

东北和青藏高原东部地区：东北和青藏高原东部等较湿润的高寒地区，积累的有机质不易矿化分解，因而土壤颜色较暗、较黑。这跟北方所配之色为"黑"相吻合。

中部地区：黄土是在风力吹扬搬运下，在干旱—半干旱环境堆积的风成堆积物，经过长距离的搬运和分选，其物质组成具有高度的均一性。由于有机质含量不高，在石英、长石和碳酸钙等矿物的相互作用下，主要为黄色。这跟中部所配之色为"黄"相吻合。

由此可知，汉族先民五色观念的形成不仅仅跟黄河中下游相关，光黄河中下游一带不足以形成五色配五方的观念。五色配五方的观念形成于西周以前，远在商周以前，汉族先民已经是黄河中下游、长江中下游一带的主体民族了。如果汉族独立为族在"五色"观念形成之前的几千年乃至上万年就存在，那么原始汉族、后原始汉族的人群早已由中原向四周扩散了，五色跟五方相配，应该源自汉族先民综合性地将他们所处的各方地质的颜色状貌所做的综合比较，从而得出各方的颜色特征。

中原汉族周边的四夷，肯定有说汉语以外的部落、国家。就一般情况而言，四夷地区的后原始汉族人群和后原始汉族以外的人群都应该是各按部落、国家形成聚居的，但是他们也不可能泾渭分明，而是犬牙交错地聚居。试图一刀切，简单化地看待四夷地区的居民，那必然是简单化地观察问题，是不可取的。简单化地认识四夷地区的居民，这是既往研究中存在的一个痼疾，必须得到纠正。《礼记·王制》说："中国、夷、蛮、戎、狄，皆有安居、和味、宜服、利用、备器，五方之民，言语不通，嗜欲不同。达其志，通其欲：东方曰寄，南方曰象，西方曰狄鞮，北方曰译。"其中，五方之民，各缘人情，依人性，并有礼乐，以广德之。但五方之民，嗜欲不同，又风俗以异，通言语仍需寄译。这里的"五方之民，言语不通"，不一定只是指汉语和外族语之间的语言障碍，也可以指中原汉语和分化已久的边地汉语。这是必须要辨明的。后代方言有特殊读音、特殊词汇、特殊语法，也需要通过托（寓）言、拟象、讔（輠）言、译转等方式转达意义。《子虚赋》说："鄢郢缤纷，激楚结风，俳优侏儒，狄鞮之倡，所以娱耳目乐心意者。"由此可见，在战国至汉代，娱乐歌舞中诙谐幽默的表达，就离不开夷、蛮、戎、狄等地特殊的语音和语言特色烘托气氛，使用这种形式能达到表演的最佳效果。这就像今天我们在舞台、电影、电视剧中为达到艺术效果，个性鲜明的人物仍使用各地方言一样，如粤语、东北话、川方言、青岛话等特色方言在影视、歌舞中的生动体现。因此，仅凭《礼记·王制》的这一段话无法证明四夷所指均为周边少数民族。

据《册府元龟·外臣部》"鞮译"栏，"周公居摄六年越裳以三象胥重译而献白雉"。从早期史料和姓氏来源来看，四夷的这些跟中原联系密切的部落、国家大多数都是原始汉族分化出来的，不全是说汉语以外语言的部落、国家。汉族先民何时在中华大地上开枝散叶，今天没有办法详考，应该远在今天所知的有巢氏之前。从史料所记载的传说、后代姓氏以及地名、国名的来历中可以看出，有巢氏、燧人氏、华胥氏、伏羲氏、神农氏等部落、国家，应都不是捕风捉影，这些部落之间大都有原始汉族的血缘关系，史料完全可以证实这些部落的存在。由有巢氏、燧人氏的相关传说可知，汉族形成族群应该在穴居时代，即火食时代以前。原始汉族不可能只分化为有限的几个部落，假定原始汉族的后裔一直只生活在中原地区是错误的，无论从材料、事理方面看都不可能是正确的。有巢氏、燧人氏以前汉族的情况如何，今天没有办法知道，见诸记载的毕竟是少数。有人想将汉族从原始汉族到夏商周的血亲关系列出完整的谱系，这种尝试是有意义的，但是目前不可能做到。

20 世纪以来，有人有意打破"华夏中心"说，这无可厚非，但是要有切实的证据。有人为了打破"华夏中心"说，选择性地忽视原始汉族早已开枝散叶的相关史料，有意无意将汉族理解为说着完全不同语言的不同民族融合而成的，但其基本的研究前提缺乏可靠的证据，是偏颇的，也是不正确的。一方面，他们主张有所谓的汉藏语系；另一方面，又设想汉语是完全不同的语言，甚至是非同源语言融合而成的，完全不理会夏商周以来的汉语还可以是原始汉语、后原始汉语进一步融合而来。至于古书上所说各部落之间的血缘关系，他们则往往不加考虑，主观上设想直到夏商周时期，汉族还是一个不太大的部族，后来才慢慢发展壮大的，这在研究取向上有偏差。即使承认有中原汉族人群进入四夷地区，往往也只是先验地断定这些人群一定因夷化而改说外族语，完全忽视了还有一种情况很有可能存在，且应是更合乎逻辑的：中原地区的部分后原始汉族人进入四夷后，不是融入其他少数民族，而是成了四夷地区的主体人群；不是这些人群融入其他少数民族，而是保持既有后原始汉族的文化，并进而同化其他少数民族。由于他们跟少数民族人群交往密切，所以会吸收少数民族的一些文化，但是主体还是他们带进四夷地区的原有的中原地区的文化；同时，由于他们跟中原地区有千丝万缕的联系，因此还持续吸收着中原地区的新文化。人们之所以不顾基本事实、科学论证，将"四夷"都断定为不说汉语的部落，只是在那种特定的年代和历史背景下，一些仁人志士有意要突破自古以来夷夏之防，突破"内诸夏，而外夷狄"的"汉族中心论"的观念，却忽视了夏商周之前汉族就有极强的对外辐射力，从而简单化和图解式地理解"华夷"关系所致。今天我们应该还历史本来面目。

就拿夏商周三代的史料看，三代各有不同的姓，《论衡·奇怪》："禹母吞薏苡而生禹，故夏姓曰姒；卨母吞燕卵而生卨，故殷姓曰子。后稷母履大人迹而生后稷，故周姓曰姬。"可见汉代以前，人们发现"苡"和"姒"，"子"姓和"燕子"的"子"，"姬"姓和基址的"基"，读音分别相同、相近。夏禹是黄帝的玄孙，颛顼的后代，姒姓。商汤是契的第十四代孙，契是帝喾的儿子、帝尧的异母弟，帝喾是黄帝的曾孙。周文王是古公亶父的孙子，季历的儿子，古公亶父是黄帝的第十六世孙。据《国语·周语上》，周先祖后稷本是夏朝臣子，居住在夏地，到夏末，周的先祖不窋"自窜于戎、狄之间"。就史料看，夏商周三代都是出自黄帝这一支；后来，三代崛起于不同的地方，那是后原始汉族不断迁徙的结果，并不能证明他们是来源于原始汉族形成之前的不同民族。事实上，他们说的都是汉语。

夏商周三代都必须面对和处理与原始汉族族裔形成的部落或国家的关系，商、周还须面对居于四夷的前朝后裔并妥善处理与他们的关系。《国语·周语中》："王德狄人，将以其女为后。富辰谏曰：'……昔挚、畴之国也由大任，杞、缯由大姒，齐、许、申、吕由大姜，陈由大姬，是皆能内利亲亲者也。昔鄢之亡也由仲任，密须由伯姞，郐由叔妘，聃由郑姬，息由陈妫，邓由楚曼，罗由季姬，卢由荆妫，是皆外利离亲者也。'"挚、畴二国任姓，奚仲、仲虺后裔；杞、缯二国姒姓，夏禹后裔；齐、许、申、吕四国姜姓，四岳后裔；陈国妫姓，舜的后裔；鄢国妘姓，黄帝后裔颛顼之子陆终后代；密须国姞姓，黄帝后裔，先迁徙到甘肃灵台，后迁徙到河南新密一带；郐国妘姓，也是陆终后裔；聃国姬姓，周文王之子聃季的封国；息国姬姓，夏商已有息国，也是周的封国，在河南息县一带；邓国曼姓，商朝后裔；罗国熊姓，跟楚国同祖，在河南罗山县一带，商代被迫迁徙到甘肃正宁县，再迁到湖北房县和宜城县，被楚国灭掉以后，迁到枝江县，又被楚国迁到湖南汨罗；卢国妘姓，应该是舜的后裔，在今湖北竹山与陕西安康一带。这些国家都是西周时的"狄人"，但都是后原始汉族人群，值得注意的是，聃国也是狄人，但他们是周文王后裔，这有力证明狄人中有汉族部落和国家。

《国语·郑语》史伯回答郑桓公时，谈到当时中原周边除有周室分封的国家，还有四夷的国家："王室将卑，戎、狄必昌，不可偪也。当成周者，南有荆蛮、申、吕、应、邓、陈、蔡、随、唐；北有卫、燕、狄、鲜虞、潞、洛、泉、徐蒲；西有虞、虢、晋、隗、霍、杨、魏、芮；东有齐、鲁、曹、宋、滕、薛、邹、莒。是非王之支子、母弟、甥舅也，则皆蛮、荆（有人以为当作夷）、戎、狄之人也。"结合韦昭注可知，周幽王时，西周四夷地区分布的部落、国家，除了周天子的"支子、母弟、甥舅"，还有"蛮、夷、戎、狄之人"，它们犬牙交错，但又各自聚居在一起；四夷地区聚族而居的，有后原始汉族相当多的部落、国家，史伯甚至没有提到真正的少数民族。其中，在南方，姬姓的有应、蔡、随、唐，属于南蛮的是芈姓的荆楚，还有姜姓的申、吕，曼姓的有邓，妘姓的有陈；在北方，姬姓的有卫、燕，狄是北狄，鲜虞是姬姓在狄的后裔，潞、洛、泉、徐、蒲都是隗姓，属于赤狄；在西方，所提及的这八国都是姬姓；在东方，鲁、曹、滕是姬姓，齐是姜姓，宋是子姓，薛是任姓，邹是曹姓，而莒是己姓，属东夷。史伯提及的四夷，都是后原始汉族的部落、国家，都说汉语，他并没有说四夷地区没有其他少数民族建立的部落、国家，只是略过不提罢了。

史伯接着说到，有不少后原始汉族的部落、国家有功，得到封赏并保持着兴盛，他特地提及祝融氏的后裔己、董、彭、秃、妘、曹、斟、芈这八姓所建立的国家在周朝没有得到高贵的封赏，但据他断定，芈姓有的尽管属于蛮夷，但必兴盛于周衰之后；祝融氏后裔除了斟姓无后，其余己、董、彭、秃建立的国家都被夏商周灭了，妘、曹二姓建立的国家里，苏、温诸国属华夏，而莒、偪阳诸国属四夷，《国语·郑语》："夫成天地之大功者，其子孙未尝不章，虞、夏、商、周是也。虞幕能听协风，以成乐物生者也；夏禹能单平水土，以品处庶类者也；商契能和合五教，以保于百姓者也；周弃能播殖百谷蔬，以衣食民人者也。其后皆为王公侯伯。祝融亦能昭显天地之光明，以生柔嘉材者也，其后八姓于周未有侯伯。佐制物于前代者，昆吾为夏伯矣，大彭、豕韦为商伯矣，当周未有。己姓昆吾、苏、顾、温、董，董姓鬷夷、豢龙，则夏灭之矣。彭姓彭祖、豕韦、诸、稽，则商灭之矣。秃姓舟人，则周灭之矣。妘姓邬、郐、路、偪阳，曹姓邹、莒，皆为采卫，或在王室，或在夷、狄，莫之数也。而又无令闻，必不兴矣。斟姓无后。融之兴者，其在芈姓乎……蛮芈蛮矣，唯荆实有昭德，若周衰，其必兴矣。姜、嬴、荆、芈，实与诸姬代相干也。姜，伯夷之后也，嬴，伯翳之后也。伯夷能礼于神以佐尧者也，伯翳能议百物以佐舜者也。其后皆不失祀而未有兴者，周衰其将至矣。"史伯说"妘姓邬、郐、路、偪阳，曹姓邹、莒，皆为采卫，或在王室，或在夷、狄，莫之数也"，这有力地表明，四夷绝非只有不说汉语的人群，里面有后原始汉族人群，只是因为他们没有跟上时代的脚步，在中原竞争中败下阵来，流落到四夷地区；还表明夷夏不是按照说不说汉语来区分的，中原地区的人群对于四夷中来自后原始汉族的部落、国家是相当了解的，显示出四夷的后原始汉族人群也是聚族而居的，但是他们的文化落后于中原，被中原人歧视。

这里需要提一下唐国，它是帝尧任唐侯时的封地，位于今河北唐县一带，后迁至山西太原一带。帝尧是帝喾儿子，祁姓，名放勋，因原封于唐，故称陶唐氏。帝挚四年始封唐侯，九年尧代帝挚为天子，其子仍承唐侯位。《左传·襄公二十四年》中载范宣子对鲁国叔孙穆子说："昔匄之祖，自虞以上为陶唐氏，在夏为御龙氏，在商为豕韦氏，在周为唐、杜氏，晋主夏盟为范氏，其是之谓乎？"结合《国语·晋语八》韦昭注可知，范宣子祖先是尧后裔，在舜时仍为陶唐氏；在夏朝依附豢龙氏，赐氏为御龙氏；在商朝取代原来的豕韦氏，被商封为豕韦氏；在周封为唐国，后来周成王灭了唐国，将自己的弟弟唐叔虞封到唐地，将原来的唐国部分后裔迁到杜，封为杜国，部分后裔改封到今湖北随州、枣阳一带，建立新的唐国，这个唐国后来被楚国灭了；唐叔虞后裔搬到晋水，改唐为晋，是为晋国。晋国做了霸主以后，范宣子的先人做了晋国的官，被封到范地，成为范氏。自此，原来的唐国荡然无存，唐国后裔成了晋国的臣民。

距今 7000 多年的浙江萧山跨湖桥遗址出土了一件带边架的独木舟，表明汉族先民当时在水运方面已有相当高的水平。有人甚至说，长江下游的史前文化在距今 8000 多年前就表现出"海洋性"。尧舜时期及夏代以后，中原王朝跟周边其他民族的交往逐渐深入、密切，所以战国以前，就能写出《山海经》这种巨著，没有频繁的交往，《山海经》的写作是不可想象的。刘歆《上〈山海经〉表》："《山海经》者，出于唐虞之际。昔洪水洋溢，漫衍中国，民人失据，崎岖于丘陵，巢于树木。鲧既无功，而帝尧使禹继之。禹乘四载，随山刊木，定高山大川。益与伯翳主驱禽兽，命山川，类草木，别水土。四岳佐之，以周四方，逮人迹之所希至，及舟舆之所罕到。内别五方之山，外分八方之海，纪其珍宝奇物，异方之所生，水土、草木、禽兽、昆虫、麟凤之所止，祯祥之所隐，及四海之外、绝域之国、殊类之人。禹别九州，任土作贡，而益等类物善恶，著《山海经》。"伯益是舜的重臣，后来辅佐夏禹，《山海经》有可能是他的作品。战国时期，有人对《山海经》做了改写和润色，所以它具有战国语言的一些特征。四川广汉三星堆距今 3000~5000 年，其中不仅发掘出大量汉族特有的器物，而且有异域之物，这反映出尧舜之后汉族与外族的频繁交往。传说蜀人起源于蜀山氏，蜀山氏应该是原始汉族的后裔——人皇的后代，《华阳国志》卷三《蜀志》："蜀之为国，肇于人皇，与巴同囿。"因此蜀国说的应该是原始汉语分化出来的一种汉语方言，跟黄帝部族关系极为密切。《史记·五帝本纪》："黄帝居轩辕之丘，而娶于西陵之女。"《路史》卷四："昔黄帝为其子昌意取蜀山氏，而昌意之子乾荒亦取蜀山氏继其后叶。及高辛氏，以其少子封蜀，则继之者也。"这里指的应是部落联姻，反映出蜀地跟当时汉族的其他强势部落保持着密切接触。三星堆的出土文物也有力地证明，汉族先民很早就跟周边的民族有着频繁地交往。

西汉时期，司马迁著《史记》，开始给汉族周边的一些民族分别立传，《史记》顺次有《匈奴列传》《南越列传》《东越列传》《朝鲜列传》《西南夷列传》《大宛列传》，这一叙事传统历代沿袭下来。尽管历代史书所叙不可能将周边各族都囊括进来，但也算是洋洋大观了。我们研究汉语跟周边各族语言的关系，不能忽视这些记录，它们是当时的第一手资料。

由于种种原因，历史上，汉族有些部落也被中原汉族视作夷人。他们有的是原始汉族、后原始汉族开枝散叶后迁徙到四方的，还有因在汉族内部战争中落败而被迫远走迁移，进入四夷地区的。传说中的炎黄阪泉之战，黄帝跟两昊、蚩尤的冀州、涿鹿之战，颛顼跟共工的争帝之战，尧舜禹跟三苗的争战等都是后原始汉族内部的战争，战争一方面导致部落的重组，另一方面导致部落的迁徙，尤其是向四夷地区迁徙。如果轻易否认这一点，那么就会将古代文献对早期的一些部落名、国名、地名、姓氏等的记载都视作伪造，这就等于连基本的事实都不顾及了。诚然，先秦两汉可能偶有将家族谱系搞混的情况，但这只个案，且不能证明部落间没有谱系关系。由此看来，既然一味否定古书相关记载的前提完全不存在，那么再在此基础上做研究、推论，就必然是不科学的，也是基本逻辑推理的失误。

拿炎黄二帝中的黄帝家族来说。《国语·晋语四》载："昔少典娶于有蟜氏，生黄帝、炎帝。黄帝以姬水成，炎帝以姜水成。成而异德，故黄帝为姬，炎帝为姜。"据此，炎黄二帝是兄弟。又："黄帝之子二十五人，其同姓者二人而已：唯青阳与夷鼓皆为纪姓。青阳，方雷氏之甥也；夷鼓，彤鱼氏之甥也。其同生而异姓者，四母之子别为十二姓。凡黄帝之子，二十五宗，其得姓者十四人为十二姓。姬、酉、祁、纪、滕、箴、任、荀、僖、姞、儇、依是也。唯青阳与苍林氏同于黄帝，故皆为姬姓。"根据《史记·五帝本纪》记载，黄帝时，神农氏衰，黄帝打败了蚩尤、炎帝。黄帝的正妃嫘祖生玄嚣和昌意二子，昌意生高阳，高阳生穷蝉；玄嚣生蟜极，蟜极生高辛，高辛生放勋和挚，放勋就是尧。所谓"黄帝二十五子，其得姓者十四人"，由此可知，其中有十一人没有得到重用，有的徙居于边远地区，成为后来的四夷，四夷中有沿用黄帝诸子的姓的，例如春秋时的姬姓之戎，祁姓的白狄鼓国，姬姓的白狄鲜虞等。可见中原四周充满了后原始汉族的部落，这是不可忽视的事实。王钟翰主编《中国民族史》说："各部落集团又都有一部分按照原有传统发展，形成了夏、商、周三代的东夷、氐羌与南蛮。"（第 68 页）基本符合事实。

再如邾国本是黄帝之孙颛顼的后裔，陆终后人建立的国家，曹姓。周武王灭商之后，封曹安后人挟于邾，建立邾国，属东夷，辖地包括今山东邹城全境和周边的济宁、滕州、费县等部分地区。《左传·僖公十九年》："夏，宋公使邾文公用鄫子于次睢之社，欲以属东夷。"杜预注："此水（按：指睢水）次有妖神，东夷皆社祠之。"这是将邾国当作东夷。可见邾国尽管被视作东夷，但它是后原始汉族的后裔。这一带出土的器物也能证明邾国写汉字，由此可知他们说的是汉语，考古学者曾经在山东枣庄山亭区找到邾国分出来的小邾国的墓葬群，发现青铜器、陶器共 73 件，其中 24 件青铜器上有铭文，记载了墓主的姓名等，都是用汉字书写的。《汉书·地理志》："故邾国，曹姓，二十九世为楚所灭。"楚宣王在位时（公元前 369~前 340 年）灭了邾、小邾，将此地之人迁到湖北黄州一带，将此处命名为邾城。《水经注·江水》："江水又东迳邾县故城南，楚宣王灭邾，徙居于此，故曰邾也。"这一名称保留了邾国迁徙之前的叫法。秦统一后又改名为邾邑，属南郡；后增设衡山郡，黄州成了衡山郡郡治。今天黄州禹王城还保留了邾城遗址。当然，迁到黄州一带的邾国人仍然说汉语。

山东枣庄出土小邾国青铜器邾庆壶及壶盖铭文

四夷的具体划分，涉及多重标准，尤其常和现实政治牵扯在一起；而且不同时期，四夷的具体内涵和外延也会发生改变。《礼记·王制》："中国戎夷，五方之民，皆有其性也，不可推移。东方曰夷，被发文身，有不火食者矣。南方曰蛮，雕题交趾，有不火食者矣。西方曰戎，被发衣皮，有不粒食者矣。北方曰狄，衣羽毛穴居，有不粒食者矣。中国、夷、蛮、戎、狄，皆有安居、和味、宜服、利用、备器。五方之民，言语不通，嗜欲不同。达其志，通其欲：东方曰寄，南方曰象，西方曰狄鞮，北方曰译。"这是战国时期中原汉族的划分标准，在此之前，历史上早已经历了不知多少次的后原始汉族跟其他民族的碰撞、融合，原始汉族后裔不同部落之间也有很多碰撞、融合，其残酷和血腥程度可能超出了人们的想象，一些民族、部落边缘化了，或者干脆就灭绝了，而且对于"四夷"的认定还涉及夏商周等不同朝代的国策，例如周代曾经管商代人叫"戎殷"，秦国在春秋时期被看作"夷""戎狄（翟）"，楚国直到战国时期还被视为"南蛮""蛮夷"。楚国后来灭掉的"汉阳诸姬"蒋、蔡、陈等国本是西周所封的诸夏，而彭、庸、濮、微、卢等虽参加过武王伐纣，直至春秋仍被视作蛮夷之国。可见"四夷"的概念，并没有将后原始汉族的一些部落排除在外。换句话说，先秦"四夷"的说法不能证明他们都是说汉语以外语言的族群、部落。《王制》对四夷的描述显然是中原汉族人印象中跟中原极不相同的一些典型特征，并不是用来概括四夷所有人的。《后汉书·东夷列传》："东夷率皆土著，憙饮酒歌舞，或冠弁衣锦，器用俎豆。所谓中国失礼，求之四夷者也。"这说明东夷的主要部落还保留了后原始汉族的文化。即使是古书中的"四夷"，也肯定有不少是后原始汉族的族群、部落。20世纪以来，有不少人将"四夷"视为不说汉语的民族，既不符合古书记载，也不符合考古发掘的实际情况。

东夷、西戎、南蛮、北狄中又分为不同的部族、国家，《尔雅·释地》有"九夷、八狄、七戎、六蛮，谓之四海"之说。即使在中原地区，也有华夏族之外的夷族。所以"四夷"的概念是中原华夏种族根据血缘、地域、种族、政治、文化认同、族群交往等不同角度划分出来的一种概念，不能简单地同外民族等同起来，更不能将四夷的语言简单地跟外族语等同起来。尤其是华夏周边对华夏政权有强大牵制力的族群，更容易被看成"四夷"。

（四）东夷

东夷，主要是说汉语的部族，指黄河下游太昊伏羲氏后裔风夷、畎夷、阳夷，少昊后裔鸟夷、白夷等夷人方国；也包括东方不说汉语的民族，如肃慎。大汶口遗址反映了东夷部落的文化。太昊、少昊后裔在东方居住时，夷、夏的观念可能还没有形成。大概是因为江淮流域和黄河下游地区族群迁徙活动频繁，基本都是太昊、少昊的后裔，也可能是为了省事，人们沿用旧说，也将淮夷归入东夷，没有归入南蛮。淮夷，夏朝以前生活在今山东、江苏、安徽、河北等地，在中原东面，所以称东夷。据说蚩尤在跟炎黄部落的涿鹿之战中失败、瓦解，一部分族人举家南迁至淮河流域一带定居，始称淮夷。蚩尤和炎黄部落应该都说后原始汉语。

由于东夷的部落、国家绝大多数是原始汉族的后裔，所以东夷地区出土的有字文物，大都是用汉字写的，尤其是毗邻中原汉语的地区，这说明东夷的部落、国家主要说汉语。夏朝可能有孤竹部落，跟商人血缘很近，是先商部落的一支，墨姓，商朝初年封国。伯夷、叔齐是孤竹君的两个儿子，伯、叔在汉语表示排行，夷、齐都是脂部开口平声字，伯夷、叔齐是他们的谥号。据《史记·伯夷列传》，司马迁读过伯夷、叔齐的《采薇歌》，并写进《史记》中，歌词是用汉语创作的："登彼西山兮，采其薇矣。以暴易暴兮，不知其非矣。神农、虞、夏忽焉没兮，我安适归矣？于嗟徂兮，命之衰矣。"《伯夷列传》："其传曰：伯夷、叔齐，孤竹君之二子也。"《索隐》："'其传'，盖《韩诗外传》及《吕氏春秋》也。其传云：孤竹君，是殷汤三月丙寅日所封，相传至夷齐之父，名初，字子朝。伯夷名允，字公信。叔齐名致，字公达。解者云：夷、齐，谥也；伯、仲，又其长少之字。"可见孤竹国不但有姓氏，还有名、字，这是汉族文化的特色，孤竹国无疑是说汉语的国家。《国语·齐语》："（齐桓公）遂北伐山戎，刺令支、斩孤竹而南归。"韦昭注："二国，山戎之与也……令支，今为县，属辽西，孤竹之城存焉。"河北唐山滦南小贾庄莲台寺等商代遗址除发现孤竹国大量玉文字器，还发现了带有孤竹国先祖名讳"亚微"铭文的青铜觚、青铜鼎多件。有莘氏，也作有侁氏、有姺氏，是夏商方国，故城在今山东曹县西北莘冢集。西方也有莘国，周文王妃太姒为有莘之女。莘国故址在今陕西合阳县东南，跟山东的有莘氏应该是同族异派。夏禹父亲鲧娶了有莘氏女脩己而生禹，夏末时商汤也娶了有莘之女，伊尹是有莘氏媵臣。山东成武县藏有郜国故城出土的六件带有"侁"字的商晚期灰陶罐，这是有侁氏的器物，因此可推断有莘氏说汉语。有缗氏是少昊后裔，夏的诸侯国，帝舜后人，姚姓，为后原始汉族人群。这些例子足证东夷区域有说汉语的部落、国家。再如《山海经》记载有"君子国"，《海外东经》："君子国在其北，衣冠带剑，食兽，使二大（按：当作文）虎在旁，其人好让不争。"《大荒东经》："有君子之国，其人衣冠带剑。"君子国在东夷地区，《山海经》称它"君子国"，

河北唐山出土孤竹国青铜器铭文拓片

91

又说君子国"衣冠带剑、好让不争",这是后原始汉族的居民,他们跟中原地区有不同,"食兽,使二文虎在旁",这可能反映了君子国跟中原汉族的分化当不晚于原始狩猎时代。

《论语·子罕》:"子欲居九夷。"《集解》引马融:"九夷,东方之夷有九种。"邢昺疏:"按《东夷传》云:夷有九种:曰畎夷、于夷、方夷、黄夷、白夷、赤夷、玄夷、风夷、阳夷。又:一曰玄菟,二曰乐浪,三曰高丽,四曰满饰,五曰凫臾,六曰索家,七曰东屠,八曰倭人,九曰天鄙。"《后汉书·东夷列传》列了"九夷"之后说:"故孔子欲居九夷也。"此处"九夷"的说法源自《竹书纪年》。《东夷列传》李贤注得很简单:"《竹书纪年》曰'后泄二十一年,命畎夷,白夷,赤夷,玄夷,风夷,阳夷。后相即位二年,征黄夷。七年,于夷来宾。后少康即位,方夷来宾'也。"于夷,据《新唐书·宰相世系表》,周武王克商后,将他第二个儿子邘叔封在邘国。春秋战国时邘叔的后裔迁往山东郯城,成为于夷。

《书·尧典》:"(尧)分命羲仲,宅嵎夷,曰旸谷,寅宾出日,平秩东作。"旧题孔安国注:"东表之地称嵎夷。"嵎夷在今烟台、威海等沿海一带,是羲仲的后裔。羲仲是羲和的儿子,羲和是帝俊之妻。《山海经·大荒南经》:"东南海之外,甘水之间,有羲和之国。有女子名曰羲和,方日浴于甘渊,羲和者,帝俊之妻,生十日。"帝俊是汉族人的祖先之一。莱夷在胶东半岛一带,可能在商朝分封之前就有土著,其土著不知是原始汉族的后裔还是别的族裔。《史记·殷本纪》:"契为子姓,其后分封,以国为姓,有殷氏、来氏、宋氏、空桐氏、稚氏、北殷氏、目夷氏。"来氏应该就是莱夷,跟商君同为子姓。胶东半岛一带出土的大量青铜器铭文,有力地证明莱夷说汉语、写汉字。莱国后来为齐国所灭，但"莱河、莱山、芝来山、福莱山"等地名留下了它的印迹。

淮夷是原始汉族的后裔，考古遗址发现的淮夷族群都是用汉字来记录汉语的。夏禹娶涂山氏女，涂山属淮夷，在今安徽蚌埠怀远县涂山。《吕氏春秋·音初篇》："禹行功，见涂山之女。禹未之遇而巡省南土，涂山氏之女乃令其妾候禹于涂山之阳。女乃作歌，歌曰：'候人兮猗！'实始作南音。"这一句歌，显然是有意记录涂山氏之女的原话，是汉语创作的。从用词来看，这应该反映了夏代以前的汉语南方话的特色，是带着南方口音作的歌，跟中原汉语有一定距离。淮夷主要有徐国、黄国、莒国等十几个嬴姓国家（少昊之后），还有风姓诸国（太昊之后）。《史记·秦本纪》："秦之先为嬴姓。其后分封，以国为姓，有徐氏、郯氏、莒氏、终黎氏、运奄氏、菟裘氏、将梁氏、黄氏、江氏、脩鱼氏、白冥氏、蜚廉氏、秦氏。"黄国在今河南潢川县一带，起源于少昊嬴姓，创始人为伯益长子大廉，后为楚国所灭，河南潢川发现的铭文完全可以证实他们说汉语、写汉字。莒国也是少昊的后裔，己姓，山东莒县陵阳河遗址曾发现距今4000多年的陶文，有人说是汉字；山东日照出土的西周时期的莒侯簋、莒国铜甗、莒太史申鼎等上也有汉字。舒国、舒庸国、舒蓼国、舒鸠国、舒龙国、舒鲍国、舒龚国等小国都是周武王灭商以后，皋陶后裔受封建立的，合称群舒国，后来为楚国所灭。从以上诸国的考古发现和对它们的创建历史所做的考察可知，它们都是说汉语的。

据《东夷列传》记载，东夷有一部分在商代武乙时"分迁淮、岱，渐居中土"，说明东夷很早就有内迁的。东夷的部落很多，其主要部落是太昊、少昊（昊，又作暤）部落集团的后裔。

《左传·僖公二十一年》："任、宿、须句、颛臾，风姓也，实司太皞与有济之祀，以服事诸夏。"可见这几个国家都是太昊的后裔，而郯国是少昊氏的后裔。据《左传·昭公十七年》，叔孙昭子问郯子："少皞氏鸟名官，何故也？"郯子答："吾祖也，我知之。昔者黄帝氏以云纪，故为云师而云名；炎帝氏以火纪，故为火师而火名；共工氏以水纪，故为水师而水名；大皞氏以龙纪，故为龙师而龙名。我高祖少皞挚之立也，凤鸟适至，故纪于鸟，为鸟师而鸟名。"此后，孔子"见于郯子而学之"，并且告诉别人："吾闻之：'天子失官，学在四夷'，犹信。"可见东夷有"少皞氏"的后人，他们确为后原始汉族的人群。太皞与少皞都是华胥氏的儿子，说到底，是汉族的先民，郯子对他们祖先的文化是记忆深刻的；东夷少皞氏部落崇尚鸟，所以它们用鸟作为官名。山东莒县陵阳河大汶口文化遗址的陶器上出现了一个符号，距今5000多年，由上、中、下三部分叠加而成，上边是个圆圈，应该是太阳；中间部分有人说像火焰，其实可以理解为一只鸟，也就是传说中的三足乌；下边像山峰，应该象征蒸腾的阳气。东夷中，还有邾、小邾，曹姓，颛顼苗裔的后人；莒，己姓，少昊后裔兹舆期的后人；徐、江、葛、黄、淮夷、费、谭、钟离，少昊后裔伯

山东莒县陵阳河遗址出土
"日云山"图像文字

益的后人，跟秦国、赵国同宗；郯，姒姓，夏禹后人；莱，子姓，
清代顾栋高《春秋大事表》卷五《春秋列国爵姓及其存灭表》
"莱国"条以为是姜姓；胡，归姓；郳，妘姓；奄、英、六、舒鸠、
东夷群舒，偃姓，少昊后裔。可见它们几乎都是汉族先民后裔。
（关于东夷各国或部落的姓，可以参考傅斯年《民族与古代中
国史》一《夷夏东西说》的《诸夷姓》和《论所谓五等爵》，下
同）《左传·哀公五年》："冬十月，公子嘉、公子驹、公子黔
奔卫，公子锄、公子阳生来奔。莱人歌之曰：'景公死乎不与埋，
三军之事乎不与谋。师乎师乎，何党之乎？'"这首歌是莱人
用汉语创作的，"埋、谋、之"并押之部字。《新序·节士》："延
陵季子将西聘晋……于是季子以剑带徐君墓树而去。徐人嘉
而歌之曰：'延陵季子兮不忘故，脱千金之剑兮带丘墓。'"这
首歌是徐人用汉语创作的，"故、墓"并押鱼部字。

《国语·郑语》载史伯答郑桓公之语有："东有齐、鲁、曹、
宋、滕、薛、邹、莒。"韦昭注："齐，姜姓；鲁、曹、滕，皆姬姓。
宋，子姓。薛，任姓。邹，曹姓。莒，己姓，东夷之国也。"史伯
说周朝四周"非亲则顽"，韦昭注："亲，谓支子甥舅也。顽，
谓蛮、夷、戎、狄也。"周朝东边这些国家，有些跟周朝王室不
是"支子甥舅"关系，那么应该属于"东夷"；邹国，就是邾
国，也可以缓读为"邾娄"，后来"邾分三国"，分立为邾国、
小邾国和滥国，这三国都说汉语，是后原始汉族人群。至于莒
国，韦昭已经明确点出是"东夷"。《通志·氏族略》说到莒国：
"嬴姓，少昊之后也，周武王封兹舆期于莒，今山东密州莒县是
也。"据《世本》，莒国自纪公以后为己姓。莒国在商代已经存
在，周朝仍受封子爵，战国时期为楚简王所灭。山东莒县出土
了一些陶器，上面有些符号，有人说是汉字；后来又出土了不

少有汉字铭文的青铜器，据此可知莒国说的是汉语、写的是汉字。可见，东夷有原始汉族后裔。《春秋经·昭公五年》："戊辰，叔弓帅师，败莒师于贲泉。"范宁集解："贲泉，鲁地。"也就是《左传》的"蚡泉"，《谷梁传·昭公五年》："狄人谓贲泉失台，号从中国，名从主人。"我们不能因为这里说狄人管地名"贲泉"叫"失台"，就以为这是东方少数民族语言。

奄国，也是嬴姓国家，本是东夷大国，国都在今山东曲阜，是商朝嫡系，无疑是说汉语的人群，曲阜一带本是商朝的发祥地。后来奄国不服周王朝的统治，参与武庚暴乱，周公旦、姜太公平定暴乱后，将奄国故地封给周公旦的儿子伯禽，建立鲁国；周人一路追杀奄人，奄人被迫四散，奄国部分贵族被迫往南迁徙，渡过长江来到今江苏常州淹城一带重建奄国，这个奄国春秋晚期被吴国灭掉了，今天武进区还保留了淹城故址。《左传·定公四年》："因商奄之民，命以伯禽，而封于少皞之虚。"《吕氏春秋·古乐》："成王立，殷民反，王命周公践伐之。商人服象，为虐于东夷。周公遂以师逐之，至于江南。"由此可见，至晚在周初，江南一带已经居住着说后原始汉语的人群。

（五）南蛮

《山海经·海外南经》说："结匈国在其西南，其为人结匈。南山在其东南。自此山来，虫为蛇，蛇号为鱼。一曰南山在结匈东南。"这几句话反映了重要的语言信息，"虫为蛇，蛇号为鱼"是将结匈国的用词跟当时中原汉语进行比较而言的，可见当时中原汉语和结匈国的语言具有对应关系，应该有同一

个来源，但是词义跟中原汉语不同，所以郭璞注："以'虫'为
'蛇'，'蛇'号为'鱼'。"就是说，结匈国跟汉语对应的"蛇"
这个词，指的不是蛇，而是虫；"鱼"这个词，指的不是鱼，而
是蛇。这反映了结匈国的语言跟中原汉语有同一个来历，但是
相同的语音形式具体所指跟汉语不同。如果结匈国的语言是
原始汉语发展来的话，那么它已经跟当时的中原汉语分开了
很多年，也证明后原始汉族先民很早就到达南蛮地区。《山海
经·大荒南经》有："南海之中，有汜天之山，赤水穷焉。赤水
之东，有苍梧之野，舜与叔均之所葬也……大荒之中，有不庭
之山，荣水穷焉。有人三身，帝俊妻娥皇，生此三身之国，姚
姓，黍食，使四鸟。有渊四方，四隅皆达，北属黑水，南属大荒。
北旁名曰少和之渊，南旁名曰从渊，舜之所浴也……有季禺之
国，颛顼之子，食黍……有盈民之国，於姓，黍食……有不死
之国，阿姓，甘木是食……有人食兽，曰季厘。帝俊生季厘，故
曰季厘之国。有缗渊。少昊生倍伐，倍伐降处缗渊。有水四方，
名曰俊坛……有载民之国。帝舜生无淫，降载处，是谓巫载民。
巫载民朌姓，食谷，不绩不经，服也；不稼不穑，食也……有蜮
山者，有蜮民之国，桑姓，食黍，射蜮是食……有宋山者，有赤
蛇，名曰育蛇。有木生山上，名曰枫木。枫木，蚩尤所弃其桎
梏，是为枫木……有小人，名曰焦侥之国，幾姓，嘉谷是食……
有国曰颛顼，生伯服，食黍。有鼬姓之国。有苕山。又有宗山。
又有姓山，又有壑山。又有陈州山，又有东州山。又有白水山，
白水出焉，而生白渊，昆吾之师所浴也……帝尧、帝喾、帝舜
葬于岳山……东南海之外，甘水之间，有羲和之国，有女子名
曰羲和，方日浴于甘渊。羲和者，帝俊之妻，生十日。"很好地
证明了这一点。《论语·子路》："子曰：'南人有言曰："人而

无恒，不可以作巫医。"善夫！'"集解："孔（安国）曰：南人，南国之人。"《礼记·缁衣》："子曰：'南人有言曰："人而无恒，不可以为卜筮。"古之遗言与？'"可见春秋时期以前，南方已经有说汉语的人群的。

南蛮中，楚国是颛顼后裔，颛顼是黄帝的孙子，昌意的儿子。《楚辞·离骚》："帝高阳之苗裔兮，朕皇考曰伯庸。"《史记·楚世家》："楚之先祖出自帝颛顼高阳。"高阳，是颛顼的号。可见，楚国的主体民族是后原始汉族，无疑是说汉语。先秦时，人们出于某种目的，有时候也说楚国是"南蛮"，例如《孟子·滕文公上》说来自楚国的许行，"今也南蛮鴃舌之人，非先王之道"。南蛮中，还有夔，芈姓，与楚同宗，熊挚后人；巴、顿，姬姓；鸠舒，偃姓；弦，隗姓；夔，宗，越，姒姓，夏禹后人等，多为汉族先民后裔。据李学勤《谈祝融八姓》，祝融后裔的八姓，原来分布在中原一带。在春秋时期，楚国话跟郑国话有区别，已经见于记载，《左传·庄公二十八年》说楚国令尹子元攻打郑国时，"楚言而出，子元曰：'郑有人焉。'"只能认为，春秋时期的楚国话是汉语的一种方言。《宣公四年》"楚人谓乳'谷'，谓虎'於菟'"，只能说明楚方言有自己的特色词，人们挑出"谷、於菟"，可能是因为在表达"乳、虎"的概念时，楚人用词跟中原差别很大，足以引起中原人的好奇。后来《楚辞》没有出现"乳"和"谷"，表达"虎"的概念时，用的是"虎"字，这反映了楚人用词逐步中原化。至于用"谷"指"哺乳"义，正好说明楚人说的是汉语，因为"谷"本义是粮食作物的总称，引申指养育，由"养育"义很自然地引申出"哺乳"义，这是汉语内部极为常见的词义引申现象。秦汉古书中，收录了相当多楚地歌谣，例如《说苑·至公》收了楚人诵令尹子文歌，《正谏》收了为诸御己歌，《史记·滑稽列传》收了优孟歌，《隶释》所载孙叔敖碑有慷慨歌，《论语·微子》收了楚狂接舆歌，《孟子·离娄》收了孺子歌，《孔丛子·记问》收了楚聘歌，《吴越春秋》和《越绝书》并收渔父歌，《吴越春秋》收了穷劫曲，《孔子家语·致思》《说苑·辨物》收了楚童谣，等等，都是楚地春秋时期用汉语创作的歌。《越人歌》反映了春秋时期将越人的歌翻译成楚言，这楚言是一种汉语方言，后来《楚辞》的部分诗歌跟《越人歌》汉译的语言一脉相承；今所见最早的楚文字是西周晚期的汉字，且自有其风格，说明楚地沿用汉字已久。这是铁的事实。

严格来说，楚公族应系华夏族祝融后裔季连一支南迁而形成的。《史记·楚世家》虽有记熊渠曰："我蛮夷也，不与中国之号谥。"但这是激愤之辞。楚人学习南蛮，不用中国之子男爵，而要以王称，也是学习蛮夷于外自称王老的激愤之举。（《礼记·曲礼下》："九州之长，入天子之国，曰牧。天子同姓，谓之叔父；异姓，谓之叔舅；于外曰侯，于其国曰君。其在东夷、北狄、西戎、南蛮，虽大，曰子。于内自称曰不谷，于外自称曰王老。"）关于楚与南蛮的直接关系，《楚世家》里有关于楚成王时天子赐胙的记载："镇尔南方夷越之乱，无侵中国。"在东周时期，楚与南蛮关系如《后汉书·南蛮西南夷列传》所说："平王东迁，蛮遂侵暴上国……至楚武王时，蛮与罗子共败楚师，杀其将屈瑕。庄王初立，民饥兵弱，复为所寇。楚师既振，然后乃服，自是遂属于楚。"《楚辞·招魂》言"东方不可托些""南方不可以止些""西方之害，流沙千里""北方不可以止些"。这些文献材料从侧面表明，东周时期，楚公族是自别于夷蛮戎狄的，他们是后原始汉族的人群。

《国语·郑语》有："当成周者，南有荆蛮、申、吕、应、邓、陈、蔡、随、唐。"韦昭注："芈姓之蛮，鬻熊之后。申、吕，姜姓也。应、蔡、随、唐，皆姬姓也。应，武王子所封。邓，曼姓也。陈，妫姓也。"其中有"非亲则顽"的"顽"类，首当其冲的是楚国，即"芈姓之蛮"。邓国本是商的后裔，子姓，商王武丁封他的叔父为邓侯。《世本》："邓氏，殷王武丁封叔父于河北，是为邓侯，后因氏焉。"陈国是舜的后裔，妫姓，《礼记·乐记》："武王克殷，反（当作'及'）商，未及下车……封帝舜之后于陈。"无论就出土青铜器还是传世古书来看，陈国是说汉语、写汉字的。这也能证明南蛮中有后原始汉族人群。

吴人和越人中，既有后原始汉族的人群，也有非后原始汉族的人群，后原始汉族的人群早在夏代以前就成为越地的主体了。既往多有人据古书的只言片语，甚至一些带有夸张性的说法，以为越国由后原始汉族人变成了少数民族，说外族语，这是不对的。浙江义乌桥头考古遗址（距今9000年）、象山县塔山考古遗址（距今6000年）、余杭玉架山考古遗址（距今5000年），都是带有鲜明汉族文化特色的新石器时代遗址。嘉兴马家浜遗址（距今6000年）、苏州广福村遗址（距今6000年）、草鞋山遗址（距今5500年）反映的也都是汉族先民的文化。浙江余杭良渚古城遗址距今4300~5300年，其大墓中发掘出7000多件随葬的玉器，包括玉琮、玉钺、玉璧、三叉形器、冠状饰、锥形器、玉璜、半圆形饰、柱形器、玉镯、玉织具、玉纺轮，以及圆雕的鸟、龟、鱼、蝉等动物。琮、璧、璜等成组玉器是汉族独有的礼器；其中墓葬等级最高的

12号墓中出土的一件玉琮，外方内圆，刻有神人兽面纹，是一个头戴羽冠的神像，这也显示了汉族文化的特色。在距今5000~6000年的南京北阴阳营遗址中，发现图像刻符，其中部分刻符跟山东诸城的前寨、莒县陵阳河、大朱家村、杭头等遗址中所发现的是一样的，而且制作方法和用途也有共性，北阴阳营还发现了具有汉族文化特色的陶鼎、玉璜、玉玦，以及卜甲、卜骨等。可见浙江、苏中、苏南一带很早就是汉族聚居地区。

浙江余杭良渚古城遗址出土神人兽面纹玉琮

《汉书·地理志》："其君禹后，帝少康之庶子云，封于会稽。"注引臣瓒曰："自交趾至会稽七八千里，百越杂处，各有种姓，不得尽云少康之后也。按《世本》，越为芊姓，与楚同祖，故《国语》曰：'芊姓夔、越。'然则越非禹后明矣。"臣瓒之说，以为越"非禹后"，推理不确，颜师古对此已做了驳斥。但他的注释叙述了一些基本事实，说百越"各有种姓"，有"姓"是汉族的早期文化现象，这大概可以说明百越汉化程度已深，说"不得尽云少康之后也"，表明夏禹后人在当地很有势力；在越地，还有跟楚国同祖的芈姓，也是后原始汉族人群。可见后原始汉族人群早已到达越地。越人包括长江中下游以南以及沿海一带的"吴越、闽越、扬越、南越、西瓯、骆越"等，一直到湖北原鄂地都有越人，后来越人活动区域逐渐缩小到靠南的海边。吴太伯和他弟弟仲雍进入吴地之前，百越一带应该也是汉族先民跟百越杂处的，由于百越已然汉化严重，因此当太伯进入吴地时，"荆蛮义之，从而归之千余家"（《史记·吴太伯世家》）。夏代之前，吴越有防风氏，又叫汪芒氏，这是风姓国之一，是伏羲（太暤）后裔在浙江德清县的封山和禹山一带所建的方国，也是原始汉族的后裔。《国语·鲁语下》："仲尼曰：'丘闻之：昔禹致群神于会稽之山，防风氏后至，禹杀而戮之，其骨节专车。此为大矣。'客曰：'敢问谁守为神？'仲尼曰：'山川之灵，足以纪纲天下者，其守为神；社稷之守者，为公侯。皆属于王者。'客曰：'防风何守也？'仲尼曰：'汪芒氏之君也，守封、嵎之山者也，为漆姓。在虞、夏、商为汪芒氏，于周为长狄，今为大人。'"如果当时越地都是少数民族人群，没有汉族人，夏禹怎么可能在会稽山大会部落首领？而就浙江义乌、河姆渡遗址等考古发现看，后原始汉族的居民很早就生活在吴越一带。

事实上，浙江的史前考古发现可以证实，吴越一带在史前就已经以后原始汉族人群为主体了。正因为到了大禹时期那里已经遍布后原始汉族的部落、国家，所以，大禹晚年才可以在今浙江绍兴地区大会诸侯，"致群神于会稽之山"，以观察中原地区诸侯的臣服程度（可参《吴越春秋·越王无余外传》）。防风氏正是后原始汉族的居民，杀防风氏，目的在于杀一儆百。《史记·夏本纪》："或言禹会诸侯江南，计功而崩，因葬焉，命曰会稽。会稽者，会计也。"集解："《皇览》曰：'禹冢在山阴县会稽山上。会稽山本名苗山，在县南，去县七里。'《越传》曰：'禹到大越，上苗山，大会计，爵有德，封有功，因而更名苗山曰会稽。因病死，葬……'《地理志》云：'山上有禹井、禹祠，相传以为下有群鸟耘田者也。'"正义："《括地志》云：'禹陵在越州会稽县南十三里，庙在县东南十一里。'"如果当时会稽山一带全是越人，没有后原始汉族人群，大禹在那里"禹会诸侯江南""因葬焉"，是不可能发生的事。

《史记·越王勾践世家》说："越王勾践，其先禹之苗裔，而夏后帝少康之庶子也……文身断发，披草莱而邑焉。"可见在夏朝时，夏禹的后裔已经分封到越地。《正义》引贺循《会稽记》："少康，其少子号曰於越，越国之称始此。"照这一说法，"於越、越"的得名都来自少康庶子无余的号。所谓"文身断发，披草莱而邑焉"，是说少康庶子无余一族刚分封到越地时入乡随俗，吸纳了当地越族人的一些文化，有的后原始汉族人群改农耕为水中捕捞，但这并不能证明他们都完全越化了，《史记》这样写自有其目的，是为了强调后原始汉族人初到此地创业的艰辛。《吴越春秋·越王无余外传》说："余始受封，人民山居，虽有鸟田之利，租贡才给宗庙祭祀之费。乃复随陵陆而耕种，或逐禽鹿而给食。无余质朴，不设宫室之饰，从民所居。"少康不可能将他的庶子流放到越地，而是让无余去那里做统治者，他的族群在越地肯定是强势人群，在整体上不可能被那里的少数民族同化，从而改说少数民族语言。越国是姒

湖北荆州望山楚墓群 1 号墓
出土越王勾践剑剑铭

姓，国君的世系顺次是无余、丕诚、宗元、绍圣、毅正、子诚、娄、俶、枋、菪、潜、扃、厉、皓、僮、浑淳、仲庚、太辛、咸享、寀、浤、天表、诃、加佑、子升、纲、汝稷、洽、杞、少连、骝、逸、鲤、必高、无壬、无曎、夫谭、允常、勾践、鹿郢、不寿、朱勾、翳、诸咎、错枝、复君无余、无颛、无疆，以上全是汉族的名字。田螺山遗址发现的骨笋，义乌桥头遗址发现的 9000 年前的八卦，安吉古城越国遗址墓葬群发现的随葬漆木木梳、木算，八亩敦遗址墓主人头上的绿松石冠饰，都有鲜明的汉民族的特色。《国语·越语下》所记载的越王勾践和范蠡的对话，引用了不少韵语，有许多都是汉语的谚语，江有诰《先秦韵读·国语》收罗殆尽，可参。可见勾践、范蠡是以汉语为母语的。湖北省荆州市望山楚墓群 1 号墓出土的越王勾践剑，上有铭文汉字"越王鸠（勾）浅（践）自作用剑"，是地道的汉字、汉语，越国这样有铭文的青铜器还有一些，有人统计有 58 件，例如"越王者旨於赐剑""其次勾鑃"等。有些青铜器用字跟中原地区有区别，既反映出越地使用汉字历史不短，还反映出越地汉语形成了有当地特点的用语用字习惯。或许有人认为吴越的宫廷说汉语，宫廷之外说少数民族语言，但史前考古材料有力地证明，越国立国之前，汉族先民便早已是当地的主体民族了。

《春秋·定公五年》有"於越入吴"，《公羊传·定公五年》："於越者，未能以其名通也。越者，能以其名通也。"何休注："越人自名於越，君子名之曰越。治国有状，能与中国通者，以中国之辞言之曰越；治国无状，不能与中国通者，以其俗辞言之，因其俗可以见善恶，故云尔。"《左传·宣公八年》："盟吴越而还。"孔颖达疏："《谱》云：'……越，姒姓。其先，夏后少康之庶子也。封于会稽，自号於越。於者，夷言发声也。滨在南海，不与中国通。后二十余世至于允常，鲁定公五年始伐吴。允常卒，子句践立，是为越王。越王元年，鲁定公之十四年也。鲁哀公二十二年，句践灭吴，霸中国，卒。春秋后七世，大为楚所破，遂微弱矣。'"《左传·定公十四年》："五月，於越败吴于檇李。"孔颖达疏："於越即越也。夷言发声谓之'於越'，从彼俗而名之也。"有人曾据"越人自名""夷言"之类的说法，推定"於"是越地少数民族的发语词，这是没有科学根据的，是对"夷"的理解不确所致，先秦汉语中就有很多发语词。中原人目越地为夷，这不能证明"於"是来自越地少数民族语言，更有可能是越地的后原始汉语的说法。

越人不断发展壮大，很早就扩展到福建一带，并且向广东一带扩张，建立了一些国家，跟南越国时有冲突。《史记·东越列传》："闽越王无诸及越东海王摇者，其先皆越王句践之后也，姓驺氏。"驺，可能是"骆"的讹字，他们说的也是汉语。

吴，又叫句吴。《左传·宣公八年》："盟吴越而还。"孔颖达疏："《谱》云：'吴，姬姓，周大王之子大伯、仲雍之后。大伯、仲雍让其弟季历而去，之荆蛮，自号句吴。句或为工，夷言发声也。大伯无子而卒，仲雍嗣之。当武王克殷，而因封其曾孙周章于吴，为吴子，又别封章弟虞仲于虞。自大伯五世而得封，十二世而晋灭虞，虞灭而吴始大，至寿梦而称王。寿梦以上，世数可知，而不纪其年。寿梦元年，鲁成公之六年也。夫差十五年，获麟之岁也。二十三年，鲁哀公之二十二年，而越灭吴。'"《汉书·地理志》："太伯初奔荆蛮，荆蛮归之，号曰句吴。"颜师古注："句音钩，夷俗语之发声也，亦犹越为於越也。"有人据此以为"句"是吴地少数民族的发语词，其推理的谬误跟对"於越"的"於"所犯相同。

吴，姬姓，周太王子太伯的后人。因为吴国跟鲁国同姓姬，所以鲁昭公娶吴国宗室女为妻，在当时被人讥讽，人们在婚娶上并没有针对"夷夏"的偏见，看重的是血缘关系。夷地有汉族先民，事实上，早在周太伯进入吴地之前，吴地早已是以汉族先民为主体了。江苏溧阳秦堂山遗址（距今6500年）、苏州草鞋山遗址（距今6000年）、无锡彭祖墩遗址（距今6000年）、梅里遗址（距今3000多年）和鸿山遗址（春秋战国时期遗址）都是汉族先民的文化遗址。秦堂山遗址的墓葬中出土了精美的玉玦、玉璜，是典型的汉族礼器。吴地的史前及有史以来的考古发现，都没有有力的证据能证明吴地在太伯、仲雍奔吴之前，全属少数民族聚居区，相反，大量的文物资料显示出史前时期吴地的主体居民具有鲜明的汉族文化特色。距今5000~7300年的江苏宜兴骆驼墩遗址出土了相当多的陶器，这些陶器器形有足为侧三角形的鼎、罐、圈足器、豆、钵、釜、盉等，纹饰多弦纹、交叉刻划纹及镂孔，陶片有夹砂黑、灰、褐、红陶，此地还发掘出来不少礼器，它们所体现的绝非少数民族的文化特色。

至于太伯、仲雍"奔荆蛮，文身断发，示不可用"，其实并不能作为他们部族夷化或吴地少数民族同化太伯、仲雍部族的证据，上述举动不过是太伯、仲雍的姿态罢了，为的是向周王室表示他们要在荆蛮之地安家落户、开枝散叶的决心。当然，既然来到这"荆蛮"之地，多多少少会吸收一些当地少数民族的文化，这完全在情理之中。

据《史记·吴太伯世家》，吴国国君世系顺次是太伯、仲雍、季简、叔达、周章、熊遂、柯相、强鸠夷、余桥疑吾、柯卢、周繇、屈羽、夷吾、禽处、转、颇高、句卑、去齐、寿梦、诸樊、余祭、余昧、僚、阖闾、夫差，这些都是建立在汉语基础上的名字。吴国的青铜器很有名，所以除了吴地出土的，还有别的诸侯国也出土了吴国青铜器，有些出土的吴国青铜器上有汉字铭文，例如著名的"宜侯夨簋"，可见吴国自始至终是说汉语。

江苏丹徒烟墩山出土吴国青铜器宜侯夨簋及其铭文

　　吴越史前的民族情况比较复杂，可能较今天有更多的壮侗、苗瑶、南亚、南岛语的先民生活在那里。古越人中的非汉族群体，在先秦时不仅居住在长江下游以南的沿海一带及越南北部地区，而且在长江中游一带也有分布，分布范围很大。三苗迁徙到西北后，楚人和扬越人成为长江中游的主体人群，不但湖南、江西有扬越人，鄂东至武汉市武昌一带都有扬越人居住。有人将越人活动的范围有意无意间缩小，这是不符合历史事实的，必须纠正。著名的《越人歌》就产生在鄂东一带，刘向《说苑·善说篇》里关于《越人歌》的故事实际上发生在楚国："庄辛迁延盥手而称曰：'君独不闻夫鄂君子晳之泛舟于新波之中也？乘青翰之舟，极茵芘，张翠盖，而擒犀尾，班丽褂衽，会钟鼓之音毕，榜枻越人拥楫而歌。歌辞曰："滥兮抃草滥予，昌枑泽予，昌州州鶽州焉乎，秦胥胥，缦予乎，昭澶秦逾，渗惿随河湖。"'鄂君子晳曰：'吾不知越歌，子试为我楚说之。'于是乃召越译，乃楚说之曰：'今夕何夕，搴中洲流，今日何日兮，得与王子同舟。蒙羞被好兮，不訾诟耻，心几顽而不绝兮，知得王子。山有木兮木有枝，心说君兮君不知。'于是鄂君子晳乃揄修袂，行而拥之，举绣被而覆之。鄂君子晳，亲楚王母弟也。官为令尹，爵为执珪，一榜枻越人犹得交欢尽意焉。"鄂君子晳，是楚国共王时的封君，封地在鄂，也就是湖北鄂州市至武汉市武昌一带。这里的越人，是指鄂地的越人，"泛舟于新波之中"应该是在长江中游的江上泛舟。楚国人说汉语，当时跟越人杂居，估计这一带的越人秦汉以前已经汉化了。

　　鄂地人的主体，原本是中原人。"鄂国"在西周铭文写作"噩国"。商代的鄂国在今山西乡宁县一带，属侯爵，商纣王以鄂侯、九侯、西伯昌为三公。西周初期，鄂侯受到晋国排挤，南迁到今湖北随州。考古发现表明，西周晚期至春秋早期，鄂国地望在南阳，直到楚怀王后秦人占领此地，鄂君才被迫迁徙至今鄂州，即所谓东鄂。越人歌故事中鄂君"为我楚说之"的楚语即为汉语，由此可知，楚之鄂君，讲的是汉语，不是越人的语言，他听不懂越人的语言。楚国占领鄂国后，封其中子熊红为鄂王。楚共王熊审曾封其三子子晳为鄂君，因此子晳属于说汉语的人群。

南蛮之地偏南，很早就形成了汉族先民跟外族先民杂居的状态。《史记·南越列传》载，南越王尉佗是真定人，真定即河北正定，在石家庄一带，属"中国人"，即中原人。起先他在南海尉任嚣那里当下属，任嚣临终前告诉他："且番禺负山险，阻南海，东西数千里，颇有中国人相辅，此亦一州之主也，可以立国。"其中"颇有中国人相辅"表明，当时番禺一带既有不说汉语的民族，也有说汉语的"中国人"。至于这些"中国人"何时到达广州一带，未可诘定，姑存疑。西南地区是否有史前流入的汉族族群，目前尚未可知，但传说有春秋时期流入的汉族人，清代田雯《黔书·苗俗·宋家》考证说："宋家盖中国之裔，春秋时，宋为楚子所蚕食，俘其人民而放之南徼，遂流为夷，即宋宣慰之祖也。通汉语，识文字，勤于耕织。"因为"宋家"本是汉族族裔，所以它们一直说汉语，写汉字，可以说，它们说的应该是汉语，跟着汉语的节奏走的。

南蛮中有不少不说汉语的部落、国家。《墨子·节葬下》："昔者越之东有輆沐之国者，其长子生，则解而食之，谓之'宜弟'；其大父死，负其大母而弃之，曰'鬼妻不可与居处'……楚之南有炎人国者，其亲戚死，朽其肉而弃之，然后埋其骨，乃成为孝子。"显然，輆沐国、炎人国的人群不是原始汉族人。

其实一直到南北朝，不说汉语的南蛮仍然活动在江淮流域，《魏书·蛮传》："蛮之种类，盖盘瓠之后，其来自久……在江淮之间，依托险阻，部落滋蔓，布于数州，东连寿春，西通上洛，北接汝颍，往往有焉。其于魏氏之时，不甚为患，至晋之末，稍以繁昌，渐为寇暴矣。自刘石乱后，诸蛮无所忌惮，故其族类，渐得北迁，陆浑以南，满于山谷。"可能在北魏前，这些部落已经逐步汉化，但是仍保留其族属、部落。

上古的南蛮，应该包括了一些说壮侗语、南亚语以及南岛语的人群，后来大部分说南岛语的人群到了台湾以及太平洋各大小岛屿、亚洲大陆东南端的中南半岛、印度洋中一些岛屿上，今天只有极少数原来说南岛语的人群散居在浙江、福建等沿海地区，早已改说汉语了。有人根据我国台湾与大陆发掘的旧石器文化遗址的比较，证明旧石器时代晚期就有人从大陆向沿海岛屿迁徙。台湾高山族人仍保留着许多华南古文化的特质，例如巢居、断发文身、凿齿、穿耳、祖先崇拜、洪水神话、射日神话、连名制度等。逃到海岛上去的，也不排除有说汉语的人群，但可以断定，在大陆一些居民迁往各岛屿去之前，原来的海岛上一定有原居民，说的是汉语以外的语言，而迁往岛屿上去的大陆人群，可能有的改说了原居民的语言，有的仍说着他们从大陆带过去的民族语言。

据《佤族简史》，唐宋以前，"佤族以及同一语支的布朗族和德昂族尚过着狩猎、采集、多养家畜和初期农业的经济生活"（第23页），到了明清，"过渡到农业经济为主的发展阶段"（第25页）。必须注意：汉族周边的少数民族，自古就有强弱之别，强势民族会同化弱势民族。例如佤族，作为说南亚语的山居民族，历史上的一部分先民被汉族所同化，还有一部分被比它强势的傣族同化了。

（六）西戎

西戎的主要部族也是说汉语的后原始汉族人，后来绝大部分逐渐中原汉语化了；不说汉语的部族，有些也被同化到汉族中来。殷周之际，有鬼戎、余无之戎等。周时称西戎，《书·禹贡》："织皮昆仑、析支、渠搜，西戎即叙。"《史记·匈奴列传》："晋文公攘戎翟，居于河西圁、洛之间，号曰赤翟、白翟。秦穆公得由余，西戎八国服于秦，故自陇以西有绵诸、绲戎、翟、獂之戎，岐、梁山、泾、漆之北有义渠、大荔、乌氏、朐衍之戎，而晋北有林胡、楼烦之戎，燕北有东胡、山戎。各分散居溪谷，自有君长，往往而聚者百有余戎，然莫能相一。"这些部落、方国分布在黄河上游及甘肃西北部。春秋时，戎有七种：己氏之戎。北戎，即山戎或无终。允姓之戎，即阴戎或陆浑之戎。伊洛之戎，是居住在河南伊水、洛水一带诸戎之统称。犬戎，也叫畎夷、昆夷、绲夷，《左传·闵公二年》："虢公败犬戎于渭汭。"杜预注："犬戎，西戎别在中国者。"《中国民族史》说："此一族不是一个部落，而是有相同族称的族群。"（第127页）骊戎，姬姓，在陕西临潼一带。戎蛮，西戎的一支，春秋时分布在河南颍河上游一带，后为楚所灭。战国时，义渠、大荔等与秦接壤的诸戎，自春秋以来逐渐并于秦，林胡、楼烦并于赵。西戎中，还有大戎，姬姓，唐叔后人；小戎，允姓，四岳后人；姜戎，姜姓，四岳后人陆浑之别部；鄋瞒，漆姓，防风氏后人等。

秦国本就是以后原始汉族人群为主形成的一个国家，据

《史记·秦本纪》和《赵世家》记载，秦人始祖是商代晚期戎胥轩的后裔，嬴姓，戎胥轩又是伯益的后裔，伯益是少昊后裔，可见秦国主体民族是后原始汉族人。秦人很早就生活在西方边陲，跟其他一些戎人部落杂居，有战有和，曾经也被视为西戎。西周时给周天子帮助不小，得到封地，逐步发展壮大。

义渠戎居住在甘肃庆阳西南的宁县一带，有人根据基因分析，确定义渠人属于黄色人种，是蒙古人种，但是族群来源不明。义渠可能有原始汉族的后裔，也融合了一些匈奴人血统。《墨子·节葬下》："秦之西有仪渠之国者，其亲戚死，聚柴而焚之，熏上，谓登遐，然后成为孝子。"由此可见，这跟汉族的丧葬有是有所区别，但后来融入了汉族。

骊戎，《国语·晋语一》："献公卜伐骊戎。"韦昭注："骊戎，西戎之别在骊山者也。其君男爵，姬姓。秦曰骊邑，汉高祖徙丰民于骊邑，更曰新丰，在京兆也。"骊戎属姬姓，且有封爵，这个信息不能忽视，这应该能说明骊戎是黄帝的后裔，跟晋国是同姓，血缘关系较近。《左传·庄公二十八年》："晋献公娶于贾，无子。烝于齐姜，生秦穆夫人及大子申生。又娶二女于戎，大戎狐姬生重耳，小戎子生夷吾。晋伐骊戎，骊戎男女以骊姬，归，生奚齐，其娣生卓子。"据杜预注，贾国是姬姓国，大戎跟晋国都是唐叔虞的后裔，贾国、大戎、晋国、骊戎同为姬姓，小戎是允姓，而允姓跟姜姓血缘较近，《左传·襄公十四年》："范宣子亲数诸朝，曰：'来！姜戎氏！'"杜预注："四岳之后，皆姓姜，又别为允姓。"晋献公娶的多是姬姓女子，属同姓为婚。

犬戎是黄帝后裔。王国维《鬼方昆夷猃狁考》提到："鬼方混夷，古人无混而一之者，至混夷与獯鬻、猃狁，则又画然分而为二。"他想通过音韵和地理位置证明昆夷跟獯鬻、猃狁所指为一,但是说服力不强。音韵只能是旁证,至于地理位置方面的证据,也很难坐实其说,北方游牧各部族经常迁徙,还要考虑时代的因素,因此简单对应起来是有问题的,旧说不容易驳倒,如《史记·匈奴列传》:"周西伯昌伐畎夷氏……(武王)放逐戎夷泾、洛之北,以时入贡,命曰'荒服'。"《索隐》注"畎夷氏":"韦昭云:'《春秋》以为犬戎。'按:畎音犬。大颜云'即昆夷也'。《山海经》云'黄帝生苗龙,苗龙生融吾,融吾生弄明,弄明生白犬。白犬有二牡,是为犬戎'《说文》云'赤狄本犬种,字从犬'。又《山海经》云'有人面兽身,名曰犬夷',贾逵云'犬夷,戎之别种也'。"故这里还是采纳旧说。

山戎即后来的鲜卑,是不说汉语的部族,但也有汉族先民融入其中。《史记·匈奴列传》:"当是之时,秦襄公伐戎至岐,始列为诸侯。是后六十有五年,而山戎越燕而伐齐,齐釐公与战于齐郊。其后四十四年,而山戎伐燕。燕告急于齐,齐桓公北伐山戎,山戎走。"《索隐》:"服虔云:'山戎盖今鲜卑。'按:胡广云'鲜卑,东胡别种'。又应奉云'秦筑长城,徒役之士亡出塞外,依鲜卑山,因以为号'。"

《国语·郑语》有:"西有虞、虢、晋、隗、霍、杨、魏、芮。"韦昭注:"八国,姬姓也。虞,虞仲之后;虢,虢叔之后,西虢也。"这八个国家既然属于"亲"类,非"顽"类,那么它们应该属于汉族,但是不同的古书说法不尽相同,有些姬姓、姜姓也被归入"戎"。虞国既是虞仲(仲雍)之后,那么它应该是从吴地分封过来的一支,原来在南蛮区域,封到山西南部夏县和平陆北一带后,就进入了西戎的地域。可见西戎有原始汉族后裔。

西戎中有"羌","羌"不是一个族称。氏羌，主要分布在陕、甘、川交边地区。"氏羌"也不是一个族称，不是一个民族概念，而是指中原西边的国家。《说文·羊部》："羌，西戎牧羊人也。从人，从羊，羊亦声。南方蛮、闽从虫，北方狄从犬，东方貉从豸，西方羌从羊，此六种也。"氏羌中也是不同民族杂居，有后原始汉族人群（详下文），"羌"指西戎中牧羊为主的游牧部落，就当地史前考古看，不排除有的亦耕亦牧。近代开始，有人说，"羌"和"姜"二词之间有同源关系。章炳麟《检论·序种姓（上）》说："羌者，姜也。"《说文·女部》："姜，神农居姜水，以为姓。"可见传统说法以为姜姓的"姜"来自姜水的"姜"，认为先有姜水，后有姜姓。要使"姜、羌"同源的说法成立，同时又接受传统的说法，那就必须论证"羌"和姜水的"姜"具有同源关系，姜水的"姜"得名于羌人的"羌"，或者羌人的"羌"得名于姜水的"姜"，否则"姜、羌"同源说很难成立。因此此说有待进一步论证。

还有一部分史料值得重视。《国语·周语下》："皇天嘉之……祚四岳国，命以侯伯，赐姓曰姜，氏曰有吕，谓其能为禹股肱心膂，以养物丰民人也。"可见姜姓是四岳后裔，四岳是共工的后裔，尧时主管诸侯。《郑语》："姜，伯益之后也。"《史记·齐太公世家》："太公望吕尚者，东海上人。其先祖尝为四岳，佐禹平水土，甚有功。虞夏之际封于吕，或封于申，姓姜氏。"司马贞索隐："谯周曰：'姓姜，名牙。炎帝之裔，伯夷之后，掌四岳有功，封之于吕，子孙从其封姓，尚其后也。'"《山海经·海内经》："伯夷父生西岳，西岳生先龙，先龙是始生氏羌，氏羌乞姓。"郭璞注："伯夷父颛顼师，今氏羌，其苗裔也。"通过上述材料可知，氏羌中有伯夷后裔，和中原姜姓同祖，那么氏羌里就有后原始汉族的居民，他们应该是说后原始汉语，至少一部分氏羌部落是这样的。

氏羌中后原始汉族居民的中原化，可能连带会使其他少数民族的一部分人群汉化，于是"氏羌"一词就逐渐成为称说原氏羌域内的少数民族族群的专指，但是这是后来的事。《诗·商颂·殷武》："昔有成汤，自彼氐羌，莫敢不来享，莫敢不来王。"郑笺："氐羌，夷狄国在西方者。"孔颖达疏："氐羌之种，汉世仍存，其居在秦陇之西。"孔颖达此说，含有"氐羌之种"唐代不存的意思。值得注意的有两点：一是，他认为《殷武》的氐羌在汉代仍有遗存，到唐代已经不存在了，其实也就是中原化了；二是，有人认为今天仍有些少数民族是氐羌的后裔，那么唐代时这种来自氐羌的少数民族的后裔显然也一定存在，才能繁衍到今天，只是孔颖达所说的"氐羌"没有将这些少数民族的先人算在氐羌之内，否则，孔疏"汉世仍存"之语就是多余的。这也好理解：因为作为少数民族先人的"氐羌"当时还不是氐羌之地的主体部落或国家。西羌中的少数民族先民的习俗，跟汉族很不相同。据《通典》卷一百八十九《边防五·西戎一·序略》："西羌……其俗氏族无定，或以父名母姓为种号，妻后母，纳釐嫂，如北狄之俗……自古不立君臣，无相统一。"由此可见，羌人是有姓的，所以才有"父名母姓"之说。据汪桂海《从出土资料谈汉代羌族史的两个问题》的研究，羌人种族很多，《汉书·赵冲国传》《西域传》《后汉书·西羌传》《西南夷传》《三国志·魏书·乌桓鲜卑东夷传》注引《魏略·西夷传》都提到不少羌人，出土简牍或纸质文书里也提到传世文献中没有记载下来的汉代至南北朝时期的羌人部落，在东汉顺帝时，羌人部落有 150 多个。就史料透露的信息看，这其中应该有真正的非后原始汉族人群，而且居多。羌人不断归顺汉朝，在当时处在与中原汉人高度融合的历史进程之中。

据古书记载，夷狄之国既有在北狄的，也有在西戎的，在我国西方、西南方、西北方都有分布，族群复杂，其中都有后原始汉族人群。例如《山海经·大荒西经》多处提到西戎、北狄一带有后原始汉族先民："有国名曰淑士，颛顼之子……有北狄之国。黄帝之孙曰始均，始均生北狄……颛顼生老童，老童生祝融，祝融生太子长琴，是处榣山，始作乐风……大荒之中，有山名日月山，天枢也。吴姖天门，日月所入。有神，人面，无臂，两足反属于头山，名曰嘘。颛顼生老童，老童生重及黎，帝令重献上天，令黎邛下地。下地是生噎，处于西极，以行日月星辰之行次……有女子方浴月。帝俊妻常羲，生月十有二，此始浴之……有池，名孟翼之攻颛顼之池……大荒之中，有山，名曰大荒之山，日月所入。有人焉三面，是颛顼之子，三面一臂，三面之人不死。是谓大荒之野。西南海之外，赤水之南，流沙之西，有人珥两青蛇，乘两龙，名曰夏后开。开上三嫔于天，得《九辩》与《九歌》以下。此天穆之野，高二千仞，开焉得始歌《九招》。有互人之国。炎帝之孙名曰灵恝，灵恝生互人，是能上下于天。有鱼偏枯，名曰鱼妇。颛顼死即复苏。风道北来，天及大水泉，蛇乃化为鱼，是为鱼妇。颛顼死即复苏。"这些叙述都表明，我国在西戎地区分布着后原始汉族先民。

（七）北狄

北狄和西戎往往不易区分，因为它们常常杂处，流动不居。《国语·晋语七》："魏绛曰：'……且夫戎、狄荐处，贵货而易土。'"北狄的人群在与中原的冲突中往往被迫迁徙到西南一带。

史料证实，北狄一定居住着相当多的后原始汉族人群，上面谈"西戎"时略有涉及，这里做重点论证。《山海经·海外北经》："共工之臣曰相柳氏，九首，以食于九山。相柳之所抵，厥为泽溪。禹杀相柳，其血腥，不可以树五谷种。禹厥之，三仞三沮，乃以为众帝之台。在昆仑之北，柔利之东。相柳者，九首人面，蛇身而青，不敢北射，畏共工之台。台在其东。"《大荒西经》："有北狄之国，黄帝之孙曰始均，始均生北狄。"《中国民族史》："整个春秋时期的狄和戎，都与炎黄集团，有相当深的渊源关系。"（第 134 页）既然证实北狄有相当多后原始汉族部落和国家，那么其中应不乏使用后原始汉语的，但受"四夷"为外族的流行观点的牵制，学者们回避了这个问题，这是很可惜的事情。

北狄有隗姓之狄、姬姓之狄。《国语·郑语》："北有卫、燕、狄、鲜虞、潞、洛、泉、徐、蒲。"韦昭注："卫，康叔之封；燕，邵公之封；皆姬姓也。狄，北狄也。鲜虞，姬姓在狄者也。潞、洛、泉、徐、蒲，皆赤狄，隗姓也。"又注："戎、狄，北狄、潞、洛、泉、徐、蒲是也。"可见北狄有原始汉族后裔。王国维《鬼方昆夷猃狁考》以为"隗、鬼"音近，隗姓狄跟鬼方地望相当，因此隗姓是鬼方，即匈奴人。这跟传统说法不合，但未足以驳倒传统说法，一声之转的论证效力有限，因此我们还是应该采用传统说法。《广韵》"隗"注："姓，出天水。"据《姓氏考略》，隗姓出于古帝大隗氏，隗氏后人尊大隗为隗姓得姓始祖。《潜夫论·志氏姓》："隗姓赤狄，姮姓白狄，此皆太古之姓。"将

《国语》韦昭注跟《志氏姓》对照起来看，可以认为"姮"是"姬"形近而讹，如此，则白狄应该是"姬姓在狄者"，属姬姓，跟《郑语》所说义为"北狄"的"狄"同姓。《左传·成公十三年》载晋厉公大臣吕相致秦桓公《绝秦书》："白狄及君同州，君之仇雠，而我之昏姻也。"杜预注："季隗，廧咎如赤狄之女也。白狄伐而获之，纳诸文公。"提到"白狄"，跟"赤狄"不同部落，《左传·僖公二十三年》："重耳……遂奔狄……狄人伐咎如，获其二女叔隗、季隗，纳诸公子。"重耳是晋献公的儿子，他跑到他生母的国家狄国，《左传·庄公二十八年》："（晋献公）又娶二女于戎，大戎狐姬生重耳，小戎子生夷吾。"可见重耳母亲是姬姓，至少有些狄人部落有姓，而这是早期汉族的文化特点。因此北狄有后原始汉族人群，他们是"太古之姓"。

北狄中，长狄又作"长翟"，始见于《左传·文公十一年》，孔子说它是夏代防风氏、商代汪芒氏的后裔，则其属于后原始汉族。《国语·鲁语下》："吴伐越，堕会稽，获骨焉，节专车。吴子使来好聘，且问之仲尼，曰：'无以吾命。'宾发币于大夫，及仲尼，仲尼爵之。既彻俎而宴，客执骨而问曰：'敢问骨何为大？'仲尼曰：'丘闻之：昔禹致群神于会稽之山，防风氏后至，禹杀而戮之，其骨节专车。此为大矣。'客曰：'敢问谁守为神？'仲尼曰：'山川之灵，足以纪纲天下者，其守为神；社稷之守者，为公侯。皆属于王者。'客曰：'防风何守也？'仲尼曰：'汪芒氏之君也，守封、隅之山者也，为漆姓。在虞、夏、商为汪芒氏，于周为长狄，今为大人。'"可见北狄有汉族先民的后裔，有的戎还姓漆，长狄即是。《左传·定公四年》："分唐叔以大路、密须之鼓、阙巩、沽洗，怀姓九宗，职官五正。"杜预注："怀姓，唐之余民。九宗，一姓为九族。"可见有怀姓之戎。即便怀姓是外族，但它有姓，这说明它已汉化。
《史记·周本纪》："（宣王）三十九年，战于千亩，王师败绩于
姜氏之戎。"可见有姜姓之戎，是炎帝后裔。

另外，中山国属北狄中白狄的一支，即鲜虞部落。鲜虞得
名于鲜虞水，即今发源于五台山西南而流注滹沱河的清水河。
其属于姬姓部落，跟周王朝同姓，是黄帝后裔，说汉语，出土
的中山国器物上都是汉字。我们完全可以据此判断：鲜虞部落
不是由非汉语改说汉语的，而是一直说汉语。

河北平山中山国遗址出土中山王厝方壶及其部分铭文

皋落氏，据《国语·晋语一》，骊姬所言"以皋落狄之朝
夕苟我边鄙"，韦昭注："皋落，东山狄也。"据《路史》，皋落
氏是隗姓，炎帝参卢之后，故城在今山西垣曲西北 50 里。既
是炎帝之后，则它是说汉语的人群，而据上文《国语·郑语》
所说，它与隗姓的潞、洛、泉、徐、蒲是同一姓，应该是同宗
的部落国家。

徐国，据清代徐时栋著《徐偃王志》考证，也是北狄的一支，它跟江淮流域属于东夷的徐国不是一个国家。东夷的徐国是夏朝开始分封的国家，嬴姓，后来被吴国灭了，它们说汉语，写汉字，出土的徐王鼎、徐王庚儿钟等都是有铭文的，可以证实这一点。北狄的徐国则是隗姓，跟东夷的徐国不同姓。

在内蒙古赤峰宁城县甸子乡小黑石沟遗址的一座石椁墓中，发掘出春秋时期的许季姜青铜簠，器内底有金文 3 行 16 字："许季姜作尊簠，其万年子子孙孙永宝用"。该遗址出土的400 余件（组）文物分别来自两大文化系统：一类来自北方东胡文化系统，如双联罐、四联罐、三足矮裆鬲、六联豆等，其中生产工具、动物纹装饰件、车马具等是东胡或夏家店上层文化中特有的器皿；另一类属于中原文化系统，如尊、方鼎和这件许季姜青铜簠。这件簠应来自当时中原的许国。许国本在今天的河南许昌一带，按照先秦的姓氏制度，"许季姜"应是许国一位称为"季姜"的贵族妇女，在"姜"姓前面冠以排行"季"。许季姜簠在小黑石沟墓葬中出土，这可能反映出北方游牧部落与中原诸侯国之间在当时就有文化交流与交往，许国有族群到达了这一带。

（八）华夏的夷化和四夷的华夏化

据以上所论进行推测，既然四夷包括后原始汉族人群和外族人群，那么四夷的华夏化必然涉及两个方面：一是后原始汉族人群的中原汉族化，二是外族人群的汉族化；四夷的华夏化必然也涉及两个方面：一是中原汉族化人群的边地后原始汉族人群化，二是汉族人群的外族人群化。相应地，反映在语言接触上，华夏语的夷语化必然涉及中原汉语的边地汉语化和汉语的外族语化这两个方面，后者指说汉语的人群改说外族语；四夷语的华夏语化必然涉及边地汉语的中原汉语化和外族语的汉语化这两个方面，后者指说民族语的人群改说汉语。既往将华夏的夷化局限在汉族人融入少数民族，将四夷的华夏化局限在周边少数民族人群融入汉族；将华夏语的夷语化局限在由说汉语改说少数民族语言，将夷语的华夏语化局限在由说周边少数民族语言改说汉语，都是不全面的，必须加以纠正。

古蜀国有很多非汉族的居民，但是其主体民族是后原始汉族，尤其是成都平原一带。蜀国起源于蜀山氏，是后原始汉族很早分出去的一支，跟中原文化相差甚远，后来一直跟中原有交往。《华阳国志·蜀志》："蜀之为国，肇于人皇，与巴同囿。至黄帝，为其子昌意娶蜀山氏之女，生子高阳，是为帝颛顼；封其支庶于蜀，世为侯伯。历夏、商、周，武王伐纣，蜀与焉……有周之世，限以秦、巴，虽奉王职，不得与春秋盟会，君长莫同书轨。周失纲纪，蜀先称王。有蜀侯蚕丛，其目纵，始称王。死，作石棺石椁，国人从之，故俗以石棺椁为纵目人冢也。"这反映了黄帝一族跟蜀山氏的血缘关系很远，所以让他儿子昌意娶了蜀山氏之女。就史前考古看，蜀地跟楚地、吴地很早就有频繁的接触。这点在语言，尤其是方言上有所体现，例如《尔雅·释器》："不律谓之笔。"郭璞注："蜀人呼笔为不律也，语之变转。"《说文·聿部》："聿，所以书也。楚谓之聿，吴谓之不律，燕谓之弗。"又："笔，秦谓之笔。"可见蜀地和吴地都曾管笔叫"不律"。

巴国原来可能在鄂西立都，它的主体人群说的是汉语，是后原始汉族人群,《山海经·海内经》:"西南有巴国,太皞生咸鸟,咸鸟生乘厘,乘厘生后照,后照是始为巴人。"可见巴国是太皞的后裔。湖北长阳香炉石早期巴文化遗址出土过甲骨 44 片,其中早商时期地层和一座首领墓葬中的甲骨就有近 20 片,部分钻孔有烧灼的痕迹,龟甲占卜是汉族先民的占卜法;此外,在墓葬中发现了两枚陶印章,文字颇难辨识,但可以肯定是早期汉字,因为在中国及中国周边,只有汉族最早创制文字,别的民族创制文字没有早于汉族的。

湖北长阳香炉石早期巴文化遗址出土陶印章

巴国是后原始汉族人群,姬姓诸侯国,但巴国辖内也有少数民族杂居其间。秦国在公元前 316 年灭了巴国,将巴国君臣掳往咸阳,把巴地纳入秦国版图,设置巴郡。因为巴地的汉人中原汉族化程度高,说的也是汉语,所以人们将"巴人"的范围限制在巴地的少数民族人群之中,这样后人往往将"巴人"

概念外延跟巴地的少数民族人群等同起来。这种误解在历史上屡见不鲜，其实楚国的西部也有跟巴国少数民族同血脉的少数民族人群。

巴地的少数民族人群，应该有一些在秦汉以前就汉化了，但仍然有相当一部分没有。前者例如，《尔雅·释诂》："台、朕、赉、畀、卜、阳，予也。"郭璞注："赉、卜、畀，皆赐与也。与犹予也，因通其名耳。《鲁诗》曰：'阳如之何。'今巴、濮之人自呼阿阳。"《释文》："阳，音旸，又如字。本或作旸。"这里"阳"应该是第一人称代词"予"的同源词，声母相同，韵部对转，是汉语内部产生的词。郭璞所说"巴、濮之人"可能主要指少数民族人群，但也可能包括汉民族先民，它们保留或借用了汉语的第一人称代词"阳"。

濮即百濮，百濮在《书·牧誓》中有记载："（武）王曰：'嗟！我友邦冢君御事，司徒、司马、司空，亚旅、师氏，千夫长、百夫长，及庸、蜀、羌、髳、微、卢、彭、濮人。称尔戈，比尔干，立尔矛，予其誓。'"旧题孔传："庸、濮，在江汉之南。"据考，"庸"在湖北房山县一带，"濮"在湖北竹山县和陕西安康一带。杜预《春秋释例》："建宁郡南有濮夷，濮夷无君长总统，各以邑落自聚，故称百濮也。"《华阳国志》卷四《南中志》："宁州，晋泰始六年初置，蜀之南中诸郡，庲降都督治也。南中在昔盖夷越之地，滇、濮、句町、夜郎、叶榆、桐师、嶲唐，侯王国以十数，编发左衽随畜迁徙，莫能相雄长……有竹王者，兴于遯水。先是有一女子浣于水滨。有三节大竹流入女子足间，推之不肯去，闻有儿声。取持归，破之，得一男儿，养之。长有才武，遂雄夷濮，氏以竹为姓。"可见，百濮所在地并不局限于巴蜀一带，他们过的是游牧生活，跟中原汉族差别不小，但可能穿丝织品衣服，有姓氏，这又跟中原汉族一致。有人说，今天分布在我国以及越南、老挝三国的莽人（2009 年才划归布朗族）部落可能是古代的百濮的一支，1949 年以前过的是原始部落的生活，明朝中期莽人的先人散居在云南省红河州和文山州境内；明末清初，流散在越南老街省和莱州省境内。清末，部分莽人从越南回迁到云南金平县一带。1957 年，我国境内莽人散居在云南红河州金平县金水镇乌丫坪办事处和南科办事处西南部，处在中越边境线我方一侧的大山深处，包括雷公打牛、落邬、坪河上、坪河中、坪河下、河头、管头、纳西、边界、龙树、草果坪、南科等 12 个小居住点。当时最小的村落只有五六户，大村落不过十几户，迄今不过百户人家。莽人一般都身材矮小，最高者不过 1.6 米，皮肤黝黑，双腿粗而有力，一年四季都赤脚，能背起 100 多斤的东西赤脚奔走，速度很快，一天能翻越 60~70 公里山路；他们的爬山的技艺高超。以前，他们的男性以打猎为主，有时能一连数天都坚持待在深山打猎；女性主内，在家采集老林中的野果、野菜，从事一些简单的农务。莽人部落群体精神强，无论谁获取了猎物、野果等食物物品，都要和全寨人分享。他们几乎不与外界沟通，唯一的沟通方式是用自编的竹具到镇上换些盐巴之类的东西。莽人很少生病，一般寿命都在 70~80 岁。在文化习俗上，他们忌讳绿色；坚信妇女受孕是某种神秘力量进入妇女腹内造成的，妇女如果不育就要祭神。据研究，莽人的语言属于南亚语系孟高棉语族的一支。

如果百濮有汉族先民的话，那么它们跟中原汉族的分化应该远在旧石器时代，先秦时在当地应该是优势族群，但其辖地肯定有少数民族人群，这就是被我们今天视为少数民族的"濮人"。郭璞说得很清楚，巴、濮一带第一人称代词用"阿阳"，跟《尔雅》一致。后者例如，据《太平御览》卷十七引唐梁载言《十道志》(已佚)，战国时楚国灭巴，巴子兄弟五人流入黔中，分处酉、辰、巫、武、沅等五溪，各为一溪之长，号为五溪。这部分巴国的臣民应该是血缘不尽相同的，其中的少数民族逐步汉化，有的至今还没有汉化。《隋书·地理志》载梁州："傍南山杂有獠户，富室者颇参夏人为婚，衣服居处言语，殆与华不别。西城、房陵、清化、通川、宕渠，地皆连接，风俗颇同。"载豫州："自汉高发巴蜀之人，定三秦，迁巴之渠率七姓，居于商洛之地，由是风俗不改其壤。其人自巴来者，风俗犹同巴郡。淅阳、淯阳、亦颇同其俗云。"

土家族属于使用藏缅语的民族中的一支，很早就居住在巴、楚等地。他们原有自己的语言。现在的土家族一般都改说汉语方言，只有人数不多的地区还说两种土家语语言：毕基语和孟兹语。毕基语属黏着语，分龙山土语和保靖土语两种方言，是土家族本民族语言中使用最多的；孟兹语属分析语，它是在原来土家语的基础上，深受邻近汉语湘方言和苗语影响形成的一种语言，分布在湖南湘西泸溪县潭溪镇及下属的几个村寨。毕基语和孟兹语彼此不能通话。湖南永顺县郎溪乡王木村打洞溪还完好地保存了土家族的胡玛语，这里与外界相对隔绝，全是土家族居民，以徐、宋、罗、刘、丁、吴姓为主，据说他们的先人是在明朝中期为躲避官府和土家族大姓欺凌而躲藏在此的。

鄂东有"五水蛮"，他们汉化较早。《南史·夷貊下·南蛮》："西阳有巴水、蕲水、希水、赤亭水、西归水，谓之五水蛮。"五水在今湖北黄冈境内。巴国境内发源于武落钟离山

（在今湖北长阳）的一些少数民族族群，在东汉时被迫迁徙到五水流域，《后汉书·南蛮西南夷列传》："巴郡南郡蛮，本有五姓：巴氏，樊氏，瞫氏，相氏，郑氏，皆出于武落钟离山……至建武二十三年，南郡潳山（按：在今湖北长阳县一带）蛮雷迁等始反叛，寇掠百姓。遣武威将军刘尚将万余人讨破之，徙其种人七千余口，置江夏界中，今沔中蛮是也。和帝永元十三年，巫蛮许圣等以郡收税不均，怀怨恨，遂屯聚反叛。明年夏，遣使者督荆州诸郡兵万余人讨之。圣等依凭阻隘，久不破。诸军乃分道并进，或自巴郡、鱼复数路攻之，蛮乃散走，斩其渠帅，乘胜追之，大破圣等。圣等乞降，复悉徙置江夏。"由上述材料可知巴郡蛮在东汉时有两次向鄂东的迁徙，一次人数达7000人之多，另一次没有记下迁徙人数，而当时的江夏郡一个县也就 10000 人左右，可见迁徙规模之大。巴地少数民族居民迁徙到鄂东五水一带，形成了历史上有名的"五水蛮"，他们民风剽悍，经常跟南朝统治者发生剧烈冲突。巴河流域为迁徙过来的巴人的活动中心，巴河入江处的浠水巴河镇曾被称为五蛮城，人们将这条河叫"巴河"，地名中的"巴"字折射了他们原住地的信息。巴河有上巴河和下巴河之称，上巴河在今团风县境内，隔河跟浠水相望；下巴河在浠水，浠水一带还保留了带有巴人印迹的地名。无论迁徙过来的巴人原来是否说汉语，他们来到黄冈一带后，至晚到南朝后期就逐步汉化了。入隋后，五水蛮虽不时跟当地汉族居民产生冲突，但已基本汉化。《隋书·地理志》："南郡、夷陵、竟陵、沔阳、沅陵、清江、襄阳、春陵、汉东、安陆、永安、义阳、九江、江夏诸郡，多杂蛮左，其与夏人杂居者，则与诸华不别。其僻处山谷者，则言语不通，嗜好居处全异，颇与巴、渝同俗。"五水蛮是"与夏人杂居者""与诸华不别"。唐杜牧做过黄州刺史，他的《黄州刺史谢上表》说："伏以黄州在大江之侧，云梦泽南，古有夷风，今尽华俗。"可证唐代五水蛮已全然汉化了。

　　我们遇到"四夷"的说法时，千万不能以为凡属"四夷"，就一定都是说汉语以外的语言。古人所说的"夷"是跟"华、夏"相对而言的，是相对于"华、夏"来划分的，"华、夏"有统一的语言、文化、血缘、民族和政治体系，"夷"则没有，四夷的每一夷，都包含不同血缘、语言、民族和文化的人民。

　　四夷在不同时期占据上风的种族不会完全相同，在不同时期肯定会有分化、融合；还有一些逐步汉化了。汉族历代史书记录的四夷的传记，表面上是记录同一种夷，但是实际内涵可能完全不同，其实是不同的种族。四夷的具体所指，在不同时代也是游移不定的。例如"东夷"，《礼记·王制》所说的东夷，跟商周时期的"东夷"不一定相同，如同《后汉书·东夷列传》的"东夷"跟《王制》的含义不可能完全相同是一样的道理。因此，我们理解"东夷"的含义，不能以今律古；即使是同一个时期，在不同的语境中，"东夷"的具体所指也不能混为一谈。

　　四夷中一定有部分人群说的仍然是中原汉语以外的汉语，不是地道的民族语言。例如"羌"，《后汉书·西羌传》："西羌之本，出自三苗，姜姓之别也。"西羌有姓，是说汉语的族群。这个有姓的羌，可能很早就中原汉语化，继而重新融入华夏民族。我国西部，今日之羌族跟《西羌传》的"羌"不是一个概念。《西羌传》的"西羌"是跟"华、夏"相对而言的，同时也是一个地域概念，是包括三苗后裔在内的不同种族；"羌族"则是一个民族概念。古代史书有时候区分地域、该地域的种族、该地域的强势政权这三样东西，有时候不加区分，往往使研究者治丝益棼。我们应该这样理解《西羌传》的"出自三苗，姜姓之别"：史书的记载只是一个大致的说法，西羌属地的人民未尽属于三苗之后裔，其中可能包含今天"羌族"的祖先，这里的"出自三苗，姜姓之别"是就由华变夷的那一个种群而言的；只是因为三苗后裔的"西羌"人在东汉时强势，所以《西羌传》就说西羌人出自三苗。今天的"羌族"不是出自三苗，他们原没有姓氏，有姓氏是很晚的事，是仿照汉族来确立姓氏的。后来"出自三苗，姜姓之别"的那个种族的"西羌"人又由"夷"返回到"华"，成为夷人中的强势民族，西羌的代表，于是"出自三苗，姜姓之别"的血统就被转嫁到今日羌族人身上。这种转嫁可能有点道理："出自三苗，姜姓之别"的后人跟今日羌族人的祖先杂居在西羌时，文化上会互相影响，基因也会有交融，但是今日羌族人祖先说的仍然是自己的民族语，和语言文化上"出自三苗，姜姓之别"的西羌人是不同的。

应该承认，跟四夷相对的"华、夏"域内的居民，基本上都是汉族先民；四夷部分应该是说汉语和其他民族语言的混杂的居民，离中原越近，说汉语的可能性越大；距离中原越远，越有可能说外族语。

至晚夏商周代以来，汉语不但影响了外族语，而且中原汉语还同化了尧舜时期或其前从中原汉语分化出去的非中原汉语。前者可以称为四夷外族语的"汉语化"；后者可以称为四夷汉语的"中原汉语化"。尧舜时期或其前从中原分化出去的汉族先民距离周秦时期比较遥远，因此到了周秦时期，不同氏族建立的王朝都会按照跟王室的血缘关系以及对中原地区后起文化认同度、政治的需要等多方面因素划分"四夷",即使是后原始汉族人也常被作为夷人对待。上文所引《国语·郑语》史伯的话"是非王之支子母弟甥舅也,则皆蛮、荆、戎、狄之人也"正好可以说明夷夏的区分没有一般人想象中那么简单,更不是按照是否说汉语来区分的,中原地区固然说汉语,四夷地区亦有相当多说汉语的人群。这是必须要知道的事情。

　　更早的情况今已不可详考,估计汉族也有个别部落因种种原因被迫"夷化",他们说的汉语夹杂着"夷化"的内容。由于"夷"并不专指外民族,因此"夷化"跟"外族化"不同。从可能性方面讲,入"夷"的后原始汉族先民的语言,只有两种:一是,他们仍然说汉语,只是跟中原疏离了,有自己的独特的语言创造,而跟中原汉语有别;二是,改说外族语,这种情形的"夷化"等于"外族语化"。《尚书》就有汉族先民"夷化"的记载,部落"夷化"不等于语言的"外族化"。近百年来,某些研究人员总将"四夷"部落所操的语言看作非汉语,这不是推理得出的必然结论,但影响了几乎一个世纪,必须纠正。《书·舜典》(有人以为是从《尧典》里面分出来的):"(舜)流共工于幽州,放驩兜于崇山,窜三苗于三危,殛鲧于羽山,四罪而天下咸服。"可见舜曾流放自己大臣的部落到四方,幽州在北方,崇山在南方,三危在西方,羽山在东方。这些部落说的都是汉语:共工是炎帝后裔,被流放到幽州,幽州在今河北北部、北京、辽宁一带。驩兜是鲧的孙子,颛顼之后,颛顼是黄帝之孙,被流放到崇山,崇山即今嵩山。三苗是姜姓炎帝之后,散居江淮、荆州一带,后来被分拆成三支,故称"三苗",舜"分北三苗",流放到三危,并实施管制。三危在甘肃敦煌一带。今天的苗族可能是因为居住区域大致在原来有苗氏的土地上，是有苗氏辖域内的民族，所以汉族人也叫它们为"苗"，但此"苗"非彼"苗"，跟历史上的三苗不是一回事。鲧是夏禹的父亲，颛顼后裔，被诛杀于羽山，羽山在江苏连云港东海县与山东临沂临沭县交界处。这四个部落说到底血缘关系相同。

尧舜时流放到四方的早期汉族先民，以及其前后通过非流放性质的迁徙进入四夷地区的汉族先民，起先跟中原汉语应无异。他们在早期跟中原的联系还很密切，有一些后来还回迁中原地区。例如根据《史记·六国年表》，夏禹"兴于西羌"，《集解》引皇甫谧：《孟子》称禹生石纽，西夷人也。"《正义》："禹生于茂州汶川县，本冉、駹国，皆西羌。"《后汉书·东夷列传》："武乙衰敝，东夷浸盛，遂分迁淮、岱，渐居中土。"但是久居四夷的汉族居民，由于跟中原隔绝日深，逐渐变成了"四夷"的一部分，其中可能有改说外族语的。但保留汉语，进而同化外族语应该占据主流。比如今天的彝族地区，在天文、历法方面就深受汉族的影响，这种影响可能远在夏代以前已经开始，彝族在吸收汉族文化的时候，也略有改造。

早期汉族部落"夷化"，有两种情况：一种是保持原有部落建制，没有融入其他族群。陆浑戎本是西戎的一支，居住在甘肃、青海、陕西一带，《左传·襄公十四年》载陆浑戎国君驹支回答晋国范宣子的话："我诸戎饮食衣服不与华同，贽币不通，言语不达。"陆浑戎原来跟中原汉族（也就是华夏族）不同，早先说的不是中原汉语，但不能证明他们说的是少数民族语言。陆浑戎跟中原汉族都是后原始汉族，中原汉语跟陆浑戎所操的语言都是后原始汉语。驹支回答晋国范宣子的话还有：

"先王居梼杌於四裔，以御魑魅，故允姓之奸，居于瓜洲。"可见陆浑戎的语言是从夏代立国之前的汉语中分化出去的，陆浑戎是梼杌的后裔，梼杌是颛顼的"不才子"。陆浑戎进入西戎时有姓氏，姓允。到春秋时期，陆浑戎跟中原汉族的语言文化都有各自的发展，他们跟中原汉语已经不能通话了，文化也有隔阂。因此，仅据驹支所言"饮食衣服不与华同，贽币不通，言语不达"，是无法推定陆浑戎跟中原汉族没有血缘关系的，也不能推定陆浑戎的语言是少数民族语言。还有一种可能：驹支是有意渲染夷夏之别，不完全是实情。陆浑戎是戎人中的一个强势族群，容易保留自己的语言，即使跟他们杂居在一起的有其他民族的人群，也很难迫使陆浑戎改说其他民族的语言。南北朝时也有这种情况，《北史·僚传》讲到南朝宋时南蛮别种僚人"与夏人参居者颇输租赋，在深山者仍不为编户……近夏人者安堵乐业，在山谷者不敢为寇"，可见汉人跟僚人有杂居的，应该可以肯定当地汉族居民是说汉语，僚语跟汉语"言语不通"。因此，陆浑戎即便跟不说汉语的部落杂居在一起，仍然可以保留他们的后原始汉语。

《荀子·正论》："故诸夏之国，同服同仪，蛮夷戎狄之国，同服不同制。"这跟说陆浑戎是汉族先民分出去的一支，陆浑语跟驹支的言语不一样，其实没有矛盾，《左传》《荀子》表面上的不同，应理解为它们各是就四夷的不同情况来说的。春秋时，秦穆公、晋文公、楚庄王都跟陆浑戎联系密切，据《左传·僖公二十二年》（公元前638年），陆浑戎被秦穆公强制迁徙到洛阳附近；据《左传·昭公十七年》（公元前525年）为晋国所灭，然后举族内迁，居今河南嵩县东北一带，今洛阳陆浑水库、陆浑村、陆浑岭、陆浑关、陆浑山等都是其遗迹；

周景王二十年（公元前 525 年），晋国灭陆浑，陆浑遗民奔楚，被安置在郧国故地，称此地为"安陆"，即今湖北安陆。河南伊川徐阳墓地发掘出一座陆浑戎王级大墓，有力地证实了文献所载陆浑戎内迁伊洛的历史事件。从随葬品和丧葬习俗看，该墓葬随葬铜礼器、车舆规制等显然受同期中原文化的强烈影响。可以推断，陆浑戎内迁以后，放弃了他们的那种汉语变体，改说中原汉语了。

　　另一种是保持原有部落建制，但融入其他族群。《史记·匈奴列传》："匈奴，其先祖夏后氏之苗裔也，曰淳维。唐虞以上有山戎、猃狁、荤粥，居于北蛮，随畜牧而转移。"《汉书·匈奴传下》也说，西汉后期，汉族人有不少流入匈奴："单于曰：'孝宣、孝元皇帝哀怜，为作约束，自长城以南天子有之，长城以北单于有之。有犯塞，辄以状闻；有降者，不得受。臣知父呼韩邪单于蒙无量之恩，死遗言曰："有从中国来降者，勿受，辄送至塞，以报天子厚恩。"'……使者曰：'匈奴骨肉相攻，国几绝，蒙中国大恩，危亡复续，妻子完安，累世相继，宜有以报厚恩。'单于叩头谢罪，执二虏还付使者。诏使中郎将王萌待西域恶都奴界上逆受。单于遣使送到国，因请其罪。使者以闻，有诏不听，会西域诸国王斩以示之。乃造设四条：中国人亡入匈奴者，乌孙亡降匈奴者，西域诸国佩中国印绶降匈奴者，乌桓降匈奴者，皆不得受。"可见，流入匈奴领地的，既有西域、乌孙人，也有"中国人"。

　　《史记》这一段话应该表明，汉族先民在夏代以后，就有融入匈奴族的人群，这不会是空穴来风，所以有"其先祖夏后氏之苗裔也"之说，对此我们不能轻易否定。《集解》注"淳维"："《汉书音义》曰：'匈奴始祖名。'"《索隐》："张晏曰：

'淳维以殷时奔北边。'又乐产《括地谱》云：'夏桀无道，汤放之鸣条，三年而死。其子獯粥妻桀之众妾，避居北野，随畜移徙，中国谓之匈奴。'其言夏后苗裔，或当然也。故应劭《风俗通》云：'殷时曰獯粥，改曰匈奴。'又服虔云：'尧时曰荤粥，周曰猃狁，秦曰匈奴。'韦昭云：'汉曰匈奴，荤粥其别名。'则淳维是其始祖，盖与獯粥是一也。"凡《史记》所记周边部落，都记载有汉族人融入其中，不独《匈奴列传》如此，《南越列传》《东越列传》《朝鲜列传》《西南夷列传》皆如此，《大宛列传》所记大宛没有说到有汉人融入其中，但张骞出使过那里。据此可以推知，匈奴人群中是有汉族先民融合进去的；这种融合，是商取代夏时发生的。人们通过对匈奴墓葬中的遗骨分析，肯定匈奴人种虽有欧罗巴人种或远东人种的成分，但以北亚蒙古人种（即古西伯利亚类型）为主，与东亚蒙古人种的华夏族明显不同。可是，匈奴是很大的一个族群，基因分析并不能否定《史记》的记载，甚至可以部分证明《史记》有根据。《史记》所记可能指来自淳维的一个部落，并不能概括所有的匈奴族群。至于这种融入匈奴的部族，是保留了原来的汉语，还是改说匈奴语，今已不可详考；有可能仍然说汉语，从而影响到匈奴语的汉语化。当然，也有可能改说匈奴语。《史记》给周边民族作传，是有分寸的，给有的民族作传就没有说他们跟汉族先民有什么渊源。汉族作为一种强势民族，这种有意保留自己母语的文化心理，一直到中古仍然没有消弭。《大唐西域记》卷一载呾逻私城（今哈萨克斯坦江布尔）南边有一座小孤城："南行十余里有小孤城，三百余户，本中国人也，昔为突厥所掠，后遂鸠集同国，共保此城，于中宅居。衣服去就，遂同突厥；言辞仪范，犹存本国。"可见小孤城的居民，当时还说汉语。小孤城在哈萨克斯坦南部，距中国较近。因此，流入匈奴的汉族部落，我们不能必然推出他们一定改说匈奴语。

古书中还有不少汉族先民跟周边民族杂居的记述，但不知道他们是否保留汉语。例如《魏书·高昌传》："高昌者，车师前王之故地，汉之前部地也。东西二千里，南北五百里，四面多大山。或云昔汉武遣兵西讨，师旅顿弊其中，尤困者因住焉。地势高敞，人庶昌盛，因云'高昌'。亦云其地有汉时高昌垒，故以为国号。东去长安四千九百里，汉西域长史、戊己校尉并居于此。晋以其地为高昌郡，张轨、吕光、沮渠蒙逊据河西，皆置太守以统之。去敦煌十三日行。国有八城，皆有华人。"可能高昌国的"华人"是大杂居、小聚集，仍说汉语。唐代樊绰《蛮书》卷四："裳人，本汉人也。部落在铁桥（即今云南丽江玉龙纳西族自治县巨甸镇）北，不知迁徙年月。初袭汉服，后稍参诸戎风俗，迄今但朝霞缠头，其余无异。贞元十年，南诏异牟寻领兵攻破吐蕃铁桥节度城，获裳人数千户，悉移于云南东北诸川。"《新唐书·南蛮上》说："汉裳蛮，本汉人部种，在铁桥。惟以朝霞缠头，余尚同汉服。"可见裳人本是唐代或唐代以前汉族人群迁徙到云南去的，因为已经夷化了，所以他们属于"蛮"人，应该说外族语了。

尧舜时期，既有"蛮夷率服"之举，也有"蛮夷猾夏"之事。至晚夏代，夏王朝根据四夷距离中原的远近，实施不同的政治手段，以华夏治蛮夷，不断同化夷人。《尚书》中的很多部分都涉及这方面的内容。例如《禹贡》说，夏禹将当时管辖所及的区域分为九州，又按距离国都的距离远近分别管制，"五百里甸服：百里赋纳总，二百里纳铚，三百里纳秸服，四百

里粟，五百里米。五百里侯服：百里采，二百里男邦，三百里
诸侯。五百里绥服：三百里揆文教，二百里奋武卫。五百里要
服：三百里夷，二百里蔡。五百里荒服：三百里蛮，二百里流。
东渐于海，西被于流沙，朔、南暨声教，讫于四海"。其中涉及
四夷，说明夏代非常重视对四夷的掌控，这无疑起到同化四夷
的效果。《史记·五帝本纪》："三苗在江淮、荆州数为乱，于
是舜归而言于帝，请流共工于幽陵，以变北狄；放驩兜于崇
山，以变南蛮；迁三苗于三危，以变西戎；殛鲧于羽山，以变
东夷：四罪而天下咸服。"这句话司马贞《索隐》和张守节《正
义》理解不同。司马贞说："变谓变其形及衣服，同于夷狄也。"
张守节说："言四凶流四裔，各于四夷放共工等为中国之风俗
也。"张守节的解释应该更好。依张说，这是中原汉族影响边
地的后原始汉族及周边少数民族的例证。

　　到周秦两汉，四夷的一些部落被迁到内地，不得不改说当
时的中原汉语，其中包括"四凶"的一些后代。据《汉书·地
理志》，汉武帝开边，将未被同化的胡、越族各部族驱赶到远
处。受中原同化的部落多被迁到内地。例如京兆尹有新丰，来
自原来的骊戎国；左冯翊有临晋，来自原来的大荔；右扶风
有鄠，来自原来的有扈氏；弘农郡有陆浑，来自原来的陆浑戎
内迁；河南郡有蛮中，来自戎蛮子国；会稽郡有山阴，来自原
来的越王勾践本国；上郡有匈归障，安置匈奴归附者，有龟兹
县（在今陕西榆林），安置龟兹国来附者等。在当时，汉族同
化兄弟民族是主流，《孟子·滕文公上》说："吾闻用夏变夷
者，未闻变于夷者也。"这反映了部分事实。北狄中，潞氏在今
山西潞县，皋落氏在今山西垣曲县皋落镇，留吁在今山西屯留
县，地名保留了北狄同化于汉族的遗迹。《史记·大宛列传》：

"（张）骞与胡妻及堂邑父俱亡归汉。"张骞的胡妻本匈奴人，她是个体进入汉地；跟张骞一同出使西域的堂邑父的奴仆甘父也是胡人，他们的胡语不会对汉语造成影响。西域的一些部落，很早就有自动迁徙到中国的，陈垣《元西域人华化考》说："西域人归化中国之事，古所恒有。"

历代汉文化对四夷地区很有吸引力。汉族对周边民族、汉语对周边民族语言影响很大，这种影响，远在上古之前已经开始，一直沿袭至今。据《全上古三代秦汉三国六朝文》《先秦汉魏晋南北朝诗》《全唐诗》等材料，可知外族人自上古起，就用汉语写了不少文学作品。刘向《说苑·善说篇》载，春秋时楚国令尹子皙"泛舟于新波之中"，越人为他用越人的语言创作了《越人歌》，子皙听不懂，"乃召越译"，翻译成楚国话。这个记载反映春秋时越地的越人说的是民族语言，但是不能证明越地全部说越人语，没有流通汉语。结合相关材料可知，当时越地是通行汉语的。

不可否认，至晚西汉开始，中原王朝对少数民族地区一直在加强掌控，带来汉语、汉文化，对少数民族地区的深刻影响。《汉书·西域传上》："出阳关，自近者始，曰婼羌。婼羌国王号去胡来王。"婼羌国王将自己的号叫作"去胡来王"，颜师古注："言去离胡戎来附汉也。"《匈奴传下》载："时，莽奏令中国不得有二名，因使使者以风单于，宜上书慕化，为一名，汉必加厚赏。单于从之，上书言：'幸得备藩臣，窃乐太平圣制，臣故名囊知牙斯，今谨更名曰知。'"可见，匈奴的单于受汉朝影响，也改名为单名。由出土于湖北荆州胡家草场西汉墓 M12 的简牍可知，汉代制定了管理蛮夷的法律。例如简 2597："蛮夷君当官大夫，公诸侯当大夫、右大夫、左大夫，彻公子当不更。"简 2621："蛮夷长死，欲入禾粟戎葬者，许之。邑千户以上，如四千石；不盈千户，入两千石；不盈百户。"简 2630："入千五百石；不盈五十户及毋邑人者，入千石。"为了有效地控制民族地区，朝廷指派民族地区的首领在当地执政，朝廷赐以代表执政权的印章。据齐广、唐森《成都新津宝墩西汉墓出土"羌眇君"印考》，成都市新津县宝墩遗址 M147 西汉中晚期墓棺中出土的一枚篆有"羌眇君"（在西汉的犍为郡）印章，云南晋宁石寨山属于出土的西汉中晚期的 M6"滇王之印"，都反映了朝廷对西南少数民族地区的掌控。朝鲜平壤贞柏里西汉中晚期的墓葬出土的"夫租薉君"印，林沄考释"夫租"为"沃沮"，是汉代沃沮县薉（秽）族首领所用之印，韩国庆尚北道新光面马助里古墓出土了的"晋率善秽佰长"铜印，黑龙江齐齐哈尔出土的"魏丁零率善佰长"铜印，都反映了朝廷对东北少数民族地区的掌控。在南方和东南的民族地区，汉代朝廷给百越地区部落首领赐以"越贸阳君"、"越青邑君"、"新越馀坛君"、"新越三阳君印"、"越稻君"（出土于江苏宜兴）、"越归汉蜻蛉长"（出土于汉代长安城遗址）、"蛮夷侯印"（湖南平江梅仙镇出土）、"沅蛮夷长"（湖南慈利县零阳乡出土）等印章，都反映了朝廷对南方、东南方少数民族地区的掌控。这些都表明四夷地区的少数民族人群至晚在西汉就处在加速汉化的进程中，这一进程具有一定的强制性。

早期古书有许多汉语影响周边民族语言的记录。例如《后汉书·西南夷列传》载，东汉明帝（58~75 年）时，汶山以西白狼国等百余国还没有臣属汉朝，但"举种奉贡，称为臣仆"，"白狼王、唐菆等慕化归义，作诗三章"，三章诗都有当时的"犍为郡掾田恭"的汉语对译。两相对照，可以看出，此时白狼等国汉化程度很深，在词汇、语法方面有不少汉语的借词和语法借用现象，例如"罔译刘脾"对译"吏译平端"，"圣德度诺"对译"圣德深恩"，"辟危归险"对译"涉危历险"，"莫受万柳"对译"不远万里"，"术叠附德"对译"去俗归德"，"仍路挐摸"对译"心归慈母"，"荒服之仪"对译"荒服之外"，"罔译传微"对译"吏译传风"，"是汉夜拒"对译"大汉安乐"，"踪优路仁"对译"携负归仁"，"雷折险龙"对译"触冒险狭"，"扶路侧禄"对译"缘崖磻石"，"理历髭雒"对译"百宿到洛"，"捕茝菌毗"对译"父子同赐"，"怀槁匹漏"对译"怀抱匹帛"，"传室呼敕"对译"传告种人"，"陵阳臣仆"对译"长愿臣仆"。可见东汉时西南夷汉化的程度之深。《史记·匈奴列传》"匈奴单于曰头曼"，《索隐》引《汉书》和《玄晏春秋》：《汉书》'……匈奴谓天为"撑黎"，谓子为"孤涂"。单于者，广大之貌也。言其象天，故曰撑黎孤涂单于'。又《玄晏春秋》云'士安读《汉书》，不详此言，有胡奴在侧，言之曰："此胡所谓天子。"'与古书所说符会也。"据《索隐》可知，直到晋代，进入中原的匈奴人有人还说双语，胡奴即其一。历史上，必然有大量少数民族人群融入汉族，唐代梁建方《西洱河风土记》："其西洱河从巂州西，千五百里，其地有数十百部落。大者五六百户，小者二三百户。无大君长，有数十姓，以杨、李、赵、董为名家。各据山川，不相役属。自云其先本汉人，有城郭村邑，弓矢矛铤。言语虽小讹舛，大略与中夏同，有文字，颇解阴阳历数。自夜郎，滇池以西，皆云庄𫏋之余种也。"可见唐代云南洱海一带的民族汉化严重，有些应该是中原地区流入西南的，因此言语"大略与中夏同"。当然，为了生存、繁衍的需要，有的部落会假冒早期汉人的后裔，从而自动吸收汉文化。

汉族先民很早就由汉族周边向外，向中亚等西域地区迁徙，因此汉文化的影响不只局限于跟汉族居民邻接的地区。《大唐西域记》卷四载至那仆底国（可能在今印度旁遮普邦费罗兹普尔附近）的国王来自中国，可能指古疏勒国王子。"至那仆底"是"中国领地"（即《大唐西域记》所说"唐言汉封"）的意思："此境已往泊诸印度，土无梨、桃，质子所植。因谓桃曰至那你（唐言汉持来），梨曰至那罗阇弗呾逻（唐言汉王子）。故此国人深敬东土，更相指语：'是我先王本国人也。'"卷十二有朅盘陀国，这是塔吉克族祖先建立的王国："此国之先，葱岭中荒川也。昔波利剌斯国王娶妇汉土，迎妇至此……以其先祖之世，母则汉土之人，父乃日天之种，故其自称汉日天种。然其王族，貌同中国，首饰方冠，身衣胡服。"又瞿萨旦那国，即于阗国，也是从中国娶了一位王女，王女出嫁时暗中给于阗国带去了蚕种和养蚕技术。

当然，有些没有内迁的四夷部落在部分汉化时，一直保留自己的语言、文化，这主要是说外族语的四夷部落。例如《诗·商颂·殷武》："昔有成汤，自彼氐羌，莫敢不来享，莫敢不来王。"可见，氐羌在商代就已臣服商王朝。白马藏族本是氐人的一支，《史记·西南夷列传》："自冉、駹以东北，君长以什数，白马最大，皆氐类也。此皆巴蜀西南外蛮夷也。"《魏书·氐传》："氐者，西夷之别种，号曰白马……秦汉以来，世居岐陇以南，汉川以西，自立豪帅。汉武帝遣中郎将郭昌、卫广灭之，以其地为武都郡。自汧渭抵于巴蜀，种类实繁，或谓之白氐，或谓之故氐，各有侯王，受中国封拜。"《新唐书·南蛮下》："自浪稽以下……亦有姐羌，古白马氐之裔。"今天白马藏族居住在甘肃文县、陕西宁强县、四川平武县和九寨沟县交界的岷山东端摩天岭中，还保留了白马语。从很早开始，其他民族个体进入汉族地区的比比皆是。如果是个体融入汉族地区，那么他们是不可能将外族语带到汉族地区来的，只能采用迁居地的汉语方言。

文献证据显示：至晚从中国有历史记录以来，华夏的夷化在中华文化发展中就不占重要地位，往往是局部甚至是个体发生的，对汉族文化影响较小。但四夷的华夏化一直是中华文化发展的主流。历史上，汉族文化一直在同化周边的少数民族文化，西域一些民族的人群也有融入汉族、汉文化的，这在汉族的一些姓氏上留下印迹。有些不一定融入汉族，但是他们会大量吸收汉文化，我国的史书上一直记载着这类情况，这是谁也无法否认的文化现象。本书后文马上要着重叙述到：通过史前考古资料可以知道，至少 10000~20000 年以来，汉族文化在东亚、东南亚一带，一直是强势文化，由此可以推断：至少10000~20000 年的史前时期，四夷的华夏化也应该是主流文化现象。

华夏的夷化尽管很少发生，但是外族文化对汉族文化的影响是客观存在的。历史上，欧美等西方文化对汉族文化的影响是最大的。自鸦片战争以来，西方文化影响汉族文化快有 200 年了，现在我国基本上是全民学英语，这种现象在历史上是没有的，由此可见英语对汉语的极大影响。但是，我们应该看到，尽管英语对汉语已经有长达近 200 年的影响，但是其影响力还是非常有限的。汉语的音系，它的口语语法系统，几乎没有受到英语的影响，英语的影响集中体现在词汇系统上。历史上，尽管其他民族入主中原，但是他们的语言，很难有英语对汉语的这种影响力，而且他们的语言对汉语的影响力，必然也集中在词汇系统上。颜之推《颜氏家训·音辞》说："南方水土和柔，其音清举而切诣，失在浮浅，其辞多鄙俗。北方山川深厚，其音沉浊而鈋钝，得其质直，其辞多古语。然冠冕君子，南方为优；闾里小人，北方为愈。易服而与之谈，南方士庶，数言可辩；隔垣而听其语，北方朝野，终日难分。而南染吴越，北杂夷虏，皆有深弊，不可具论。"这里"音辞"，既有"音"，又有"辞"，"音辞"指言谈、辞令，《勉学》有："以外率多田野间人，音辞鄙陋，风操蚩拙。"与此可以互证。由此可见，《音辞》这一篇绝非只讲语音，其至主要是讲词汇。颜之推所说的"吴越"意指吴越一带的少数民族，"夷虏"意指北方的少数民族，"南染吴越，北杂夷虏"应该是说汉语南方话羼杂了南方少数民族的词语，北方话夹杂了北方少数民族的词语，主要不是指南方话、北方话的音系及语法系统深受周边少数民族的影响。这是必须注意的语言接触现象。根据有史以来汉语和周边民族语言接触的大势可以类推，汉语在史前时期受周边民族语言的影响，主要也是在词汇系统方面，绝非在音系和语法方面。

五　主要从史前考古推断汉族在 10000~20000 多年前已是 独立的民族

（一）我国史前遗址的文化分类

据上文论述可知，至晚有史以来，东亚、东南亚一带人群分布无论有怎样的局部变动，他们分布的大格局都没有发生大的改变，汉族始终是黄河中下游、长江中下游的主体人群，四夷在中原汉族周边，里面分布着大量的后原始汉族人群；在汉族地区，中原汉族一直在政治上占居绝对优势，具有强大的政治辐射力。

史前时期中华民族的大格局是不是这样呢？如果不是，那么发生了什么重大变化呢？据考古发掘可知，汉族及周边民族关系的基本格局至晚在新石器时代已经形成。起先是黄河中下游流域和长江中下游流域在文化创造上都有自己的独创文作，这两个地区都是汉族活动的中心区域；随着时间的推移，黄河中下游流域在政治上的优势地位越来越明显。

近几十年来，我国考古工作取得重要进展，这些重要进展对于我们认识中华文明具有积极意义。我们不妨先引用几位考古学者的意见。严文明《中国史前文化的统一性与多样性》根据史前考古的事实，认为中华文明是一个超稳定结构，他论证：我国的史前文化基本上是土生土长的，他根据史前考古发现，认识到我国旧石器时代文化至少可以追溯到一百七八十万年前，自始至终都具有独特的风格；我国史前文化的特点受自然、地理条件的影响，具有土著的性质。他将我国新石器时代迄今的文化比喻成一个巨大的"重瓣花朵"。在新石器时代至铜石并用时代，中原地区的文化发展水平虽然不见得比周围地区高出多少，但它在地理上处于中心位置，有很好的文化传统，能博采周围地区的文化成就，加以融合发展，所以中原地区在夏朝以后逐步成为文明发展的中心，好比是花心。华夏文明就是从这里发生，以后又扩展到更大范围。

以中原这个中心的黄河流域和长江流域为主体，这两个流域的范围很大，黄河下游的山东地区、燕辽地区、上游的甘青地区，长江下游的江浙地区、中游的湘鄂地区、上游的巴蜀地区都是具有自身特点和发展谱系的文化区。每个文化区好比一个花瓣，这些文化区就好比内圈的花瓣。也就是说，东夷文化、三苗文化、戎羌文化、北狄文化等是围绕在其周围的第一层花瓣。在这一圈花瓣的外面还有闽台、粤桂、滇、康藏、新疆、内蒙、东北等文化区，也就是百粤、夜郎、滇、氐羌、乌孙、月氏、匈奴、东胡等则是第二层乃至第三层的花瓣。这种"重瓣花朵"式的向心结构乃是一种超稳定结构。

因此，严文明从新石器时代考古发掘出发，将中华文明看作一个三重结构形成的花瓣形整体。花心和花瓣不能分离，从文化层面讲，中心和内圈最发达，外圈稍稍滞后，水平也稍低。

这就加强了外圈对内圈的依存作用，也就是文化上的凝聚力和向心力，这是中华文化连续发展而从未中断的重要原因。中原文化区处于花心，起着联系各文化区的核心作用，向周边文化区进行文化辐射，外围的文化区保持着自己的活力，"现代中国是一个以汉族为主体并结合着五十多个少数民族的统一的多民族国家。这样一个既有主体、又有众多兄弟，既是统一的、又保持各民族特色的社会格局，乃是长期历史发展的结果，它的根基深植于遥远的史前时期"。据我看来，中原地区是花心，实际上是指中原汉族地区的文化具有强大的辐射力。据此说法，则东亚地区有史以来的文化格局其来有渐，它至晚在新石器时代已经形成。

在新石器时代，我国中原以及环中原的地区，特别是中东部地区，在文化创造上各有千秋，都进入了农耕文明，兼营渔猎、采集、畜牧，都有陶器、磨制石器。它们在文化上既有差异性，也有统一性。研究汉民族的起源和发展，尤其应该重视汉文化独有的物质文化和精神文化，这些至晚在新石器时代的中东部地区都出现了。韩建业《略论文化上"早期中国"的起源、形成和发展》在我国史前考古折射出的中国文化信息方面也有值得重视的见解："在持续约200万年的中国旧石器时代，铲形门齿等后世蒙古人种的特征普遍存在，砾石—石片工业传统贯穿始终，而南方砾石石器、北方小石器的差别也长期延续，表现出人类进化、文化发展上显著的连续性、统一性和多样性特征。正是在这个意义上，苏秉琦说：'中国人的主体部分是东亚大陆土著居民，是北京人后裔；中国文化是有近200万年传统的土著文化。'至约公元前18000年华南和长江流域交界地带进入最早的新石器时代，约公元前9000年新石器文化拓展至中国中东部地区并形成五大文化区或五大文化系统，即华南文化区的绳纹圜底釜文化系统、长江下游文化区的平底盆—圈足盘—双耳罐文化系统、中原腹地文化区的深腹罐文化系统、黄河下游文化区的素面圜底釜文化系统和华北东北文化区的筒形罐文化系统。五大文化系统之外其他地区还仍停留在旧石器时代末期或中石器时代。尽管分属不同文化系统，但也不能借此而对这些文化统一性的一面有所忽视。实际上不但新石器时代早期各文化系统的陶器有同出一源的可能性，就是新石器时代早期文化和同时的旧石器末期文化、中石器文化之间也并非天壤之别。"

这些论述跟本书的研究重点不完全一致，但对本书从文化考古的角度研究汉族何时独立为族、汉语独立何时为语具有很大的启发意义。

我国考古学界借鉴西方的考古理论，比较不同考古遗址的考古发现，将早期各地文化按照时代和文化特征，划分为不同的文化类型。旧石器时代制作技术比较简单，不太容易看出族群之间的差别，因此，本书较少涉及旧石器时代族群问题。在新石器时代，我国长江中下游、黄河中下游流域都进入了农耕社会，人们养殖牲畜，兼营渔猎和采集，过着定居生活，有地面建筑。这种生产、生活方式跟游牧部族有本质区别，礼制生活进入了汉族文化。定居生活，使得人的社会性大大加强，对人们进行文化创造提供了极为宝贵的客观条件。在这个时期，汉民族创造了相当多独有的物质文化和精神文化，成为汉族文化的标志物。研究这些标志物跟汉族、汉语之间的关系是本书关注的重点，这跟纯粹考古学的研究旨趣不一样，考古学的研究旨趣重在通过古代留下了的实物探讨社会、文化的发展水平，不同时期的社会、文化处于一种什么阶段，研究人类进化的历史；受国外考古学和现实政治需要的影响，我国考古学一般对史前考古遗址中折射出来的民族族源问题关注较少，对汉族、汉语的独立时期的问题也研究得较少。

从民族学和语言学角度说，我国的考古工作跟民族学和语言学结合得还不密切，尽管有不少研究成果涉及汉族和其他民族的关系问题，但是没有十分自觉地将考古发掘跟具体民族文化的起源和发展结合起来进行研究，多是概括性地研究中华民族的起源和发展。因此，这方面可资借鉴的成果还很有限。本书希望利用考古资料，结合传世古书和出土文献，在研究汉族和周边民族的文化和语言方面做出一些探索，为探索汉语和周边民族的文化关系和语言关系做一点具体工作。

百年以来，特别是近几十年来，我国各地都非常重视史前考古工作，加大资金投入，有意识地发掘史前遗址，鼓励研究工作，史前考古取得了辉煌成就。与此相应，探讨至晚汉族何时独立成族、汉语何时独立成语的条件越来越成熟。既往的考古在跟古书的结合方面，做了大量工作，但远远不够。我们甚至可以说，考古发现跟古书结合的研究，是很有前途的研究工作，而迄今为止这方面的研究是有欠缺的。要想将汉族至晚何时独立成族、汉语何时独立成语的研究工作推向前进，就必须进行这种结合的研究。本书希望在这方面做出一些努力。

（二）本书论证思路

据研究，黄种人有三大印记，是白种人、黑种人一般所不具备的：一是铲形门齿，门牙内侧的边缘翘起来的，如同铲子的形状；二是婴儿出生时屁股上有青斑，过几岁就消失；三是内眦褶，上眼睑微微下伸，在眼内角处形成一个小皮褶，这个褶可能会遮掩泪阜而出现一小小皮褶。由于牙齿坚固、耐久，所以通过考古发现的牙齿看人类化石是否属于黄种人，不失为一个办法。白种人、黑种人即使混血，铲形门齿出现的比例也极低，而黄种人达到 85% 以上。至于黄种人、白种人、黑种人各是怎么形成的，是单一起源，还是多地起源；如果是单一起源，是都来自非洲，还是来自别的地方，可以各抒己见，短期内不可能取得共识。既然人类来自非洲是美国科学家提出的一种假说，那么就应该允许对此假说进行科学证实和科学证伪，短期内不可能定于一尊。例如，有人说能证明各色人种都来自非洲的根据是各色人种没有生殖隔离，非洲裔女性的线粒体 DNA 最具多样性，可是又承认，非洲以外的现代人混杂了少量早期古人类尼安德特人和丹尼索瓦人的基因，而尼安德特人和丹尼索瓦人原来是用作人类不都来自非洲的证据。这就令人怀疑：是不是来自非洲的人群跟尼安德特人和丹尼索瓦人没有生殖隔离呢？为了维护人类源自非洲的假说，恐怕只好这样来自圆其说：尼安德特人和丹尼索瓦人来自更早的非洲人。但是这种用来自圆其说的背后的证据呢？如果没有坚实的证据，那么对维护人类来自非洲的假说的补充论证就不免强词夺理，是为维护"非洲起源说"的信念而曲解材料、编造证据了。我们不能为了维护某种假说而随意解释材料、编造证据。还有，在地下发掘不可能做到穷尽性的条件下，我们如何能确定埃塞俄比亚发现的古人类化石一定是人类最早的化石？如何验证各色人种来自非洲这一假说的唯一正确性？基因分析真能揭示各色人种都来自非洲吗？探讨人类的形成，恐怕要跟地球各版块的形成、变迁，地质、地貌的形成、变迁，地球气候的变迁等各种因素联系起来，当然还需要有世界各地更多的考古发掘，我们期待我国学者提出更有解释力的新假说。

我国境内史前考古发现，从猿人头骨化石开始，就有铲形门齿：重庆巫山县龙骨坡，发掘出一段带有 2 颗臼齿的残破能人左侧下颌骨化石以及一些有人工加工痕迹的骨片，距今 250 万年。湖北建始县发现距今 195 万 ~215 万年的早期直立人牙化石 5 枚，还有石器、骨器。1986 年又发掘出 3 枚门齿和一段带有 2 个牙齿的下牙床化石。北京周口店遗址第一地点发现距今 20 万 ~70 万年的北京猿人化石，就具有铲形门齿。我国境年发现的人类化石，无论是比北京猿人更早的元谋猿人（距今约 175 万年）和蓝田猿人（距今 65 万 ~100 万年），还是大体同时乃至更晚的早期智人与晚期智人化石，无一例外都是铲形门齿。在新石器时代和现代中国人的标本中，铲形门齿占有极高的比率，高于其他任何种族。湖北十堰学堂梁子遗址继 1989 年、1990 年先后出土两具距今 80 万 ~110 万年的古人类头骨化石后，2022 年 5 月又出土了一件头骨化石，这是欧亚内陆发现的同时代最完整的直立人头骨化石，证实了我国百万年的人类史。有人说，我国史前考古发现的铲形门齿，是人类都来自非洲说不可逾越的障碍。

人类是怎么形成的，渺茫难求，因此本书撇开这个问题，探讨汉族至晚何时形成、汉语至晚何时形成。汉民族很早就定居于中原为主的地区，黄河中下游、长江中下游流域都有汉族先民居住，进入农耕社会，汉族先民创造了光辉灿烂的文化，因此对周边的民族具有极大的同化作用。通过地下考古资料还可以知道，汉民族祖先有很多独有的物质文化、精神文化创造，这些文化创造几千、上万年，甚至两万年之前已经形成了，别的民族偶有带着这些文化符号的文物，但那些文化符号应该是从汉民族这里借去的。考古发现可证，少数民族地区出土带有这些文化符号的文物，所测定出来的时代，远在汉族居住区出土带有该符号的文物之后。这都可以说明，汉民族作为一种族群有一万至两万年以上，即使汉语跟别的语言具有系属关系，它们的分化必然是很久之前的事，我们可以说，汉语一万至两万年以前就已经是独立的语言了。至于在此之前的汉族是否为一个独立的民族，今不可详考，也许上万年甚至几万年、十几万年以前，汉族已经是一个独立的民族，汉语已经是一种独立的民族语言了。

下面将举出 30 多种物质文化和精神文化具体标志的一些具体例证，这些文化标志基本都是汉民族的先民的独创，个别是汉族先民最先从外国吸收引入的，它们大多影响至今。有些文化创造，特别是物质文化方面的创造，后来从汉族地区传播到周边的民族地区，它们既不是汉族跟现今的周边民族没有分化时所共有，并在分化后各自遗传下来的创造，也不是不谋而合的创造。也就是说，本书所列举的这些文化创造，即使为汉族和周边民族地区所共有，那也是一种传播关系，而非遗传关系，更非偶合。

本书先撇开汉藏诸语言是否同源的问题，通过这些文化创造探求汉族、汉语最晚何时独立。论证思路是这样的：

（甲）有些文化创造，特别是精神文化创造，肯定是汉族先民独创的，例如八卦、龟甲占卜、汉字等。因此，用这些文化创造作为标志，看史前考古发掘出这些带有汉族标志的遗址或遗物的文化年代，就可以作为汉族至晚何时独立的一项标志。

（乙）有些文化创造，特别是物质文化创造，是否属于汉族先民的独特文化创造，不容易断定。特色因比较而显，这时候，必须详细掌握我国及周边地区的史前考古材料，做细致的比较。如果某些文化创造首先只在汉族地区各地周遍性地、大规模地、反复地出现，而在周边民族地区一直没有出现；或者即使出现，也是晚于汉族地区几千年、上万年，而且从确定的最早的文化年代的史前遗址算起，越往民族地区，发现该文化创造的遗址折射的文化年代越靠后，往往呈规则型分布，反映出一种传播关系，那么可以据此确定这些文化创造是汉族先民的独创，据这些史前文化出现的年代，考究汉族、汉语至晚何时独立。

如果汉藏诸语言具有同源关系，汉族还没有从原始汉藏族分化出来，汉语没有从原始汉藏语分化出来，那么下面所举出的30多种文化创造就应该是汉族和周边民族地区共同的文化创造，汉族地区和周边民族地区都会或先或后传承这些文化创造，要么汉族地区和周边民族地区出现这些文化创造的时间不可能相隔太远，要么这些文化创造就不应该只在后来的汉族地区出现，在民族地区一直没有出现。如果在汉族地区出现几千年之后才在周边的民族地区出现，那么这只是一种传播关系，不是传承关系。由此可以推断，这些文化创造出现时，汉族已经独立为族、汉语已经独立为语了，在汉族独立为族、汉语独立为语后，才出现这些独创性的文化创造。

必须指出：据各地的考古发现可知，汉族地区的这些文化创造，即使在汉族地区，出现的时代也是有早有晚。这是因为某种文化创造不可能是汉族地区的所有先民不约而同创造出来的，本身也有一个传播的过程，但这是汉族地区内部的文化传播，跟汉族地区的文化创造传播到周边民族地区是两回事。首先，下文所列的许多文化创造，尤其是精神文化创造至今都没有传播到周边民族地区，但它们在汉族地区基本具有周遍性，例如八卦、龟甲占卜等。其次，即使是传播到周边民族地区，但传播到汉族不同地区的时代远远早于传播到周边民族地区，周边民族地区接受这些文化创造有的要晚到有史时代，甚至唐宋以后，例如龙、筷子等。如同汉语共同语既对方言产生冲击作用，也对少数民族的语言产生影响，但我们无法否认汉语方言和中国民族语言是两样东西，不能据此证明民族语言是汉语的方言，道理是一样的。

　　有人可能会质疑：这些文化创造出现时，汉族还没有形成，汉族地区的各种文化创造是后来整合成汉族的各民族共同创造的。但是这种质疑不能否认我的结论。第一，所谓"汉族还没有形成"是就"汉族"这个概念来说的，本书探讨的是汉族这个客观事实，这个客观事实早已存在。第二，所谓"汉族地区的各种文化创造是后来整合成汉族的各民族共同创造的"，是就史前时期"华夏"和"四夷"的关系来说的，不是就今天的汉族跟今天汉族周边的民族来说，事实上这个说法承认汉族已然"整合成汉族"的论断。人们所说的"汉藏同源"，是就今天的汉族跟今天汉族周边的民族来说的。本书探讨的"汉藏同源"也是就今天的汉族跟今天汉族周边民族的关系来说的，指的是汉族和今天周边民族的族属和语言关系问题，不仅指中原汉族是怎么形成的，下文将要举出的这些文化创造都是指史前时期已形成而延续、发展至今的汉族成为一个独立的族属、汉语成为一个独立的语言之后的文化创造，汉族是跟今天汉族以外的周边民族相对的一种民族，即中国现今的主体民族。古代的"四夷"跟今天"汉族周边的民族",这两个概念尽管有关,但它们是内涵和外延均不相同的两回事。

中国境内不同的民族有不同的文化创造。例如北方游牧民族很早就发明了熨灸疗法,《汉书·苏武传》:"苏武……引佩刀自刺。卫律惊,自抱持武,驰召医。凿地为坎,置煴火,覆武其上,蹈其背以出血。武气绝,半日复息。"《三国志·魏书·乌丸鲜卑东夷传》裴松之注引王沈《魏书》:"乌丸者……有病,知以艾灸,或烧石自熨,烧地卧上,或随痛病处,以刀决脉出血,及祝天地山川之神,无针药。"也有跟熨灸疗法相同原理的其他疗法,例如《元史·布智儿传》载:"每临阵,布智儿奋身力战。身中数矢,太祖亲视之,令人拔其矢,血流满体,闷仆几绝。太祖命取一牛,剖其腹,纳布智儿于牛腹,浸热血中,移时遂苏。"《黄帝内经·素问·异法方宜论》:"北方者,天地所闭藏之域也。其地高陵居,风寒冰冽,其民乐野处而乳食,脏寒生满病,其治宜灸焫。故灸焫者,亦从北方来。"可见,熨灸疗法先秦时即从北方游牧民族传播到汉族地区。后来,该技术还传播到藏族地区。

本书目的是要探求汉族独立为族、汉语独立为语的最晚时期,所以只谈汉族地区独特的文化创造。特色因比较而显,因此本书要跟汉族周边的文化进行比较。关于汉族地区的文化创造,拙作《上古音构拟的检验标准问题》只从文字和姓氏这两项证据证明汉藏即使同源,也分化甚久。本书除了从文字和姓氏方面继续做补充论证,还尝试从汉民族更多的物质文化和精神文化创造(个别从西域引进)入手,根据史前考古证据证明汉族独立为族、汉语独立为语至少有一万几千年至两万几千年的历史。

需要说明的是：

第一，有些文化创造在我国多处都有考古发现，为节省篇幅，这里只举出早期的考古遗址的发现作为证据，难免挂一漏万。有些"史前文物"据考是伪品，对于这种材料本书尽量做到摒弃不用。本书用到考古学界采用碳–14 等方法得出来的史前遗址或文物的年代数据。我国早期采用碳–14 的分析方式，夏鼐曾撰有《碳–14 测定年代和中国史前考古学》（《考古》，1977 年第 4 期）等文，可参。后来，我国测定史前遗址或文物的方法不断改进，从当今的研究水平来说，这是很有参考价值的一项研究，但允许有一定的小误差。我们期待考古学家们跟自然科学家们配合更加密切，进一步减小误差。

第二，有一些文化创造不具有汉族先民的独创性，或者在汉族及周边地区不具有独创性，本书就没有收录进来。例如凿齿的习俗，在山东、江苏、上海、浙江、湖北、福建、广东、香港、台湾等地的后李文化、北辛文化、大汶口文化、青莲岗文化、马家浜文化、屈家岭文化、良渚文化、龙山文化、岳石文化等考古遗址中都有发现，至少有 8000 年的历史，但直到 20 世纪 30—40 年代，我国部分仡佬族、仫佬族、壮族、高山族以及世界其他地区如东亚、东南亚、南北美洲、大洋洲、非洲东部和东南部等地的许多族群中都保留了这种习俗。由此看来，世界各地的凿齿习俗要么是各自独立发展出来的，要么是传播的结果，很难断定为哪个民族独特的创造。人们之所以凿齿，应是为了显示一种威严的美，东晋襄阳人习凿齿，字彦威，"彦威"是对"凿齿"含义的揭示。"凿齿"是一个定中结构，指如同凿子一样的门齿。古人往往弄掉上颌骨的几个门齿，大多是弄掉 2 颗，装上长长的獠牙，以显示一种威严的美。《山海经·海外南经》："羿与凿齿战于寿华之野。羿射杀之，在昆仑虚东。羿持弓矢，凿齿持盾。"郭璞注："凿齿亦人也，齿如凿，长五六尺，因以名云。"《淮南子·本经》："尧乃使羿诛凿齿于畴华之野。"高诱注："凿齿，兽名。齿长三尺，其状如凿。"《汉书·扬雄传下》："凿齿之徒。"颜师古注引服虔："凿齿，长五寸，似凿，亦食人。"有人将"凿齿"理解为动宾结构，取"用凿子凿掉人齿"的意思。凿齿习俗中的拔牙可能需要凿子，可是如何能证明古注是注错了呢？拔掉牙齿以后，再安上像凿子一样的牙齿，以显示威猛，"凿齿"难道不可以依后面的程序来命名吗？像这样轻易否定古注，颇有厚诬古人之嫌。本书的研究，多采用可靠的古注。

第三，所举各种文化现象林林总总，但在考古发掘中最早出现的时代有早有晚，原因是多方面的，有的文化现象本来产生得较晚，有的恐怕需要更多的考古发掘才能弄清楚其最早出现的时间。之所以选择反映不同时期文化现象的地下材料，是因为作者看出，这些材料证明汉族、汉语独立，都早于部分学者所推测的汉语和藏缅语、苗瑶语、壮侗语的分化时间，特别是跟部分学者所持的商周之间汉族跟藏缅族群还没有完全分化的观点相左。通过不同时期的考古材料反映出来的这些文化现象，可以证明，汉族远在商周以前就跟这些民族属于不同民族，汉语是独立的语言，而不是所谓的原始汉藏语的一种方言。因此，尽管通过这些文化创造所折射出来的文化现象出现的时代，有早有晚，但综合起来可以证明，人们所发现的最早反映汉族独立为族、汉语独立为语的文化创造，其时间完全可以确证，在一万至两万多年以前；有的尽管晚一些，但是都比有人推测的汉藏同族、汉藏诸语言同语的时期早。

第四，同一种文化现象在不同地域出现的时间跨越数千年，这是因为某一种文化创新，特别是需要很强的创造力的文化创新不太可能是在不同地域同时进行的，必然是某地人先创造出来，然后传播到其他地区，一般是先传播到汉族其他地区，再传播到少数民族地区，这符合传播的规律。当然，可能某些文化创新在某地很早出现了，但目前还没有发掘出来。本书所列的最早的文化创新至今有一万至两万多年，根据前面的论述可知，将这一时间定为汉族、汉语已独立的最晚时间是合适的。

第五，本书根据各种资料介绍各处具体遗址的相关信息，如大地湾遗址、贾湖遗址等，这些资料均来自各自遗址的权威发布，为节省篇幅，本书不一一注明，特此说明。

（三）黍、粟

黍、粟在世界很多地方都有分布，但人们对粟、黍驯化的具体过程仍缺乏了解。黍是从野生黍驯化来的；至于粟是从什么野生植物驯化而来的，还没有定论，一般认为粟是从狗尾草驯化来的。若此说属实，那么这是华北一带汉族先民的重要创造；先民把狗尾草驯化为粟，必然经历漫长的时间。粟是在中国北方最早由汉族先民驯化栽培的，这是学界基本一致的看法。至少，中国及中国周边的黍、粟先由中国北方汉族先民驯化栽培出来，这得到公认。粟的驯化，对汉族先民的生存、繁衍、壮大起到至关重要的作用，也是一个社群进入农耕文化的一项标志。

黄河中游的磁山文化遗址发现了早期的粟，其文化分布区山西沁水下川、阳城、垣曲一带距今 16000~23000 年的旧石器时代末期遗址，距今 9700~10510 年的河北徐水南庄头新石器时代遗址，都发现了粟，早期粟的发现在这些地区是连续的，没有空缺。河北磁山新石器遗址发现距今 8700~10000 年的黍，距今 9000~10000 年的北京门头沟东胡林遗址发现了最早的小米籽粒，内蒙古兴隆沟遗址出土了距今约 8000 年的炭化粟粒，河北武安磁山遗址也出土了距今 7300 年左右的粟。兴隆沟遗址出土了大量的炭化黍粒，距今 5500~7000 年的陕西西安鱼化寨遗址出土了数万粒炭化黍粒；距今 6800~7200 年的甘肃秦安大地湾文化遗址、距今 6000~7000 年的山西万荣荆村和甘肃秦安大地湾遗址都出土了黍，陕西临潼姜寨遗址史家地层曾发现距今约有 5000 年的黍朽粉。西安半坡原始居民，也大量种植粟，半坡遗址发现了窖藏和罐藏的粟子。距今 5000 年的辽宁大连郭家村遗址发现了一篓炭化粟，可见当时此地的人们已经食用粟了。再如距今 4050~5300 年的甘肃、青海一带的马家窑文化，该文化群体的居民已经进入农耕社会，主要经营旱地农业，主要种植粟和黍，考古人员在甘肃东乡林家遗址的窖穴和兰州青岗岔的房址中发现粟、黍两种谷物的遗存。在青海柳湾墓地的许多墓葬中，也发现了盛在粗陶瓮中的粟，可见粟是当时人们的主要食粮。

根据这些证据，基本可以确认，至少在距今 8000 年的新石器时代中期，粟作农业已经在包括内蒙古东部、华北、山东、中原、关中和陇西的这一广大地域内普遍出现。大地湾、兴隆沟等遗址出土人骨和狗骨的稳定同位素分析结果表明，粟、黍在当时已经成为部分地区的主要食物资源。

汉族地区驯化出粟，是在地质时代的第四纪大冰期（250

万年前至今）。李四光于 1942 年曾据中国冰川遗迹将第四纪大冰期划分为鄱阳亚冰期、大姑亚冰期、庐山亚冰期、大理亚冰期这四个亚冰期，其中大理亚冰期存在时间为距今 1 万 ~7 万年前，此时气候称为"冰后期"气候，粟就是在大理冰期后的温暖期内驯化出来的。据气象史学家研究，我国古气候在亚冰期内平均气温比现代低 8℃ ~12℃。在距今 1.8 万年前的第四纪冰川最盛时期，年平均气温比现在低 10℃ ~15℃，是大理冰期的峰值期，后逐渐变暖。大约 1.3 万年前，出现一次彗星撞击地球的事件，又导致了 2000 年的寒冷，大约在 8000 年前地球气温达到峰值。如果汉族先民在距今 9700~10510 年就已经驯化出粟，那么汉族地区驯化出粟，应该在地球气温邻近峰值时，当时狗尾草应比今天更适合进行驯化。

　　粟、黍通过西部四川盆地和云贵高原地区、中部关中盆地——汉水流域以及东部海岱地区向南传播。湖南澧县城头山是南方地区最早发现粟作农业直接证据的遗址，距今有 5800 年左右的历史，两湖地区新石器时代晚期遗址普遍发现粟类遗存，湖北屈家岭遗址出土了 33 粒距今 5300~5600 年的炭化粟粒。目前较少在两广发现史前黍、粟的证据，但黍、粟应传到了这一带。重庆巫山大水田遗址的大溪文化第三期的遗存中浮选出较多的黍、粟的炭化种子，也发现了未成熟的炭化种子，表明应为本地种植而不是交换得来的，大溪文化距今 5300~6500 年。在距今约 5000 年的广东石峡遗址中发现了水稻，也发现了粟，水稻和粟可能是从长江中游地区传入岭南的。在距今 4600~4800 年的广州甘草岭遗址中也发现了水稻和粟，可见当时岭南已经进入农耕文化。《史记·南越列传》载，"元鼎六年冬，楼船将军将精卒先陷寻陕，破石门，得越船粟"，广东梅州狮雄山遗址是秦末汉初时的南越国早期建筑遗址，遗址中发现了20余种炭化植物种子，其中从城址浮选出籼稻2粒、粳稻3661粒、粟85000粒、小麦129粒、黍2粒、大豆4粒、赤豆9粒等，可见广东一带在汉代种粟。

距今5000年左右，粟、黍传入福建地区。在距今4300~5300年的闽北南山遗址中不仅出土了水稻，还出土了粟和黍，这是目前在整个华南地区，包括岭南地区和武夷山脉以东地区发现的比较早的小米遗存。福建明溪南山遗址发现距今4500~5000年的黍、粟炭化物。这都说明黍、粟已传到南方的福建，当然也在这一带出土了水稻炭化物。只是目前江西出土的粟都是商周时期的，时间较晚。这种作物结构一直在福建得到延续，距今4500年左右，粟、黍传到我国台湾，到达菲律宾的吕宋岛等地。在我国台湾，距今3300~3800年的牛稠子遗址发现了粟粒的遗迹。

属于黄河上游马家窑文化的族群在距今5500~6000年的时候，向南扩张到了川西北地区，岷江上游的四川茂县营盘山遗址出土了大量粟、黍，还有稻作遗存。在距今4500~5300年的四川罗家坝遗址出土了稻、粟、黍等，虽然总量很少，但表明重庆、四川一带已有黍、粟种植了。凉山州地区盐源盆地饭家堡遗址、安宁河流域横栏山遗址和金沙江中游北岸莲塘遗址发现了距今4000~5000年的稻、粟、黍。距今4000~5000年的四川成都新津县宝墩古城遗址也发现了炭化水稻、黍、粟及其他植物遗存。在距今4600年左右甚至更早的时候，黍、粟已到达了滇西洱海地区。公元前1150年前后的云南剑川海门口遗址出土了粟，直到唐宋，洱海地区仍种粟，唐代梁建方《西洱河风土记》："其西洱河从巂州西，千五百里，其地有数十百部落……其土有稻、麦、粟、豆，种、获与中夏同。"在云贵高原，至今还有民族一直种植粟，例如景颇族。

　　据研究，粟、黍在我国北方种植之后，早期在 8000~10000 年前向西传播到黄土高原西部，在距今 4000~4500 年传入中亚东部，约在 3500 年前传入西亚，在距今 3500~4000 年传入欧洲，粟、黍向中亚传播经历了数千年。在距今 5000 年前的甘肃东乡林家遗址，距今约 3900 年的青海喇家遗址中都出土了黍、粟，在距今 4000 多年的永昌鸳鸯池遗址中也发现有粟类作物的遗存。

　　青稞是从大麦中驯化出来的，大麦是由野生大麦驯化出来的。在距今 5000 年前的甘肃民乐县六坝乡东灰山新石器时代遗址中，发现了炭化的大麦籽粒，跟现在西北地区栽培的青稞大麦形状十分相似，是迄今为止在我国境内发现的最早大麦遗存。新疆阿勒泰地区吉木乃县通天洞遗址发现距今 5200 年前的小麦、青稞，是目前国内最早的小麦、青稞，该遗址也发现了新疆目前最早的黍，黍在当地发现的农作物中占 60% 以上的比重，可以推定：黍在华北被驯化以后，在距今 5000 年左右传播到通天洞；在距今约 3700 年的新疆温泉呼斯塔遗址也出土了疑似粟、黍和麦类作物的残留物。

　　有人推测，小麦、青稞是从阿尔泰山南部传入中国的。西藏地区种植青稞至少有 3000 年的历史，日喀则地区拉孜县廓雄遗址出土了距今约 3200 年的青稞种炭化物遗迹，是西藏首次在雅江上游海拔 4000 米以上地区发现的新石器时代晚期农作物遗存；山南昌果沟遗址发现距今 3500 年左右的青稞炭化粒，晚于粟，也晚于在新疆发现的。

　　华北驯化的粟在几千年前也传到了西藏，比在该区域出土青稞反映的文化时代层次早，这可能反映西藏在种植青稞之前先种植粟。距今 5555±125 年（经树轮校正）的昌都卡若遗址出土了大量的粟粒和谷灰，同西安半坡遗址窖穴中的粟粒和谷灰情形基本上一致，但没有出土麦子，也没有出土青稞；在林芝洋河与雅鲁藏布江交汇处的立定遗址发现了距今 4000 年左右的麦、粟遗存；昌果沟遗址也发现距今 3500 年左右的粟炭化粒的遗存物，还出土了青稞。有气象史家说，在 7000~3600 a B. P.，青藏高原的气候是湿温不温（气候最优），在 3600~1500 a B. P.，气候是凉爽和不温不火交替，由汉族地区传去粟，可能与此有关。

这些证据都说明早在 4000 多年前，西藏先民已经知道选择适应性能良好、抗逆性很强的粟来种植，其种植历史持续了较长时间，也说明藏族跟汉族先民至少在 10000~20000 年前就已经隶属于不同民族，应该操着不同的语言。

黄河流域驯化出黍、粟，长江流域早在 10000 年前驯化出水稻，都在使汉民族繁衍生息、不断向周边开枝散叶方面起到了十分重要的作用。通过《帝王世纪》估计，夏商周以前，中国人口已经突破了 1000 万；到东周庄王十三年，人口数达 1180 多万，实际上可能远远超过此数；到战国时期，人口可能突破 3000 万。

西非在 5000~6000 年前，在萨赫勒地区率先驯化出珍珠粟并加以种植，晚于汉族地区几千年，但应该是独立驯化出来的。后来，珍珠粟传入印度，成为印度一种主要粮食作物。珍珠粟至今一直是尼日尔、马里、布基纳法索和尼日利亚北部的重要作物。

也许有人会辩解：距今 6000 多年以前，藏族跟汉族还是一个民族,都生活在黄河流域,所以西藏没有发现更早的粟、黍;到了距今 5000 多年以前,汉藏分家,藏族先民来到青藏高原,带去了种粟技术,所以能在西藏发现距今 5000 多年的粟。但是说汉藏原来是一家,藏族先民是 5000 年以前达到青藏高原,没有可靠的史料证据支撑。

西藏地区的史前考古可证,西藏地区在几万年以前就有人聚居,史前遗址中发现的文化现象跟今天藏族文化具有一脉相承的关系。史前考古发现显示,在青藏高原旧石器时代遗址中,例如距今 4000~5000 年的卡若文化遗址、距今 4000 年的曲贡文化遗址,都有大量的石器出土,有打制石器,打制石器从青藏高原旧石器时代开始一直是史前石器的主体延续。无论是打制石器,还是"吾尔多"(藏族人的一种抛石绳,用来驱赶野兽或者野牦牛)、石斧,都说明了狩猎和游牧文化是藏族先民们赖以生存的文化主体,并延续至今。

如果 6000 年以前汉藏还是同一个民族,那么,汉族地区在距今 6000 年以前已经创造出来的文化,藏族地区也应该有所传承。例如汉族地区在距今 8000~9000 年之前,就已有龟甲占卜、八卦等精神文化标志,这种精神文化一直延续到秦汉。既然汉藏在 6000 年前还是同一个民族,而古人对龟甲占卜、八卦等消灾祈福的占卜手段极为崇信,那么汉族地区一直延续到秦汉的这些精神文化创造,在藏族地区 6000 年以后的史前遗址中也会出现,但是西藏史前考古从来没有这样的发现,这说明,距今 5000~6000 年前,汉藏肯定不是同一个民族。

本书所提供的其他史前考古材料都可以证明,说藏族是距今 5000~6000 年前从中原腹地迁徙到青藏高原,是没有任何可靠的证据的,是一种主观猜测。这只要将本书提供的材料进行综合分析，就完全可以知道。

有人说，不仅藏族原来跟汉族是一个民族，都聚居在中原，而且整个说藏缅语、苗瑶语、壮侗语的人群原来就居住在中原一带。同样地，这个说法没有可靠的根据，不是由严格的逻辑推理推导出来的，有很多论证的空白点。由考古发掘可知，粟、黍是中原地区的文化创造，至今至少有 10000~20000 年的历史。如果在 10000~20000 多年前说藏缅语、苗瑶语、壮侗语的人群还是中原主宰的话，那么他们都已经进入了农耕社会，并且种植了粟、黍，可是他们后来被迫离开中原，进入民族地区时，为什么很多民族没有将这种种植技术带去，而是由农耕社会全面进入狩猎和游牧社会，要等到几千年以后，再从汉族地区传入粟、黍的种植技术呢？这完全没有可能性。

（四）水稻

栽培水稻由野生水稻驯化而来，野生水稻是一种多年生水稻，分布于我国北纬 18 度 15 分至 25 度 11 分，东经 100 度 47 分至 121 度 15 分之间，海拔为 600 米以下的江河流域、平原地区的池塘、溪涧与藕塘、稻田、沼泽等低湿地区，印度、缅甸、泰国至马来西亚的亚洲热带季风地区也都有广泛地分布，跟旱地植物不同。

栽培水稻无疑起源于亚洲，其具体起源地，原来有不同推测，有印度、泰国、中国云南等不同说法。后来，我国和东南亚大量农业考古发掘证实，栽培稻和稻作工艺在公元前 10000~前 6000 年起源于我国长江中下游地区，多集中在湖北、湖南、江西、浙江几省，长江下游和长江中游各自具有相对独立的稻属驯化和进化过程，但彼此间会相互影响。江西北部仙人洞、吊桶环遗址发现了距今 12000 年的野生稻植硅石和距今 10000 年的栽培稻植硅石证据，考古人员推定：上万年前，那里的人群就在进行水稻驯化。湖南道县玉蟾岩遗址发现了距今 14000~18000 年的驯化水稻的证据。距今 8500~11000 年的浙江浦江上山文化遗址出土了目前已知世界最早的人工栽培稻的炭化稻米，据碳 -14 测定，距今有 10000 年；还出土了石磨盘和石磨棒组合、通体磨光的石锛、石斧、大口盆，应是稻谷加工、煮食的重要工具，可证上山遗址反映的生活已是原始稻作农业生活，不是游牧生活。如果这些人群跟羌人同源，那么他们之间早已分道扬镳了。上山遗址是新石器时代早期的文化遗址，它到底代表了哪个民族的原始文化，不易知道。但上山文化中期遗址，如义乌桥头遗址发现八卦的遗迹，台州下汤遗址发现鼎、簋、鬲、釜等炊具以及石簪、石玦、石璜等装饰品，都表明上山文化是汉族的原始文化。上山遗址还出土了半个太阳纹的彩陶片，绘有太阳和对三角图案的彩陶片，跟河南大河村出土的仰韶文化太阳纹彩陶片具有相当的一致性，反映了上山文化跟仰韶文化具有一脉相传的关系，据此我们也可以说上山遗址反映的是汉族的原始文化。

浙江浦江上山文化遗址出土水稻稻壳、大口盆

　　我国南方多地都出土了距今 8000~9000 年的栽培水稻，湖南澧县的彭头山遗址和城头山遗址、浙江钱塘江流域的上山文化 20 余处遗址、跨湖桥遗址等都有栽培水稻出土。至晚从距今 6000 年的时候开始，长江中游地区从北方引进了粟，出现以稻作为主、兼种粟的生产、生活方式，长江下游地区则一直以水稻作为唯一的农作物。在距今 4000~6000 年的湖北枝江市关庙山遗址出土的红烧土里发现有稻壳印记，其出土陶器的羼和料大多是炭化稻壳，少数用未经炭化的碎稻壳；该遗址发掘出的房址是方形红烧土房，房屋外墙用掺有少量稻壳和稻草的生黏土抹平，四壁及隔墙的筑法相同，屋顶也采用红烧土，用掺有少量稻壳、稻草的生黏土抹成，这都有力地证明关庙山遗址是一种以稻作为主的农业文化遗存。这些考古遗址也证明，在史前时期，长江中下游的汉族文化既有交流，又各有独立性。长江中、下游地区大约在距今 6000 年前都进入了成熟的稻作农业发展阶段。

　　距今 7500~8500 年的江苏泗洪韩井遗址发现一处 8000 年前的水稻田遗迹，面积不足 100 平方米，分成不同形状的田块，每块面积不足 10 平方米。根据遗迹结构特点及水管理方式可知，当时当地有人工开挖的田块、水坑、水沟和水口，跟此前考古发现的水稻田相似；还发现了炭化稻和驯化水稻的证据，经测年距今已有 8000 多年。考古人员对水稻田的土壤进行分析得知，这里曾经反复生长过水稻。韩井水稻的野生形态与驯化形态还共存于小穗轴与植硅体记录中，跟长江中下游地区的水稻栽培过程有所不同，炭化稻的出土，反映了淮河中下游地区新石器时代中期已经开始了水稻驯化。经过初步钻探发现，浙江余姚的施岙遗址附近的古稻田总面积约 90 万平方米，

发掘出河姆渡文化和良渚文化的大规模稻田遗存，年代距今
4500~6700 年。河姆渡文化时期的稻田遗迹，仅发现少量稻田、
田埂、河沟遗存；到良渚文化时期，稻田结构清晰，发现了凸
起田埂组成的"井"字形结构的路网，以及河道、水渠和灌排
水口组成的灌溉系统。在该遗址还确定了面积为 750、700、
1900、1300 平方米左右的四块田块，出土了陶釜口沿、鱼鳍
形鼎足、平底罐底和石刀、石锛、石犁残片等器物，还有一条
残损的独木舟被埋入田埂中。这是目前世界上发现的面积最
大、年代最早、证据最充分的古稻田遗迹，表明我国长江下游
的汉族地区早在 7000 前就已进入农耕文化。

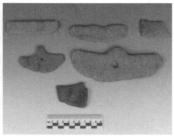

浙江余姚施岙遗址出土古稻田、农用器物

后来，水稻栽培技术由南到北，传到了北方河南、陕西、
山东，甚至到达关中乃至陇东地区。河南南阳的八里岗遗址、
河南舞阳的贾湖遗址都出土了水稻，水稻出土最北可达泰山北
麓后李文化的月庄和西河等遗址，这说明汉族文化当时已经有
了南北差异。稻作农业通过长江下游传到黄河下游的大汶口
文化、龙山文化，稻作遗存在二里头遗址中所占比例明显要高
于其他同时期的中原聚落。在距今 5000 年的甘肃庆阳南佐遗

址中发现了大量的炭化水稻，这表明当时当地先民已经进入农耕社会，过着定居生活。

长江中下游的水稻栽培技术很早就传到了重庆、四川。位于三峡东部的湖北宜都市城背溪遗址、秭归县柳林溪遗址均为距今 7000 年的早期遗址，两处均发现炭化稻谷，是三峡地区迄今发现最早的水稻。西部地区的新石器时代晚期遗址，如重庆市云阳县大地坪遗址、忠县中坝遗址都发现距今 4500~5000 年的水稻遗迹。中坝遗址出土的各种炭化植物种子，共计 1235 粒，其中，黍、粟、稻谷种子合计 1161 粒，占 94%。距今 4320~4570 年的四川西部的宝墩遗址发现了疑似水稻田的遗迹，可能是目前发现的长江上游最早的水稻田遗迹；还发现了距今 4500 年前的炭化水稻、黍、粟及其他植物遗存。宝墩文化时期，先民农业经济结构以稻谷为主，兼种粟和黍，这是典型的农耕生活的反映，跟西南、西北、东北的游牧部族很不相同。

稻作技术传到华南，并传到东南亚一带陆地和海岛上。距今 8000~12000 年的广东英德牛栏洞遗址发现 7 个样品有水稻硅酸体，共 24 粒，但它是一种非粳稻的类型，在水稻的演化序列上处于一种原始状态。距今 3200~5000 年的广西北部资源县晓锦遗址出土了大量炭化稻谷。云南大理州剑川海门口遗址发现距今 3900~5300 年的炭化稻。泰国北部和越南北部有关水稻遗存的年代都不早于 5800 年前，越南北部的冯原文化遗址，泰国东北部呵叻高原的班清遗址都出土了稻粒，但远远晚于长江中下游，是传播的结果。稻作技术通过从我国东南沿海传到东南亚，从江西、湖南至广东、广西传到中南半岛，从云南往南等几条水陆交通路径逐渐传入东南亚。

　　我国西藏地区主要种植青稞，但藏东南亚热带地区也种植水稻，西藏开始种植水稻等作物的时间极晚。20 世纪 70 年代，通过不断试验，已培育出适合在西藏环境中生长的小麦、水稻和玉米，并且在西藏各地开始种植，这说明西藏地区也是可以种植水稻的。在西藏，小麦种植范围广泛，水稻和玉米种植主要分布在藏东南等海拔较低的地区，在墨脱、米林和林芝一带也种植水稻，昌都南部主要种植西藏水稻。

　　稻作技术东传晚于粟黍农业。粟黍农业在 5000 多年前传入朝鲜半岛和远东俄罗斯地区，稻作农业也很早传到朝鲜半岛，并经朝鲜半岛传往日本，日本和韩国史前考古遗址发现了大量的水田遗址。

　　印度出土了水稻遗迹，晚于我国几千年。据澳大利亚彼得·贝尔伍德等《史前亚洲水稻的新年代》提出的假说，起源于我国长江中下游流域的水稻，"在公元前 6000~3000 年，扩展到中国南方、越南北部和台湾，公元前 2500 年之后更远播至印度北部和泰国中部（Higham and Bannanurag，1990），以及赤道以北的东南亚岛屿。不过，水稻的传播很明显在印度尼西亚的东部赤道地区，遭遇到文化的和环境的两重障碍，因而没有作为栽培植物传播到太平洋诸岛——美可罗尼西亚的马里那（Mariana）群岛除外"。

　　据最早发现的水稻完全可以证实，那时水稻种植的地区，都在后来典型的汉族聚居区之内，最早的水稻种植技术的传播，也是在汉族聚居区之内，这绝非偶然。据此以推，可知汉族独立为族至少距今有 12000 年的历史了。我国民族地区水稻的出现是受汉族地区的影响所致。如果在 12000 年前这些少数民族跟汉族还是同一个民族，后来才分化为不同民族，那么，据水稻种植传播史看，这是很难解释得通的。

（五）大豆

大豆，古人叫"菽"，据《说文》，"尗"是"菽"的古字："豆也。象尗豆生之形也。""尗、菽"未见于甲骨文，金文中有"尗"，但是没有用作本义，但这并不能证明商代没有种植大豆，也不能证明当时没有"菽"这个词；金文有从"尗"得声的"叔"，也没有用作本义。《说文》对"尗、叔"的分析有其根据，未可轻易否定。如果这样的话，那么金文的字形反映出当时已有大豆。《诗经》作"菽"，《豳风·七月》："黍稷重穋，禾麻菽麦。"国际上一直公认大豆起源于中国，实际上是起源于汉族地区，具体起源地点有不同看法，有人认为有多个起源中心，但基本都在汉族地区。最晚在战国时期，"菽"的同义词"豆"开启了替换"菽"的进程，《战国策·韩策一》："韩地险恶山居，五谷所生，非麦而豆，民之所食，大抵豆饭藿羹。""豆"应该是"菽"的滋生词，"尗、菽"同音，上古音是书母觉部字，"豆"是定母侯部字，跟"尗、菽"音近。从"菽"滋生出"豆"一词后，为了在文字形式上将两个词区别开来，于是人们假借专门为作"一种盛肉食的器具"讲的"豆"来记录它。因此，"尗、菽"不是作"大豆"讲的"豆"的本字，它们是不同的词。由于"豆"很早有"大豆"的意义，因此这个假借义也可以用来作为形声字的形旁，如"豉、豍、豌"等。

大豆是由野生大豆驯化来的。我国野生大豆资源丰富，其分布地区北起黑龙江省呼玛县依西肯一带，南到广西象州和英德，东起黑龙江抚远，西到西藏察隅县的上察隅。东北地区分布上限约在海拔 1300 米，黄河及长江流域上限约在海拔 1500~1700 米，西藏约在 2250 米。松辽平原、黄河中下游地区和江淮之间野生大豆分布最普遍。目前野生大豆分布的地理范围不限于我国，已经延伸到邻近地区，如俄罗斯远东、朝鲜半岛和日本。这说明，我国及周边很多地区都适合种植大豆。

汉族先民在长期的生产活动中将野生大豆驯化为栽培大豆，当然经过了漫长的过程。相对于野生大豆，栽培大豆由蔓生到直立，叶片由小变大，植株由高变矮，节数、分枝数由多变少，每株荚数和粒数减少，荚和籽粒变大，茎由细变粗；出苗到开花时间缩短，开花到成熟时间变长，全生育期略有缩短，但每荚粒数几乎没有变化。

很多遗址都有大豆遗存。距今 8000~8500 年贾湖遗址出土了最早的栽培大豆，出土大豆的尺寸和形态特征介于野大豆和栽培大豆之间，处在驯化过程之中。距今 4100~4350 年的安徽蚌埠禹会村遗址发现小麦、黍、粟、稻、大豆等粮食类标本。距今 3500~3800 年的河南洛阳二里头遗址中发现了大豆炭化的种子。吉林省永吉县乌拉街出土的炭化大豆，经鉴定距今已有约 2600 年；山西省侯马出土距今已有 2300 多年。

大豆可能起源于北方某地（黄河中下游一带），然后传播到整个黄河流域，再传播到长江流域。距今 4300~5300 年的闽北南山遗址出土了几万余粒植物种子，属于至少 38 个不同的植物种类，农作物合计有 5.16 万粒，占出土植物种子总数的 93%，包括水稻、粟（谷子）、黍（糜子）、大麦、大豆和绿豆等 6 个品种，水稻和小米的数量都达上万粒。四川西昌地区沙坪站遗址属于大理国时期的两个灰坑出土了稻、粟、黍、小麦和大豆五种作物，可能反映大豆至晚唐宋时期已经进入四川西昌一带。一直到今天，西藏的大豆种植仍很有限。

大约在公元前 200 年，大豆从华北引进到朝鲜，而后由朝鲜又引入日本。17 世纪末，大豆开始引进南亚以及亚洲以外的地区，最终扩散到欧洲、南美和北美等地区。

据考古所发现的最早的大豆完全可以证实，汉族独立为族至少距今有 8500 年的历史了。我国民族地区大豆的出现受到了汉族地区的影响。如果在 8500 年前这些少数民族跟汉族是同一个民族，后来才分化为不同民族，那么他们不可能很晚才从汉族地区引进大豆栽培技术，而应该有早期的考古发现，但是迄今为止在民族地区没有发现跟汉族地区时间相当的大豆遗存。

（六）八卦

《周易·系辞下》："古者包牺氏之王天下也，仰则观象于天，俯则观法于地，观鸟兽之文与地之宜，近取诸身，远取诸物，于是始作八卦，以通神明之德，以类万物之情。"《说卦》："观变于阴阳而立卦。"可见，八卦是汉民族祖先的独特创造，建立在阴阳之说的基础上，无阴阳观念即无八卦，根据八卦出现的最早时期可以推出汉族先民在当时那个时期一定有阴阳的观念。

浙江义乌桥头遗址挖掘出土距今约 9000 年的彩陶，有很多由乳白色凸起白点排在一起，组成不同长短的图形；还有一个由类似阴阳爻上下排列成六个白条纹的豫卦形状，所画的应该就是六十四卦的豫卦。以前在大汶口文化、崧泽文化、良渚文化、大溪文化、龙山文化遗址中发现的八卦以原始八卦图文为主，记录的是八卦太阳历的内容，距今 4000~6500 年。桥头遗址中的发现不同于以往的原始八卦图文，其纹饰直接以阴阳爻的形式出现，跟流传至今的八卦、六十四卦完全一致，这不可能是巧合，也不可能是后人误刻上去的，只有理解为豫卦才能得到解释。这表明汉族在 9000 年前已有阴阳的观念。

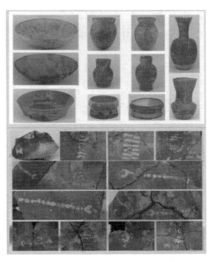

浙江义乌桥头遗址出土彩陶
及其刻画符号

　　距今 7000~8000 年萧山跨湖桥遗址，也发现了彩绘或刻在陶器、骨器等上面的六个一组的阴阳爻卦画、数字卦象符号，据说跟《周易》八卦符号很像。其中鹿角器的卦符有两个卦象：一是"——六六"，跟遁卦类似；一是"六六——"跟大壮卦类似。《周易》中，刚好遁卦和大壮卦前后相续，在鹿角上刻上这两个卦，有人推测可能与狩猎

浙江萧山跨湖桥遗址出土卦象符号

活动有关。木锥上的两个"二八"（上下叠放），可识读为"一六一六"，跟巽卦类似。

八卦是汉族的文化符号，这说明我国出土的史前器物上的刻痕至少有一些是符号，而不是没有文化意蕴的一般的刻痕。以前有不少人通过有限的古书记载，认为浙江一带只是百越人聚居的地区，很晚才有汉族先民到达那里。说浙江一带是百越人聚居地区，这没有问题，但是由此推出那里在夏商以前没有汉族人居住，则是逻辑推理上的失误。在浙江发现的八卦符号以及其他汉民族独有的礼器，有力地证明汉族先民在史前时期早已聚居在浙江一带，跟百越形成杂居的局面。尽管是杂居，但是当以汉族人为主体，所以在那里发掘出的是汉族文化的遗址。因此，认为浙江一带只是百越人的聚居地，当时当地只说民族语言的见解必须得到纠正。

在北方，甘肃大地湾遗址出土的8000年前的陶片上刻有一些符号，有人认为是五爻以及五爻组成的图案。舞阳贾湖遗

河南舞阳贾湖遗址出土龟甲及其石子

址的墓葬中，最常见的是成年男子随葬八个龟甲，有的还将龟甲握在手里，龟甲里有几个到二三十个石子不等，有人认为可能与八卦类数卜有关。有的龟甲上的符号可能记录了卦象或占卜结果。这些材料如果属实，则有力地证明了，出土的史前陶器上面至少有一些刻画或纹饰具有符号的作用，它们是一种符号。

　　湖北天门石家河遗址群是距今 4300~6500 年的文化遗址，其中发现的"太极纹"应是中国境内考古发现中时代最早的史前太极纹饰，这一纹饰是石家河先民原始"阴阳"观念的形象化表现形式。距今 6500 年的河南濮阳西水坡遗址的第一组45 号墓穴，在发掘的当时，有些文化因素被忽略了。有人发现，墓主人西边是一个未成年的女孩遗骨，东边有一个略大一点的男孩遗骨，墓主人的头上方有蚌壳组成的虎头、龙头形状图案。图案往上，距离墓主人骸骨约 60 米处是一个成年男性遗骸，脚下方是代表北斗的两根骨头，北斗下方是一具成年女性

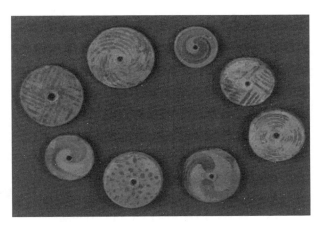

湖北天门石家河遗址群出土太极纹陶纺轮

遗骸，由此推导：墓葬的布局跟后天八卦一致。安徽含山凌家滩遗址发现距今 5300~6000 年的玉龟，其背上刻了一幅八卦图。山东大汶口遗址发现 4000 多年前的一把梳子上刻着八卦太极图的图案。

　　江苏海安青墩遗址出土了公元前 4234~ 前 3335 年的骨角器，上有刻纹，张政烺《释读周初青铜器铭文中的易卦》在补记中说："出土的骨角栖和骨角枝上有易卦文八个，例如三五三三六四（艮下，乾上，遁）、六二三五三一（兑下，震上，归妹）。其所使用的数目字有二、三、四……说明它的原始性。这是长江下游新石器时代文化，无论其绝对年代早晚如何，在易卦发展史上应属早期形式，可以据以探寻易卦起源地点问题。"

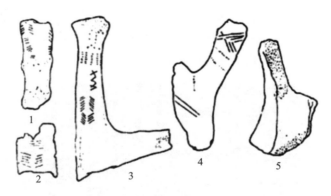

江苏海安青墩遗址出土骨角器刻纹

　　这些考古发现，都反映汉民族在距今约 9000 年已经独立成族，汉语已经成为一种独立的语言了，那时汉民族极有可能有"八卦、六十四卦"的概念，六十四卦卦体非周文王所创。这就牵涉到如何理解周文王对于八卦、六十四卦的贡献了。司马迁《报任安书》："盖文王拘而演《周易》，仲尼厄而作《春秋》。"《史记·周本纪》："西伯盖即位五十年。其囚羑里，盖益《易》之八卦为六十四卦。"张守节《正义》："《乾凿度》云：'垂黄策者羲，益卦演德者文，成命者孔也。'《易正义》云：'伏羲制卦，文王卦辞，周公爻辞，孔十翼也。'按：太史公言'盖'者，乃疑辞也。文王著演《易》之功，作《周纪》方赞其美，不敢专定，重《易》故称'盖'也。"《帝王世纪》（辑本）："庖牺作八卦，神农重之为六十四卦，黄帝、尧、舜引而伸之，分为二易。至夏人因炎帝曰《连山》，殷人因黄帝曰《归藏》。文王广六十四卦，著九六之爻，谓之《周易》。"根据出土材料看，六十四卦卦体非周文王创制，周文王应该是写了"卦辞""著九六之爻"，从而有"演《易》之功"。王国维《鬼方昆夷猃狁考》说："《易》之爻辞，盖作于商周之际。"看来很有道理。

八卦在不同时间传到各少数民族地区，例如彝族地区，据《彝族天文学史》，该地区也有八卦，"明显地受到汉族八卦的影响"（第302页），迄今为止，在彝族地区的史前考古中，绝无八卦的痕迹，彝族地区的八卦显然是后起的。据周有光《世界文字发展史》，彝文出现的时代较晚，"根据史书记载和金石铭文，彝文大致创始于唐而发展于明。也可能在唐以前很早就有文字，到唐代进行了整理"，所以彝族什么时候从汉地借去八卦很难断定。彝族很早就自觉地接受汉文化的影响，八卦可能在较早的时期就传入了彝族地区。

在四川、湖南、贵州、云南等地的羌族、苗族、土家族、瑶族、白族、仡佬族，常用竹卦进行占卜，他们选用弯曲的竹根，磨光，锯断，劈成两片，成为一副卦，这就是竹卦。也有的是取形状跟竹卦相似的木卦、牛角卦来占卜，跟汉族占卜用蓍草不

同，来源古老，可能受了汉族八卦的影响。例如土家族梯玛的
卦有大、小两种。大卦用楠竹蔸剖成两半，长七八寸；小卦用
小竹蔸精制而成，也有用牛角磨制而成的，两指多宽，长 9~12
厘米。将两块卦子掷于地上，出现顺卦、拗卦、阴卦、阳卦，双
双背朝天则为阴卦，双双腹朝天则为阳卦，一块背朝天、一块
背朝地即为顺卦。出现顺卦，大吉大利；出现拗卦，凶多吉少；
出现阴卦、阳卦，预示所卜之事不能顺心如意，或按阳单阴双
推算出年月不利。

土家族梯玛占卜器

　　据考古发现的八卦资料完全可以证实，汉族独立为族距
今至少有 9000 年的历史了。我国民族地区八卦的出现是受
汉族地区的影响所致。如果在 9000 年前这些少数民族跟汉
族是同一个民族，后来才分化为不同民族，那么它们不可能
很晚才从汉族地区引进八卦文化。有人说，汉语跟南方、西南
方许多少数民族同源，其分化是 4000~6000 年之间的事，少
数民族的人群原来也居住在中原，后来被迫迁徙到南方、西

南方民族地区。可是史前考古证明，南方、西南方多地在旧石器时代以前有人群居住，而且多跟今天少数民族文化有一脉相承的关系。如果认定南方、西南方的所谓跟汉族同源的民族是 4000~6000 年之间迁徙过去的，那么这一定要拿出坚实的证据，而且必须解释为什么民族地区更早的史前考古遗址中发现的文化现象跟这些民族的文化有那么多的一致性。

说南方、西南方少数民族是后来被迫迁徙到民族地区去的，不能解释迁徙到少数民族地区的人群没有带去当时已有的八卦，而要在几千年之后再从汉族地区借入。汉藏同源的假说，很早就提出来了；证实或证伪这个假说，是后学义不容辞的责任，也是极为细密的研究活动，必须将类似八卦、龟甲占卜之类的史前考古成果考虑进去。

（七）龙

龙是汉族文化的特色符号，是汉民族传说中的一种神通广大的动物，《礼记·礼运》："何谓四灵？麟、凤、龟、龙谓之四灵。故龙以为畜，故鱼鲔不淰；凤以为畜，故鸟不獝；麟以为畜，故兽不狘；龟以为畜，故人情不失。"这四种动物，除了龟是现实存在的动物，其他三种可能都是汉族人想象出来的神兽，这种想象当然有实际存在的动物的影子。商周时期甲骨文、金文中的"龙"字是个象形字，我们由这些写法可以知道汉族先民所认识的龙是个什么样子，从而跟史前考古发现进行比对。因为龙在古代汉族的生活中十分重要，所以古人将"龙"的概念分得很细。例如"龙"跟"虬"不同，"龙"指有角的龙，"虬"指无角的龙。再如《广雅·释虫》："有鳞曰蛟龙，有翼曰应龙，有角曰虬龙，无角曰螭龙。"

龙的形象在我国史前考古遗址中多有发现，可能反映了其不同的种类。结合历史文献研究各种龙的形象，这方面的研究还很不够，是粗线条的，本书仅就这种粗线条的研究成果做出一些探讨。

在北方，有多处史前考古遗址发现了龙的形象。辽宁阜新查海文化遗址是新石器时代早期人类聚落遗址，在它的中心墓地发现一条距今 8000 年的石堆龙。内蒙古赤峰市兴隆洼遗址发现一具由两个相对的猪头骨为首，用陶片、残石器和自然石块摆放的猪首龙形象，距今有 7500~8000 年的历史。距今 6420~7350 年的赵宝沟文化遗址也发现猪首龙形象，在一个三灵纹陶尊上压画猪龙、飞鹿、凤鸟图案，凤鸟的头、冠、翅、尾等，与中华传统的"凤"的特征非常接近。距今 5000~5500 年的辽宁凌源牛河梁遗址出土了一青一白两件玉猪龙，距今 5000 年的朝阳东山嘴遗址也发现了双龙首玉璜饰件。值得注意的是，距今 5300~5800 年的安徽含山凌家滩遗址出土了一件宽体玉璜，是该遗址目前发现的最早大玉璜；还发现一件龙首形玉器，一端阴刻成猪龙首形，略微上翘，另一端为尖锥形，据说是我国史前考古发现的唯一一件。该龙首形器物跟上述器物的形制有相同之处，可能是汉族先民早期的"龙"的形态。

距今 6500 年的河南濮阳西水坡遗址发现四组沿子午线方向等距排列的大型蚌塑龙虎图案，龙的形象十分成熟。距今 3900~4300 年的陶寺遗址出土了绘有蟠龙的陶盘，与玉钺等礼器放在一起。在距今 3500~3800 年的河南偃师二里头遗址二期宫殿院落发掘出的一座高级贵族墓中，墓主骨架头部前面也摆放着一条龙形物，长 64.5 厘米，中部最宽处 4 厘米，由 2000 余片各种形状的绿松石片和一些玉料组合而成，每片绿松石的大小仅有 0.2~0.9 厘米，厚度仅 0.1 厘米左右。龙头略呈浅浮雕状，龙鼻、龙眼用白玉和绿松石填充，色彩对比强烈；龙身略呈波状曲伏，中部出脊，由绿松石片组成的菱形主纹象征龙鳞，镶嵌在龙的全身。甘肃临洮县和康乐县的交界处发现 1 件距今 3800~4000 年的彩陶，彩陶上清晰地绘制着龙的图案，龙身两边有许多在空中挥舞的爪子。良渚文化遗址发现了各种龙首纹玉器，有龙首纹小玉环、玉镯，跟红山文化遗址发现的猪首龙和 C 形龙形状极为相似，凌家滩遗址也出土了跟红山文化十分相似的玉人，这说明良渚文化、凌家滩文化和红山文化关系密切，证明汉族文化在史前覆盖的地域非常广袤，汉族早已独立为族了，也打破了 20 世纪以来形成的僵化观念。商代开始出现"龙凤配"形制的玉器，殷墟妇好墓发现了凤鸟龙形冠以及龙凤并行的玉饰。

内蒙古赤峰市赵宝沟文化
遗址出土猪首龙

辽宁凌源牛河梁遗址出土
玉猪龙

在南方，距今约 7400 年的湖南洪江高庙遗址文化层，其中发掘出的白陶上有八角星纹图案，可能表达了"天圆地方"观念；又有太阳纹、凤鸟纹、獠牙兽面飞龙纹以及天梯纹等图案。湖北秭归东门头遗址发现用 150 颗鹅卵石排成的的全长 10.88 米的龙形图案，距今已有 8000 多年。距今 6000 年的黄梅焦墩遗址发现先民用鹅卵石摆出 4.5 米长的身躯呈波浪状的一条龙，江苏常州青城墩遗址发现距今 5300~5500 年的龙首纹玉饰，安徽凌家滩遗址出土了扁环状首尾相连的玉龙。

距今 5500~6300 年的江苏高淳薛城遗址发现一处蚬壳堆塑遗迹，应该跟龙有关。遗迹由水生贝类的外壳堆塑而成，外形呈趴伏的鳄鱼状。鳄鱼属爬行动物，与恐龙是近亲，鳄鱼可能是龙的原型之一。贝类以河蚬壳为主，杂以螺壳、蚌壳。动物"头部"距地面深 0.5 米，"尾部"距地面深 0.67 米，全长 3.34 米，最宽处达 0.5 米，"背部"堆积呈隆起状，最厚处 0.2 米。蚬塑自东向西南方向延伸，"头部"用两颗大蚌壳表示"眼睛"，"吻部"也以蚌壳呈现，"颈部"位置被基槽打破，仅余少量蚬壳痕迹，"尾部"由多枚大蚌壳点缀铺垫。在堆塑遗迹的东侧，有一座墓葬，编号 M32。该墓葬被基槽打破。人骨头部左侧有石钺随葬，风化较严重。人骨下体都被破坏，大约在死者脚部位置出土了一件长条形石锛。堆塑遗迹与 M32 之间由零星的蚬壳连接。结合南北各地都发现了龙的堆塑，据此推断，薛城遗址堆塑的可能就是一条龙。

距今 4000 年的湖北石家河文化遗址发现了凤凰构图。在四川三星堆考古遗址的一个距今约 3200 年的陶盖上刻有"龙凤呈祥"的图案，说明龙凤相配的文化早在 3200 年前已经进

入成都平原。距今 6700 多年的浙江诸暨楼家桥遗址早期地层中出土了陶片，在一件夹炭红衣圈足盆的外腹壁上有一组弦

江苏高淳薛城遗址蚬壳堆塑遗迹

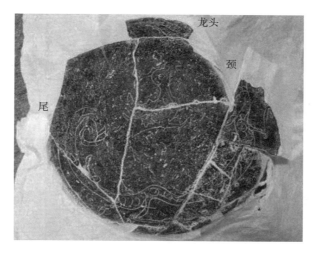

四川三星堆考古遗址出土"龙凤呈祥"陶器拓片

纹，在弦纹中发现龙的刻画图案，一首一尾分见于两片陶片：头似兽，圆睛，长角，突吻大嘴；躯干似爬行动物，长身，四足，曳尾，作腾越状，线条流畅，栩栩如生。

这些证据说明汉民族祖先很早就成为一个独特的社群，至晚 8000 年前已经有了"龙"的概念，那时汉语已是一种独立的语言。后来龙文化不断向周边的民族地区传播，且不限于中国境内，例如彝族、白族、傣族、佤族、怒族、普米族、藏族等民族都有龙，还有邻近的一些国家，他们的龙文化，都应该是汉族龙文化传播的结果。《后汉书·南蛮西南夷列传》载哀牢夷："种人皆刻画其身，象龙文，衣皆著尾。"李贤注："自此以上并见《风俗通》也。"可见哀牢夷至晚在东汉时已经吸收了龙文化。

（八）蚕和丝绸

经过考古发掘，现在一般公认桑蚕起源于我国，由栖息于桑树的原始蚕驯化而来，跟我国现今危害桑树的野桑蚕同源，它们的染色体都是 28 对。家蚕是我国重要的经济昆虫，由野桑蚕驯化为家蚕，是一个漫长的过程，凝聚着汉族先民的智慧，具有独创性。古书上说是黄帝正妃嫘祖发明了养蚕缫丝之法，可能反映嫘祖在养蚕缫丝方面做出过重要贡献。

藏族原来没有养蚕的经历。据《新唐书·吐蕃传》，迎娶文成公主时，"弄赞率兵次柏海亲迎，见道宗，执婿礼恭甚，见中国服饰之美，缩缩愧沮"，"高宗即位……又请蚕种、酒人与碾硙等诸工，诏许"。据汪篯《隋唐时期丝产地之分布》所考，在隋及唐初，我国盛产蚕丝的地区有三个：一是关东地区，约包括今天的河北、河南、山东三省全境及江苏、安徽二省部分地域；二是巴蜀地区，包括四川、重庆全境及湖北、湖南、陕西三省的一小部分；三是吴越区域，包括今江苏南部、浙江北部和安徽的一小部分。其中，前两个区域是主要的丝产地。因此，我们可以对比汉藏两族养蚕工艺和丝绸制作工艺的出现时代，探讨汉族独立为族、汉语独立为语的最晚时期。

汉族很早就养蚕制作丝绸衣服。据研究，在早期，北方养蚕和丝绸制作应该比南方兴盛。有人从贾湖遗址两处墓葬中，检测到人遗骸腹部土壤样品中有蚕丝蛋白残留物，综合遗址中发现的编织工具和骨针，可以推断 8500 年前的贾湖居民可能已掌握基本的编织和缝纫技艺，使用蚕丝纤维制作丝绸。距今 4000~12000 年的山西夏县西阴村遗址曾发掘出半枚经过人工切割的蚕茧壳，经鉴定，这是一种家蚕的蚕茧壳，从而确认当时山西运城一带出现了桑蚕业。山西师村遗址发现 4 枚距今 6000~6500 年的石雕蚕蛹。距今 7000 多年的辽西地区白音长汗遗址发现跟蚕有关的玉质和石质遗物。距今 7300 年的安徽蚌埠双墩遗址的碗底发现有刻画写实的蚕吐丝结网图像，也有其他一些刻画。河南省南阳市淅川县下王岗遗址出土了距今约 6500 年的陶蚕，巩义双槐树遗址发现距今 5300 年家蚕造型牙雕的文物，是一条正吐丝的家蚕，这可能是我国迄今发现的年代最早的蚕雕。

距今约 7000 年的河南省灵宝市川口乡城烟遗址出土了石雕蚕茧艺术品，在瓮棺葬中发现可能是丝绸的遗存。河南荥阳汪沟遗址的 4 个翁棺中发现距今 5500 年的丝织物残片，这是汉民族先民养蚕制帛的证据，是发现的最早的丝绸。郑州青石村遗址出土了距今约 5000 年的一些丝织品的残物，是典型的桑蚕丝纺织品，还有染色痕迹，这可能是世界上迄今发现的最早的彩色丝织品。南阳市淅川县下王岗遗址曾出土一件距今 6500 年的陶蚕；距今 5030~7500 年的南阳黄山遗址出土了一件玉蚕，同时出土了上百件纺轮。距今 5000 年的山西芮城西王村遗址发现了一个陶制的蚕蛹形装饰物，陶蚕蛹长 1.8 厘米，由 6 个节体组成；距今 5000 年前的河北正定南阳庄遗址出土了两件陶蚕蛹，各长 2 厘米，腹径 0.8 厘米，据鉴定，这是对照实物仿制的家蚕蛹，其形制同芮城西王村遗址的陶蚕蛹十分相似。

在南方，距今 7000 年的浙江余姚河姆渡遗址发现了刻有蚕纹的象牙制小型容器。湖州钱山漾遗址出土了一批距今 4200~4400 年的绸片、丝带、丝线等尚未炭化的丝麻织物，经测定为家蚕丝。残绢片长 2.4 厘米，宽 1 厘米，为平纹织品，经密每厘米 52 根，纬密每厘米 48 根。距今 6000 多年的江苏省苏州吴江区梅堰遗址出土黑陶的纹饰上发现有蚕纹，形似甲骨文的"蚕"字，有人以为这应该反映了梅堰遗址一带当时已出现养蚕工艺。

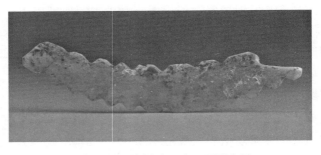

河南巩义双槐树遗址出土牙雕家蚕

　　这些都说明长江下游、黄河中游先民们已掌握了养蚕缫丝的技术。在西南,四川三星堆发现了距今 3000 多年的丝绸的残留物及蚕丝的蛋白。

　　缫丝技术的发明,不仅能使部分人解决穿衣的问题,也能解决部分书写、绘画的材料来源问题。帛用于书写、绘画,显然较晚,而且很难较为长久地保存,所以出土的帛书材料肯定远远晚于开始使用帛书的时代,虽然出土帛书的年代不早于战国时期,但是文献表明我国早就用帛来书写,《论语·卫灵公》"子张书诸绅"反映了这种文化,"绅"是丝制的大腰带。

　　起先,人类从事捕鱼、打猎等活动可能用藤条等织网,瑞典曾经发现距今 9000 多年的用淡褐色枝条编成的渔网。汉族先民由于很早发现蚕丝,因此很早就用蚕丝编织网罟,殷商时期以来出现的跟网罟相关的汉字,往往都跟丝网有关,甲骨文的"网"字无疑是丝网形状。

河南荥阳汪沟遗址出土丝织物残片

养蚕和丝绸制作工艺都是汉民族独特的文化创造,《农政全书》卷三十五《蚕桑广类·木棉》引晋裴渊《广州记》:"蛮夷不蚕,采木绵为絮。"以汉民族先民的养蚕历史为证据,可证汉语成为独立的语言至少有9000年。夏鼐1972年发表《我国古代蚕、桑、丝、绸的历史》时,由于客观条件的限制,没有看到史前时期有关丝绸的大量出土材料,对个别史前时期有关丝绸的出土材料采取存疑的态度,不失审慎,但他确定至迟殷商时期我国已经"能够用蚕丝织成精美的丝绸"。现在看来,《尚书·禹贡》提到青、兖二州有丝,徐、豫、荆三州有丝织品,扬州有"织贝",绝非空穴来风,史前考古更有力地证实汉族先民至晚在9000年以前就已经养蚕、织布了,夏鼐之说应该加以修正。

养蚕的技术古代已经传到周边少数民族地区了,关于我国丝绸通过海路外传的历史,可以参考陈炎《略论海上"丝绸之路"》一文。《后汉书·南蛮西南夷列传》载哀牢夷:"哀牢人皆穿鼻儋耳,其渠帅自谓王者,耳皆下肩三寸,庶人则至肩而已。土地沃美,宜五谷、蚕桑。知染采文绣,罽毲帛叠,兰干细布,织成文章如绫锦。"《三国志·魏书·东夷传》:"(濊)有麻布,蚕桑作棉……(韩)知蚕桑,作棉布……(倭人)蚕桑,缉绩,出细纻、缣棉。"《新唐书·西域传上》讲"于阗"国:"初无桑蚕,丐邻国,不肯出,其王即求婚,许之。将迎,乃告曰:'国无帛,可持蚕自为衣。'女闻,置蚕帽絮中,关守不敢验,自是始有蚕。女刻石约无杀蚕,蛾飞尽得治茧。"

夏鼐1963年发表的《新疆新发现的古代丝织品——绮、锦和刺绣》,1972年发表的《吐鲁番新发现的古代丝绸》,根据当时的考古发现,推论汉族地区发明的丝绸在汉代开始已经传入新疆一带，新疆一带是丝绸之路的中间站。从新疆地区后来的考古发现来看，这个结论需要改写。距今 4600 年的阿拉尔市的昆岗古墓群、距今 3900 年的和田地区洛浦县山普拉古墓群，都出土了丝绸。另外，乌鲁木齐附近天山腹地的阿拉沟战国墓葬群出土了凤鸟纹丝绣，喀什地区塔什库尔干塔吉克自治县曲曼墓地发现战国时期（距今 2500 年）的丝绸残迹，都表明丝绸进入新疆远在汉代以前。

印度曾出土过 4020~4470 年前的野蚕丝，印度学者从而提出，印度在 4000 年前已经开始使用蚕丝；奥地利学者推断距今 3000 年的古埃及已经开始使用蚕丝；欧洲也曾出土希腊、罗马在古典时期的野蚕丝。现在看来，汉民族养蚕、缫丝的技术传到了这些地方，比《新疆新发现的古代丝织品——绮、锦和刺绣》一文"在六世纪左右，中国的养蚕业也传到西方。在此之前，叙利亚织工往往由中国输入丝和丝织物"（第490 页）的结论所言传入西方的时间要早得多。中国丝绸可能先传到波斯和阿拉伯一带，然后进一步传遍欧洲其他地方。欧洲在古罗马帝国境内曾出土了我国三国时期的丝绸，当然欧洲也有来自波斯和阿拉伯的丝绸。但是汉族地区的丝绸传到欧洲不可能只有一条路径，高加索地区通过草原商路将汉地的丝绸、镜子传了过去。亚美尼亚出土过公元前 8 世纪的中国丝绸，比罗马早。

据考古所发现的最早的蚕和丝绸完全可以证实，汉族独立为族距今至少有 9000 年以上的历史。我国少数民族地区养蚕和制作丝绸这两种工艺是受汉族地区的影响才出现的。如果在 9000 年前这些少数民族跟汉族仍然是同一个民族，后来才分化为不同民族，那么它们不可能很晚才从汉族地区引进养蚕和缫丝工艺，而应该很早就将养蚕和缫丝工艺带到少数民族地区。有人说，汉语跟南方、西南方许多少数民族同源，其分化是 4000~6000 年之间的事，少数民族的人群原来也居住在中原，后来被迫迁徙到南方、西南方民族地区。可是史前考古证明，南方、西南方多地都在旧石器时代以前有人群居住，多跟今天少数民族文化有一脉相承的关系。说南方、西南方少数民族是后来被迫迁徙到少数民族地区去的，是一种猜测，不是严格的逻辑推理。就养蚕和缫丝的历史看，这种猜测显然站不住脚。

（九）礼器

不同社会会发展出不同的礼仪制度，礼仪制度能很好地反映出不同社会的文化特色。进入阶级社会，礼制有浓重的高低尊卑的色彩。甲骨文的"臣"字字形反映了这种文化。先秦时期，中原地区和四夷地区礼仪制度有相当大的区别，这是当时划分"华夷"的标志之一。韩愈《原道》说："孔子之作《春秋》也，诸侯用夷礼则夷之，进于中国则中国之。"很多民族都有玉器，但是汉族有自己文化特色的玉制礼器，玉礼器的产生相当早，玉璧、玉琮、玉圭、玉璋、玉璜、玉琥都是礼器。《周礼·春官·大宗伯》："以玉作六器，以礼天地四方：以苍璧礼天，以黄琮礼地，以青圭礼东方，以赤璋礼南方，以白琥礼西方，以玄璜礼北方。"可见这些不同的礼器各有其特殊的祭祀作用。《周礼》的作者和成书年代，原来以为是周公旦所作，宋人开始质疑作者及成书年代，后人更是众说纷纭，诸如刘歆伪造说（司马光、洪迈、罗璧、康有为、廖平等）、周公始造而后人加工定型说（程颐、陈汲、朱熹）、秦汉间学者根据当时文献材料加上个人理想成书说（魏了翁、毛奇龄、梁启超等）等。今人一般认为该书既非周公作，也非伪作，而是成书于战国或西汉，讫无定论。但是无论作者是谁，我们无法找到确凿的证据证明该书是胡编乱造的，书中内容必然有其来历，所以《周礼》所载玉器的功用不宜轻易否定。我们研究先秦礼制，必须要借重《周礼》。其他先秦古书也有这方面的内容，例如《山海经·海外西经》："大乐之野，夏后启于此儛九代，乘两龙，云盖三层。左手操翳，右手操环，佩玉璜。"弃有用的古书材料而不顾，仅凭想象，这种研究思路不可取。

古人的玉器常常有形制上的要求，这跟它们用为礼器有关。例如《尔雅·释器》："珪大尺二寸谓之玠，璋大八寸谓之琡，璧大六寸谓之宣。肉倍好谓之璧，好倍肉谓之瑗，肉好若一谓之环。"可见，"珪"跟"玠"不同，珪到了一尺二寸就是"玠"，"玠"当是"介"的滋生词，"介"有"大"的词义；"璋"跟"琡"不同，璋到了八寸长就是"琡"；"璧"跟"宣"不同，璧的直径到了六寸就是"宣"。"璧、瑗、环"不同，尽管都是圆的、中间有孔的玉器，但是圆璧的边缘比中间的孔道宽一倍的才是"璧"，中间的孔道比圆璧的边缘宽一倍的才是"瑗"，圆璧的边缘跟中间孔道宽度一致的才是"环"。先秦将玉器分得这么细，是礼制文化的需要，玉器的用途不一，这种区分必然渊源有自。例如距今 3000~5000 年的辽宁长海县吴家村遗址出土的一件玉器，它中间的孔道比圆璧的边缘宽一倍，这应该是玉瑗。距今 5000 年的郭家村遗址出土的一件玉器，圆璧的边缘跟中间孔道宽度一致，这应该就是玉环；还有一件，圆璧的边缘比中间的孔道宽一倍，这应该就是玉璧。当然，礼器发展到先秦，也会有变化，这是研究时需要考虑的因素。

　　将史前考古发现的各种玉器的形制跟先秦两汉人的记载结合起来研究，目前这方面的工作还不太够，值得今后努力，但是大的方面应该不会有太大问题，所以本书据今天给各器的定名来讨论史前考古发现的一些早期玉器。有人根据史前考古的玉器跟先秦文献所记载的情况不一致，就推断说：考古发现的史前玉器跟礼制无关，这是有问题的说法，证据不足。

　　黑龙江小南山遗址发现距今8600~9600年的玉璧、玉玦、玉环，内蒙古兴隆洼遗址发现大量距今7200~8200年的玉玦。距今7000~8000年的河北易县北福地遗址是一个史前村落遗址，除了发现大量可能用于祭祀娱神、驱疫求福的刻陶假面面具以外，还发现了玉玦。内蒙古的鄂尔多斯市，很早就是汉族先民的居住地。夏禹建立国家后，把国家分为九州，当时的鄂尔多斯为雍州所辖。在鄂尔多斯伊金霍洛旗距今4000多年的沙日塔拉遗址，考古人员进行了500平方米的发掘，清理出房址8座，灰坑及灰沟30处，墓葬31座，路面2条，灶址1处，出土了陶器、石器、玉器、骨器、角蚌器等150余件。遗址内出土的陶器数量最多，有三足瓮、绳纹鬲、单把鬲、甗、豆、盘、盉、杯、单耳杯、双耳罐、红陶杯、纺轮、猪塑等，这表明当地人群属于农耕社会；玉器有玉片、玉璋、玉璜、玉人、玉琮、玉琮饰件、玉纺轮（玉璧）等，这些都是汉族先民的文化创造。

　　在新石器时代，我国汉族地区的南北各地，都发现了礼器。内蒙古通辽市哈民史前聚落遗址距今约5500年，出土有圆角方形玉璧、圆形玉璧、双联璧、玉环、玉钺等玉器。甘肃庆阳南佐遗址距今 4600~5200 年，出土了白色堆纹陶、白衣陶、白陶、黑陶、朱砂彩绘陶、大型彩陶罐、带塞盖喇叭口平底彩陶瓶等不同颜色的彩陶及陶制品，有人推测这些器物可能是一些礼器；凉州皇娘娘台遗址距今约 4000 年，合葬墓的随葬品有石璧、玉璧、玉璜等，个别男性遗骸放置有 80 多件玉璧；齐家文化遗址在 2700 年前的东周古墓中出土了 4000 年前的齐家文化玉琮。山东司马台文化遗址出土距今约 5000 年的玉璋。距今 4000~4300 年的陕西石峁遗址、距今 3200~3800 年的河南二里头遗址也都出土了玉璋。距今 4500 年的山东半岛东部海滨出土了牙璋，距今 4300 年的陕西省北部的神木石峁遗址、距今约 4000 年的河南偃师二里头遗址也都出土了牙璋。陕西神木石峁遗址出土的玉器还包括璇玑、璜；延安芦山峁遗址是新石器时代的遗址，发掘出的玉器包括玉璧、玉琮、玉璇玑、玉璜、玉瑗。安徽肥东县出土过距今约 5000 年的玉琮。这些证据说明汉民族的礼器很早就出现了，北方汉族地区早已进入礼制社会。

　　在南方、西南方，距今 7000 年的江苏溧阳东滩头遗址出土了大量随葬品，其中有玉璜；常州青城墩遗址也发现距今 5300~5500 年的玉璜。苏州草鞋山遗址距今有 4200~6500 年的历史，出土了玉琮、玉璧等礼器。距今约 7000 年的河姆渡一期遗址也出土了玉璜。距今 6645~6775 年的浙江余姚田螺山遗址出土了玉玦。浙江余杭玉架山遗址出土了一件良渚文化刻符大玉璧，安置在墓主人腹部，随葬品包括玉琮、玉璧、石钺、玉蝉、玉带钩等 12 件礼器；余杭反山遗址出土了一件非常精美的神兽纹玉琮；跨湖桥遗址出土了玉璜。安徽凌家滩遗址出土了 115 件玉璜，距今 5300~5500 年。最近又在该遗址中出土了一件宽体玉璜，为凌家滩目前发现的最大的玉璜。湖北天门谭家岭遗址距今约 5000 年，发现了 5 座后石家河文化时期的瓮棺，出土了双人连体头像玉玦、虎座双鹰玉饰、玉牌饰、虎形玉冠饰、玉虎、玉鹰、玉蝉等 240 余件玉器。

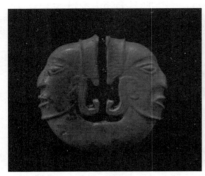

湖北天门谭家岭遗址出土双人连体头像玉玦、虎座双鹰玉饰

在我国西南地区，距今 5300~6500 年的重庆、四川、湖北大溪遗址中发现了玉璜、玉钺、玉环、玉坠及纽形饰等装饰物。距今 2800~3600 年的四川三星堆遗址也出土了玉璋。贵州东部地区锦江流域商周时期的方田坝遗址首次发现了祭器牙璋，该遗址跟汉民族先民创造的巴蜀文化具有密切关系。这说明商周时期，汉族先民创造的文化已进入贵州东部。

华南及越南也发现了年代比较早的礼器。香港南丫岛大湾遗址，是中国境内发现牙璋最南的地域，牙璋是汉族文化的器物，该遗址年代为公元前 4500~ 前 1500 年。在越南一座墓中发现了一对龙璋，与二里头出土牙璋几乎一模一样，这些证据表明龙文化的影响远至岭南珠江和湄公河流域。距今4000~5000 年的粤北曲江县石峡文化遗址，其墓葬出土了成批

贵州铜仁方田坝遗址出土祭器牙璋

的石器及琮、瑗、璧等贵重玉器。广州增城区墨依山殷商时期遗址 M66、M70 两座墓葬中随葬有牙璋，也有玉环等玉器。距今 4600~4800 年的广州甘草岭遗址的墓葬和灰坑中出土了夹砂陶鼎和泥质陶豆，以及玉环、玉琮等。距今约 3800 年的东莞村头遗址出土了骨璋、石璋、牙璋等礼器，出土的牙璋有 18 件，数量为岭南之最。牙璋是中原地区夏、商时代一直都在使用的礼器，主要用于祭祀，村头遗址牙璋的出土，说明当时中原文化早已到达岭南。广西那坡县感驮岩遗址第二期遗址是夏商时期的遗址，出土骨器数量多，除了铲、锥、匕、簪，还包括牙璋。越南北部的冯原遗址、长睛遗址和任村遗址都出土了牙璋。考古人员将这些在越南出土的古玉与四川广汉三星堆遗址、成都金沙遗址出土的玉器相对照，试图证明越南民族的祖先一部分来自中国的四川。这些都表明中原文化早已进入华南。南方大量出土牙璋，跟古书的记载是吻合的，赤色的璋本就是"礼南方"的礼器。

据考古发现的汉族地区特有礼器完全可以证实，汉族独立为族距今至少有 9000 年的历史。如果 9000 年前这些少数民族跟汉族是同一个民族，后来才分化为不同民族，那么他们也应该在很早以前就有这些礼器，然而迄今为止没有这样的早期考古发现。

（十）龟甲占卜

据《史记·龟策列传》，汉族先民很早就用龟甲占卜，"唐虞以上，不可记已"，周边民族用别的方式占卜，"蛮夷氐羌虽无君臣之序，亦有决疑之卜：或以金石，或以草木，国不同俗"。这是有根据的说法，汉族可能还有鼠卜等占卜法，《汉书·艺文志》有《鼠序卜黄》二十五卷，是讲鼠卜的书。晋代葛洪《抱朴子·对俗》："鼠寿三百岁，满百岁则色白，善凭人而卜，名曰仲能，知一年中吉凶及千里外事。"但越地习用鸡卜，也叫"鸡卦"。《史记·孝武本纪》："乃令越巫立越祝祠，安台无坛，亦祠天神上帝百鬼，而以鸡卜。上信之，越祠鸡卜始用焉。"汉武帝之所以"令越巫"来鸡卜，是因为这种占卜法是越人占卜传统，非汉人所长。张守节正义："鸡卜法：用鸡一，狗一，生，祝愿讫，即杀鸡狗煮熟，又祭，独取鸡两眼，骨上自有孔裂，似人物形则吉，不足则凶。今岭南犹此法也。"宋周去非《岭外代答·鸡卜》："南人以鸡卜。其法：以小雄鸡未孳尾者，执其两足，焚香祷所占而扑杀之，取腿骨洗净，以麻线束两骨之中，以竹梃插所束之处，俾两腿骨相背于竹梃之端。执梃再祷。左骨为侬，侬者，我也。右骨为人，人者，所占之事也。乃视两骨之侧所有细窍，以细竹梃长寸余者遍插之，或斜或直或正或偏，各随其斜直正偏而定吉凶。其法有一十八变。大抵直而正或附骨者多吉，曲而斜或远骨者多凶。亦有用鸡卵卜者：焚香祷祝，书墨于卵，记其四维而煮之。熟乃横截，视当墨之处，辨其白之厚薄，而定侬人吉凶焉。"《岭外代答》还记载了岭南一带的"茅卜"，这种卜法可能借鉴了汉族地区的蓍草占卜。旧时壮族、佤族、布朗族、布依族、水族、侗族、佤族、彝族、苗族、海南岛黎族等民族都使用鸡卜法，羌族则使用羊髀卜、鸡蛋卜、白狗卜等占卜方法，哈尼族有火卦、蛋卦、草卦、鸡卦等，大事则用猪卦、牛卦，傈僳族有猪肝卦、木壳卦、羊骨卦、手卦、刀卦、贝壳卦、鸡卦、草卦等，纳西族的占卜更是多种多样。迄今为止的古今著述，有关这些民族的占卜活动都没有见到有龟甲占卜的报道。缅甸的克耶族也流行鸡骨占卜、折箓占卜。鸡骨占卜有两种方式，一种是占卜时把鸡骨投向贝叶经，用经文来断定凶吉祸福，另一种是把鸡脖子拧断后用腿骨占卜，这无疑有后代的改进之处。

　　汉族地区的龟甲占卜出现时间相当早，南北都有。河南安阳殷墟发现的商代龟甲占卜，时间较晚，但已为举世所知。舞阳贾湖遗址发现装有石子的龟甲，刻有符号，据考跟用龟占卜和八卦象数有关，早于安阳殷墟的甲骨文卜辞 4000 多年。南阳黄山遗址的文化年代下限距今 5030~5296 年，上限距今 7300~7500 年，该遗址出土了多片有爻窝符号的陶板，为龟壳状、长方形或四方形，有一块长方形的陶板上有六对圆形爻窝，另一块正方形的陶板上有三排九个圆形爻窝，跟在附近浅山丘陵岩石上发现的圆形爻窝、二里头遗址卜骨爻窝、陕西周原遗址卜骨爻窝一致，可能用于祭祀占卜。

　　发现龟甲占卜文化的还有河南淅川下王岗遗址、山东兖州王因遗址、泰安大汶口遗址、邹县野店遗址、荏平尚庄遗址、江苏邳县刘琳遗址、大墩子遗址等。在安徽凌家滩遗址、辽宁牛河梁遗址和浙江反山遗址等都发现了先民制作的玉龟，这些显然跟占卜有关。凌家滩遗址发现距今5300~6000年的卜龟。距今5000~5500年的牛河梁遗址的一座中心大墓中出土一具完整的男性骨架，双手各握一只玉龟，一雌一雄；在另一座大墓中，死者的胸部也放置了一个碧绿色玉龟，这应该跟龟甲占卜及当时人们祈求长寿有关。距今4500~5500年的山东省泰安县堡头遗址，在墓葬中发现，大多数死者的指骨附近都有獐牙或獐牙钩形器，有些死者的腰部还放有涂朱的或穿孔的龟甲。随葬的龟甲之类，应反映了占卜的习俗。泰安大汶口文化M47也出土了龟甲，里面放置了许多或大如樱桃，或小如豆粒的石子，应是占卜用具。浙江湖州毗山遗址出土了商代卜骨、卜甲，表明汉族祖先在商代或以前就生活在浙江湖州一带，他们说的是汉语；那里不仅仅是南方越人居住的地区，也是汉族先民的居住区。

在距今约3000年的成都金沙遗址发掘出龟甲一类的占卜器物，上面没有文字。在四川宣汉罗家坝遗址的8座墓葬中发现了战国时期的龟甲、鹿角等文物，龟甲最大的有40厘米长、30厘米宽，小的也有10厘米左右，有一排排长方形的钻孔，显示这些是占卜留下的痕迹。

古人对用来占卜的乌龟是有所选择的。据《周礼·春官·龟人》，他们将乌龟分为天龟、地龟、东龟、南龟、西龟、北龟等六龟，天龟的甲可以用来占卜，《尔雅·释鱼》："龟，俯者灵。"这是讲天龟，指天龟行走时头朝下。《释鱼》还列有十种龟，其中神龟、灵龟、摄龟、宝龟、文龟、筮龟都可以用来占卜。《史记·龟策列传》列有八种"名龟"："一曰北斗龟，二曰南辰龟，三曰五星龟，四曰八风龟，五曰二十八宿龟，六曰日月龟，七曰九州龟，八曰玉龟。"用龟甲占卜，据《龟策列传》，有非常多的讲究，这些讲究都跟汉民族的文化联系在一起，深深地烙上了汉民族的文化印记。

汉族先民之所以用龟甲占卜，是因为他们认为乌龟在有甲壳的动物中是最高级的。《大戴礼记·易本命》："有羽之虫三百六十，而凤皇为之长；有毛之虫三百六十，而麒麟为之长；有甲之虫三百六十，而神龟为之长；有鳞之虫三百六十，而蛟龙为之长；倮之虫三百六十，而圣人为之长。此乾坤之美类，禽兽万物之数也。故帝王好坏巢破卵，则凤凰不翔焉；好竭水搏鱼，则蛟龙不出焉；好刳胎杀夭，则麒麟不来焉；好填溪塞谷，则神龟不出焉。故王者动必以道，静必以理；动不以道，静不以理，则自夭而不寿，訞孽数起，神灵不见，风雨不时，暴风水旱并兴，人民夭死，五谷不滋，六畜不蕃息。"《史记·龟策列传》也说："或以为昆虫之所长，圣人不能与争。其处吉凶，别然否，多中于人。"所以，古人以为，用龟甲占卜，比圣人对吉凶、对未来的推断要更加灵验。因此，汉族先民以龟甲占卜，是以他们的认识成果作为基础的。

古人用龟甲和蓍草占卜，还可以跟汉语联系起来。《周易·系辞上》："探赜索隐，钩深致远，以定天下之吉凶，成天下之亹亹者，莫大乎蓍龟。"《史记·龟策列传》："王者决定诸疑，参以卜筮，断以蓍龟，不易之道也。"他们以为"龟"跟"旧"同源，"蓍"跟"耆"同源，都跟"长久"的意义相连。王充《论衡·卜筮篇》："子路问孔子曰：'猪肩羊膊可以得兆，藿苇藁芼可以得数，何必以蓍龟？'孔子曰：'不然，盖取其名也。夫蓍之为言，耆也；龟之为言，旧也。明狐疑之事，当问耆旧也。'由此言之，蓍不神，龟不灵，盖取其名，未必有实也。"《礼记·曲礼上》："凡卜筮日，旬之外曰'远某日'，旬之内曰'近某日'。"疏："卜筮必用龟蓍者，案刘向云：'蓍之言耆，龟之言久。龟千岁而灵，蓍百年而神，以其长久，故能辩吉凶也。'《说文》云：'蓍，蒿属也。生千岁，三百茎，《易》以为数。天子九尺，诸侯七尺，大夫五尺，士三尺。'陆机《草木疏》云：'似藾萧，青色，科生。'《洪范五行传》曰：'蓍生百年，一本生百茎。'《论衡》云：'七十年生一茎，七百年十茎，神灵之物，故生迟也。'《史记》曰：'满百茎者，其下必有神龟守之，其上常有云气覆之。'"《说文·龟部》也采用声训释"龟"："龟，旧也，外骨内肉者也。从它，龟头与它头同。天地之性，广肩无雄；龟鳖之类，以它为雄。象足甲尾之形。"这种认为"龟"跟"旧"同源，"蓍"跟"耆"同源，都是跟"长久"的意义相连所做的词源分析，也解释了汉族地区植物、动物繁多，而汉族先民偏偏采用龟甲、蓍草来占卜的原因之一，它反映了这样一种事实：在龟甲、蓍草占卜之前，汉族早已独立为族、汉语独立为语，受汉语影响，人们取跟"旧"音近的"龟"的龟甲、取跟"耆"音近的"蓍"的蓍草作为占卜的工具，从而对龟甲、蓍草产生相当多的神话般的认识。

据《史记·龟策列传》，龟甲占卜到了秦末、汉初，由于战事连连，就逐步衰微了，但是汉初时还有不少前代的占卜人员在世。

据考古所发现的最早的龟甲占卜资料完全可以证实，汉族独立为族距今至少有 9000 年的历史。如果在 9000 年前这些少数民族跟汉族是同一个民族，后来才分化为不同民族，那么他们也会有龟甲占卜。乌龟不是很难找到的动物，但是他们的聚居区域却没有这样的考古发现。这些民族的人们至今还占卜，但使用的是别的占卜方法。有人说，汉语跟南方、西南方许多少数民族同源，其分化是 4000~6000 年之间的事，少数民族的人群原来也居住在中原，后来被迫迁徙到南方、西南方民族地区。可是史前考古证明，南方、西南方多地都在旧石器时代以前有人群居住，他们聚居区域发现的文化特色多跟今天少数民族文化有一脉相承的关系。说南方、西南方少数民族是后来被迫迁徙到民族地区去的，不能解释为什么少数民族地区的人群在当时放着现成的最为汉族先民看重，认为是最灵验的龟甲占卜不用，而改用别的占卜方式。

（十一）发簪和发笄

汉族先民，男性很早就束发着冠，要用笄、簪才能约束发、冠。周边民族断发、被发、散发，不需要笄、簪。《礼记·王制》："东方曰夷，被发文身，有不火食者矣。南方曰蛮，雕题交趾，有不火食者矣。西方曰戎，被发衣皮，有不粒食者矣。"这些都应该理解为强调四夷的部分人群跟中原人群有不同的特征，并不是对居住在四夷所有人群的概括、总结，所以我们不能得出一刀切的简单结论。比如若是认为凡居住在西方的所有人群，都是"被发衣皮"，那就反映出我们不会读古书。据《西北地区新石器时代史前先民的发式考述》，史前时期的西北地区，属于先秦所说的"西戎"的区域，史前考古发现了陶塑人像的发式，有被发、短发、编发（编成辫子）的，也有结发的，"在青海，新石器时代的先民们也大量用发笄等首饰来装扮自身，青海发现的古代发笄形式繁多，从质料上看有骨笄、石笄、玉笄和陶笄等。出土的数量也较为可观"。青海民和县多地都出土了史前的骨笄，例如同德宗日遗址出土骨笄6件，这些都有力地证明了西北有结发的人群。因为"被发衣皮"跟汉族服饰差别大，该服饰在西北地区普遍流行，所以《王制》才将它们特地提出来作为西方人群的特色。

周的先祖古公亶父的儿子太伯、虞仲奔吴，当时吴越之地早已聚居了大量汉族先民，汉族先民在几千年前已有人定居于此，创造了河姆渡文化等汉文化，可以想见，当时汉族文化在逐步同化非汉族文化。《谷梁传·哀公十三年》："吴，夷狄之国也，祝发文身。欲因鲁之礼，因晋之权，而请冠端而袭。"疏："吴俗祝发文身，衣皮卉服，不能衣冠相袭。今请加冠于首，身服玄端，则衣冠上下共相掩袭，故云袭衣也。"这里应该理解为中原汉人对春秋时吴国的一般印象，不无夸张意味。事实上，根据史前考古资料可知，尽管非汉族是"祝发文身"，但吴地汉族先民是服衣冠的，吴国想借机向鲁国展示自己对鲁国"冠端而袭"、尊重周礼的一种仰慕，也表明吴地汉族先民对中原文化的认同；再说，吸收吴地一点少数民族的风俗，并不能证明这些后原始汉族的人群就是少数民族的人群。《汉书·严助传》载严助上书谏伐南越："越，方外之地，劗发文身之民也，不可以冠带之国法度理也。自三代之盛，胡越不与受正朔。"这是因为越地除了汉族先民，还有大量的非汉族居民，他们是"劗发文身"，因此这同样不能证明越地所有人都这样。结合考古资料看，只有这样理解古书的习惯议论才是正确的。

《淮南子·原道》："九疑之南，陆事寡而水事众，于是人民劗发文身，以像鳞虫；短绻不绔，以便涉游；短袂攘卷，以便刺舟。"《史记·吴太伯世家》："于是太伯、仲雍二人乃奔荆蛮，文身断发，示不可用。"集解引应劭："常在水中，故断其发，文其身，以象龙子，故不见伤害。"又《史记·赵世家》："夫剪发文身，错臂左衽，瓯越之民也。黑齿雕题，却冠秫绌，大吴之国也。"可见吴越一带有断发文身的习俗，当然这主要是指沿江、沿海一带以捕鱼为业的人群来说的，并不能证明当地所有人群都如此。文身的习俗产生于渔猎时代，汉民族在进入农耕社会之前是否也有这个习俗，目前还不能知道。甲金文的"文"字有作"身体上所刺花纹"之形，也许反映了早期汉族文身的习俗，还有一种可能是借助外民族的特点来造字。

　　当时吴越一带的汉族先民早已进入农耕社会。距今 10000 多年的浙江浦江上山考古遗址发现具有驯化特征的水稻植硅体。在钱塘江上游流域和灵江流域近 20 处上山文化遗址中，发现稻作农业起源的大量实证。余姚河姆渡遗址和桐乡罗家角遗址出土的人工稻谷距今约 7000 年。这些都有力证明，至少在周秦以前的几千年中，吴越一带就以农耕为主，这些从事农耕的人群应是汉族的先民，他们跟当地少数民族杂居，不需要"断发

江苏南京浦口营盘山遗址出土陶塑
男性人面像

文身"，从而跟当地少数民族有不同的习俗。南京浦口营盘山遗址，属于吴地的文化遗址，发现了距今 5000 年的陶塑男性人面像，头戴冠，冠上刻有浅道的纹饰，冠角正反两面都穿了小孔，小孔可能是用来插羽毛或茅草等装饰物的，这证明吴地早在太伯奔吴之前几千年，就存在汉族先民，他们穿戴的是汉族的衣冠。由此可见，古人所说吴越一带"断发文身"是指当地跟中原相比有特殊标志的人群，不能理解为吴越所有族群，特别是汉族族群都那样，从而跟中原相区别。

《史记·西南夷列传》说："西南夷君长以什数，夜郎最大。其西，靡莫之属以什数，滇最大；自滇以北君长以什数，邛都最大，此皆魋结，耕田，有邑聚。其外，西自同师（按：在今云南保山）以东，北至楪榆（按：在今大理），名为嶲、昆明，皆编发，随畜迁徙，毋长处，毋君长，地方可数千里。"《华阳国志·南中志》也说："南中在昔，夷越之地，滇濮、句町、夜郎、叶榆、桐师、嶲唐侯王国以十数。编发左衽，随畜迁徙，莫能相雄长。"可见，西南夷中至少有一些民族是"魋结、编发"的，是游牧部族，跟当时的汉族不同，也跟蜀地后原始汉族人群不同。不过，这些游牧民族跟汉族人群应该是杂居的，我们不能以此证明当时当地只有游牧民族，没有汉族人群。新石器时代考古遗址表明，在距今 3000~4000 年，洱海和滇池地区的已有从事农业生产的居民。

发簪最早出现在新石器时代（可能在旧石器时代已出现发簪）。在黑龙江小南山遗址中发现了距今 6000~8000 年的玉簪，玉簪在距今 6000~7000 年的仰韶文化遗址中也有出土。当时的发簪是用兽骨做的，也就是骨簪。最早的玉簪出现于新石器时代晚期，仰韶文化、大汶口文化、龙山文化、陶寺文化、石峡文化、石家河文化遗存中都发现了玉簪（其中包括一些功用不确的类簪针形器）。距今 5030~7500 年的河南南阳黄山遗址发现墓葬 57 座，多为仰身直肢葬，随葬骨器有针、锥、簪、镞、匕等。发现距今 4000 多年的山东省临朐县西朱封遗址了镶绿松石玉簪。河南殷墟妇好墓出土玉簪 28 件、绿松石笄 2 件、骨制贴绿松石薄片簪 1 件、骨簪 499 件。

综合我国考古发掘可知，边远地区早期很少出土发笄，而且发笄的出土自西往东至黄河中游逐渐增多，这折射出汉族以笄束发并逐步影响到其他民族。河北磁山遗址出土了距今 7000~8000 年的尖头圆箸式和柳叶簪式两种骨笄。距今约 7000 年的河姆渡文化遗址发现骨笄，一些骨笄上雕刻花纹或双头连体鸟纹图案，时代相当的江苏溧阳东滩头遗址出土了大量随葬品，包括骨簪、骨梳。陕西杨官寨遗址发现了距今 6000 年的骨笄。西安半坡遗址出土了石陶笄和骨笄，有棒式、两头尖和丁字形三种形式。距今 5000 年的泾阳县蒋刘遗址发现了一处仰韶晚期大型环壕和成人墓地，墓葬中出土的随葬品包括骨器、玉器、石器、石串饰、绿松石串饰、陶器等，笄形骨器占绝大多数，骨器出土的位置比较固定，大多成束放置在墓主左臂外侧，每座墓葬中的数量由数件到三四十件不等。江苏兴化影山头遗址出土距今 6000 多年的骨笄。吉林农安左家山遗址第三期发现距今 4870±180 年的骨笄。甘肃永昌鸳鸯池遗址出土距今 4000 多年的骨笄，笄首用胶黏物（或树脂混合体）做成圆锥状，表面嵌埋着 36 枚白色管珠，首端贴盖一椭圆形骨片，上做同心圆刻纹五圈。山东大汶口文化遗址发现的发笄，以石质居多，首端出台肩，似应有笄帽附饰。距今 6645~6775 年的浙江余姚田螺山遗址、距今 5700~6000 年的山东烟台白石村人遗址都发现了骨笄。陕西延安芦山峁遗址是新石器时代的遗址，发掘的玉器包括玉笄。贵州普定白岩脚洞遗址发现一件旧石器时代的骨笄，可见贵州一带绝非所有人群都是"编发"。这其中包括四夷中的东夷、西戎、北狄地区，可见这些地区并非所有人群都是"被发"的。

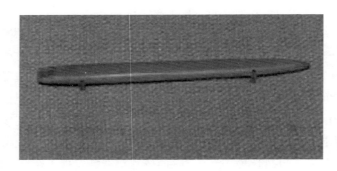

黑龙江饶河县小南山遗址出土玉簪

甘肃永昌鸳鸯池遗址出土镶骨环骨笄

《山海经·海外南经》说："周饶国在其东，其为人短小，冠带。"《海外西经》说："丈夫国在维鸟北，其为人衣冠带剑。"可见"四夷"地区也有"冠带"的人群，不限于华夏一带。湖北石家河文化遗址出土了虎形玉冠饰、玉虎、玉鹰、双人连体头像玉玦、羽冠持钺人物像等，其中玉神人像的造型是外拱内凹的正面人首，头戴高冠，冠面雕琢浅浮雕兽面与平行线纹，双耳上方勾转镂空，凸显冠帽的边沿，人面部分以浅浮雕阳纹构成五官。安徽蚌埠双墩新石器时代遗址出土距今约 7300 年的成年人雕像，属蒙古人种，束发，额头刻了同心圆纹，鼻孔两侧的面颊刻了对称刺点纹，应含有某种文化意义。内蒙古兴隆洼遗址发现距今约 5300 年的陶人，头上戴着盘索冠。安徽凌家滩遗址出土的玉神人像主要有立姿玉神人像、蹲姿玉神人像两类，都戴冠。这种冠是纵梁冠，在长江中下游、黄河中下游流域的安徽、湖北、山东、陕西、山西等地遗址发掘的新石器晚期玉器上也经常出现。距今 2700~5300 年的安徽马鞍山烟墩山遗址出土了戴冠的玉人，也说明这些地方早已聚居着汉族人群。距今 4600 年的内蒙古通辽南宝力皋吐古墓群遗址的墓葬中出土了 4 件骨冠，紧套在遗骸头颅上，组成骨冠的是剖割成弧形条片的大型动物肋骨、獠牙或犄角，每个骨片两端都有孔眼，是绳索穿缀用的。骨片长短、弧度非常讲究，每顶冠由十五六片组成，骨条表面可能还覆盖过兽皮或编织物。四川广汉三星堆遗址距今 3000~5000 年，曾发现一尊青铜兽首冠人像，该人像头顶帽冠。江苏昆山赵陵山遗址是新石器时代的遗址，其出土的玉器中有一件透雕人鸟兽玉饰件，高 5.5 厘米、厚 0.5 厘米，主体是一个蹲踞抬手的侧身人像，头上戴冠，冠上方有一束高高耸立的羽翎，一只手臂之上是一只走兽，一只浮雕小鸟站在饰件顶端的兽头和羽翎之上。无论这些人像有多少想象的成分，但都是首

安徽蚌埠双墩新石器时代遗址出土
成年人雕像

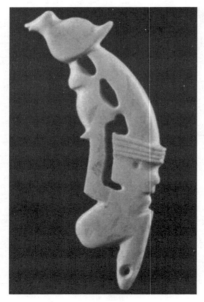

江苏昆山赵陵山遗址出土
透雕人鸟兽玉饰件

戴冠，这是汉族的特色。

"冠带"是中原汉族有地位的人的服饰，古人称中原地区的诸侯国为"冠带之国"，例如《韩非子·有度》："兵四布于天下，威行于冠带之国。"这必然是跟四夷地区的民族进行比较得出的印象，看出了汉族服饰的特色。事实证明，这是有根据的，而且由来已久。因此，采取发笄、发簪和冠作为汉族独立成族的一项文化标志具有可行性。

至于周边民族的服饰，跟汉族多不相同。例如，据《魏书·勿吉传》，勿吉国"在高句丽北，旧肃慎国也……俗以人溺洗手面，头插虎豹尾"；《失韦传》，失韦国"丈夫索发……女妇束发，作叉手髻"；《乌洛侯传》，乌洛侯国"其俗绳发，皮服，以珠为饰"；《西域传》，焉耆国"丈夫并剪发以为首饰，文字与婆罗门同"，龟兹国"其王头系彩带，垂之于后……风俗、婚姻、丧葬、物产与焉耆略同"，疏勒国"其王戴金师子冠……人手足皆六指，产子非六指者即不育"，悦般国"其风俗言语与高车同，而其人清洁于胡。俗剪发齐眉，以醍醐涂之，昱昱然光泽"，蠕蠕国"其部人不浣衣，不绊发，不洗手，妇人舌舐器物"，波斯国"其王姓波氏，名斯。坐金羊床，戴金花冠，衣锦袍、织成帔，饰以真珠宝物。其俗：丈夫剪发，戴白皮帽，贯头衫，两厢近下开之，亦有巾帔，缘以织成；妇女服大衫，披大帔，其发前为髻，后披之，饰以金银花，仍贯五色珠，络之于膊"，大月氏别种嚈哒国"头皆剪发"，康国"其王索发，冠七宝金花，衣绫、罗、锦、绣、白叠；其妻有髻，幪以皂巾。丈夫剪发，锦袍";《匈奴宇文莫槐传》，匈奴宇文莫槐"其语与鲜卑颇异。人皆剪发而留其顶上，以为首饰，长过数寸则截短之"。据《新唐书·西域传上》，尼泊尔叫"泥婆罗"，"俗翦发逮眉，穿耳，楦以筒若角，缓至肩者为姣好"，东女国（大约在大金川流域、四川甘孜藏族自治州和阿坝藏族羌族自治州之间）"俗轻男子，女贵者咸有侍男，被发，以青涂面，惟务战与耕而已"，高昌国"俗辫髪垂后"，吐谷浑"俗识文字，其王椎髻黑冒，妻锦袍织裙，金蔃饰首。男子服长裙缯冒，或冠羃䍦。妇人辫发萦后，缀珠贝"，龟兹"俗断发齐顶，惟君不翦发"，中天竺"王大臣皆服锦罽，为螺髻于顶，馀发翦使卷"，悉立（西藏古部族）"男子缯束头，衣毡褐。妇人辫发，短裙"。

　　从汉族周边民族地区的服饰情况看，一个民族服饰特色的历史传承性极强，虽然经过多年的岁月冲刷，但是不少民族的服饰一直顽强地传承下来。例如清代的民族服饰就能证明这一点。田雯《黔书·苗俗·狗耳龙家》："龙家……男子束发而不冠，善石工；妇人辫发，螺结上指若狗耳之状。"这是古代部分苗家（狗耳龙家，也叫作小头龙家）的服饰。管棆《师宗州志》卷下《土司考·附种人》："仲家，服饰似沙人，亦雉发，间有戴帽履袜者，乃头目也。"这是说布依族的服饰。

《书·禹贡》描述冀州，有"鸟夷皮服"之语，旧题孔传："海曲谓之岛。居岛之夷还服其皮，明水害除。"孔疏："孔读'鸟'为'岛'……传云'海曲谓之岛'，谓其海曲有山夷居其上，此居岛之夷常衣鸟兽之皮。为遭洪水，衣食不足，今还得衣其皮服，以明其水害除也。郑玄云：'鸟夷，东方之民搏食鸟兽者也。'王肃云：'鸟夷，东北夷国名也。'与孔不同。"描述青州，有"莱夷作牧"，旧题孔传："莱夷，地名，可以放牧。"描述扬州："岛夷卉服"，旧题孔传："南海岛夷，草服葛越。"这是说，南海岛上的夷人穿着葛草等织成的衣服。描述雍州，有"织皮昆仑、析支、渠、搜，西戎即叙"，旧题孔传："织皮，毛布。有此四国在荒服之外，流沙之内，羌髳之属，皆就次叙，美禹之功及戎狄也。"孔疏："四国皆衣皮毛，故以织皮冠之。"其中"岛夷卉服"，就是用葛皮等草木的皮织成的衣服。据吴春明《"岛夷卉服""织绩木皮"的民族考古新证》一文所考，汉文史籍中屡见的"岛夷卉服""织绩木皮"等奇特的服饰现象，不限于"岛夷"，也不限于草皮，还有部分树皮，它反映了"南蛮"或越、濮系土著的树皮布文化，跟中原华夏的"衣冠"文化截然不同。据他提供的材料，这种服饰制度，我国台湾阿美（文按：也译作"眉"）人、云南傣族、海南黎族和越南Bru-Van Kieu人及太平洋西萨摩亚岛南岛语族中"残存"的树皮布制作工艺，再现了这一土著文化的内涵形态。在考古学上，树皮打布石拍的发现与编年研究，反映了树皮布文化从华南起源、向东南亚和太平洋群岛传播扩散的历史。中南半岛的越南、泰国等地都已经发现了史前时期的树皮布；在菲律宾也发现了新石器时代晚期的树皮布。在我国台湾，华南大陆的浙江、福建、广东、香港等沿海区域，发现了相当多新石器时代树皮布文化遗存。

后来，发簪和发笄在少数民族中流行至今，许多少数民族妇女仍保留着发簪满头的习尚。例如满族妇女盛装时常插"大扁方"银簪，苗族女子在发间插饰七八根尖头银簪，黎族新娘头上排列插饰十几根银发簪。广西东兰一带的壮族、瑶族未婚女子在每年春节常用银簪连同自己的发辫一起敲击铜鼓，并将银簪作为定情物赠送给在场的意中人收留等。

据考古发现最早的发簪和发笄资料完全可以证实，汉族独立为族距今至少有 8000 年的历史。如果在 8000 年前这些少数民族跟汉族是同一个民族，后来才分化为不同民族，那么他们不可能很晚才从汉族地区引进发簪和发笄这类文化，值得注意的是有的民族迄今都没有这种文化。

（十二）鼎

跟周边民族相比，鼎是汉族的一种标志性的文化创造，是汉族地区独创性的器具。鼎既是食器，也是礼器。在早期，其食器的功能应该大于礼器的功能，所以本书特地将鼎提出来讨论。《周易》六十四卦中有"鼎"卦，就是取象于鼎，从侧面说明鼎的起源很早。鼎是一种炊煮器，早先是陶鼎，后来又创造了铜鼎，甚至还有玉鼎。据推测，在陶鼎出现之前，应该先出现陶支脚，支脚是烧饭时支撑炊具的器物，往往是三足鼎立的形状，支脚里面留有空间，便于固定炊具，添柴烧火。起先可能是采用石支脚，在距今约7000年的河姆渡遗址中曾发现类似支脚的石块，有火熏的痕迹，可能就是石支脚。距今8000年的江苏泗洪顺山集遗址出土了一件陶制的猪首釜支脚。

我国汉族地区，从东到西、从南到北，各地都发现了相当多早期的鼎、从鼎中取食物以及用餐的工具。这说明所发现的鼎形器的确是早期的鼎，是食器。距今约10300年的河北武安磁山遗址出土了钵形陶鼎，还发现了8000年前的鸟头形陶支脚。距今约8000年的江苏泗洪县顺山集遗址出土了陶鼎、陶罐、陶豆、陶钵、陶支脚。距今约8000年的河南新郑裴李岗发现了器身满饰篦点纹的三足陶鼎。甘肃秦安大地湾遗址的主室室内也发现了距今8000多年的四足大陶鼎、长条形陶盘、撮箕形陶抄、大石匕。距今7300年的安徽蚌埠双墩遗址出土

山东即墨北阡遗址出土三足陶鼎

的典型器形有罐形鼎、钵形鼎、支架、碗、钵、甑、器座、纺轮及网坠。距今7000年的内蒙古赤峰敖汉旗赵宝沟遗址出土了被称为"红陶猪形脸"的陶鼎。距今7000年的山东即墨北阡遗址发现了一只保存几近完好的三足陶鼎。与之时代相当的江苏溧阳东滩头遗址也出土了大量随葬品，包括陶鼎。距今7000多年的陕西汉中李家村遗址出土了

陶罐、陶碗、陶盂、陶锉、陶鼎等陶器。距今 5600~6300 年的华县泉护村仰韶文化遗址出土了一件陶鹰鼎，又称陶鹰尊。距今 4000 多年的甘肃玉门火烧沟遗址发现一件红色彩陶的方鼎，鼎盖上立着三只四肢直立、头往上昂、尾向后翘的小动物雕塑。距今 4000 多年的辽宁大连郭家村中层文化遗址跟龙山文化一脉相承，出土了大量陶器，其中有三足鼎、溢形鼎。距今 3500 年的山东烟台莱山区庙后遗址也出土了陶鼎、陶盆、陶罐。

陕西华县泉护村仰韶文化遗址
出土陶鹰鼎

距今 5120~7110 年的浙江嘉兴马家浜出土了陶制的盘、盆、罐、杯、瓶、尊、豆、釜、鼎等。距今 5800 年的浙江奉化下王渡遗址出土的陶器除了陶豆、陶壶、

甘肃玉门火烧沟遗址出土三狗纽盖
彩陶方鼎

陶盂、陶罐、陶支座，还有陶鼎。距今 6000 多年的上海广富林遗址除了出土鹿钺纹陶尊，还出土了以侧装三角形为特征的陶鼎。距今 5300 年的郑州西山城遗址发现有陶鼎等多种陶器。距今约 5000 年的湖北沙洋城河遗址出土的陶器以泥质磨光黑

陶居多，包括罐形鼎、壶形鼎。距今 4500~5200 年的湖北孝感
王家坟遗址出土了陶器盖、陶鼎足。浙江宁波应家遗址出土的
河姆渡三期、四期及良渚晚期陶器都有鼎；浙江湖州钱山漾遗
址发现距今 4200~4400 年的陶器，其中有鱼鳍形足的鼎、长颈
鬶、豆、壶、簋等。距今约 3200 年的江西新干商代大墓出土了
480 多件青铜器，食器有鼎、鬲、甗、簋、豆、匕等，这都说明
那时候汉族文化已经传播到江西新干一带。

　　在西南，距今 3000~4500±150 年的四川广汉三星堆出土
的青铜器的礼器主要是尊、罍、璧、琮，没有出土觚、爵、斝和
食器鼎、簋。但在四川郫县，发现了一件商朝末年的青铜鼎，
鼎的内壁上刻有"作父乙××"五字，可见汉族文化已传播到
四川一带。

　　值得注意的是，闽北的福建蒲城县牛鼻山遗址发现了距
今 4000~5000 年的陶鼎、陶豆、陶壶、陶罐、陶豆，跟上海松
泽、浙江良渚、江西樊城堆等遗址出土的陶器关系较密切，应
该是文化传播所致；闽江下游的福建闽侯县石山遗址除了发
现距今 4000~5000 年的陶釜、陶壶、陶簋、陶豆、陶杯、陶碗，
还有陶鼎，但数量远少于陶釜。但这足以这说明，汉族文化在
4000~5000 年以前已传播到福建。

　　距今约 4000 年的广州增城金兰寺遗址出土了陶鼎、陶豆、
陶釜、陶圈足罐、陶纺轮，年代相当的广东从化横岭遗址出土了
陶罐、陶釜、陶鼎、陶豆盘，佛山银洲贝丘遗址出土了陶釜、陶
豆、陶罐、陶鼎。距今 4200~4500 年的曲江石峡遗址出土了用
于炊煮的夹砂陶釜、鼎和饮食用的三足盘、罐、杯等生活器皿。
距今约 3000 年的广东博罗横岭山墓地出土了铜甬钟和鼎。距
今 2500~2700 年的广东河源水背村遗址发现陶豆、陶罐，还有

陶鼎。这说明，汉族文化在 4000~5000 年以前已进入岭南一带。

我国台湾高雄的凤鼻头遗址，包含各文化层的遗物，该遗址的上层为刻纹黑陶文化层，中层为印纹红陶文化层，下层为大坌坑文化层。红陶文化层距今 3500~4500 年，跟大陆东部沿海的原始文化遗存相似，主要遗物是泥质磨光红陶，其中有圆柱形足的鼎。

据史料，我国在夏代以前就已经铸造青铜鼎了，传说伏羲氏时代就有铜鼎。《史记·孝武本纪》：

"其夏六月中，汾阴巫锦为民祠魏脽后土营旁，见地如钩状，掊视得鼎。鼎大异于众鼎，文镂毋款识，怪之，言吏。吏告河东太守胜，胜以闻。天子使使验问巫锦得鼎无奸诈，乃以礼祠，迎鼎至甘泉，从行，上荐之。至中山，晏温，有黄云盖焉。有麃过，上自射之，因以祭云。至长安，公卿大夫皆议请尊宝鼎。天子曰：'间者河溢，岁数不登，故巡祭后土，祈为百姓育谷。今年丰庑未有报，鼎曷为出哉？'有司皆曰：'闻昔大帝兴神鼎一，一者一统，天地万物所系终也。黄帝作宝鼎三，象天地人也。禹收九牧之金，铸九鼎，皆尝鬺烹上帝鬼神。遭圣则兴，迁于夏商。周德衰，宋之社亡，鼎乃沦伏而不见。颂云"自堂徂基，自羊徂牛；鼐鼎及鼒，不虞不骜，胡考之休"。今鼎至甘泉，光润龙变，承休无疆。合兹中山，有黄白云降盖，若兽为符，路弓乘矢，集获坛下，报祠大飨。惟受命而帝者心知其意而合德焉。鼎宜见于祖祢，藏于帝廷，以合明应。'"

其中"太帝"，《索隐》："颜师古以大帝即太昊伏羲氏，以在黄帝之前故也。"上引这一段话，可以看作西汉朝廷的官员叙述我国铸鼎的沿革情况。就今天的考古发现可知，这是有根据的叙述。大汶口文化遗址发现了红铜屑，龙山文化系统的唐山大城山遗址出土过红铜牌。此外，甘肃武威黄娘娘台等遗址都出土了红铜器，因此伏羲、黄帝时有青铜鼎，不是不可能的事。稍晚，大禹铸鼎之说更不会是无稽之谈。因为直到战国以前，人们还可以见到夏禹铸造的"九鼎"，早期多部古书都记载此事，古人没有否认此事者。《说文·鼎部》："鼎，三足两耳，和五味之宝器也。昔禹收九牧之金，铸鼎荆山之下，入山林川泽，魑魅蝄蜽，莫能逢之，以协承天休。《易》卦'巽木于下者为鼎'，象析木以炊也。"20世纪以来，有人否定大禹铸鼎一事，但没有提供新材料和新方法，只是当时的一种观念的演绎罢了，因此说服力不强。

据出土的最早的鼎完全可以证实，汉族独立为族距今有10000年以上的历史了。如果在10000年前周边的少数民族跟汉族是同一个民族，后来才分化为不同民族，那么他们也应该很早就有鼎，但在民族地区没有这种早期物质文化的考古发现。

（十三）北斗和四象

古代有"北斗七星"的说法，北斗七星是由天枢、天璇、天玑、天权、玉衡、开阳、摇光七星组成的一个星群，古人根据北斗星定方向和季节。还有一颗和北斗七星差不多亮的星星，正处在天枢、天璇二星连成的一条直线上，大约是天枢、天璇二星之间距离的5倍处，这就是北极星，始终指向北方，观星是指南针发明之前一种重要的辨别方位的办法。将北斗星群联系起来想象成酒斗的形状，这是汉族先民的独特想象，应该可以说明"斗"的发明早于"北斗七星"的概念。汉族先民将北斗七星想象成一个酒斗，跟西方将北斗星想象成一头熊很不相同，应当是汉族独立为族以后出现的独特文化现象。

"四象"本是汉族先民将四方的星空区域做出划分以后所做的一种想象。生活在黄河流域的汉族先民，很早就进入了农耕时代，过上了定居生活，要靠天吃饭，为了确定岁时和寒暑季节，于是仰观天文，以便测定寒暑季节。他们以恒星为背景，观察日月和行星的运行，将黄道（夏鼐《从宣化辽墓的星图论二十八宿和黄道十二宫》以为是"天球赤道"）附近的天空划分为不等的部分，选出二十八组恒星作为观察的坐标，把天空里的恒星划分成为"三垣"和"四象"七大星区。在"三垣"外围分布着"四象"：东苍龙、西白虎、南朱雀、北玄武。也就是说，东方的星象如一条龙，西方的星象如一只虎，南方的星象如一只大鸟，北方的星象如龟和蛇。由于地球围绕太阳公转，天空的星相也随着季节转换而有不同的表现。每到冬春之交的傍晚，苍龙显现；春夏之交，朱雀升起；夏秋之交，白虎露头；秋冬之交，玄武上升。朱雀、玄武（黑色的龟蛇，武是龟蛇之意）、青龙、白虎又分别代表了四方的二十八宿，"四象"应该是在二十八宿的基础上根据方位加以概括而想象出来的，因此"四象"概念的形成可能反映了先民已经有"二十八宿"之类或与"二十八宿"（不一定是二十八个星宿，比如可能是二十七个星宿）相近的概念系统。以前关于我国汉族地区二十八宿体系创立的时代，不同学者看法不一，有人以为是周初，有人以为是春秋时期，有人以为是战国时代，有人推测距今4000~5000年，《从宣化辽墓的星图论二十八宿和黄道十二宫》以为"可以上推到公元前七世纪左右"，"真正的起源可能稍早"，现在看来这些说法推测的二十八宿体系形成的时代都太晚了。三

215

垣、四象，也都是汉族独立为族以后出现的独特文化现象。

史前考古证实，汉族先民很早就有与"北斗"和"四象"相关的文化现象。河南西水坡遗址发现距今6500多年前的古墓，45号墓穴的墓主为一壮年男性，仰身直肢葬，头南足北，埋于墓室正中，左右两侧用蚌壳精心堆塑成龙虎和北斗图案，东边是龙，西边是虎，跟汉族古天文学"四象"中"东苍龙、西白虎、南朱雀、北玄武"相符；又摆放了北斗图案。这位墓主生前一定是一位执掌天象或极为重视天象的汉族先民。在45号墓往南20多米处的一组地穴中，有用蚌壳砌成的龙、虎、鹿和蜘蛛图案，龙虎为首尾南北相反的蝉联体，鹿卧在虎背上，蜘蛛在虎头部，鹿与蜘蛛之间摆着一个精制石斧。再往南25米处是另一组，为一条灰坑，灰坑的方向是东北朝西南，其中有人骑龙、人骑虎的图案，其间散布着飞禽、蚌堆和零星蚌壳，这应该是象征日月银河繁星的。之所以在墓葬中出现这么

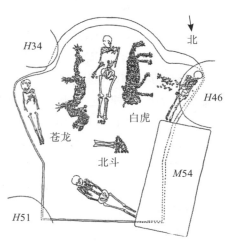

河南西水坡遗址出土墓主墓室格局示意图

多关于天象的图案，应当折射出西水坡一带的先民在天象观测方面做出了重要贡献。

由西水坡遗址的发现可知，6500 年前汉民族已经有"四象"和"北斗"的概念，这两种概念是有密切关联的，都证明了 6500 年前的汉族先民对天象的认识水平。

无独有偶，距今 5300 年的河南巩义市双槐树遗址，以及荥阳市青台遗址，都发现有意按照北斗七星形状平面摆放的七个陶罐，另外在北斗七星两侧还各摆放一个小陶罐，也就是后人所说的辅星和弼星。用陶罐摆成北斗七星，应该反映了先民观测天象跟粮食收成之间的关系。《云笈七签》卷二十四"日月星辰部"曾提及北斗七星还有辅星、弼星，加起来又叫"北斗九星"。辅星、弼星肉眼不大能看见，成为"七现二隐"的景象。两处遗址斗柄所指的方向正好跟冬至方向吻合，所摆放的器物都有 5000 多年历史。双槐树遗址中，跟九个陶罐上端同时特意摆放着的，还有一个头朝南的完整麋鹿骨架，麋鹿骨架

河南巩义双槐树遗址陶罐摆放示意图

所在的位置，正好是北极所在的位置。青台遗址北斗上方，北极位置正好有一个圆形的圜丘，所摆放的陶罐大小与天体实际亮度基本一致，亮度大一些的，摆放的陶罐就大一些。"北斗七星"是根据"斗建"来定季节，也有定方位的作用，这也可能反映了汉族先民已经有了季节、方位的概念，当时已经有四季、四方的概念系统，所以商代甲骨文出现祭祀四方神灵以及四方风的卜辞毫不奇怪。

传统上用四方配四种动物，不是"拉郎配"，也不是约定俗成，而是有相配的根据，这只有联系"四象"和"北斗七星"才能解释清楚为什么会有这种相配。"四方"和"四象"相配，跟星宿有关，东方配苍龙，南方配朱雀，西方配白虎，北方配玄武，这是因为汉族先民将东方七宿想象成一条苍龙，南方七宿想象成一只朱雀，西方七宿想象成一只白虎，北方七宿想象成一只乌龟和一条蛇，所以只能有这样一种配法。"四季"和"四方"相配，春配东，夏配南，秋配西，冬配北，这跟"北斗七星"有关。《冠子·环流篇》："斗柄东指，天下皆春；斗柄南指，天下皆夏；斗柄西指，天下皆秋；斗柄北指，天下皆冬。"如果不跟"北斗七星"联系起来，就不能解释清楚为什么只能以这种形式相配，而不能换一种方式相配。

6500 年前的四象堆塑有力地表明，最晚在当时，汉族先民已经有"四方"的方位概念，所以人们将龙图案堆在死者东边，虎图案堆在死者西边。卢央、邵望平《考古遗存中所反映的史前天文知识》主要根据西安半坡（最早的年代数据是公元前 4770 年）、临潼姜寨（跟半坡遗址年代相当或稍晚）、泰安大汶口（在公元前 2800~ 前 3500 年之间）、邳县刘林（在公元前 3500~ 前 4000 年之间）、大墩子（在公元前 3500 年前后）以及南京北阴阳营（在公元前 3500~ 前 4000 年之间）等六处新石器时代墓地材料，观察尸体头部的朝向，考察其中的墓葬方位，结合史前建筑和其他遗物，认为"至迟在公元前 4000 年以前黄河中下游，长江下游地区的史前居民已经形成了以太阳升落定东西的方位概念和定向的方法"，刘林墓地的墓向表明"当时已有了'北方'的概念"，大墩子遗址可能表明当时"已将四方概念扩大到八方"，这跟西水坡等地的史前考古显示的方位概念至晚出现的时代相当，但西水坡等遗址的考古发掘更有说服力，所以商代甲骨文用"东、西、南、北"四个字指四方是水到渠成的事。

除了汉族先民创立了二十八宿、四象系统，在国外，古印度、阿拉伯、伊朗、埃及等国，也有它们的二十八宿。据竺可桢《二十八宿起源的时间和地点》、夏鼐《从宣化辽墓的星图论二十八宿和黄道十二宫》的研究，二十八宿起源于我国，也就是汉族地区；汉族地区的二十八宿跟这些国家的二十八宿不完全相同，例如古印度的二十八宿以黄道为准，是从汉族地区引进而又根据它们的天文学传统加以改造的结果。

据北斗和四象的出土时期完全可以证实，汉族独立为族至少距今有 6500 多年的历史。如果在 6500 年前这些少数民族跟汉族是同一个民族，后来才分化为不同民族，那么他们也应该很早就出现北斗、四象的观念，但是在民族地区却没有这种早期的考古证据。

（十四）神乌和凤凰

据今人研究，凤凰可能是一种在自然中并不存在的动物，是汉族先民撷取不同动物的特征想象出来的一种神鸟。《尔雅·释鸟》："鹘，凤，其雌皇。"郭璞注："瑞应鸟。鸡头，蛇颈，燕颔，龟背，鱼尾，五彩色，高六尺许。"秦汉以前，古人多次谈到有人见过凤凰，但这有可能是秦汉以前人对类似凤凰的那种鸟的一种主观认定，凤凰应该还是一种想象中的动物。世界上有些民族在原始时期会想象出某种神鸟，但是想象出的鸟的形状以及背后的故事、所赋予的象征意义等各不相同，体现着不同民族的独特的文化创新。如果凤凰在自然界中真的不存在的话，那么想象出凤凰这种"动物"更能凸显汉民族的独特精神创造。我们来看看史前考古中至晚何时出现凤凰图案。

汉族地区在南北各地都有反映史前凤凰文化的遗址。距今 7400 年的湖南洪江高庙遗址出土了刻有凤凰的白色陶罐，在陶罐的颈部和肩部，刻着两只飞翔的凤凰，具有神话传说中凤凰的鲜明特征：有冠，长喙，长颈，有漂亮的长尾，两只凤凰的食囊部位还有獠牙、吐舌的兽面纹。浙江余姚河姆渡遗址出土了距今 7000 年的双鸟负日骨雕和双鸟朝阳牙雕，牙雕两侧各有一展翅欲飞的凤鸟，圆眼，钩喙，伸颈昂首相望，拥戴着太阳。距今约 7000 年的内蒙古赤峰赵宝沟遗址出土了三灵纹陶尊，压画着猪龙、飞鹿、凤鸟图案，凤鸟图案跟鸟很相像，头、冠、翅、尾等造型跟传统"凤"的特征已非常接近。距今约 5000 年的良渚文化遗址发现了一只神鸟，当是凤凰。陕西宝鸡北首岭仰韶文化遗址发现了距今约 7000 年的龙凤纹细颈瓶，华县泉护村仰韶文化遗址发现了距今 5000~6000 年的金乌负日图陶器。距今有 4600~6100 年的山东大汶口遗址发现的陶尊器壁上出现了鸟负日连山图案，莒县陵阳河遗址出土了距今约 4800 年，刻有飞鸟负日的陶尊。距今 4400~4800 年的湖北天门石家河遗址发现了一件蜷着身躯的玉凤佩饰，同时出土的玉器还有玉人头像、玉蝉、玉龙、玉凤、玉璜和玉管。四川三星堆遗址发现距今 4070~4740 年的"一龙十鸟"（实有 9 只鸟）青铜神树，还出土了距今约 3200 年的"龙凤呈祥"图案。从与凤凰图案有关的考古证据看，汉族独立至少有 7000 年的历史。

湖南洪江高庙遗址出土刻有凤凰的白色陶罐

凤凰图案最晚在汉朝就传到青藏高原。阿里地区噶尔县古如加木寺附近发现的一座古墓葬中出土有一幅丝织物，其构图似可分为三层结构，第二层为如意树构成的几何形空间，其间布置了双龙、双凤、双羊等，双龙仅具头部，跟两两相从的双凤与双羊头向相反，每组动物纹饰在空白处都有汉文篆字，这应该是汉族地区传到西藏去的。青藏高原首次发现了吐蕃时期的壁画墓，墓顶绘有各类珍禽异兽、祥龙飞鹤、日月星辰等图像，在墓的后室西侧木椁外地墓底坑壁上发现一个长方形木箱，箱内端放一件珍珠冕旒龙凤狮纹鎏金王冠和一件镶嵌绿松石四曲錾指金杯。

据考古发现最早的神鸟和凤凰完全可以证实，汉族独立为族至少距今有 7000 年的历史了。如果在 7000 年前汉族周边这些少数民族跟汉族是同一个民族，后来才分化为不同民族，那么他们也应该很早就出现神鸟和凤凰文化，但是却没有这种早期的考古证据，因此这是汉族独立为族以后才产生的文化现象。

（十五）蒸汽炊爨

B. M. 费根《地球上的人们——世界史前史导论》（第 329 页）根据仰韶文化遗址的出土文物指出："在公元前 4000 年之前，具有中国特色而且是地地道道的中国文化的面貌已经清楚了……用蒸汽炊爨这种独一无二的中国风格，已为炊具的发现所证实，这种工具同后来的专用炊具很相似。玉石得到了加工；麻被用于制造织品；熟练的编篮技巧得以运用；甚至中国的语言文字也可能植根于仰韶。"

后来的考古发现证明，蒸汽炊具的出现远早于公元前 4000 年之前，B. M. 费根《地球上的人们——世界史前史导论》中的说法必须加以修改。汉水流域发现了距今 10000 多年的陶制品，表明当时先民已经开始使用陶质炊具烹煮食物。我国陶甑出土地点多在长江中下游和黄河中下游，长江中下游比黄河中下游早一点，这些地域都是汉族聚居地，这反映华中、华东地区史前的汉族居民都掌握了蒸汽炊爨技术。

距今 8000 年前的萧山跨湖桥遗址出土了陶甑。距今 7800~8300 年的浙江余姚井头山遗址出土了陶器，有釜、圈足盘、钵、敞口盆、小杯、折扁腹罐、釜支脚、陶拍、器盖、小陶玩等器形。河姆渡遗址发现距今 6000 年左右的陶釜、甑、鼎等，还发现了形似簸箕，内壁有 3 个乳钉状足的陶灶。跨湖桥的陶甑与陶釜形制相同，只是在底部刺出了几个孔洞，这是早期陶甑的样式。距今 7300 年的安徽蚌埠双墩遗址出土了甑等用具，甑的底腹均有箅孔。距今 6500~7100 年的江苏淮安黄岗遗址出土了一种外红内黑的陶釜，还有一些陶支脚，是支撑釜做饭的用具，陶支脚或为弯曲的柱状，或在顶部做成"蘑菇头"形状，或为猪首的形状。距今 6645~6775 年的浙江余姚田螺山遗址出土了灶。大溪文化遗址距今 5000~6000 年，其中发现了釜、斜沿罐、小口直领罐、壶、盆、钵、豆、簋、圈足盘、圈足碗、筒形瓶、曲腹杯、器座、器盖等陶器。距今 5030~7500 年的河南南阳黄山遗址发现墓葬 57 座，随葬陶器有鼎、钵、壶、盆、罐、豆、碗、盘、杯、器座、环、纺轮。湖北枝江市关庙山遗址距今有 4000~6000 年，出土的主要饮食陶器有：盛饭用的圈足碗、装食品的三足盘、双圈足盘、双折壁圆底碟、豆和簋等；出土的饪食炊具主要有：罐形鼎、钵形鼎、凹沿圆底釜、盆形甑、罐形甑、筒形腹甑等。沙洋成河遗址出土了距今约 5000 年的甑。天门石家河一带发现了距今 4300~6500 年的陶甑蒸器。距今 4600 余年的京山屈家岭遗址出土了矮足罐形鼎、高圈足杯、三足碟、直口长颈扁腹壶、陶甑等。

河北磁山文化距今 7600~8000 年，不仅发现了粟，而且发现了圆底钵、三足钵、钵形鼎等陶器，其中有陶盂和陶支架组成的陶器群，这是用来做饭的炊具；还有石磨盘及磨棒，这是为谷物脱皮的工具。山东后李文化遗址发现了距今 7500~8500 年的釜、罐、壶、盂、盆、钵、碗、杯、盘、器盖和支脚等陶器。北辛文化距今 7000~8000 年，发现了钵形鼎、盆、罐、鸟形鬶等。江苏张家港东山村遗址发现了 8000 年前的釜、灶、鼎、甑等，都是炊煮用具。大汶口文化距今 4500~6500 年，发现了很多三足器和圆足器，也有平底器、圜底器和袋足器，典型器物为瓠形器、釜形器、钵形器、镂孔圈足豆、宽肩壶、实足鬶、袋足鬶、大口尊等。距今约 4000 年的龙山文化晚期遗址发现了鼎、甑、器盖、器座及新出现的鬲等。距今 8000 多年的裴李岗文化遗址发现了钵、缸、杯、壶、罐、瓮、盆、甑、碗、勺、鼎等。西安半坡遗址距今 6000~6700 年，发现的生活用具主要有钵、碗、盆、盂、盘、杯、罐、缸、甑、釜、鼎、瓮等彩陶器。其中有 8 件残陶甑，陶甑的底部有若干方形或圆形的规则小孔，孔眼的作用如同现在的笼箅，陶甑下面是一件陶罐，用来储存粮食谷物等。距今 5000~7000 年的仰韶文化遗址发现了各种水器、甑、灶、鼎、碗、杯、盆、罐、瓮等日用陶器，其中庙底沟类型的陶器主要有曲腹碗、曲腹盆、小口尖底瓶、小口平底瓶、斜沿罐、釜、灶等；大河村类型晚期文化堆积的陶器主要有各式鼎、盆、钵、壶、瓮、罐、豆、甑、缸及大口尖底器等。

陕西西安半坡遗址出土陶甑

甑在北方黄河流域的仰韶文化，南方的崧泽文化里就已经出现了，应该说有 5000 年以上的历史。特别是在南方的新石器文化遗址里出现了把甑和下面的釜连为一体的器具，考古学上叫它甗。它下面盛水，中间有一个箅子，水烧好了以后，通过蒸汽把上面的食物蒸熟。

蒸汽炊爨技术很早就传播到周边民族地区。例如距今 2000~3500 年的台湾高雄凤鼻头遗址出土了包括釜、甑等炊具在内的陶器，有的还安上了支脚，可见甑当时已传入台湾地区。云南祥云大波那遗址出土了相当于战国中期（公元前 465±75 年）的青铜器，有釜、杯、尊、勺、豆、匕、箸（筷子）等。

据考古发现的最早的炊爨工具完全可以证实，汉族独立为族至少有 8000~10000 年的历史了。如果在 8000~10000 年前这些少数民族跟汉族是同一个民族，后来才分化为不同民族，那么他们也应该很早就出现炊爨工具，但是在周边地区却没有这种早期的考古证据。

（十六）天圆地方

汉族先民在先秦时已有"天圆地方"之说。《大戴礼记·曾子天圆》："单居离问于曾子曰：'天圆而地方者，诚有之乎？'……曾子曰：'天之所生上首，地之所生下首。上首之谓圆，下首之谓方。如诚天圆而地方，则是四角之不揜也。且来！吾语汝。参尝闻之夫子曰："天道曰圆，地道曰方……"'"《周髀算经》卷上："平矩以正绳，偃矩以望高，覆矩以测深，卧矩以知远，环矩以为圆，合矩以为方。方属地，圆属天，天圆地方。"据史前考古发现可知，此观念由来已久，可能有 12000 年以上的历史，至晚新石器时代已出现，是一种相当原始的宇宙观。这不是一个科学的观念，主观性很强，因此具有相当程度的偶发性和不可重复性，其他民族不一定有这样的观念。它反映了 12000 年以前汉族先民就在思考天地的异同问题，也说明汉族先民的这种观念具有独特性。

先从一些玉器来说起。《周礼·春官·大宗伯》："以玉作六器，以礼天地四方，以苍璧礼天，以黄琮礼地，以青圭礼东方，以赤璋礼南方，以白琥礼西方，以玄璜礼北方，皆有牲币，各放其器之色。"先民主张天圆地方，"以苍璧礼天"，是因为天是圆的、苍色（青色）的，璧是仿天而做的祭天礼器；"以黄琮礼地"，是因为地是方的、黄色的，琮是仿地而做的祭地礼器。迄今为止考古发现最早的玉璧发现于辽宁鞍山岫岩的一个山洞中，距今 12000~13000 年。距今约 6000 年的红山文化遗址中发现了制作更精良的玉璧，浙江良渚文化、山东龙山文化、四川广汉三星堆也有玉璧出土。考古发现年代最早的玉琮，见于距今 5100 年的安徽潜山薛家岗第三期文化遗址。玉琮在江浙一带的良渚文化、广东的石峡文化、山西的陶寺文化中大量出现，良渚文化发现的玉琮最丰富，出土与传世的数量很多。广东英德岩山寨遗址是新石器时代晚期的文化遗址，其墓葬区共发掘出墓葬 66 座，高等级墓葬普遍随葬玉器，16 号墓地的随葬品超过 140 件，其中有岭南地区所见体积最大的高节玉琮，可见汉族文化早已传播到岭南地区。

距今 7500~9000 年的河南舞阳贾湖遗址出土的龟背甲呈圆环形而腹甲方平，可能寓意天圆地方的宇宙观。距今 4500

年的安徽含山凌家滩出土的玉版夹放在玉龟的腹甲、背甲里面，形成一个套件，玉龟、玉版构成一种占卜工具，它上面所有的钻孔都左右对应，跟乌龟的背甲、腹甲数目、对称情况一样。背夹是圆的，象征天；腹甲是方的，象征地，含有"天圆地方"观念；玉版也反映了这一观念，其形状为长方形，剖面略成拱形，正面雕刻两个同心圆，圆中心琢制有一个八角图案。

安徽含山凌家滩遗址出土玉版

　　距今 6400~6600 年的陕西半坡遗址，聚落周围有环状壕沟，几乎所有房子的门道都朝向中央广场。临潼姜寨遗址发现了非常大的聚落，比半坡遗址要早 500~1000 年，正中是方形广场，四周房屋朝向广场，所有房屋都围绕广场形成一个圆圈，门户也向中央开，最外围的壕沟是圆形，呈现内方外圆的格局，表现了"天圆地方"宇宙观；其墓葬中墓室的顶部往往建成穹隆状，绘有日月星辰，明显象征着"天圆地方"。距今 3900~4000 年的湖南华容七星墩遗址由内外两圈城垣和壕沟构成，内城呈圆角长方形，外城近圆形，其独特的设计理念也体现了"天圆地方"的宇宙观。

距今 5000 年的辽宁喀左东山嘴红山文化遗址、牛河梁遗址都发现了祭坛，喀左东山嘴的建筑基址或方或圆。牛河梁遗址有的祭坛的平面近似于正圆形，象征着"天圆"；有的祭坛平面呈南北为长的长方形，其中部东西横砌一石墙带，使坛体又呈日字形。有人认为祭坛的核心是代表大地的方坛和代表天空的圆坛。

有的史前墓葬可能也反映了天圆地方的观念。距今 6460±135 年的河南濮阳西水坡遗址的 45 号墓，其平面形状是前圆后方，有人认为该墓的平面形状反映出古人天圆地方的观念。结合其他史前考古发现看，这有相当的道理。

这种"天圆地方"的观念也影响到匈奴，所以匈奴地区折有射出"天圆地方"观念的史前遗址，其文化时代远远晚于汉族地区。陕西靖边统万城外匈奴故都考古遗址中发掘清理出倒置的梯形夯土台，南北方向各有一组，用于祭祀，借鉴了汉族地区天圆地方的形制。无独有偶，在蒙古国中东部和邻近的俄罗斯贝加尔湖东西南部、我国内蒙古的呼伦贝尔和内蒙古北部地区发现的距今 2000~3000 年的石堆墓和石板墓文化，跟内蒙古赤峰以及辽宁邻近地带的红山文化积石冢之间，有相似的丧葬习俗，也反映出远古时期先民们"天圆地方"的观念：将逝者埋入高高的积石冢中，或有石棺，或圈墓埋葬，有的墓葬外围有一圈到三圈不等的圆形石围圈，有的积石墓外围是方形的石围圈。有的积石冢实际上是一个祭坛，其中没有埋葬逝者，但在石堆的中层部分有随葬的马或其他牲畜的骨骼。石堆墓、石板墓跟祭祀遗存在外部形状上基本相同，或方或圆，堆成高高的大石堆。这反映了汉族文化对外族文化的深远影响。

据表现"天圆地方"观念的出土资料完全可以证实，汉族独立为族至少距今有 10000 多年的历史。如果在 10000 年前被人认定为"原始汉藏族"的这些少数民族跟汉族是同一个民族，后来才分化为不同民族，那么他们也应该很早就出现反映"天圆地方"观念的文化，但却没有在民族地区发现带有这种早期观念的考古证据。

（十七）茶树、茶叶

世界上各个不同的地域大都有自己驯化的提神饮料。非洲有咖啡，但喝咖啡的历史不长。中美洲有可可，墨西哥沙海湾的奥尔梅克人大约在 3500 年前开始种植；公元 600 年，玛雅人利用落在地面的可可豆皮制造出了饮料。茶叶则是汉族地区驯化出来的，驯化的时间相当早，起先不一定是作为饮料。

茶树是野生茶树驯化来的，野生茶树在中国南部和印度阿萨姆等地都有分布，汉族先民很早就开始种植、驯化茶树。现在还不清楚，先民们起先种植、驯化茶树，是不是为了制作茶叶。在距今 7000 年的余姚河姆渡遗址中发现一些堆积在古村落干栏式房屋附近的樟科植物叶片，人们鉴定为原始茶遗物。后来在距今 6000 多年的浙江余姚田螺山遗址发现的山茶属树根是迄今为止我国境内考古发现的最早的人工种植茶树的遗存，堆积在古村落干栏式房屋附近。

西汉王褒《僮约》载："烹茶尽具，已而盖藏。"这是我国古书对作为饮品的茶的最早记录，还提到茶具。茶叶容易腐烂，不易保存久远，因此我国境内发现的最早茶叶遗存的时期一定不会是人们开始喝茶的最早时期。迄今最早发现的茶叶在山东邹城邾国故城遗址，在遗址的西岗墓地一号战国墓随葬原始瓷碗中出土了浸泡过的茶叶残渣，这一发现将人类饮茶的实物证据追溯到战国早期偏早阶段（公元前 453~ 前 410 年）。西安汉阳陵陪葬坑、西藏阿里地区故如甲木寺遗址中也发现了疑似茶叶食物的残体，汉阳陵出土植物距今约 2100 年，汉阳陵是汉景帝的坟；故如甲木寺遗址出土植物距今约 1800 年，属于西藏古象雄王国时期。西藏不产茶，故如甲木寺遗址出土的茶叶应该是从汉地运过去的，说明至晚 1800 年前，西藏阿里地区就已经跟汉族地区有来往，那时候，汉藏二族早已是不同的族群了；如果从种植茶树算起，汉藏二族至晚 6000~7000 年前已经是不同的族群了。

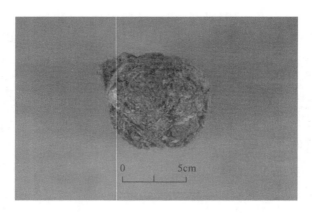

山东邹城邾国故城遗址出土茶叶残渣

据考，约在 9 世纪中叶，阿拉伯人的著作已经记录了我国的茶叶。大约在距今 1200 年，茶叶传播到日本。16 世纪后，

随着传教士来中国，茶叶开始被介绍到欧洲。1610 年，荷兰人
将茶叶引进欧洲，50 多年后，英国人开始饮茶。到 1780 年，
英国人和荷兰人从中国输入茶籽在印度种茶，这是印度种茶的
开始，于是茶叶种植逐渐扩散到世界其他地方。

　　据考古发现的最早的种茶资料完全可以证实，汉族独立为
族至少距今有 6000~7000 年的历史了。如果在 6000~7000 年
前汉族周边这些少数民族跟汉族是同一个民族，后来才分化为
不同民族，那么他们也会有早期种茶的考古证据，但人们迄今
在民族地区却没有发现这种证据。

（十八）筷子

　　筷子是汉族先民的原创器具。在先秦古书中，筷子叫"箸"
或"梜"。《说文·竹部》："箸，饭攲也。从竹，者声。"《礼
记·曲礼上》："羹之有菜者，用梜；其无菜者，不用梜。"从
"者"声的字，多有"聚集"义，"箸"可能得名于用它聚集饭菜
的功用；至于"梜"，据《说文》，本义是保护书籍的封套，用以
指筷子，应该是它的引申义，筷子具有夹住食物的功效，因此
它应该是"夹"的滋生词。据《曲礼上》，菜羹里面的蔬菜，要
用"梜"，孔疏说，"有菜者，为铏羹是也。以其有菜交横，非梜
不可。无菜者，谓大羹湆也，直啜之而已"。由此可见，"梜"是
筷子的一种，它的出现应该是很早的，祭祀时盛在铏器中的调
以五味的羹，就是铏羹，古人很早就用铏羹祭祀。"箸"跟吃饭
直接有关，这个词流行的时间很长，至晚明代，人们用"筷子、
筷儿"代替"箸"这个词。现在闽南、南部吴语区域及部分粤
语区域仍使用"箸"，日语、朝鲜语、越南语、缅甸语等语言中，

也用"箸"这个借词,其实是折射了这些国家由汉族地区引进了制作筷子的工艺,改变了生活习惯。朝鲜半岛出土的年代最早的筷子的实物证据是在韩国百济的武宁王王陵,该王卒于523年,筷子的材质为铜。至晚隋唐时期,筷子就引进日本,8世纪,日本《古记事》和《出云风土记》都有关于筷子的描写。

"羹之有菜"这种饮食文化,出现的时间应该是很早的。前面说到,汉族蒸汽炊爨应该有上万年的历史,菜羹的出现不会很晚。要捞取其中的菜,最方便的办法是用筷子来夹取。从这个角度说,筷子的起源不会太晚。但竹木做的筷子不易保存长久,所以先秦至唐宋时期在出土文物中都较少发现竹木筷子,更早时期更难发现竹木筷子。汉族聚居区发现的最早的筷子可能距今有5000~7000年,发掘地是江苏高邮龙虬庄遗址,该遗址出土了42件骨箸,一端平或钝平,另一端尖圆,个别筷子两端尖圆。据说,挖掘时是放在随葬时倒扣着的陶钵或陶碗下面,而且往往成双出现,有人推测可能就是筷子。河南登封南洼遗址发现一种长度约19厘米的细长骨器,原来通常被看作骨簪,但这些所谓"骨簪"上的残留物上有淀粉残留,有人据此以为,这种骨器可能是筷子,这是夏朝时期的骨器。在商代晚期和春秋时代的地层里都出土有箸,有骨箸,也有象牙箸,安阳殷墟出土过6支铜筷子,这些材质的筷子容易保存长久。《韩非子·喻老》:"昔者纣为象箸,而箕子怖。"纣王使用象牙筷子,很奢侈,可见3000多年前的商朝就已有象牙筷子,也说明筷子已经很普及了,所以纣王在制作筷子的质料上显示自己的地位。云南祥云大波那木椁铜棺墓,墓中出土铜箸二支,整体为圆柱形,这是春秋时期的筷子。安徽贵池县徽家冲的窖藏中曾出土春秋晚期的一双青铜筷子,湖北云梦大汶头一号墓出土了竹筷子 16 支。湖南长沙马王堆一号墓是西汉早期墓葬，在长沙国宰相利苍的夫人辛追的墓中发现了一只漆碗，上面放置着一双竹筷，两端粗细一样。考古人员在湖北荆州毛家园 1 号墓、凤凰山 167 号和 168 号汉墓、云梦大坟 1 号墓的考古发掘中，曾经发现了四批西汉时期的竹制筷子。其中，凤凰山 168 号汉墓出土了 10 根竹筷、167 号墓发现了 21 根竹筷子。这四批竹筷出土时，都放在同样的圆筒形的竹筷笼里，筷子的形状、大小、材质跟今天人们依然使用的筷子非常相似。甘肃酒泉夏河青出土了年代为东汉的一双铜筷子，四川新都、山东嘉祥等地的汉代画像石中有使用筷子进食的画面，嘉祥的画像石中有一幅"邢渠哺父"孝子图，儿子跪着，一手搀扶父亲，一手拿筷子，夹着食物往坐在榻上的父亲嘴边送，生动地表现用筷子场景。显然在汉代已经普遍使用筷子进食了。

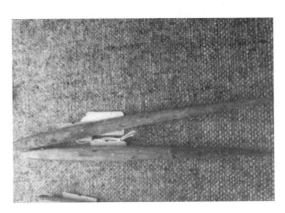

江苏高邮龙虬庄遗址出土骨箸

　　汉族地区普遍使用筷子后，这种习俗也传到藏、蒙古、回、满、壮、苗等族，维吾尔、哈萨克、黎等族普遍都有手抓饭的吃饭习惯，也有使用筷子的。汉代以后，筷子被引进到新疆，1959 年新疆民丰县尼雅遗址发现了 7 根筷子，这 7 根筷子距今已有 1600 多年。现代维吾尔族，筷子已经普及到维吾尔族人的每个家庭，他们称筷子为"屈卡"。直到今天，藏族民间吃肉时仍然不用筷子，而是将大块肉盛入盘中，用刀子割食，但城市里已多使用筷子。

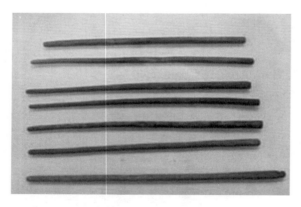

新疆民丰县尼雅遗址出土筷子

据考古发现的最早的筷子完全可以证实，汉族独立为族至少距今有 5000~7000 年的历史了。如果在 5000~7000 年前周边这些少数民族跟汉族是同一个民族，后来才分化为不同民族，那么民族地区也会有早期的筷子发掘出来，但是迄今却没有找到这种证据，有的民族是极晚的时期才使用筷子。

（十九）毛笔和砚台

毛笔和砚台可能不是为了写字而发明的，考古发现最早用毛笔的场合是在彩陶上画画或者用它画出一些未知的符号，这是一种软笔。商代的文字显然主要是写在简牍上，但简牍不易保存，迄今为止，我们还没有见到商代简牍文字。商代的甲骨文可能只是刻，刻之前不一定都用毛笔写，但这还需要继续研究。殷墟发现了一件残破骨板，骨板两面都刻有文字，其中一面有一道一道的竖条，竖条之间是凿刻的文字，字口上还留有墨的痕迹。商代一定有毛笔，这毫无问题，甲骨文有"聿"字，画的就是人手里拿着一支笔，商代青铜器上的铭文起先应该是用毛笔书写的。殷墟出土了一件用大理石制成的戈，上面有毛笔字；还出土了一件玉戈，上面也有 11 个用毛笔蘸朱砂写的字。从殷墟出土的不少青铜器，上面的铭文有明显的毛笔字的笔意，可证青铜器的铭文是事先用毛笔写好，然后铸造出铭文。《说文·聿部》："聿，所以书也。楚谓之聿，吴谓之不律，燕谓之弗。"这些词都是早先同一个词在汉语不同地域形成的方言同源词，同源的还有"笔"，段注"楚谓之聿，吴谓之不律，燕谓之弗"："一语而声字各异也。《释器》曰：'不律谓之笔。'郭云：'蜀人呼笔为不律也，语之变转。'按：郭云蜀语，与许异。郭注《尔雅》《方言》皆不称《说文》。"《尔雅》郭注说蜀地叫作"不律"，《说文》说吴地叫作"不律"，其实并不矛盾，反映了这两地尽管隔了楚地，但不妨有共同的叫名。表示"毛笔"的概念，秦汉之前的方言产生这么多方言同源词，有的方言词还出现在地域毫不相接的区域，这折射出汉族地区毛笔有古老的历史来源，也表明汉族、汉语独立的时间相当长，蜀地、吴地、楚地、燕地很早就是汉族聚居区。

　　有人曾试图借助探讨史前陶器上面的彩陶纹饰的形成方式，推断这些彩陶纹饰是毛笔画出来的，并进一步推断当时已经有毛笔。但这种论证存在风险，乌克兰的库库特尼—特里波利文化分布在黑海西部和北部，时代跟我国仰韶文化庙底沟类型和马家窑文化时期大体相当，它们在彩陶纹饰和器型上都有很高的相似性。既然我们不能据此推断库库特尼—特里波利文化已使用毛笔，同理也不能证明在中国出土彩陶上面画出纹饰的彩笔就是写字的毛笔的前身。距今 7000 多年的河北武安磁山文化遗址出土的陶器，器表以素面为主，有些部位已出现了绘画的平行曲折纹。文化年代相当的甘肃秦安大地湾文化遗址的陶器，有些口沿外边画绘有紫红色宽带纹。这些花纹应该是用鸟羽兽毛或植物絮穗制成的类似毛笔的工具绘制出来的。由仰韶文化遗址彩陶的纹饰花纹有毛笔描绘的痕迹也可以看出，距今 6000 多年前，汉族地区可能已经有了类似毛笔的工具，但不是用来写字的。先民用一种刷笔，蘸了黑色、白色以及红色的汁液画在器表上，形成各种图案。可以认为，写字毛笔的来源跟彩绘的工具有关系。砚台的"砚"，是"研"的同源词，这种词源关系表明，"砚"的得名来源于砚台的研墨功能。与毛笔配套的砚台也有很早的考古发掘实物，西安半坡遗址出土了一件 6000 多年前的石质研磨器。跟以往发现的石质研磨器不一样，跟后来的砚台形制十分接近，考古人员认为，这极有可能就是中国最早的砚台。

陕西临潼姜寨遗址的一座墓内出土了一套距今 5000 多年的绘画工具，包括凹形有盖石砚、石质研杵、染色物和陶制水杯，它应该是绘画砚，不是用来写字的。陕西宝鸡北首岭遗址发现距今 5000 多年的有两个凹槽的、椭圆形的石砚。距今 4300 年的陕西石峁遗址发现 200 多块彩色壁画，据颜料层的遗痕可以推断，是石峁先民用毛笔绘制图案的，但还不能证明当时毛笔已经用来写字。河姆渡遗址出土的彩陶上刻画的花纹主要是植物纹，以及由此变化而成的各种图案。纹饰多刻在敛口釜上面，个别的盆上也刻画有类似鱼藻、凤鸟的花纹。动物纹出现在钵的口沿上面，形似蜥蜴，还有猪纹，都很生动、逼真。彩陶的花纹很别致，是在印有绳纹的黑陶上面施一层较厚的灰白色土，再画上黑褐色和咖啡色的变形动植物花纹，应该是用毛笔画的。

陕西临潼姜寨遗址出土石质研杵

　　用于写字的毛笔和砚台，它们出现的时代应该跟汉字出现的时代联系起来考察。山西省襄汾县距今 4200 年的陶寺遗址发现过一片扁壶残片，残片断茬周围涂有红色，有人认为，残片上的符号是两个朱书字，应是毛笔写的，一字为"文"，另一字是在摔碎的边缘用红色涂写以后留下来的，有"尧""易""命"等多种解释。如果属实的话，那么残片上的朱书文字比殷墟早 700~800 年，那时人们已经开始使用文字，而且用毛笔书写。这些都可以佐证汉字出现的时代应该很早。

"丁公陶文"可能是山东龙山文化时期使用的文字，整齐地刻在一件泥质磨光灰陶大平底盆底部残片的内面，共有 5 行 11 个符号。右起 1 行 3 个符号，其余 4 行每行都是 2 个符号。刻文笔画流畅，刻写有章法，排列规整，有连笔。有人认为这是汉字，如果是汉字的话，那么它已经脱离了符号和图画的阶段。即使将丁公陶文看作别的符号也不要紧，这些符号的排列方式已经跟汉字相一致了，汉字的书写跟这种符号的书写是一脉相承的。据研究，人们肯定：丁公陶文的符号是用毛笔写的。

山东邹平丁公龙山文化遗址出土"丁公陶文"

用来写字的毛笔和砚台，其产生应该很早，但毛笔不易保存。简帛应该是用毛笔书写的，而简帛出现的时代应该在商代以前，《书·多士》："惟尔知，惟殷先人有册有典，殷革夏命。"据此，商的先人在夏朝时已经有典册，甲骨文已有"册"字，可以推定，夏朝有毛笔。甲骨文、金文都有"聿"字，画的是右手握笔的形状；有"畫"字，像人持笔作画的形状，这是商代有毛笔的铁证。甲骨文还有"册"字，册由简牍编联而成，在简牍上写字，必须要有毛笔。《诗·小雅·出车》："岂不怀归，畏此简书。"这是周代有毛笔的证据。湖北随州擂鼓墩曾侯乙墓发现了战国早期的毛笔，且墓中的竹简是毛笔书写的，文字是比较典型的战国早期的楚系文字。云梦睡虎地秦墓出土的毛笔，笔杆是竹制的，笔毫插入杆腔中；该墓还出土了墨、砚等书写工具，无疑都是用来写字的。湖南长沙子弹库 1 号墓是战国中期的楚墓，出土帛书 1 件，仰天湖 25 号墓也是战国中期的楚墓，出土竹简 43 枚，这些都是毛笔写的；左家公山战国墓出土了毛笔，笔杆为竹管，笔头用优质的兔箭毛制成。河南信阳长台关 1 号楚墓出土了战国中期的毛笔，笔杆是竹制的，用兔箭毛制成，距今 2400 多年。

湖北云梦睡虎地秦墓出土毛笔

据考古发现的最早的毛笔和砚台完全可以证实，汉族独立为族距今至少有 5000~7000 年的历史了。如果在 5000~7000 年前这些被视为"汉藏同源"的少数民族跟汉族是同一个民族，后来才分化为不同民族，那么少数民族地区也会有这种早期的发现，但是迄今却没有找到早期的相关证据，而且少数民族地区很晚才出现自己的文字，尤其是西南少数民族地区，他们所使用的文字往往是借鉴汉字而创造的。在形成文字之前，毛笔和砚台自然不是他们的必需品。

（二十）版筑技术

汉族古代的宫室、城墙、堤坝等墙体的修建常常使用版筑技术。版筑技术多用在房屋建筑上。古人筑土墙时，先在地上立稳两行平行的木柱，再将特制的木板放在木柱的内侧，两行木板之间的宽度相当于墙的厚度与宽度，在两板之间填满泥土，一层层用杵来筑或捣坚实。筑、捣坚实后，拆去木板、木柱，然后照此办法平行前移，继续夯筑，达到所需长度，就造好了房屋的墙体和城墙。夯筑技术在古代不同时期有不同的发展，不断进步。中亚、西亚等地区发现的土坯房时代比汉族地区早，但是汉族地区的版筑技术是独立发展出来的。

版筑技术在汉族地区至少有 6000 年的历史，随着地下考古的深入展开，时间可能会大大提前。据传世文献记载，商代已有版筑技术。《孟子·告子下》："傅说举于版筑之间。"其实远在商代之前，古人已经使用版筑技术造房屋了。大约在仰韶文化早期，汉族先民在地面上筑基、立柱、起墙、盖顶，形成一种土木结合的地面式建筑，这种建筑在陕西临潼姜寨遗址一期有较多发现，此后类似的建筑逐渐普遍。陕西临潼姜寨遗址距今 6400~6600 年，是一处大型的聚落遗址，分布了 100 多间房屋，房屋有圆形和方形的，屋内设有炉灶，地面起筑的房屋多以木骨涂草泥为墙。这种夯筑形式的房屋，小型的多在地面直接立柱、筑墙、盖顶；中、大型的，有的还先在地面筑房基或挖墙基槽，再立柱、砌墙、盖顶。黄河流域墙壁的筑法有木骨泥墙、夯土墙、土坯墙等，木骨泥墙出现较早，如甘肃秦安大地湾 F405，墙壁的筑法是先挖墙基槽，再立柱、填土、夯实，然后用草泥垛填在木柱间，形成木骨泥墙。陕西扶风案板遗址中，仰韶文化晚期的 F3 墙壁，其筑法与大地湾相同。距今4600~5200 年的甘肃庆阳南佐遗址，考古人员发现了大面积夯土、夯土墙，夯层厚达 10~15 厘米，夯窝清晰，是排木夯打的。在此曾发现城墙样的夯土层 25 米，它是室内面积达 630 平方米的大房址的一面墙壁，这面墙壁采用独到的工艺，精心夯土护砌而成。

陕西临潼姜寨遗址出土房址

江汉平原的大溪文化、屈家岭文化、石家河文化中的文化遗址，遗存的墙壁和地面多经火烧烤，形成"红烧土"墙，这种墙壁质地和后代的砖相似，不怕雨淋，有利于防水防潮，适应南方的气候条件。其中石家河文化的谭家岭古城遗址，其城垣由较纯净的黄土堆筑而成，其城垣为不规则圆形，面积约 20 万平方米。印信台遗址位于石家河古城西城壕的西侧，共发现 5 个人工黄土台基，最大的台基东西长 30 米、南北宽 13 米左右，全由较为纯净的黄土夯筑而成。湖北应城门板湾遗址首次发现了距今 5500 年的房屋，建筑结构较为完整，墙壁高出地面 2 米多，墙体由土坯砖砌成，厚度 38~55 厘米，以红黏泥为灰浆，采用我国至今仍在使用的条砌与侧砌结合的技术，形成错缝，牢固性好。距今 3820~4170 年的湖南澧县孙家岗遗址发掘出大型连间式建筑，墙体也采用了夯土形式。距今 3700~4000 年的甘肃张掖西城驿遗址发现的土坯房建筑工艺可能吸取了中亚的土坯建筑形式，又结合了本土的土墙建造技术。

距今 5100~5300 年的河南荥阳青台遗址发现仰韶时期的环壕 3 条，居住区位于内环壕和中环壕的北部偏中地带，清理出房屋遗址 43 处，房屋都是长方形，有单间、双间、三间，布局有南北并列和东西并列两种，建造方法有木骨塑泥、平地起筑、土坯砌筑等，最重要的是发现了夯筑的土坯房屋。距今 3700±100~4110±80 年之间的汤阴县白营子遗址发掘出房基 46 座，绝大部分是圆形，少数是长方形的。建造房屋时，先在房基周围插上密集的小木柱作为骨干，再从侧面抹草拌泥筑墙，最后在墙面抹一层白灰；也有少数墙体是用土坯垒砌而成的。距今 5090~5810 年的郑州大河村遗址第一、二期遗存发掘出了 1 座带木骨草泥墙和硬土居住面的地上建筑的方形残存房基；第三、四期遗存发现房屋建筑 21 座，有的是连间式地上建筑，共 4 组，房屋呈方形或长方形，墙基多用挖槽垫基的方法构筑，先排插圆木立柱，柱间附加芦苇束，再以横木相连，用藤条或像草绳之类的东西缠结牢固，里外都涂抹草泥，最后用火烘烤坚硬。

使用夯土台基是很多建筑物通行的建筑方式。湖南临澧竹马遗址的方形房屋建于高约 50 厘米的土台上，这是旧石器时代晚期的遗址，据说距今有 18000 年的历史。湖南这一带已经发现了 10000 多年前种植水稻的遗址，这是当地在 10000 多年前就已进入农耕、定居生活的证据，因此发现旧石器时代晚期夯土台基的房屋是可能的。距今 7500~8500 年的澧县八十垱遗址聚落中也发现有海星状的高台建筑，可能主要用来防潮。江西吉水乌江镇果树园盆心地遗址是一个距今约 5000 年的环壕型遗址，在遗址裸露的地带，距离地表 5~10 厘米深处有原生堆积，积土紧密，分层明显，夹杂大量的炭粒与红烧土。新石器时代的夯土台基也多见于北方早期的考古发现中，山东日照东海峪遗址发现了在夯土台基上营造的地面式房屋建筑，距今 4600 多年的河南淮阳平粮台城址中也发现有夯土高台的建筑。夯土高台式建筑可能源于史前时期土木结构的地面式建筑形式，但在排水、防潮、美观等方面较之一般地面建筑又有明显的改善，它的出现无疑应是建筑技术史上的一个重大进步。

版筑技术不限于住房建筑，在其他多个领域也都广泛应用，许多规模宏大的宫室和陵墓都是用夯筑技术建造的。距今 5300 年的河南郑州西山城址的城墙是用版筑技术夯筑而成的，城墙内面积约 35000 平方米。距今 4000 年的新密古城寨城址是夏代文化遗存，城墙以小版块版筑法夯筑，城址东北部发现了大面积的龙山文化时代夯筑建筑群，有大型房基。距今 5000 年的甘肃庆阳南佐遗址总面积约 600 万平方米，发现了

9 座夯土台基及环壕围绕着的 30 万平方米的核心区，其中有数千平方米中轴对称、布局严整的宫城，这是一座规模较大、保存较好的夯土墙宫殿式建筑。河北张家口崇礼区高家营镇大水沟村清水河谷东侧二级阶地上的邓槽沟梁遗址发现了距今 4000~4300 年的石城瓮城，其城墙结构的发展情况是，早期瓮城修建时使用了石砌工艺，晚期开始出现版筑夯筑工艺，整个瓮城的基础由版块夯筑而成，显然吸收了中原地区的筑城技术。距今 3400~4000 年的内蒙古赤峰夏家店下层文化的房屋多建在沿河两岸高地上，房址周围常有土墙和壕沟作为防御设施，房址可分为地面建筑和半地穴式两种，数量有数十座至百余座，土墙多以石块或夯土制成；其墓葬的葬具不同，有的是木制，有的是石制，有的用土坯垒砌而成。同时期的黄河上中下游、长江上中下游都有版筑技术，尤其值得注意的是被认作东夷住地的海岱地区和跟西南夷相邻的川西平原，都有夯筑技术建造的房屋和城墙。

这种夯筑技术从黄河和长江流域向南传播，直至福建省西南部、广东省东北部、江西省南部的山区农村。从唐代开始，福建、广东、江西的夯筑技术逐渐发达，到了明代，福建西南部山区农村造房屋都以黏土为主要建筑材料，并利用夯土技建造，夯土技术已到了巅峰。夯筑技术不仅传遍汉族地区，许多民族地区也普遍采用了。例如云南一带少数民族住房，既有干栏式住房、砖瓦结构的地面住房，还有土掌房。

据考古发现的最早的版筑技术材料完全可以证实，汉族独立为族距今有 18000 多年的历史了。如果在 18000 年多前这些被认定与汉族同源的少数民族跟汉族是同一个民族，后来才分化为不同民族，那么民族地区也会有这种反映早期文化的考古发现，但是迄今却没有找到这种证据，有的民族迄今都没有使用版筑技术。

（二十一）砖瓦

汉族先民很早就发明了砖瓦结构的房屋。有人认为 7000~9000 年前的新石器时代早期居住建筑上的红烧土块应该就是烧结砖瓦的早期形态。湖南澧县城头山遗址已发掘出 10 座距今约 5300 年的陶窑，其中 7 座位于城址中部，有红烧土块、灰坑和灰沟，有人推测为砖的前身。距今 5090~5810 年的郑州大河村遗址出土了红烧土块，但形状不一，垒砌有随意性，红烧土块和红烧土块制成的墙体只能看作土坯砖与土坯墙的雏形。陕西蓝田新街遗址发现距今 5000~5300 年的 5 块陶器，陶器上有一面磨得非常平滑，另一面有粘贴的印迹，根据遗址中发现的地面建筑等判断，这 5 块特殊陶器应该是砖类的建筑材料。距今 7400~7800 年的河南安阳八里庄遗址、距今 3100~6000 年的安阳后岗遗址都发现了圆形房屋，墙体由不太规则的长方体土坯砖依次叠放搭建，平铺横砌，层与层错缝相砌，中间涂抹黏泥，黏泥一般厚 1.5 厘米左右，墙的里外皮也用黏泥涂抹，有的在搭建完成后还经过火烤。距今 5500 年的湖北应城门板湾遗址发现土坯房屋建筑，土坯砖墙体厚度达 38~55 厘米，以红黏泥为灰浆，采用我国至今依然在使用的条砌与侧砌结合技术，还出土了带有鲜明汉族文化特点的彩陶鼎足、鸭嘴状鼎足等大量器物及其残片，为屈家岭文化早期的典型器物。距今 5000 年的石首走马岭遗址核心是一个平面呈不规则长方形的古城址，东西最大长度为 370 米，南北最大宽度为 300 米，城垣自上而下以黄、褐、灰白黏土夯筑，东城垣中部和西城垣南北两端还分别筑有城门。距今约 4500 年的沙洋县马家垸遗址是一座城址，呈长方形，南北长 600~700 米，东西宽 300~400 米，城垣为土筑，夯层清楚，城垣内筑护坡，一般宽 5 米，城垣外坡陡直，城垣外有护城河，东、南、西、北各辟一城门，西城垣及东城垣还设有水门。

距今 5000 多年的河南荥阳青台遗址仅发现了一间由土坯砌筑而成的残留底部的房屋，陕西宝鸡桥镇遗址发现了距今 4000 多年的筒瓦、板瓦、槽形瓦残片。陕西延安芦山峁遗址是新石器时代的史前遗址，在大型房址附近的堆积中，发现有一定数量的筒瓦与槽形板瓦，邻近的灵台桥村遗址也有相同的发现，这些瓦可能用于宗庙宫殿建筑。距今 3600~4100 年的甘肃张掖西城驿遗址聚落的房屋建筑经历了半地穴式建筑到地面立柱建筑和地面土坯建筑的演变过程，这是西北地区发现的年代最早的土坯建筑，共有 42 座。

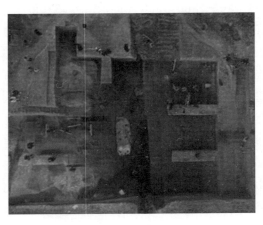

湖南澧县城头山遗址出土陶窑

河南郑州大河村遗址出土红烧土块墙体

陕西蓝田新街遗址出土砖型陶器

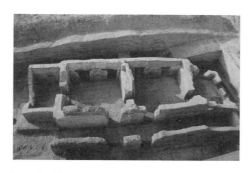

湖北应城门板湾遗址出土土坯房屋建筑墙体

距今 4000~5000 年的四川大邑县宝墩古城遗址发现了比三星堆和金沙遗址年代还要早的散碎的砖瓦器物，反映了当时大邑县一带应该已经存在砖瓦结构的房屋。

新疆奇台石城子遗址，是东汉耿恭驻守的"疏勒城"旧址，时间在公元前几十年。出土城址的墙体多为土坯垒砌或夯筑。房顶为两面坡结构，上覆青瓦，椽头饰云纹瓦当，出土遗物以灰陶砖、瓦等建筑材料为主，窑室内出土砖、瓦、瓦当、陶碗、陶罐等与城内所出同类器物相同。

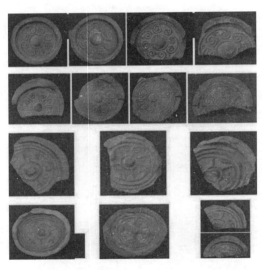

新疆奇台石城子遗址出土瓦当

汉族砖瓦结构的房屋很早就传到四周的一些少数民族地区。例如考古人员在匈奴的单于庭龙城（地处杭爱山一带，在今蒙古国首都乌兰巴托以西 470 千米处）发现一处建于汉代的大型土木祭祀建筑的台基遗址，其中发现写有"天子单于""与天无极，千（秋）万岁"的巨型瓦当。在内蒙古包头市郊召湾村也发现了西汉瓦当，分成四个部分用十字格线在瓦当正面画线，每部分都刻有阳文篆字"单于和亲"。但是有的少数民族地区房屋没有采用砖瓦结构，例如《新唐书·西域传下》说到"拂菻国"房屋建筑："无陶瓦，屑白石墼屋，坚润如玉。"

现今藏族的房子分农区和牧区两种。在农区，平民一般住在碉房中，这是藏族最具代表性的民居。碉房是一种用乱石垒砌或土筑而成的石木结构的房屋，一般分两层，以柱计算房间数，有的高达三至四层。这种房屋多为石木结构，外墙厚实，向上收缩，依山而建者，内坡仍为垂直。底层为牧畜圈和贮藏室，层高较低。二层为居住层，大间做堂屋、卧室、厨房，小间为储藏室或楼梯间。若有第三层，则多用作经堂和晒台。那曲、阿里等牧区普遍用帐篷做住房，用木棍支撑高 2 米左右的框架，上覆黑色牦牛毡毯，四周用牛毛绳牵引，固定在地上，帐房内四周用草饼或粪饼垒成矮墙，在一边开门。青藏高原史前时期的房屋建筑以距今 4000 多年的卡若文化遗址的圜底式房屋以及平顶石墙屋为代表。研究表明，这是藏民碉房建筑的源头，川西北高原讲嘉绒方言的藏族，他们的碉房建筑，跟卡若文化时期的建筑具有相承关系。藏史所记象雄时代的大城堡，例如普兰县达嘎卡的建筑，就是以石墙砌成的内外屋相套的碉楼式城堡。青藏高原房屋建筑经过几千年的传承和流变，从半地穴式、圜地式、地面式、平顶石墙屋到碉楼式建筑，形成了原始藏族族群最初的"社区"建筑模式，延续至今。这说明4000 多年前的卡若文化跟今天藏族文化是同一个文化体系。拉萨市柳梧新区嘎尔琼拉康出土了唐代八瓣莲花联珠纹瓦当等遗物，反映出吐蕃地方政权受到中原文化的影响。

夯筑结构和砖瓦结构住房的建造技术，即使在我国西南的少数民族地区，也有不少少数民族仍然没有将其引进到他们的住房建筑当中。例如传统的景颇族房屋是竹木结构的草房，只有少数地方的山官、头人的住宅是采用汉族技术建造的瓦房。草房除柱子外，基本都用竹子做成，用藤条绑扎，用茅草盖顶，墙面和地板都用竹子编织或剖开铺成。现在，景颇族传统的竹木结构的草顶房屋已很少见，出现了全木构架或土坯砌墙的瓦顶、铁皮顶楼房和砖混结构的平房。居住在云南、四川交界处一带的普米族，有人说是汉代白狼国的后裔，他们的住房，除少数汉式瓦盖楼房，多数是板屋土墙结构的楼房或木楞子楼房。"木楞房"是纯木结构，木版盖顶，四面墙用木料重叠垛成，当地又称"木垒子"。

据考古发现最早的砖瓦完全可以证实，汉族独立为族至少距今有 7000~9000 年的历史了。如果在 7000~9000 年前这些被视为与汉族同源的少数民族跟汉族是同一个民族，后来才分化为不同民族，那么少数民族地区也会有这一时期的考古发现，但是迄今却没有在周边少数民族地区找到早期的证据。

（二十二）席子

席子在汉民族的文化生活中有重要作用，古人席地而坐，家居要铺席子，从夏商周时期至两汉都是如此。人们将坐具分为"筵"和"席"，铺在下面的席子称为"筵"，铺在上面的席子称为"席"，合称"筵席"。甲骨文的"人"字画一个侧立弯腰的人形，实际上是一个跪坐的人形，这当然是跪坐在席子上

的形状，"女"字像一个女子屈膝敛手跪坐之形，"尸"字像是
人屈膝蹲踞之形，"卿、卿"像两人相向跪坐形状等，也都离不
开席子，这些字都折射出商代之前有席子，只不过席子没有画
出来。

　　席子至少有 8000 年的历史，是汉族先民的原创。距今
7800~8300 年的浙江余姚井头山遗址出土了一件芦苇编织的
席子，工艺精细，该遗址出土的编织物还有篮子、筐子、背篓
等；该遗址跟河姆渡遗址属于同一个文化类型，出土有陶釜支
脚、骨笄，都是汉族特有的用具，因此应该是汉族先民的文化
遗址。考古人员在距今 6800 年左右的奉化下王渡遗址中发现，
在一个土块上完整保留着十分有规律的印痕，有明显的经纬编
织图案，这些印痕是当时的苇席留下来的；下王渡遗址还出土
了汉族独特的物质文化器物陶鼎、陶支座。距今 6645~6775 年
前的余姚田螺山遗址出土了一件芦苇编织的席子。湖州钱山
漾遗址发现距今 4200~4400 年的居住遗址 2 处，较明显的居
住遗迹 1 处，是干栏式建筑，残存有木桩和几层大幅的竹席，
该遗址还发现竹编织篓、篮、谷箩、簸箕等，一共有 200 多件；
该遗址同时出土的陶器有鱼鳍形足的鼎、长颈鬶、簋等，都反
映了汉族文化。江苏淮安的黄岗遗址发现一块距今约 6600 年
的有一些炭化发黑的席子，但其纵横交织的纹理清晰可见，其
材质可能是芦苇或竹子；该遗址出土陶釜、陶鼎（锥状足）、
陶支脚、玉璜，反映的也是汉族先民的文化。距今在 5500 年
的湖北应城门板湾遗址中，土坯房屋建筑的室内，发现了局部
可见编织物铺垫痕迹，当为席子的残痕。河北武安磁山遗址发
现了两座住房基址，为半地穴式房屋。在房基遗址器物中，有
一烧土块，上面沾有清晰可辨的席纹，经鉴定，这是距今 7300

年的编制苇席；该遗址也出土了陶支脚、骨笄。

后来地面铺席子的习俗传到朝鲜、日本等地，他们至今还有席地而坐的习惯，这是来源于原来铺席子的习俗。

据考古发现最早的席子完全可以证实，汉族独立为族至少距今有 8000 年的历史。如果在 8000 年前这些被视作与汉族同源的少数民族跟汉族是同一个民族，后来才分化为不同民族，那么民族地区也会有这一时期的考古发现，但是迄今却没有找到早期的这种考古证据。

（二十三）榫卯工艺

汉族先民很早懂得利用树木来建构房屋。《庄子·盗跖》："古者禽兽多而人少，于是民皆巢居以避之，昼拾橡栗，暮栖木上，故命之曰有巢氏之民。"《韩非子·五蠹》："上古之世，人民少而禽兽众，人民不胜禽兽虫蛇。有圣人作，构木为巢以避群害，而民悦之，使王天下，号之曰有巢氏。"那时候，还没有发明金属。为了"构木为巢"，使人能长久居住其中，人们便发明了榫卯工艺。在住房建筑中运用榫卯工艺，关乎人的生命安全，由此可以推断，当时的榫卯工艺已经相当成熟，否则不会运用到房屋建筑上来。

据考古发现，榫卯工艺应该早在 8000 年前就已经出现。榫卯工艺是汉族先民的原创。浙江余姚井头山遗址发现距今 8000 年的带榫卯的木构件，有凸型方榫、圆榫、双层凸榫、燕尾榫以及企口榫等，一直到发掘时都完好无损。河姆渡遗址距今 7000 年，当时的住屋以木构干阑式建筑为主，这种建筑的木制构件已经使用榫卯工艺了。将榫卯工艺运用到住房建筑中来，不局限在一些家具制作上，说明当地榫卯工艺已经达到炉火纯青的地步。距今约 7000 年的宁波傅家山遗址还发现了木构建筑村落基址，残留较多的是桩木、木板，少量带有榫和卯孔的建筑构件。

江苏南通青墩遗址距今 5035±85 年（树轮校正值 5645±110 年），其建筑为样式干栏式，建筑的木构件有木桩、圆木条和小板等，木桩下部多数从四面砍削成网锥形，少数从一面砍成陡直的斜面，一般都竖直地插进最下层的青沙生土内，有些圆木条的顶端还有砍凿出的卯榫。距今约 5000 年的河南灵宝北阳平遗址发掘出墓葬、房基、灶膛、柱础、草拌泥铺底的屋基面及灰坑等遗迹，还保存大量种类丰富的炭化木构件，这可能是因失火而导致房屋坍塌，炭化木构件有室内中心柱、附壁柱、梁架等，有的类似榫卯结构。至晚春秋战国时期的出土材料和文献资料都表明，家具、棺椁及多种建筑都采用榫卯工艺，工艺手法越来越精湛，一直沿用至今。河南汤阴县距今 3700±100~4110±80 年的白营子遗址发掘了一口木结构水井，离地表 2.65 米，形状呈正方圆角形，井壁用井字形木棍自下而上层层垒起，井字形木架的十字形交叉处有榫，南北木棍的榫扣入东西木棍的榫内，这是用榫来互相钳制，加固木头，以防倾倒。井深 11 米，叠压的井字形木架 46 层，深约 8.8 米，以下为 1.7 米厚的胶泥壁，质地坚硬光滑，最底下的一层井字形木架就架在胶泥壁上。

有人将河姆渡文化视为百越人的文化，这缺乏可靠依据，是先验地认定浙江在远古以前只有百越人居住而推演出来的想法，跟学术界对河姆渡文化的鉴定成果相抵触。河姆渡文化的氏族墓地发现了 27 座零星墓葬，较完整的骨架 13 具。

经过对他们的人种做出鉴定，科学家发现他们的颧骨较高和宽，铲形门齿，与新石器时代黄河流域居民相同；鼻骨低平，鼻梁为凹形，眼眶低矮，与我国南方新石器时代居民更为接近，应为南方汉族人种。河姆渡文化发现有陶支座、甗、鼎，一件"双鸟朝阳"纹象牙碟形器，这些都是原始汉族的文化用具。既然离河姆渡遗址西南方向200多千米的义乌发现距今8000~9000年的八卦，属于汉族先民的精神文化创造，那么河姆渡一带在7000年以前也该是汉族先民的聚居区域。

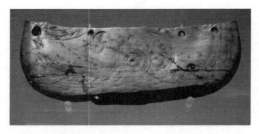

浙江余姚河姆渡文化遗址出土"双鸟朝阳"纹象牙碟形器

据说，欧洲大概在7000年前，也出现了榫卯工艺，德国北部出土了石榫技术的文物。欧洲各国在古希腊、罗马时期就普遍使用榫卯工艺，至今沿用。在非洲东北部的埃及，距今约5000年的木床、家具木腿、箱子都用到榫卯技术。中国和欧洲、北非的榫卯技术可能是各自独立发展出来的，也有可能是传播所致。

　　汉族地区的榫卯工艺，对中国内地和周边国家都产生积极影响。距今 3100~4500 年前的青海乐都柳湾墓地普遍使用木棺葬具，多以松柏为材料，四角采用穿榫结合，合缝都较紧密。距今 3500~3700 年的四川成都十二桥遗址是商代至西周的遗址，发现有保存较完好的商代大型宫殿式木结构建筑和小型干栏式木结构建筑群等遗迹，宫室群是由形制不一的大中小型房屋组合而成，主体建筑为一座面积达 1248 平方米的大型干栏式房屋，采用了榫卯工艺，这说明至晚在商代，榫卯工艺已经传到西南。后来，四川少数民族地区也使用榫卯工艺造屋，例如北川羌族民居就是采用全榫卯结构加固房屋的。

　　估计榫卯工艺出现以后，或早或晚传到国内各少数民族地区。广西贵县罗泊湾西汉一号墓发掘出来的主棺位于后室，是双层漆棺，外髹黑漆，内施朱漆，棺北端墨书"北"字，棺椁组合为榫卯结构。

　　据考古发现最早的榫卯工艺的证据完全可以证实，汉族独立为族至少距今有 7000 年的历史。如果在 7000 年前这些被认定为与汉族同源的少数民族跟汉族是同一个民族，后来才分化为不同民族，那么少数民族地区也会有同一时期的考古发现，但是迄今在少数民族地区没有找到早期的考古证据。

（二十四）瓷器

　　在浙江北部的湖州一带，发现了新石器时代末期到夏商时期的印文硬陶和这种类型的原始瓷器。瓷器由陶器演变而来，比陶器出现的时代晚得多。一般认为，我国由陶向瓷的过渡完成于东汉。

距今 5000 年左右的闽北葫芦山遗址出土了少量陶器，陶器器表的黑衣与后来的褐釉大致相当，据考是一种氧化铁含量很高的早期釉，应该是中国早期瓷釉的滥觞。原始瓷出现于商中期或以前，盛行于商、周、战国，至东汉发展为成熟的青瓷。距今约 4000 年的广州增城金兰寺遗址出土了青瓷碗。距今 3120~3520 年的江西清江吴城商代遗址出土了瓷豆，是商代原始瓷的典型之作。福建永春苦寨坑原始青瓷窑址距今有 3400~3800 年，是我国迄今已知最早的烧制原始瓷器的窑址。闽侯县石山文化遗址还发现了距今 3000 多年的原始瓷胎质的印纹陶片，在第八次发掘时发掘出原始瓷器 14 件，后来在祭祀坑中又发现原始瓷器 5 件。福建晋江流域的安溪、南安、晋江、惠安等地的青铜时代遗址都发现了大量与苦寨坑窑址产品相同的原始瓷器，闽江下游、九龙江下游的青铜时代遗址中也有这样的考古发现。

距今 3500~3800 年的河南偃师二里头遗址中，发现了一些精美的原始瓷器，可能是一种早期的瓷器，多见于宫殿和高等级贵族墓葬中，在陶瓷器物总数中所占比例很低。这类原始瓷器已经基本具备或至少接近了瓷器产生的主要条件，在胎土、烧造温度、陶胎密度等方面，已经符合瓷器的标准：瓷土做胎，表面施高温钙釉，烧造温度为 1200℃。其中有原始瓷器"象鼻盉"，器表施透明釉，器身饰弦纹和云雷纹等拍印的几何花纹，胎土成分与白陶相近。

上海马桥文化遗址出土了距今 3200~3900 年的烧制火候相当高的硬陶和原始瓷，硬陶的烧成温度已达 1100℃，其表面有一层光亮的釉，既有青绿釉，也有黑釉。

　　从迄今为止的考古材料来看，我国原始瓷器在黄河中下游地区的河南、河北、山西，长江中下游地区的湖北、湖南、江西、江苏等商代中期遗址和墓葬中都有出土，瓷器的创制时间远在3500多年前的商代中期，都集中在汉族地区，但不限于南方。此后，制瓷工艺不断提高，逐步向周边民族地区扩散，线索非常清楚。

　　在朝鲜、日本、东南亚的出土文物中，已经有瓷器。唐五代以后，瓷器更是销往世界多地。宋元文献中，有中国瓷器通过海路销往海外的记录，制瓷的工艺也逐步传播到海外。

　　由瓷器的滥觞及成形可知，汉族独立成族至少有5000年的历史，活动区域到达了闽北地区、岭南地区，这跟其他的考古发现可以互相印证。但是在周边民族地区，这类的发现却是很晚的事。

（二十五）姓氏

　　汉族很早就有姓。姓，据说起源于母系社会，也就是旧石器时代。这是近百年学术界形成共识的一种观点，很多学者认为姓起源于母系氏族社会，氏起源于父系氏族社会，代表人物有梁启超、丁山等，王力先生主编的《古代汉语》教材就采用了这一观点。后来张淑一在《先秦姓氏制度考索》中继承了这一观点，进一步摆出姓起源于母系社会的理由：一是远古群婚状态下人们只知其母，不知其父，所以世系只能从母系认定；二是《说文》对"姓"的解释，"姓"跟"生"的同源关系；三是我国古姓姬、姜等多从女字旁。当然，这项研究还需要完善。

据史料记载，传说中的华胥氏、伏羲氏，风姓；黄帝，姓公孙，后改为姬姓；炎帝、蚩尤，姜姓。有些姓可以追溯到很古的时期，《广韵·东韵》"洪"小韵"洪"下注："亦姓，共工氏之后，本姓共氏，后改为洪氏。"汉族先民很早就有姓，早期的姓可以改变，有些姓到后来又进一步分化为别的姓，这是古书反映出来的事实。例如黄帝本姓公孙，后来改为姬姓，这是早期改姓的例证。炎帝、黄帝本同宗，但是姓不同。黄帝有二十五子，其中有十四子共得姓十二。《国语·晋语四》："凡黄帝之子，二十五宗，其得姓者十四人为十二姓。姬、酉、祁、己、滕、箴、任、荀、僖、姞、儇、依是也。唯青阳与苍林氏同于黄帝，故皆为姬姓。同德之难也如是。昔少典娶于有蟜氏，生黄帝、炎帝。黄帝以姬水成，炎帝以姜水成。成而异德，故黄帝为姬，炎帝为姜，二帝用师以相济也，异德之故也。异姓则异德，异德则异类。"可见姓的改变跟后代姓、氏之别不一样，姓的改变是根据"异德"来分辨的，"异姓则异德，异德则异类"。早期的不少姓，已经在商周金文中有反映。根据西周青铜器的铭文记载，能够确定下来的姓有近 30 个，春秋以后的青铜器记载得更多，这都有力证明汉族地区的姓来源久远，不可能是突然冒出来的。关于这个问题，学术界已经有人进行过研究，此处不做详细讨论。

中原汉族周边，被认为跟汉族或同源或不同源的不少民族很晚才有姓。北边的匈奴，《史记·匈奴列传》："其俗有名不讳，而无姓字。"到了稍后，《汉书·匈奴传》说："单于姓挛鞮氏。"可能是后来匈奴王仿照汉族习惯创了姓。四夷地区有些本是汉族后裔，因此也有姓，例如陆浑戎姓允。起先是汉族的一些人群到达中原周边地区，带去了汉族的姓。比如南越王尉佗本是常山真定人，姓赵；东越王本是越王勾践的后人，姓驺（又作“骆”）。东北部朝鲜王满，本是燕国人，姓卫。宋邓名世《古今姓氏书辨证》“朴”姓：“后汉巴郡蛮酋罗、朴、昝、鄂、度、夕、龚凡七姓，夷帅朴胡举其众附魏。唐新罗国王姓金，贵人姓朴，民无姓有名。”有一些民族，很早开始汉化，所以较早出现姓，但这些民族如果有姓氏，则都晚于汉族，应该是采纳汉族的文化而形成的。有些是很晚才出现姓，有些则一直没有姓。《魏书·僚传》：“獠者，盖南蛮之别种，自汉中达于邛笮川洞之间，所在皆有。种类甚多，散居山谷，略无氏族之别。又无名字，所生男女，唯以长幼次第呼之。其丈夫称阿謩、阿段，妇人阿夷、阿等之类，皆语之次第称谓也。”清代田雯《黔书·苗俗·狆家》：“狆家，贵阳、都匀、镇宁、普安皆有。女人、男子以帕束首，躧蹻，好楼居，有姓字，衣尚青。”据研究，狆家即今布依族，在清代，它们是有姓的。

藏族原本是没有姓氏的，一般用四个字取名。7 世纪建立吐蕃王朝，分封有功之臣，人们把领地名冠在名字前以显示地位和官位。7 世纪以后，佛教在西藏盛行，人们的名字也喜欢请活佛来起。一个僧人或活佛，如果上升到上层僧职，他的名字便要加上僧职或封号。迄今还有不少藏族人没有姓氏，只有名，名是四个字，为了称呼方便，只用两个字来简称，其中用一、三两字或前两字或后两字作简称的比较常见。所以，即使汉藏同源，汉语至晚在母系社会之前，也就是旧石器时代之前就已经跟藏语分道扬镳了。事实上，吐蕃王的前七王（即“天赤七王”）是随母名。

缅甸人至今仍然没有姓氏，只有名。缅甸人名前的“吴”不是姓而是一种尊称，相当于汉语的“先生”；“杜”是对女子的尊称，相当于汉语的"女士"；"貌"相当于"弟弟"，"玛"相当于"姐妹"，"哥"相当于"兄长"，"波"相当于"军官"，"塞耶"相当于"老师"，"道达"是英语 Dr. 的译音，"博士"的意思，"德钦"相当于"主人"，"耶博"相当于"同志"等。

羌族原来也是没有姓氏的，古书上说的"羌"人有姓氏，例如《广韵·冬韵》"农"小韵"农"下注："羌复姓有苏农氏。"但这个"羌"跟羌族的"羌"不是一回事。今天在岷江上游居住的羌族中，找不到古代"羌人"的那些姓氏，这并不是羌族的姓氏发生了变化，而是因为古"羌人"和今"羌族"不是一回事。据汪桂海《从出土资料谈汉代羌族史的两个问题》考证，汉代简牍中羌人的姓有"聊、藏耶茈、卑为茈、卜茈、夆、渠归、甬、龙耶、刘危"等，这也是部落的名称，应该来自"母姓"，说明汉代至少羌人的妇女是有姓的，这跟今天的羌族是不同的。根据一些情况推测，现在生活在岷江上游的羌族原来无姓，现在的姓是后来出现的。自先秦起，羌族就汉化得很厉害。羌族受汉族、藏族等民族影响，不同地区的姓氏使用情况很不相同。在偏僻山区，如茂县北部曲谷乡等地及黑水县一带的羌族有名而无姓，名字或是羌族原有的，或是藏族的，甚至是羌语与藏语混合的。茂县中部的羌族，有部分是汉式姓羌名，或汉羌混合的名字，还有一部分是汉式姓汉名。茂县南部和汶川、理县一带交通发达地区的羌族，其姓名已完全汉化。

有人根据羌族的石刻文献刘氏百代兴隆碑证明，清嘉庆八年（1813 年）之前，刘氏家族及其妻女共九代人的名字呈现出明显的父子连名、汉姓羌名等特征，由后者可见羌族深受汉文化的影响。现在羌族姓氏普遍为汉姓，一般随父姓，取名的方式不尽相同，有的请释比取名，有的由长辈或按照个人意愿来取名。

　　据罗常培《论藏缅族的父子连名制》，藏缅族有一种独特的文化，叫作"父子连名"，在这个部族里，父亲名字末一个或末两个音节常和儿子名字的前一个或前两个音节相同，"借此可以知道凡是能推溯到同一始祖的都是同族的人，并且从这承先启后的链索，还可以分别世次，像汉人宗谱里的字派一样，这在种姓的辨别上是很关重要的"。这种父子连名的文化现象，可能产生在藏缅族没有姓氏之前，也能起到区别血缘关系的作用。据说，彝族先民也实行了父子连名的方式来辨别血缘关系。彝族的姓氏产生得很晚，由于该族原来实行父子连名制，因此保留了完整的世系谱牒。后来，彝族在汉族的影响下形成自己独有的姓、氏制度，具体时代今已不可确考，可能是在汉族姓、氏有别的时期产生了姓氏。大约明清时期，彝族开始采用汉姓，逐步少用或不用彝姓，今天各彝族居住区，使用彝姓和汉姓的习俗都不相同。

　　苗族也大都实行父子连名制，全称是子名在前，父名居中，祖父名在后，反映出这种连名法是在父系家庭制社会时期形成的，苗族在 1949 年以前，很多地方还是"刀耕火种"的粗放型农业；这种父子连名制同时也说明，苗族跟《尚书》中所说的"三苗"没有直接关系。"三苗"是有姓氏的，没有父子连名制。

　　布朗族属于古代"百濮"族群，现在有人将布朗族使用的语言划归南亚语系高棉语族布朗语支，他们长期处于刀耕火种阶段，人有名无姓，存在着连名制等命名特点，集中在西双版纳布朗山区，不限于父子连名，主要有母子（女）连名制，父子（女）连名制，由母子（女）连名制向父子（女）连名制过渡的连名制，男子连父名、女子连母名的连名制。藏族历史上也经历过母子连名制度，吐蕃王朝最初几代首领，称为"天赤七王"，就是母子连名的，王名从母。这些连名方式，跟汉族姓氏制度大相径庭。

我国还有一些少数民族至今都没有姓氏。例如维吾尔族就没有姓氏，我们不能用汉族的姓氏来套用维吾尔族。维吾尔族在正规场合和文书中为了区别人名，就拿前辈老人的名作为下一代的姓，依次相传。前者为名，后者为父名。有的人同名，为了便于区别，又把祖父、曾祖父的名排在父名后，如果还无法区分，就加上出生的地名。

考古资料也显示，在我国少数民族地区或我国周边其他国家相当多的民族中，都没有发现史前有姓氏制度的痕迹，有些民族在很晚的时期才发现有姓氏。例如广西南宁上林县壮族聚居的山区发现两块壮族古碑，刻立于唐代，是壮族存留下来的最古老的碑刻，都是汉字碑，一块古碑是《六合坚固大宅颂》，据考，该碑刻于唐高宗永淳元年（682年），作者是当地壮族先祖韦敬办，里头有韦氏的姓名；碑文开头的序说"维我宗祧，昔居京兆"，这是将自己的族谱与长安韦氏族谱联系起来，并不能证明壮族的韦氏来自汉族地区。另一块是《廖州刺史韦敬辨智城碑》，刻于武则天万岁通天二年（697年），碑文中有武则天时代创造的6个异体汉字，也有明确的姓氏。越南深受汉族文化影响，很早就产生了姓氏，不但中国和越南古书材料可证，而且越南的石碑铭文也可证。越南早期是汉字石碑，目前越南考古界发现最早的字喃记载见于1173年的《奉圣夫人黎氏墓志》，其中有"神宗仁孝皇帝夫人黎氏，讳兰春，即辅天太王之季女也"的文句，反映了当时越南有姓氏制度。

　　由姓氏制度的形成历史可知，汉族的姓氏一定是它独立为一个民族以后才产生的，因此汉族独立至晚在我国的史前传说时期。我国少数民族地区有的很晚才产生姓氏，有的至今都没有发展出姓氏。有人坚持汉藏同源，而且坚持汉藏"分家"是很晚的事，但是对这种有巨大差异的文化现象却置之不理，是不可取的。

（二十六）文字

　　汉字的产生是汉族先民进入文明社会的标志，跟周边民族尤其是跟操汉藏诸语言的民族比起来，汉族先民最早创制了文字，所以我们今天能够读到至晚3000多年以来的古书。这种现象有力地证明，汉族是东亚一带最早进入文明社会的一个民族，这是不争的事实。有了汉字，汉民族在文化的时空传播、社会分工以及凝聚整个民族方面就进入了一个崭新的阶段，这是重要的文化现象。如果汉语跟周边一些民族在汉字出现以后依然同属一个民族，那么周边民族不可能不沿用汉字。今天见到最早成系统的汉字是距今3300多年的商代文字，有4500个左右的单字，可见汉字的产生远在此之前。但汉族居住的地区的地理环境、气候条件跟西亚的两河流域很不相同，两河流域创制的丁头字和圣书字，受地理环境和气候的影响，容易保存下来，原始汉字则很不容易保留至今，所以原始汉字最早出现于什么时期，还没有实物的明确证据，但可以推定：应该远在商代之前几千年。商代甲骨文的发现，多多少少有点偶然的因素，反映出商代人将占卜的内容刻在甲骨上，而且将占卜过的文字归档存储。河南郑州、陕县，河北邢台、邯郸，山东济南等地也发现了少数写有汉字的甲骨，可能有早于商代的汉字，至少有早于殷墟的汉字。

我国汉族地区在从南到北、从东到西的各个新石器时代的遗址中，都发现了多种刻符，如河南新郑裴李岗、陕西半坡、姜寨、河南贾湖、江苏龙虬庄、安徽双墩、上海崧泽、甘肃大地湾等新石器时代遗址中，在出土的玉、石、甲骨、陶器上都发现过一批似字的刻画，这些不可能都是没有意义的刻画，一定是某种符号。最明显的是有些刻画是八卦，八卦是符号，因此这些刻画至少有一些一定是符号。这些符号应该不是汉字，但它们应该是汉字的一个源头。双墩遗址距今 7000 年，出土了带有刻符的文物 630 余件，符号大都刻画在陶碗底部等隐蔽部位。在晚于双墩符号的长江流域的柳林溪和杨家湾遗址中有类似反映，太湖流域的良渚文化中也有少数符号刻在陶器隐蔽部位。这些刻符内容广泛，涉及日月、山川、动植物等写实类，狩猎、捕鱼、网鸟、种植等生产类，以及记事与记数类，不少刻符多次出现，使用频率较高。类似的符号在世界各地都有发现，例如横线、竖线、米字形、卷云形、圆弧形、之字形、×形、太极图形、树形一类的线条标记在世界多地的史前符号中都出现过，汉族居住地区发现这样的刻画也不例外。汉字的出现应该会受到这些符号的启发，有些符号跟甲骨文字形体相同。有人将我国境内考古发现的早期符号分为几何形刻符、图像形刻符，多刻在陶器上，否认这些刻符跟汉字的关联，这不是科学的认识。一般人推测，汉字在新石器时代晚期已出现，其中黄河中下游流域的刻符最值得重视。（参看朱启新《文物与语文》—《中国文字的起源》）

距今 7500~9000 年的河南舞阳贾湖遗址文化层，出土了契刻在甲骨上的符号，它的形成年代要比安阳殷墟甲骨文早4000 多年。共发现 17 例刻符，刻在甲、骨、石、陶器上，其中刻在随葬的带孔龟甲上 9 例，骨器上 5 例，陶器上 3 例，书写上先横后竖，先左后右，先上后下，先里后外。有些刻符的形状与商代甲骨文有许多相似处，如形似眼睛的"目"，以及太阳纹等，有人认为是早期汉字。距今 7000 多年的安徽蚌埠双墩遗址出土的符号有 630 个。距今 6000~6700 年的西安半坡遗址出土了一个陶钵，陶钵口沿上刻有 22 种刻画符号，标本113 个，重复的符号较多，有的符号是在器物烧成前刻好的，有的是器物用过一段时间后刻画上去的，显然是先民有意识地刻画上去的。同类的刻符也出现在姜寨遗址、马家窑遗址等同一时期的仰韶文化遗址中，不可能是没有意义的刻画。姜寨遗址跟半坡遗址有相同的刻符，可以推定这些刻符具有传递信息的效用。据研究，跟姜寨遗址和半坡遗址同在渭河流域的甘肃秦安大地湾遗址的刻符，同姜寨遗址和半坡遗址的刻符具有内在联系，也就是具有传承关系。

　　距今 6000~7000 年的湖北秭归柳林溪遗址出土了一个直身支座圆顶盘，上面有符号，有人说有八个是"文"字，分为四组，每一组两个"文"字的头与头相对，是初始的"合文"；还有一些符号，有人说是汉字中的数字。距今 5000 年的大汶口符号，距今 4000 年的龙虬符号，都有人认为是原始汉字。江苏南通青墩遗址距今 5035±85 年（树轮校正值 5645±110年），在其中出土了许多麋鹿角化石，在上面发现了不少刻符，有些可能是易学符号。距今约 5000 年的浙江平湖庄桥坟遗址出土的 244 件器物上出现大量刻画符号，有多个符号多次出现，有人认为其中有一部分是原始文字，并且认为其中有连词成句现象。这样的刻符在黄河流域、长江下游地区发现的新石器时代陶器上面也曾多次出现,其中一些刻符也有人认为是早期的汉字。在距今 3700 ± 100~4110 ± 80 年的河南汤阴县白营子遗址中发现,在一个盆的内口沿上有一道刻画记号,可能表明当时文字产生了。距今 3900~6300 年的山西陶寺遗址,发现一件扁壶残片,上面写着一个字,可能是"文"字,跟甲骨文的写法一样,字是红色的,应该是用朱砂写的,这个"文"的书写带有笔锋。

湖北秭归柳林溪遗址出土直身支座圆顶盘

汉字是一种词素、词构文字,有些汉字符号是所谓的表意的符号,形声字的音符原来也是表意的符号,因此都有提示字的本义的作用。具体意符最早产生的时候,必然会反映造字者对当时各种事物和现象的观察,并反映到汉字中去。有些事物和现象在造字时有,后来消失了,因此,有的汉字应该反映了它们的产生时间是相当早的。例如"辰"字，在甲骨文中像蜃蛤形，是"蜃"的古字，以"辰"为形旁的一些字表明，汉族先民曾用蜃蛤作为耕具，最开始不一定限于锄草，后来才作为锄草的专门用具。《淮南子·氾论》："古者剡耜而耕，摩蜃而耨。"陶寺遗址出土的一件骨耜上有一个刻符，在公元前 2000~前 2100 年，比该遗址的朱书文字略早一点。有人将这个刻符跟商代甲骨文对比，发现它跟"辰"字字形几乎相同，推定它是"辰"字，这可能有点道理，但不易坐实。"辱"是"耨"的古字，会手持蜃耕耨之意，可知"辰"是一种锄草器具。"農"字，是"农耕"的意义，可能跟"耨"是同源词，《说文》的字形分析有误，甲骨文"農"像一个人用双手持蜃垦殖形。据考古发现，新石器时代就已经出现了蚌刀、石刀、石镰和蚌镰。河南西水坡遗址中成年男子身体右侧有一条长达 1.8 米的蚌龙图像，左边用蚌壳摆一只虎，可能表明蚌壳在 6000 年前已经十分重要，当时已经用蜃蛤做农具，它是在耒耜等农具之前产生的。"辱、耨、農"这些字应该是在大量使用蜃蛤做锄草工具或耕具时造的字。"廌"字，《说文·廌部》："廌，解廌，兽也，似山牛，一角。古者决讼，令触不直。象形，从豸省。"獬豸是一种神兽，"廌"字一定是神兽的传说十分盛行时造的字。从"廌"的"薦"字，《说文·廌部》："薦，兽之所食艸。从廌，从艸。古者神人以遗黄帝。帝曰：'何食？何处？'曰：'食薦，夏处水泽，冬处松柏。'"由此可见，"薦"字的造字跟神人赠送薦草给黄帝的神话故事有关，产生于黄帝即位以及神人赠薦给黄帝以后，但是也不可能太靠后了，太靠后了，人们不了解这个故事，也就不清楚这个字为什么要这样造。"法"字，早期古文字都写在"灋"，《说文·廌部》："灋，刑也。平之如水，从水；廌，所以触不直者；

去之，从去。法，今文省。"**灋**"字，一定是在人们可以理解廌豸可以触不直的那个时候造出来的。由此看来，以"廌"为形旁的字，它们产生的时代都不会太晚，应该都在商代以前。甲骨文的"监"画一个人从一个器皿的水中照看自己的面影，应该反映了铜镜没有出现之前的文化生活，而汉族地区在 4000 多年前已经有铜镜了。"尾"字在人的身后系上动物的尾巴，《说文·尾部》："尾，微也，从到毛在尸后。古人或饰系尾，西南夷亦然。"《吕氏春秋·古乐》："昔葛天氏之乐，三人操牛尾，投足以歌八阕。"这是拿着牛尾起舞，"尾"字应该反映了原始时代在身后饰尾的形状，西南夷地区直到汉代还有这种习俗，汉族地区已经没有了，可能是借鉴了早期汉族的文化，人身后饰尾，反映了狩猎时期的遗迹，先民狩猎时饰兽尾以为隐蔽，相当于扮成野兽，便于接近野兽进行捕猎。《后汉书·西南夷列传》："哀牢夷者……种人皆刻画其身，象龙文，衣皆著尾。"可见哀牢夷的身上刺有"龙文"，衣服上装有动物尾巴。还有不少字，在商代甲骨文中根本没有使用它们造字时的本义或引申义，只是使用它们的假借义，这无疑也说明汉字早在商代之前就已经存在。从这些例子看，汉字始造字的时代一定非常古老。

我国很早就用石杵、木杵、石臼、木臼来舂米。可能最早发明的是石杵、木杵，在坚固的地面上捣米。距今约 8000 年的湖南澧县八十垱遗址出土过木杵一件，杵头呈球形，杵头与杵柄连接处内束，长约 22 厘米，柄径 2.6 厘米。浙江余姚河姆渡遗址第一期遗存发现了距今 7000 年的两件木杵，山东滕县北辛遗址也发现了距今 7000 年左右的石杵，但没有发现臼。距今约 7000 年的广西南宁豹子头遗址出土过一件石杵，身为圆锥形，较扁宽的两面还有窝穴，便于握持，杵头有因舂捣而形成的崩裂麻点，长 14.8 厘米。臼的出现也很早，起先可能不是石臼，而是地臼，湖北宜都红花套遗址距今有 6000 年，发现了两个锅底状地臼，周壁坚硬光滑，口径 0.27~0.44 米、深 0.23~0.29 米，地臼附近还发现了木杵痕迹，长 1.4 米，中部较粗处直径 0.14 米，两端圆头状。在距今 5000 多年的河南荥阳青台遗址的一座房址的白灰地面上发现过一个地臼，周缘突起，比四周地表略高，地臼像锅底，直径约 20 厘米，深约 5 厘米，坑底、坑壁烧成硬土，地臼附近也有一个石杵。距今 4500~6000 年的江苏邳县大墩子遗址的一处房址中，发现了三个地臼，都烧成了硬土窝，南北整齐排列，相邻地臼间间隔 1 米左右。看来地臼和石臼并用了相当长的时间，但石臼的出现也相当早，山西柳林杨家坪村发现了距今 7000 年的石臼。距今约 7000 年的安徽定远侯家寨遗址第一期出土了三件石臼。距今约 5000 年的河南淅川黄楝树遗址的一座房址中出土了一套石杵、臼，臼体总体呈不规则的圆球形，中部臼窝比较平滑，高 18 厘米、长 15 厘米、宽 28 厘米，臼窝深 16 厘米、径 12 厘米；杵是圆柱形，长 18 厘米、粗 6.2 厘米。《周易·系辞下》："神农氏没，黄帝尧舜氏作……断木为杵，掘地为臼。"《世本·作篇》："雍父作臼杵，舂也。"宋衷注："雍父，黄帝臣也。"臼不可能是黄帝时才发明的，雍父应该是改进臼工艺的一位杰出人才。如上所说，在石臼、木臼之前，还有地臼，今天西南少数民族地区还遗留着使用地臼绸舂米的方式，他们在地上挖坑，铺上兽皮或麻布，倒进谷物用木棍舂打。汉族地区在地臼之后，又开始使用木臼、石臼。许慎在写《说文》时，敏锐地看出"臼"的小篆字形画的是地臼的形状，臼部："臼，舂也。古者掘地为臼，其后穿木石。象形。中，米也。"小篆的"臼"字跟商代甲骨文一脉相承。甲骨文当前有所承，"臼"应该是汉族地区处于地臼时期就造的字，这也可以证明汉族开始造字的时代很早。

古人很早就用干支字，干支字分为天干、地支两组，加起来共 22 个。天干是十日的叫名，商代一些贵族（包括帝王）多以天干为名，例如"大甲、小乙、外丙、中丁、大戊、雍己、南庚、祖辛、示壬、示癸"等。据《史记·夏本纪》，夏代帝王以十干为名的有孔甲、履癸（即夏桀），可见至晚夏代，我国就有拿干支为名的习俗，商代更是有甲骨文为证。殷墟甲骨文几乎每条完整的卜辞都用干支纪日，这都说明干支由来已久。《说文》把天干字，跟"四季"结合起来；把地支字，跟"十二月"结合起来，来探讨本义。问题在于，干支早在甲骨文之前就已经存在，干支在早先的文献中都只是纪日，没有看到纪四季、纪月的记载，王力先生《中国语言学史》第一章第五节《声训》中说："十二支配十二月始于汉代。而天干之配四季，则与五行有关，自亦始于汉代。从殷到秦，干支只用来纪日。这样，干支以时令为声训就完全失去了事实依据。"（第 47~48

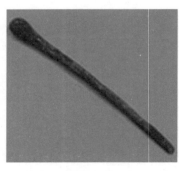

浙江余姚河姆渡遗址出土木杵

页）由于早期没有拿干支纪年、纪四季，因此《说文》拿四季、纪年的基调来解释各干支的本义就不太可信了。干支的本义既然跟纪四季、纪年没有什么关系，那么是不是反映了纪日呢？现在看来，至少有一部分干支字跟纪日没有关系，例如"子"本义是孩子，"辰"

是"蜃"的古字,"午"是"杵"的古字等,其中有些字,今所见甲骨文一开始就用作假借义。汉字最早造出来必然是记录本字、本义的,有些干支字在甲骨文中一开始就记录假借义,这也强有力地证明干支字早在商代以前就已经出现了。

广西南宁豹子头遗址　　　河南淅川黄楝树遗址出土
　　出土石杵　　　　　　　一套石杵、臼

向光忠《文字学刍论》二《文字之起源》说:"学者们对陶器符号的揣度,却毕竟只是假定……远古器物的遗存符号,纵难认定为文字,而作为标记之'刻划'或'描摹'的符形,其为'文字'之'前引'亦可为'文字'之'胚胎'。"其说有理。这些刻符都是在汉族地区率先发现的,在少数民族地区还没有发现同期的符号。由于都早于甲、金文,因此不能拘泥于甲、金文的文字去释读它们。在土库曼斯坦的安诺遗址发现距今 4300 年的疑似用汉字刻的印章,此时正值夏朝,在夏朝时,后原始汉族的先民可能已经到达里海沿岸,跟印欧人发生融合,在此地发现疑似汉字的印章不是不可能。在我国内地,最早发现的印章是商朝的，1998 年安阳殷墟出土的一方饕餮纹铜玺，晚于安诺遗址的这枚印章。

土库曼斯坦安诺遗址出土黑石印章

　　早期有些古书直接说黄帝以来汉族地区就有文字记录，还有人说曾见过夏朝用汉字记录的文章，例如，据《路史》，黄帝有巾几铭；据《韩非子·扬权》《路史》，黄帝有丹书戒；据《大戴礼记·武王践祚》，帝颛顼有丹书；据《太平御览》卷八十引《尚书中候》，帝尧曾刻璧东沉于洛。《吴越春秋·越王无余外传》："禹……乃案黄帝中经历，盖圣人所记曰：在于九山东南天柱，号曰宛委，赤帝在阙。其岩之巅，承以文玉，覆以磐石，其书金简，青玉为字，编以白银，皆瑑其文……禹退又斋三月，庚子登宛委山，发金简之书。案金简玉字，得通水之理……遂巡行四渎，与益、夔共谋，行到名山大泽，召其神而问之山川脉理、金玉所有、鸟兽昆虫之类，及八方之民俗、殊国异域、土地里数，使益疏而记之，故名之曰《山海经》。"据旧题周鬻熊《鬻子·上禹政》（或疑为伪作）夏禹有《簨簴铭》："夏禹之治天下也，以五声听……为铭於簨簴，曰：'教寡人以道者击鼓，教寡人以义者击钟，教寡人以事者振铎，语寡人以忧者击磬,语寡人以狱讼者挥鼗。'"商汤的青铜器,先秦时人曾经见到。《礼记·大学》:"汤之盘铭曰:'苟日新,日日新,又日新。'"这应该有其根据,但是这些材料的实物证据今天是没有办法见到了。在湖南发现的《岣嵝碑》,尽管被人说成是夏禹所写,但可能是后人伪作。

汉族地区的传说是仓颉造字,《吕氏春秋·君守》:"奚仲作车,苍颉作书,后稷作稼,皋陶作刑,昆吾作陶,夏鲧作城,此六人者所作,当矣。"《淮南子·本经》:"昔者仓颉作书,而天雨粟,鬼夜哭。"有人以为仓颉是黄帝的史官,《说文解字叙》:"黄帝之史仓颉,见鸟兽蹄迒之迹,知分理之可相别异也,初造书契,百工以乂,万品以察。"应该承认,这些传说不可能是凭空而起的,必然有事实的影子,汉字的创制可能在仓颉以前,仓颉应该是在汉字发展中起过重要作用的里程碑式的人物。

1

河南郑州二里岗遗址在 20 世纪 50 年代曾出土过 2 块商代牛骨、1 块质料不明,上面有刻辞,具体时代还没有被确定下来,可能是商代早期的甲骨刻辞。1989 年和 1990 年又在郑州商城发现 3 块动物骨头,有商代早期的刻辞。山东桓台发现的甲骨文字,距今 3500 年左右,

2

3

河南郑州小双桥遗址出土朱书文字

在商代之前。后来在小双桥遗址出土了距今 3400 年的朱书文字，大约有 8 个字，主要发现于小型陶缸表面，也有位于大型缸口沿、腹壁的，是用毛笔蘸朱砂书写的，其形状、结构与甲骨文一脉相承，是迄今发现的商代最早的书写文字。河北藁城台西商代遗址发现了陶器上的文字及其他符号，可辨识的有"止""刀""臣""矢"等，跟商代其他陶文属同一系统。

据说，黄帝之前已有蜀山氏部落，生活在岷山一带，这是后原始汉族形成的部落，《华阳国志·巴志》："《洛书》曰：人皇始出，继地皇之后，兄弟九人分理九州，为九圃，人皇居中州，制八辅。华阳之壤，梁岷之域，是其一圃，圃中之国则巴、蜀矣。"《蜀志》："蜀之为国，肇于人皇，与巴同圃。至黄帝，为其子昌意娶蜀山氏之女，生子高阳，是为帝颛顼；封其支庶于蜀，世为侯伯。"蜀山氏跟黄帝不属于一个部落，何时形成，难以说定，但是这个部落跟黄帝部落一直保持着密切接触。到大禹治水的时代，已经属于九州当中的梁州，周代合并到雍州。如果汉字在黄帝之前已出现，那么巴蜀一带的古汉字就不一定跟后来的甲骨文、金文完全相同。甲骨文、金文的汉字可以叫中原汉字，巴蜀一带的汉字属于边地汉字，中原汉字和巴蜀汉字都是原始汉字在不同地域的发展。四川广汉三星堆遗址发现几个符号，应属于边地汉字。四川、重庆、鄂西、湘西、陕南以及相邻的云南、贵州等地出土的春秋晚期至西汉初铸印或刻画在铜器、漆器、陶器等器物或印章上有 200 多个不同图符，人们叫它"巴蜀符号"或"巴蜀文字"，多数是实物图像，可能是汉字或族徽；还有一些肯定是文字符号，应该是公元前的一种古代汉字，只能理解为跟中原地区的汉字同源而异流，其文字性符号有一些跟中原文字一致，这是远古时代遗留下来的象形文字，但没有解读出来。要科学释读"巴蜀符号"，不能完全受制于中原汉字。巴蜀大地发现的春秋晚期至汉代的印章有许多字还是跟中原汉字是一样的，也有一些是巴蜀符号特有的汉字。此期可算中原汉字和巴蜀文字的混用期。这可以说明当时巴蜀一带是说汉语、写汉字的，只是巴蜀汉字和中原汉字在巴蜀一带跟中原汉族先民分化后各有自己的发展，可能中原汉字没有像巴蜀汉字那样更多地保留原始汉字的一些写法，巴蜀文字更多保留夏代及夏代以前的汉字样态。《说文·氏部》："氏，巴蜀山名岸胁之（自。按：据段玉裁校，当增此字）旁箸欲落墆者曰氏，氏崩，闻数百里。象形，乁声。"段玉裁注"氏，巴蜀山名岸胁之自旁箸欲落墆者曰氏"："十六字为一句。此谓巴蜀方语也。"这表明巴蜀应该说汉语、写汉字。

中原地区的汉字不但很早进入巴蜀地区的汉族人群中，而且也很早进入少数民族地区。至晚汉代，中央政府就加强了西南少数民族地区的管控，据齐广、唐淼《成都新津宝墩西汉墓出土"羌眊君"印考》，成都市新津县宝墩遗址 M147 西汉晚期墓棺中出土了一枚印章，印文带边框，阳文篆书，经辨认为"羌眊君"。从印章的形制与印文内容来看，这枚印章应当是汉朝颁发给当地少数民族首领的官印，表明中原汉字进入了西南少数民族地区，不过中原汉字进入少数民族地区可能远远早于西汉。

江西樟树市吴城遗址发现许多距今 3500 多年前的陶瓷器物上带有刻画的文字符号，还有 4 枚陶文印章，有力地证明了吴城一带在商代说汉语、写汉字。珠江流域较早时也使用汉语、汉字。在西汉南越王墓的墓主人胸腹位置发现了一枚龙钮"文帝行玺"金印。南越国第二代王生前自封"文帝"，并私自铸玺，因此这个墓的墓主人就是赵佗之孙、南越国第二代王赵眜。广西贵县罗泊湾西汉一号墓发掘的众多木器中，有一件字体为隶书的陪葬器物清单，记录了墓主人死后陪葬的物品名称，所列衣、食、用、玩、礼乐、兵器等有中原物产，也有本地产品；有一些器物身上留下有记重、记量的铭文，如"百廿斤""八斤四两""二斗二升""一斗九升"等。

广东广州西汉南越王墓出土龙钮"文帝行玺"金印

很多少数民族早先使用汉语、汉字来写作。例如我国南方的少数民族士人至晚三国时期已然，可以参考游国恩《南诏用汉文字考》，实际上可能比这个时间更早。不少民族仿照汉字创制自己的文字。周有光《世界文字发展史》："汉字的传播路线有三条。一条向南和西南，传播到广西壮族和越南京族，较晚又传播到四川、贵州、云南、湖南等省的少数民族（苗、瑶、布依、水、傈僳）。一条向东，传播到朝鲜和日本。一条向北和西北，传播到宋代的契丹、女真和西夏。"（第 104 页）汉族周边不少民族、国家仿照汉字或者受汉字非拼音式的创制方法的影响，创制了自己的文字。例如彝族，原来也称为"夷"，"彝"

是后来尊重民族意愿改的，它是个好字眼。彝族先民很早就接受了汉字文化的影响，仿照汉字创造了文字，叫"爨文"或"韪书"，今天通称彝文，彝文创制时代没有确切地考证出来，可能创始于唐宋时期，应是仿照巴蜀文字和中原古汉字，特别是六国古文创制的。可能在部分彝族地区一直沿用巴蜀文字，或者彝族地区出土了巴蜀文字，因此受巴蜀文字启发创制了彝文。现今发现最早的彝文是在贵州大方县的明代铜钟上，其铸刻有彝、汉两种文字。而巴蜀文字更多地保留着夏代及夏代以前的古汉字，所以彝文可能对释读巴蜀文字及汉族地区早于甲金文的器物上的符号有帮助。纳西族有东巴文，可能创制于唐宋时期，完善于明代，是仿照彝文和古汉字创制的。水族有水书，具体创制时间不详，也应该是仿照古汉字创制的文字。因此，有人以为东巴文、水书对释读汉族地区早于甲、金文的器物上的符号有帮助。据汉文文献记载，壮族至少在唐代就已经仿照汉字创制了壮文。白族曾借用汉字创制了僰文，也叫"古白文"，创制时间大约跟日本创制假名的时间相同，但白族汉化程度逐步加深，僰文使用范围有限，只见于南诏的字瓦、碑刻和一些佛经中。越南原来使用汉字，后来创造了喃字，又称字喃，是越南京族仿照汉字创造的文字，6 世纪开始盛行。

　　汉族北边的一些民族很早就产生了文字，国内早期操伊朗语族、突厥语族语言的民族应该采用了来自西域的摩尼字母，这是源自阿拉玛字母的一种草书体。在新疆的尼雅、楼兰发现过 3 世纪的佉卢文写本，在蒙古国的鄂尔浑河畔和我国西藏的拉达克、新疆的吐鲁番、甘肃的敦煌都发现过粟特文，在哈密、吐鲁番盆地及甘肃地区都发现过以粟特字母为基础创制的回纥字母，蒙古族原来采用回纥字母，后来根据藏文字母创制蒙古字母，满族人根据蒙古字母创制了满文，在西伯利亚、蒙古国、我国新疆发现过早期的突厥字母，维吾尔人采用阿拉伯字母，契丹小字是受回鹘文影响形成的表音文字。于阗曾并用汉字、佉卢文、于阗文三种文字。

匈奴直到西汉早期仍无文字，《史记·匈奴列传》："毋文书，以言语为约束。"当时匈奴汉化严重，有时会使用汉语、汉字，例如蒙古国首都乌兰巴托以西大约470千米处的匈奴龙城（在后杭爱省额勒济特县），在出土的汉代瓦当上可以看出有明显的"天子单于""天子单于与天毋极千万岁"的汉字字样，这说明匈奴使用了汉语、汉字。月氏本是我国西北的一支游牧民族，生活在河西走廊、祁连山、敦煌至新疆东天山一带，《逸周书·王会》《管子·轻重乙篇》作"禺氏"，《穆天子传》卷一还作"禺知"。月氏说的是汉语以外的语言，很早就跟其他民族融合，一部分月氏人可能汉化了。甘肃平凉曾发现新莽时期"月氏"铭货泉铜母范，钱面阳文篆书"货泉"二字，背面铸有铭文"月氏"二字，表明月氏曾经使用汉语、汉字。

蒙古国出土汉代"天子单于"瓦当

甘肃平凉出土新莽时期"月氏"铭货泉铜母范正背面

羌人创制文字的时间也很晚,《魏书·宕昌羌传》:"宕昌
羌者,其先盖三苗之胤,周时与庸、蜀、微、卢等八国从武王
灭商,汉有先零、烧当等,世为边患。其地东接中华,西通西
域,南北数千里,姓别自为部落,酋帅皆有地分,不相统摄,宕
昌即其一也。俗皆土著,居有屋宇,其屋织牦牛尾及羖羊毛覆
之……皆衣裘褐。收养牦牛、羊、豕以供其食。父子、伯叔、兄
弟死者,即以继母、世叔母及嫂、弟妇等为妻。俗无文字,但候
草木荣落,记其岁时。"这里说宕昌羌"其先盖三苗之胤",应
该是后原始汉族的"三苗"入主羌地,后来三苗后裔中原汉语
化,连带三苗境内的真正的羌族人也就被说成是"三苗之胤",
真正的羌族人说的不是汉语,而是一种民族语言,也没有文
字。宕昌羌应该就是后来的党项羌,《新唐书·西域传上》:"无
文字,候草木记岁。"到了北宋景祐三年(1036 年),党项羌仿
照汉字创制了西夏文。

尼泊尔采用印度字母创制了尼泊尔文,在尼泊尔,属于
藏缅语族的少数民族尼华尔人的字母接近孟加拉文。缅甸、

泰国、柬埔寨、老挝以及我国傣族文字等都是受印度字母的影响创制的。我国藏族在唐代才有文字,《新唐书·吐蕃传》:"其吏治,无文字,结绳齿木为约。"吐蕃在唐代时主要仿照克什米尔的天城体创制了藏文,有人说在西藏象雄王朝时期已经有了文字,后来的藏文是在象雄文字的基础上改进的,但没有找到可靠的证据。藏文影响了蒙古等民族文字的创制,锡金的勒佳字母也是仿照藏文创制的,锡金语亦称菩提亚语,是一种南部卫藏方言。人们曾在古代遗物中发现一种南文(Nam),据研究,可能是我国新疆南部的一种氐羌人的文字,它的语言结构和文字形式接近西藏文。缅文是一种婆罗米系文字,主要用来书写缅甸语,它由孟文改造而成。缅甸有孟族,有人说是最先从中国内地进入缅甸境内的孟高棉语族中的主要民族,他们在公元前 2000 年前后进入缅甸境内,最后定居在下缅甸的东南部一带。孟文是孟族的文字,它是一种拼音文字。据文字学家考证,孟文是从南印度帕瓦那字母演变而来的,据说,4 世纪后孟文被大量地应用于碑铭,但传下来最早的文献是 11~12 世纪的碑铭。可见,孟文、缅文的出现都远远晚于汉字,跟汉字不是一个系统的文字。缅甸的标人说一种藏缅语,他们据印度字母创制国标文字母,但标语大约在 600 年前消失了。缅文字母在 1832 年被克伦人采用,成为今天缅甸的一种文字。泰语(暹罗语)、寮语(老挝语)、仂语、亨语,缅甸北部和南部的语言,我国云南的掸语、卡姆底语、阿洪姆语,以及我国的傣语都是同一个语族分化出来的语言,它们的文字都是受印度字母影响产生的,使用泰文字母的最古文献是 1292 年的苏可台石碑;寮文字母是最早的泰语文字,据说是在孟文基础上创制的。印度字母影响到西域的字母创制，因为没有人认为西域的龟兹、焉耆、和田的语言跟汉语同源，所以这里不讨论了。

在我国北方，尤其是西北，有的民族仿照阿拉马字母等拼音文字系统创制了文字，有些民族创制文字的时间还很早。不过，一般都认为这些民族跟汉族没有同源关系。《魏书·蠕蠕传》："蠕蠕，东胡之苗裔也……无文记，将帅以羊屎粗计兵数，后颇知刻木为记。"契丹是东胡后裔，契丹首领耶律阿保机在907 年建立契丹国，不久建立辽朝（916~1125 年），先于920 年创制了契丹大字，不久又创制了契丹小字。可能在契丹创制文字之前，粟末靺鞨建立渤海国时已经创制了渤海文字，也是仿照汉字创制的，渤海国瓦当上出现过这种渤海文字，据说民间有人藏有用渤海文与汉字编写的双语字典。靺鞨也是满族的祖先，肃慎的后裔，金代叫女直人，金太祖时创制了女直文（宋、辽时期女真又作"女直"），这种文字参考了契丹文和汉字的创制方式，后来废弃不用。1599 年清太祖努尔哈赤命额尔德尼和噶盖二人参照蒙古文字母创制满文，称为无圈点满文，俗称老满文；1632 年清太宗皇太极令达海对这种文字进行改进，改进后的满文俗称有圈点满文。

总体来说，汉字是世界上最早创制的文字系统之一。汉字创制时，周边其他民族还没有文字。关于汉字的传播，陆锡兴《汉字传播史》有详尽的搜罗和论证，可以参看。

上述各族，有的不属于人们所说汉藏语系的范围，有的属于汉藏语系范围，但是他们创制文字的时代，都远远晚于汉字。理论上，这些被人们认定为"原始汉藏语"的民族，要么并不跟汉族、汉语同源，要么同源，只有这两种可能性。如果真有所谓原始汉藏民族的话，那一定是汉字创制之前就已经跟汉族分道扬镳了。我们很难想象：汉字创制时，它们还跟汉族是一个民族，汉族沿用了汉字，而这些民族完全将汉字抛弃，过一种前文明时期的生活。

如果贾湖遗址发现的符号是汉字的话，那么汉字的创制就有 8000 年的历史。这些符号即使不被看作是文字符号也没有关系，也能从符号本身看出汉族与周边民族不是一个族属，因为这些符号具有汉族地区的独特性。如果是这样的话，那么据考古发现最早的汉字完全可以证实，汉族独立为族至少距今有 8000 年的历史了。如果在 8000 年前这些少数民族跟汉族是同一个民族，后来才分化为不同民族，那么民族地区也会有这种文字发现，但是迄今在民族地区却没有找到这种证据。有人坚持汉藏同源，而且坚持汉藏"分家"是很晚的事，但是将这种有巨大差异的文化现象都置之不理，这是不可取的。

（二十七）乐器

有些乐器是汉民族独有的乐器。传统有所谓"八音"之说，八音是汉族祖先独特的乐器。《书·舜典》："三载，四海遏密八音。"旧题孔传："八音：金、石、丝、竹、匏、土、革、木。"《周礼·春官·大师》："皆播之以八音：金、石、土、革、丝、木、匏、竹。"郑玄注："金，钟镈也；石，磬也；土，埙也；革，鼓鼗也；丝，琴瑟也；木，柷敔也；匏，笙也；竹，管箫也。"

笛子在我国汉族地区至少有 8000 年的历史。贾湖遗址出土了 18 只 7 音孔、8 音孔骨笛，保存完整的可吹出各种曲调。根据碳同位素碳 -14 测定和树轮矫正，测定骨笛距今约 7920 年。骨笛制作精细，形制固定，音孔开设似经周密计算，有的已修改设计重新刻记，有的钻有调音小孔。我国后世中的竖笛也是 7 孔，跟贾湖遗址 7 孔骨笛一脉相承。距今7400~8200 年的内蒙古敖汉旗兴隆洼遗址也发现了一支长170 毫米的骨笛，是用大型飞禽骨头做成的，能准确奏出八度音域内七个基本音级，发出四种音列。距今约 7000 年的浙江河姆渡出土过数十件骨笛，它是用鸟禽类的肢骨中段制作的。距今 6955~7790 年的河南汝州中山寨遗址的骨笛出土时音孔残存 9 个，分别为 5 孔与 4 孔交错为两排，由鹤类肢骨钻孔而成，可能是定音的标准音管。距今约 5000 年的山东莒县陵阳河遗址出土了一件笛柄杯，是目前见到的唯一一支陶笛，陶笛为酒杯状，细直柄，中空，柄对侧各有一孔，可吹奏四个不同音质的乐音，音响与竹笛音质相似，具有乐器与酒器双重功能。这些骨笛、陶笛可能不仅仅用来奏乐，它可能还有帮助候气定月份、节候的功效。古人将苇膜烧成灰，放在笛子里面，到某一节气，相应笛子里面的灰就会自动飞出，就可以借此预测节气的变化。

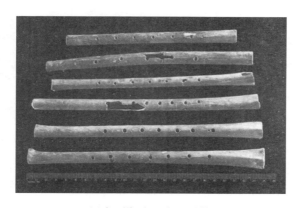

河南贾湖遗址出土骨笛

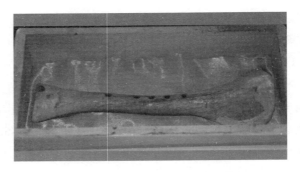

内蒙古敖汉旗兴隆洼遗址出土骨笛修复后

这些发现，比美索不达米亚的乌尔古墓出土的笛子，以及古埃及第一王朝时期陶制器皿状的笛子、在化妆版上刻画的类似后世阿拉伯竹笛的笛子出现的时间都早。希腊曾出土过 6000 年前的笛子，比我国出土的要晚 2000 年。据说，在德国境内出土了一件大约 3.5 万年前的骨笛，是人类迄今发现的年代最为久远的乐器。

山东莒县陵阳河遗址出土笛柄杯

埙在我国汉族地区至少有 7000 年的历史。浙江余姚河姆渡遗址出土了陶埙，呈椭圆形，只有吹孔，无音孔，是目前所知最原始、最早的吹奏乐器，距今约 7000 年。西安半坡村的埙，距今 6700 年左右，有 1 个吹孔，1 个指孔，能奏出两个音，相互为小三度关系。山西万荣荆村遗址是新石器时代的文化遗址，出土了 3 个埙，1 个仅有吹孔，无指孔；一个有 1 个吹孔，1 个指孔；一个有 2 个指孔。在山东潍坊姚官庄、山西垣曲古城关东和垣曲丰村、太原市郊义井村、河南郑州大河村和安阳殷墟侯家庄遗址、甘肃玉门火烧沟遗址、安徽汪洋庙遗址、江苏邳县大墩子遗址均发现了新石器时代的陶埙，其形状各异，可见埙在新石器时代遍布汉族居住的地区。火烧沟遗址距今有 3700 年，出土了 20 多只陶埙，其形状如金鱼，大小如鸡蛋，上有彩绘，远比西安半坡遗址出土的陶埙精美，吹奏功能大幅度提升，玉门火烧沟出土的陶埙，已能吹出较为完整的五声音阶，与七音阶接近，音乐的表现力大大增强。河南辉县琉璃阁殷墟出土的埙，有 5 个音孔，能吹出一个完整的七声音阶和部分半音，汉代出现了 6 音孔的埙。

浙江余姚县河姆渡遗址出土陶埙

磬在我国汉族地区至少有 7000 年的历史。距今 6400~7200 年的内蒙古赤峰赵宝沟遗址出土了条形石磬。河南禹州阎砦龙山文化遗址出土的石磬，其形制类型在迄今为止发现最早的几例石磬中最为典型，由青石打制而成。山西襄汾陶寺文化遗址出土了距今 4000 多年的鼍鼓与石磬，石磬共 4 套 20 件。距今 3400~4000 年的内蒙古赤峰夏家店下层文化，出土了几十件石磬，例如喀喇沁旗先后就发现了 6 件。这些石磬形制同中原发现的石磬完全相同，最大的一件宽 57.5 厘米，高 34 厘米，厚 3.3 厘米，重 12.5 千克。四川广汉三星堆出土了成套的大石磬。河南洛阳徐阳墓地发现了一座春秋时期大墓，也出土了编磬等文物。湖北随州擂鼓墩的战国曾侯乙墓出土了大型编磬，编磬基本上都有铭文，铭文说明了编磬的乐理。

山西襄汾陶寺文化遗址出土鼍鼓与石磬

鼓在我国汉族地区至少有 8500 年的历史，原始的鼓有木鼓和土鼓两类，木鼓不易长久保存，今天见到最早的鼓都是土鼓。距今 8500 年的内蒙古敖汉旗木头营子村孟克河西岸一级台地上的小河西遗址，曾出土过一面陶鼓。河南临汝大张仰韶文化遗址出土的陶鼓，为原始陶鼓典型形制之一，距今已有 6000 年左右。距今 4000~6000 年的湖北枝江关庙山遗址出土了陶鼓、陶摇铃等陶质乐器。距今 3900~4300 年的山西襄汾陶寺文化遗址出土了鼍鼓，用鳄鱼皮蒙在鼓面上，一同出土的还有石磬，可进一步证实出土的的确是鼍鼓。距今 4500 年左右的甘肃永登乐山坪遗址出土了 7 件彩陶鼓，是单面鼓，造型别致，器身布满花纹。四川广汉三星堆出土了成套的青铜鼓。

鼓大约是乐器中最有代表性的，所以"樂"字是以鼓象征音乐的。《说文·木部》："樂，五声八音总名。象鼓、鞞。木，虡也。"段玉裁注"象鼓、

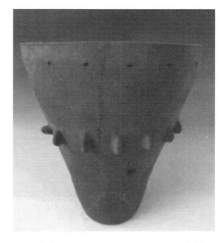

内蒙古自治区小河西遗址出土陶鼓

鞞"："象鼓、鼙，谓𢿨也。鼓大鼙小，中象鼓，两旁象鼙也。"鼙，是军队中用的小鼓。古人除了有大鼓，还有小鼓。小鼓的名目除了"鼙"，还有"柬"，是"引"的滋生词，《说文·申部》："击小鼓，引乐声。从申，柬声。"《玉篇·申部》："柬，弋振切。小鼓在大鼓上，击之以引乐也。"《周礼·春官·大师》："令奏鼓柬。"郑玄注："郑司农云：'柬，小鼓也。先击小鼓，乃击大鼓，小鼓为大鼓先引，故曰柬。'康成谓：鼓柬，犹言击柬。"有"应"，《诗·周颂·有瞽》："应田县鼓，鞉磬柷圉。"毛传："应，小鞞也。田，大鼓也。县鼓，周鼓也。鞉，鞉鼓也。"郑笺："田，当作柬。柬，小鼓，在大鼓旁，应鞞之属也。声转字误，变而作田。"可见周代鼓的分类比今天复杂得多。段玉裁注"木，虡也"："木，谓从木，虡也。《虍部》曰：虡，钟鼓之柎也。"虡是搁置钟、磬、鼓的横梁两侧的立柱。用小鼓的场合多一些，因此表示小鼓的词也多一些。原来小鼓搁置在横梁上，大鼓另

外搁置，早期古文字"樂"字"木"上没有描画大鼓的那个字形；后来工艺水平提高了，大鼓也可以摆在横梁上，于是就在"木"字上端正中位置加上描画大鼓的形体，就成了"樂"字。

鼓很早就传到了少数民族地区，距今约2600年的云南楚雄万家坝遗址出土了5件铜鼓，比晋宁石寨山等地出土的铜鼓形制更原始。楚雄的牟定、禄丰等县，都出土过万家坝型的铜鼓。广西贵县罗泊湾西汉一号墓发掘出一面倒置的大铜鼓，器物坑正中还放置了木制革鼓一面；在器物坑东坑的东部，放着由小铜鼓、铜鼓改制成的三足铜案，三足铜案上放置了彩绘铜盆、筒形铜钟和羊角钮铜钟等。贵州赫章曾挖出一件周身饰满花纹的夜郎时期的铜鼓。《后汉书·马援传》："援好骑，善别名马，于交趾得骆越铜鼓，乃铸为马式，还上之。"李贤注引东晋裴渊《广州记》："俚獠铸铜为鼓，鼓唯高大为贵，面阔丈余。初成，悬于庭，剋晨置酒，招致同类，来者盈门。豪富子女以金银为大钗，执以叩鼓，叩竟，留遗主人也。"《隋书·地理志下》"林邑郡"记载相同。

云南楚雄万家坝遗址出土铜鼓之一

广西贵县罗泊湾西汉一号墓出土翔鹭纹铜鼓

钟在我国汉族地区至少有 5000 年以上的历史。陕西长安县客省庄龙山文化遗址出土了距今 5000~6000 年的陶钟,陶钟有把,形似一把新石器时代的石方铲,中间掏空。西安斗门出土的陶钟,属于新石器时代的客省庄文化,距今 4000~4500 年。河南陕县庙底沟仰韶文化时期的陶钟,距今 5000~5900 年,形制与周代铜钟相近。距今 3900~4300 年的山西襄汾陶寺文化遗址出土了春秋晚期的铜纽钟 9 件。河南洛阳徐阳墓地发现了一座春秋时期大墓,出土了饕餮夔纹铜编钟等文物。湖北随州擂鼓墩的战国曾侯

陕西西安斗门镇遗址出土陶钟

乙墓出土了大型编钟，是我国迄今发现数量最多、保存最好、音律最全、气势最宏伟的一套编钟，钟笋、钟钩、钟体共有铭文 3755 个字，内容有编号、铭记、标音及乐律；镈钟镇部镌刻有 31 字的铭文，这些都有力地证明了曾国在当时是说汉语的国家。钟后来传到民族地区，广西贵县罗泊湾西汉一号墓发掘出的铜三足案上放置了筒形铜钟和人面纹羊角纽铜钟。战国中期（公元前 465±75 年）云南祥云大波那遗址出土的乐器则有铜鼓、编钟。

河南洛阳徐阳墓地出土饕餮夔纹铜编钟

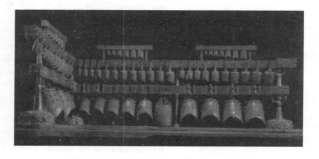

湖北随州擂鼓墩出土曾侯乙编钟

根据考古所发现的最早的汉族地区特有的乐器完全可以证实，汉族独立为族距今至少有 8000 年的历史了。如果在 8000 年前这些少数民族跟汉族是同一个民族，后来才分化为不同民族，那么民族地区也会有这些早期乐器的发现，但是迄今却没有在民族地区找到这种早期文化的考古证据。

（二十八）铜器

中国的金属器物制造工艺是独自起源，还是从中亚、西亚传播过来的，学界有分歧意见。有人认为我国不一定是最先制作金属的国家，其中青铜制作技术可能来自中亚、西亚。古巴比伦两河流域出土了距今 6000 年前的青铜器，苏美尔文明时期雕有狮子形象的大型铜刀是当地早期青铜器的代表。

距今 5000 年左右的湖南七星墩遗址出土了石镞、玉器，还出土了铜矿土和疑似的冶炼用具，至少有 4000 年的历史。据古书记载，我国在夏代之前就掌握了部分金属的制作工艺。《书·禹贡》："海岱惟青州……岱畎丝、枲、铅、松、怪石。"又："淮海惟扬州……厥贡惟金三品。"旧题孔传注"金三品"："金、银、铜也。"又："荆及衡阳惟荆州……厥贡羽、毛、齿、革惟金三品。"又："华阳、黑水惟梁州……厥贡璆、铁、银、镂、砮、磬。"旧题孔传："镂，刚铁。"这里的"铅"指金属铅，一种软金属，孔疏："铅，锡也。"因为"铅、锡"两种金属性能接近，所以孔疏这样解释，《说文·金部》："锡，银铅之间也。从金，易声。""铅，青金也。从金，台声。"《诗·卫风·淇奥》："有匪君子，如金如锡，如圭如璧。""锡"在金文中出现了，但都是假借义。"铅"这个字出土文献中没有出现，但传世文献证明当时有这个字。据《禹贡》，金、银、铜、铁、锡、铅等金属在夏代之前都已经被先民发现或制作了。先民还发现铁有刚硬、不刚硬之分，刚硬的铁可以用来刻镂，叫"镂"。

据《管子·地数》，很多金属甚至在黄帝以前就已经发现、制作了，先秦人对如何寻找金属有一些很直观的见解。《地数》载管子语："出铜之山，四百六十七山；出铁之山，三千六百九山。此之所以分壤树谷也，戈矛之所发、刀币之所起也。"又："黄帝曰：'此若言可得闻乎？'伯高对曰：'上有丹沙者，下有黄金；上有慈石者，下有铜金；上有陵石者，下有铅、锡、赤铜；上有赭者，下有铁。此山之见荣者也……修教十年，而葛卢之山发而出水，金从之。蚩尤受而制之，以为剑、铠、矛、戟，是岁相兼者诸侯九。雍狐之山发而出水，金从之。蚩尤受而制之，以为雍狐之戟、芮戈，是岁相兼者诸侯十二。故天下之君顿戟一怒，伏尸满野。此见戈之本也。'"又："管子对曰：'山上有赭者，其下有铁；上有铅者，其下有银。一曰："上有铅者，其下有鈆银；上有丹沙者，其下有鈆金；上有慈石者，其下有铜金。"此山之见荣者也。'"《吕氏春秋·精通》也说："慈石招铁，或引之也。"高诱注："石，铁之母也。以有慈石，故能引其子。石之不慈者，亦不能引也。"由先秦出现"慈石"一词，可知先秦早已发现了铁，因为磁石在金属中只能吸引铁。

距今 6500 多年的陕西临潼姜寨遗址曾出土一件半圆形残铜片，经鉴定是黄铜。距今 6000~6700 年的西安半坡遗址的一座墓葬中发现过 1 块铜片，经分析，是 1 块铜镍合金的白铜。距今约 5000 年的甘肃东乡林家马家窑文化遗址出土了青铜刀，该遗址还出了 3 块含铜、锡、铅、铁的铜渣；距今

4020~4320 年的永登县蒋家坪遗址出土了马厂类型的铜刀。距今 4014~4072 年的河南登封王城岗遗址发现的一片青铜器残片，可能是铜鬶的腹，还有袋状足的残片，该铜片系由锡铅青铜铸造而成。距今 3550~3770 年的河南偃师二里头遗址出土了上百件青铜。考古人员将该遗址的文化层次分为 4 期，青铜器大部分属于第 3 期。在这个遗址的晚期堆积中，曾发现过一些小件青铜器，后来在第 3 期堆积层中页出土了 1 件青铜容器——爵。该遗址的青铜器包括刀、锛、凿、锥、鱼钩等工具，戈、戚、镞等兵器，以及爵、斝这 2 种礼器，乐器单翼小铃和装饰品兽面铜牌；还发现了铸铜的坩埚、陶范、铜渣等。在东下冯遗址发现了用来铸器的石范。据测定，其中 1 件铜爵的合金成分为铜 92%，锡 7%，属于典型的锡青铜。

在少数民族地区，考古工作者在通天洞遗址发掘到距今 3500~5200 年的金属器物，铁器有铁刀，铜器有铜镞、铜锥，这是新疆境内发现的年代最早的金属器物。

西藏高原迄今为止发现的年代最早的青铜器是 1 枚青铜箭镞，属于时代较早的铜镞，出土于距今 3500~4000 年的拉萨曲贡遗址，有人以为这枚铜镞应系本地铸造，和中原地区早期青铜的铸造配料方法相同，是冶炼得到的，不是自然的铜。在该遗址的一批春秋时代石室墓中，其 M203 墓坑内北端中部，出土了一件铁柄铜镜，与我国黄河流域、长江流域唐宋以后所出的带柄铜镜不属于同一个大的文化系统，很可能是来自中亚或南亚，以新疆为中介，传入西藏高原。距今 3000~3400 年的堆龙德庆县嘎冲村遗址中发现了西藏先民早期冶炼的铁块残存，还有铁渣子。

商周时期，青铜器已经传到西南地区，贵州毕节青场瓦窑遗址出土了商周时期 1 件铜手镯的残件；威宁中水遗址鸡公山山顶的一处祭祀坑内也发掘出和铜手镯同时期的铜锛。这 2 件青铜器是目前贵州发现时代最早的青铜器。广西目前发现最早的青铜器是商代晚期的，著名的有武鸣县和兴安县出土的铜卣，有明显的中原文化色彩，应是从中原内地传来的。可能从西周开始，广西就能铸造青铜器。武鸣县马头乡元龙坡遗址发掘了一批西周至春秋时期的墓葬，出土了不少地方特色浓厚的铜器，同时出土了一批与此相关的砂石铸范，是本地铸造青铜器的铁证。这批墓葬距今 2530~2960 年，时代上限是西周，下限是春秋时期。

根据考古发现的汉族地区最早的特有的铜器完全可以证实，汉族独立为族距今至少有 6500 年的历史了。如果在 6500 年前这些少数民族跟汉族是同一个民族，后来才分化为不同民族，那么民族地区也会有这些早期铜器的发现，但是迄今却没有在少数民族地区找到这种早期的文化考古证据，尤其在人们认定的属于"汉藏语系"的少数民族地区。

（二十九）铜镜

古人起先大概是用器皿盛水，通过水的反光来照看自己的脸。这应该在木盆和陶盆发明之后能做到；至于盆发明之前，要照看自己的脸，只能利用天然的静水。

后来汉族先民学会了制作铜镜，铜镜的制作技术可能是从西域引进过来的，具体地说，可能是西亚传过来的，但没有定论。在西域，发现了一些很早的铜镜。哈密天山北路墓地是青铜到铁器时代东疆的一处重要文化遗存，该地连接着甘青地区与欧亚草原，跟中原文化交流频繁，该遗存的年代据推断是在公元前 19~前 13 世纪，出土了 100 多面铜镜。

新疆哈密天山北路墓地出土铜镜之一

甘肃临夏齐家坪墓地出土了一面距今 4130±105 年的铜镜，齐家坪文化遗址还出土了琮、璧、环、璜、钺、刀、璋等汉民族的玉制礼器，可见这是汉族的墓地。距今 4100~3600 年的青海海南藏族自治州尕马台 M25 号墓也出土了距今 4000 多年的一面保存较好的七星纹铜镜，该铜镜挂在一具男性墓主人尸体的胸部。尕马台墓地跟齐家墓地属于同一个文化类型。镜背面的三角纹图案同于龙山文化陶器的三角纹，跟商代早期青铜器上的花纹也有相似之处，可见这面铜镜上与汉族地区新石器时代、下与商周青铜器文化都有密切联系；因为此镜有柄，而有柄是西亚、埃及、希腊、罗马为代表的圆板具柄镜的特色，所以七星纹铜镜的制作可以认为受到了西域文化的影响。距今 3600~4100 年的甘肃张掖西城驿遗址出土了石质镜范，属西城驿文化末期，年代在距今 3700 年左右，是东亚地区最早的与铜镜铸造有关的遗物。距今 3700 年的甘肃玉门火烧沟遗址出土了属于四坝文化的铜镜。这些铜镜是原产于我国西北，还是从西域传过来的，还有待研究。

青海海南藏族自治州尕马台 M25 号墓出土七星纹铜镜

距今 3550~3770 年的河南偃师二里头遗址出土了嵌绿松石的圆形铜片残件，有人认为是铜镜，也有学者推断其中形体稍大者可能是某类宗教人物在进行某些仪式性活动时所持的法器，稍小者可能固定在某种木质材料上，是先民服饰上的佩物；还有人认为是铜镜，但是从中亚地区的巴克特里亚·马尔吉阿纳文明体（BMAC）的农业区传播过来的。河南安阳殷墟妇好墓中出土了 4 面距今 3000 多年的纹饰铜镜，铜镜在当时可算是奢侈品，中原地区出土的夏商时期的铜镜极少，算上妇好随葬的这 4 面，总共只有 7 面。这 7 面铜镜，都是贵族用器。有人说，殷墟的铜镜非本地所出，是西北地区传过来的。西周时期的铜镜只在十多处墓地发现过, 东周时期的铜镜在中原地区发现的仍然很少, 考古发现的春秋时期的铜镜开始增多, 尤其以楚国的发现居多, 此时铜镜逐步成为照面饰容的主要器皿, 制作工艺越来越纯熟, 制作的铜镜越来越灵巧, 形体轻灵, 纹饰精致、种类多样, 具有极高的工艺水平, 携带方便。在河南三门峡地区, 断断续续出土了数以千计的铜镜, 年代较早的是在上村岭虢国墓地出土的虺龙纹镜, 其时代大致在西周末年到春秋初期。在三门峡地区出土的铜镜中, 汉代铜镜占到总量的四分之一。战国以后铜镜开始普及, 多地都有铜镜出土, 具体样式增多, 做工更趋精细。此后, 铜镜一直成为古代最重要的照面工具。

河南安阳殷墟妇好墓出土四面纹饰铜镜

在汉代的考古遗址中发现了数以万计的铜镜, 山东临淄阚家寨遗址发现了距今 2000 多年的西汉时期的铜镜铸造作坊，证明秦汉时临淄一带是铜镜的一个制作中心。明清时期，近代玻璃出现，作为一种文化现象的铜镜逐渐废弃不用了。我国最早的玻璃镜子出现在明代，是由传教士从欧洲带来的。

铜镜引进汉族地区以后，汉族地区的先民制作铜镜的工艺逐步精致化，到达炉火纯青的地步，此后铜镜在汉族地区逐步由北往南传播。在四川，已经发现了战国时期的铜镜，可能是从楚地传播过来的。在广东，广州象岗西汉南越文王墓出土了 39 面铜镜，广西贵港、合浦、梧州、贺州等地也发现了汉代铜镜。西汉以后，中国铜镜传到了日本、中亚、俄罗斯远东地区、蒙古国、阿富汗、西亚各国、越南和东南亚一带。例如蒙古国后杭爱省温都乌兰县境内的高勒毛都 2 号墓地发现了典型的汉代铜镜，这样的发现多在原来的西域地区，有些铜镜上面还写了汉字。

西藏曲贡村石室墓首次发现了西藏地区不晚于汉代的铜镜，有人推测是在春秋战国时期，西藏的铜镜可能是西北汉族地区传过去的；距今 1800 年左右的札达县城西郊曲踏墓地出土了短柄铜镜。

如果汉藏真的同源的话，那么铜镜是汉族独立成族以后的文化现象。汉藏诸民族除汉族外，其他民族的铜镜都不可能是遗留原始汉藏民族的文化遗留现象，只能是后来文化传播的结果。应该说，基本上是汉地传播过去的。

（三十）针砭

针砭之术可能在世界多地有独立的起源，不一定是互相传播的结果。在东亚一带，针砭技术先发生在汉族聚居区。

据《说文》，"针、砭"本义不同，"针"是缝衣针，"砭"是治病的针。《金部》："鍼，所以缝也。"《竹部》："箴，缀衣箴也。"鍼、箴，可以看作同词异字，其中"箴"字反映了人们在早期使用竹枝做缝衣针。《石部》："砭，以石刺病也。"

《说文·火部》："灸，灼也。从火，久声。"这是为针灸的"灸"一词造的字。据段玉裁注，"久"既是声旁，也是兼表意的。在出土文字资料中，"灸"出现较晚，但战国时期已见。

据《说文》，"久"应该是"灸"的古字。但"久"字在出土文献中的出现时间远不如传世文献早，出土文献中，"久"字在战国时期才出现，例如湖北睡虎地秦墓竹简中"久"作"灸灼"讲；传世文献中，《诗经》《论语》《左传》等早已有"久"字，《诗经》中从"久"声的"玖、疚"等字都出现了。由此可见出土文献的局限性，好多字出现于传世文献，但在出土文献中一直没有发现，显然不能据此以为凡没有在出土文献中发现的字，一定在当时都没有出现，传世文献中出现该字都是后人改的。这是必须引起重视的事。《说文·久部》："久，以后灸之，象人两胫后有距也。《周礼》曰：'久诸墙以观其桡。'"可见"久"是个象形字，画的是将针灸扎入人体后部之形；许慎说"久"字形中有"象人两胫"者，字形分析不太准确，杨树达《积微居小学述林》卷二《释久》说"久"字末笔之上的字形象"卧人"，末笔"象以物灼体之形"，他的说法有道理，末笔应该是艾棒或针灸的形状。《睡虎地秦墓竹简·封诊式·贼死》："男子丁壮，析（皙）色，长七尺一寸，发长二尺；其腹有久故瘢二所。"有人说这里的"久"是"灸"的古字，殆是。马王堆医书《足臂十一脉灸经》《脉法》（分别见马王堆汉墓帛书整理小组《五十二病方》，文物出版社，1979 年，第 3~9、21~22 页)、《武威医简》(张延昌主编《武威汉代医简注解》，中医古籍出版社，2006 年，第 10 页) 均有 "久" 用作 "灸" 的例句。

《说文》引《周礼》"久诸墙以观其桡"，这个 "久" 是引申义，指支撑。徐锴《系传》作 "从后灸之"："久，今言灸，以艾注之也。" 段注："'久、灸' 叠韵。火部曰：'灸，灼也''灼，灸也'。'灸' 有迫箸之义，故以 '灸' 训 '久'。《士丧礼》：'鬲幂，用疏布久之。' 郑曰：'久读为灸，谓以盖塞鬲口也。'《既夕》：'苞筲甒皆木桁久之。' 郑曰：'久读为灸，谓以盖案塞其口。' 此经二 '久' 字，本不必改读，盖 '久' 本义训 '从后距之'。引伸之，则凡距塞皆曰久。郑以 '久' 久多训长久，故易为 '灸' 以释其义。《考工记》：'灸诸墙以眡其桡之均。' 郑曰：'灸犹柱也。以柱两墙之间。' 许所称作 '久'，与《礼经》用字正同。许盖因经义以推造字之意，因造字之意以推经义，无不合也。相距则其必迟，故又引伸为迟久。迟久之义行而本义废矣。" 段氏讲了 "久" 从本义到引申义之间的引申线索，他说长久的 "久" 由 "针灸" 义引申而来，值得重视。

《山海经·东山经》："又南四百里，曰高氏之山，其上多玉，其下多箴石。" 郭璞注："可以为砭针治痈肿者。"（据毕沅校）高氏之山，在今山东境内。《黄帝内经·素问·异法方宜论》："故东方之域，天地之所始生也，鱼盐之地，海滨傍水。其民食鱼而嗜咸，皆安其处，美其食。鱼者使人热中，盐者胜血。故其民皆黑色疏理，其病皆为痈疡，其治宜砭石。故砭石者，亦从东方来。" 由《山海经》《黄帝内经》《管子》《韩非子》《战国策》以及出土的西汉以前的简牍帛书可以知道，早在先秦两汉，我国汉族地区的医学已经达到极高的水平，针砭之术很发达，马王堆医书《脉法》已有"砭法"治病的较为详细的说明。（参看马王堆汉墓帛书整理小组《五十二病方》，第21~22 页）很显然，这是汉族地区长期以来医疗实践的积累所带来的成就。

"砭"从石，反映最早的针砭之术是用石针，这可能折射出针砭术是在石器时代出现的治病方法，但史前考古资料很难证实。此外，还有骨针，不知道孰早孰晚。可能还有竹针，人们缝衣既然可以用竹针，那么也有可能用它来治病。至于金属制作的针，这显然是晚起的文化现象。我国发现最早的金属是铜，目前发现的早期铜器可早到仰韶文化半坡类型临潼姜寨遗址出土的黄铜片。距今 6600~6800 年的临潼姜寨遗址出土了2 件铜器，均为铜锌合金的黄铜。在距今 6000~6700 年的西安半坡遗址的一座墓葬的填土中发现 1 件铜片，是铜镍合金的白铜。距今 4600~5300 年的甘肃省临夏州东乡县林家遗址出土了 1 件青铜刀。后来，铜器在中国北方地区被广泛地发掘出来，比较重要的有甘肃永登蒋家坪遗址的铜刀、山西襄汾陶寺遗址的铜铃、河南登封王城岗遗址的铜器残片、山东胶县三里河遗址的铜锥、山东日照尧王城遗址的铜渣等。从这个角度说，石针的出现应该距今 6000 年以上。

距今 7000~8000 年的浙江萧山跨湖桥遗址发现了一件陶釜，盛有一捆形状相近的植物茎枝，茎枝之间不夹杂泥巴，与底腹的接触面十分清爽。考古人员推断，这捆植物茎枝在丢弃前就在釜内，茎枝紧密地粘在一起，符合茎枝被煮软后的特点；陶釜外壁被烟熏火燎过，可能是丢弃的煎药罐，里面的植物茎枝应是药草。这应该表明，早在 7000~8000 年前，我国汉族地区已经煎煮草药治病了。针砭疗法就是在汉族先民长期观察和经验积累的基础上产生的，远较少数民族地区为早，对比起来，针砭疗法的起源可能比使用药草以及煎煮草药治病还要早。

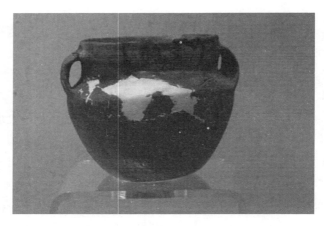

浙江萧山跨湖桥遗址出土陶釜

跟周边的少数民族地区相比，汉族地区是最早发明针砭的地区，但在墓葬中发现的不多，借助石材和火、艾叶治病，来源应该很古老。《汉书·艺文志》："医经者，原人血脉经落骨髓阴阳表里，以起百病之本，死生之分，而用度箴石汤火所施，调百药齐和之所宜。至齐之得，犹慈石取铁，以物相使。"颜师古注："箴，所以刺病也。石谓砭石，即石箴也。古者攻病则有砭，今其术绝矣。"可见唐代以前，箴石治病的方法已经失传了，失传的时间还可以往前追溯一点，据古书，至晚南北朝已然。《南史·王僧孺传》载："僧孺工属文，善楷隶，多识古事。

侍郎全元起欲注《素问》，访以砭石。僧孺答曰：'古人当以石为针，必不用铁。《说文》有此"砭"字，许慎云："以石刺病也。"《东山经》："高氏之山多针石。"郭璞云："可以为砭针。"《春秋》："美疢不如恶石。"服虔注云："石，砭石也。"季世无复佳石，故以铁代之尔。'"可见王僧孺时已经没有砭石了，代之而起的是铁砭，懂中医的全元起都不知道"砭石"是怎么回事，王僧孺因为"多识古事"，所以把自己所掌握的有关砭石的知识告诉了全元起。

据目前的考古发现，汉族地区至晚在新石器时代就已经发明了砭石和针灸，从东至西，从南至北，各个地区都有发掘。距今 27000~34000 年的北京市周口店龙骨山北京人遗址顶部的山顶洞，分为洞口、上室、下室和下窨 4 部分，上室是山顶洞人居住的地方，在这个文化层中发现有婴儿头骨碎片、骨针、装饰品和少量石器，骨针是用来缝纫的。距今 7000~8000 年的湖北宜都城背溪遗址出土了骨针、骨锥、骨片等骨器，可能主要用来制作生产工具。距今 6000 年以上的湖北长阳出土了 1 件用于缝纫的稀世骨针，长 5.8 厘米，两头扁平，都有尖锋，中段略呈椭圆形，长径 2 毫米，短径 1.5 毫米。针的尾部两面各有一长 3.6 毫米，宽 0.8~1 毫米的条形浅槽，槽中凿出圆形针鼻，孔径 0.7 毫米，只能穿引很细的棉麻线或丝线。距今 5000~6000 年的四川巫山大溪文化遗址的墓葬中，出土了两枚骨针，尖端锐利、针体光滑。在几座墓里还发现龟甲，可见反映的是汉族文化。距今 4500~6000 年的江苏邳州大墩子遗址中，曾发现有 8 枚骨针，其中 6 枚骨针和一些骨锥被放在一副龟甲内，有人推测，这些骨针与骨锥是古代巫医所用的医具。距今 4000 多年的四川西昌新庄遗址出土了青铜权杖、戈、手镯及类似中医针灸的十余枚砭针，砭针的出土为了解古代中医针灸技术提供了实物资料，该遗址反映的文化跟与四川毗邻的湖北、陕西有共同处，应是汉族先民的文化，其中有些器物，如柳叶青铜剑，跟成都地区出土的柳叶青铜剑形态十分类似；出土的青铜戈，与湖北武汉盘龙城商代遗址、陕西宝鸡地区西周墓出土的青铜戈非常类似，表明新庄遗址是汉族先民的遗址。河南安阳殷墟大司空村 213 号墓葬出土一件骨管，骨管中盛有 4 枚骨针，骨针两端都是尖状的，很可能是用于医疗的针刺器具。在西藏西部夏达错遗址发现了 8000 多年前的，青藏高原最早的磨制石针，可能是用来缝纫的，跟砭石不是一回事。

能够用来制作砭石的石材不容易找到，它必须锋利、坚韧，便于切割和针刺，所以《山海经》特地说"高氏之山"的山下"多箴石"。山东莒县陵阳河遗址出土了距今 4800 年的砭石，长 6 厘米，宽 1 厘米，前尖锋利，中为方棱体，后部为圆形。河南新郑韩城遗址曾发现一枚战国以前的砭石，砭石的一端是卵圆形，可以用作按摩，另一端是三棱形，可以刺破皮肤排放脓血。在山东日照两城镇距今 4400~4600 年的龙山文化遗址的一个墓葬里，发现过两根殉葬的砭石，尖端为三棱锥形和圆锥形，可用它们放血，调和经气。《黄帝内经》所说"故砭石者，亦从东方来"，《山海经》记载的"其下多箴石"的"高氏之山"也在山东境内，从这项考古成果来看，两部古书的记载有其根据。河北藁城台西村商代遗址 M14 出土了一件石镰，可能是医疗器具砭镰，用于外科手术。湖南石门皂市商代遗址出土了一件砭针。内蒙古多伦县西临正蓝旗，北邻克什克腾旗，东部和南部分别跟河北的围场县、丰宁县、沽源县三县接壤，辽金以来一直是连接京畿与蒙古

高原门户的战略要塞，历史上是中原农耕文明和北方草原游
牧文明的结合部。1963 年，在古多伦县头道洼新石器时代遗
址中出土了一枚加工过的砭石，长约 4.5 厘米，一头扁平，呈
半圆形刀状，可用于切开痈肿，另一头呈锥状，可用作针刺，
中间的把柄为四棱形，但制作的具体时代不详。在郑州旮旯
王村遗址龙山文化层灰坑中出土过一件三棱形镵石，这个遗
址是龙山文化至商代的文化堆积遗址。此外，在郑州商代遗
址也发现一枚小剑形砭石，在徐州高皇庙遗址出土了殷商时
期的砭石。这都说明，汉族地区原来是用砭石疗病的，古书
的记载不误，一直到商周以后，都有这种考古发现。

河北藁城台西村商代遗址 M14 出土石镰

有的遗址还发现了陶针。在山东城子崖龙山文化遗址曾
发现了两根灰黑色陶针，该遗址是由龙山文化城址、岳石文化
城址和周代城址重叠而成，其中岳石文化城址是迄今为止发现
的唯一一座夏代城址。此外，广西少数民族地区也曾发现古代

陶针的踪迹，陶针疗病之法在今广西的壮族地区仍在沿用。

考古发现的骨针，有的是用来缝纫的，有的是用来做针灸的，可能还有别的用途。现在可以知道，作为缝纫的骨针，很早就已经出现。据说，生活在大约 1.7 万年前的北京周口店龙骨山的山顶洞人，已经能制造骨针，把兽皮缝成衣服。在山顶洞人遗址中发现了骨针和鹿的韧带，骨针的针身略弯，长 82 毫米，比火柴棒略粗，表面较光滑，一头是尖端，另一头有一个针孔；鹿的韧带可能是穿针的线，白而细，犹如生丝。距今 13500 年的广东清塘遗址发现较多不同类型的磨制骨角器，其中有一枚骨针，骨针置于一位少女骸骨旁，这枚骨针打磨得非常好，应该是用来缝纫兽皮衣物的。距今 5000 年的辽宁大连郭家村遗址出土了骨锥、骨针，可能主要用于纺织。

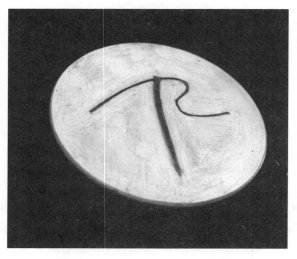

北京周口店龙骨山山顶洞人遗址出土骨针

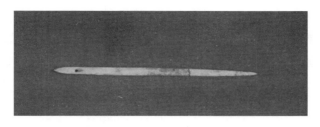

湖北长阳西寺坪大溪文化遗址出土精致骨针

我们看到，在周秦以后的墓葬中，都很难发掘出针灸相关的遗物，但偶尔也会发现几处。西汉中山靖王刘胜，一辈子喜好酒色，有子孙 120 余人，只活了 53 岁。河北满城西汉刘胜墓，陪葬品极为奢华，曾出土了"九针"，有 4 枚金针，5 枚银针，可能是刘胜生前享乐过度，因而多病，所以墓葬中有针灸用具。四川绵阳一座古墓中出土过一具长约半米的木质涂漆针灸人模型，比北宋王惟一的铜人早 1000 多年，是世界上最早的医学教学模型。在发掘湖北襄阳的 27 座东晋至隋唐时的砖室墓时，曾发现南朝时期的 1 枚银针，它是针灸用的针灸针，这在全国的考古发现里比较少见。针灸用具之所以很少在墓葬中看到，可能是因为，如果将针灸用具放置在墓葬中，那实际上是假定死者在阴间患病了，所以要用针灸治疗，这就不吉利了，这大概是墓葬中很少出现针灸的一个重要原因。推想起来，这种传统应来源久远，所以即使史前时期有针灸，也很少作为随葬品放到墓葬中。在我国黄河流域，在仰韶文化和龙山文化等文化遗址中出土了不少医用骨针。距今 7000~8000 年的河北磁山文化遗址发现了骨针，大小、粗细不一，值得注意的是，有的骨针没有钻孔，也就是没有针鼻，这种没有针鼻的骨针应是医用骨针。距今 4800~7800 年的甘肃天水市秦安县大地湾遗址，发掘出长短不一的各类骨针和骨锥，据研究，骨针除了缝制衣服，可能还用作原始的针灸，当然这些都需要继续证实。

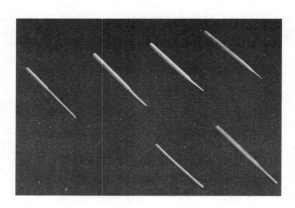

河北满城西汉刘胜墓出土金针、银针

四川绵阳出土西汉人体经脉涂漆木雕

汉族地区的针灸或早或晚传播到边疆地区。在广西隆安发现新石器时代的全套医疗用骨制针具，为针灸用针，也有扁刀口和铲状的外科手术用刀。针具磨制精巧，做工细腻，显示出高超的工艺水平。在桂林甑皮岩遗址、南宁地区贝丘遗址、柳州白莲洞遗址、宁明花山和珠山附近的岩洞里，都发现有骨针。这些骨针是否为壮族先民的专用医疗工具，尚需进一步考证，有人推测，它们可能是早期的针刺用具。广西武鸣县马头乡（今壮族聚居地区）西周末年至春秋古墓出土了2枚青铜浅刺针（其中1枚出土时已残断），有人推断是2枚浅刺用的医疗用针。在贵港市罗泊湾一号汉墓的随葬品中发现了3枚银针，它们的外部造型相似，针柄是绞索状，考古人员确认为医疗用针，这反映广西地区至晚在周代已使用医用骨针。云南省澄江县金莲山古滇墓群是东汉早期的墓葬群，发掘出土的疑似针灸用具，是滇文化考古中的首次发现，其制作较河北满城中山靖王刘胜墓中出土的针具更精细。藏族医学无疑很早就出现了，它的传世医书是唐代以后的，最著名的医书是8世纪宇脱·云丹贡布所著的《四部医典》，藏医深受汉族医学影响，它的火灸穴位中有许多穴位跟中医针灸的穴位几乎完全

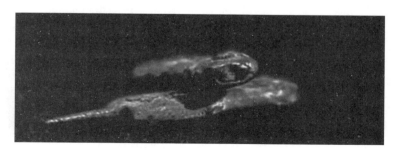

广西武鸣县马头乡古墓出土青铜针

相同，讲究望闻问切，但藏医自成一系，它的针砭治疗医术应是较晚时期自汉地引进并加以改进的，具有自己的独创。

在欧洲阿尔卑斯山上发现了一具距今 5000 多年的新石器时代的尸体，这就是所谓的"冰人"，尸体被冰雪覆盖，尚未腐化，从而保留了尸体主人生前的情况。欧洲的科学家们详细研究后发现："冰人"身上有很多文身图案，其中 15 处跟针灸穴位相合，相差不到 5 毫米。他患有严重的腰椎间盘突出的毛病，对腰疼穴道的位置进行过类似今天的针灸治疗。欧洲有人据此指出，中国人发明针灸的说法不准确，早在 5000 多年前，欧洲人就有了成熟的针灸治疗方法，针灸历史比中国更为悠久。但是这是孤证，不足以得出这样的结论，15 处文身图案跟针灸穴位相合，并不能推出那是针灸穴位；即使是，也得不出中国针灸传自欧洲的这唯一结论。从迄今为止的考古证据看，中国针灸疗法也有 4000~6000 年的历史，不一定比欧洲晚。

据考古发现的最早的汉族地区针砭完全可以证实，汉族独立为族距今至少有 4000~6000 年的历史了。如果 4000~6000 年前这些少数民族跟汉族是同一个民族，后来才分化为不同民族，那么少数民族地区也会有早期针砭的考古发现，但是迄今却没有在民族地区找到这种早期的确切无疑的考古证据。

（三十一）陶器和彩陶

据迄今为止的考古发现可知，世界上最早的陶器是在捷克南摩拉维亚州布尔诺出土的布尔诺女陶像，据考是公元前29000—前 25000 年制作出来的，不过对此可以有不同的分析，该文物不一定是后代陶器的前身，有人以为可能是一场大火以后自然烧成的，不一定是人有意加工形成的。由此看来，这一孤例不能作为世界上最早陶器的证据。世界其他地区考古发现的最早陶器分别有：我国江西省万年县仙人洞遗址，距今 19000~20000 年；日本青森县蟹田町无纹饰陶器，距今 14920~16520 年；土耳其贝尔洞穴遗址夹砂陶器，距今 9500~10500 年；印度最早的陶器，距今 9000~11000 年。阿尔及利亚等北非国家的最早陶器距今约 9000 年，欧洲最早的线纹陶距

捷克南摩拉维亚州布尔诺
出土女陶像

今 8500 年，南美洲最早的陶器距今 6300~7600 年，美洲中部和北美最早的陶器距今不超过 6000 年。

　　我国最早陶器是在汉族居住区发现的，南方出土陶器所反映的时代比北方早。据说，南方早期陶器均出土于长江以南、雪峰山以东的中国地势第三阶梯的丘陵地区，包括南岭以北的江南丘陵区（江西万年仙人洞与吊桶环、湖南道县玉蟾岩），武夷山以东的浙闽丘陵（浙江浦江上山、嵊州小黄山），南岭以南的两广丘陵区（广东英德牛栏洞和广西境内的桂林大岩、庙岩、甑皮岩及柳州鲤鱼嘴、邕宁顶蛳山）。江西万年县仙人洞遗址出土了 262 块陶器罐碎片，吊桶环遗址出土了 60 多片早期陶片，陶片的年代可以追溯到 19000~20000 年前。湖南道县玉蟾岩遗址出土了距今 17000~18000 年的陶片。广西桂林甑皮岩遗址第一期发掘了一件成形的陶器，距今 12000 年，有

人证实，这件陶器未经 250℃ 以上温度烧制过，所以是否为有
意识地制陶所致，尚待研究。浙江余姚井头山遗址出土了距今
8000 多年的陶器。处于闽西的漳平奇和洞遗址，出土了距今
9000~12000 年前的陶器，有釜、罐、盆（碗）、钵、盘等，这是
新石器时代早期的文化遗存，离奇和洞遗址 150 公里的明溪县
南山遗址第二期文化层距今 4800~5300 年，开始出现曲折纹、
旋涡纹等印纹纹样的陶器；到第三（距今 4300~4800 年）至
四期，陶器的印纹种类逐渐丰富，包括回形加点纹、栅篱纹、
方格纹、叶脉纹、席纹等。从第二期开始，出土的农作物有水
稻、粟（谷子）、黍（糜子）、大麦、大豆和绿豆等六个品种，以
水稻和粟、黍两种小米为主，这是汉族地区创立的物质文化，
由此不难看出那时汉族文化已经到达闽西。浦城（属闽北）猫
耳山遗址出土了约 4000 年前的黑衣陶。平潭壳丘头遗址距今
约 6500 年，出土的陶器以陶釜为代表，主要是生活用器，烧制
火候不匀，但纹饰种类不少。闽侯昙石山遗址距今 4000~5000
年，出土了大量陶器，有釜、壶、簋、豆、杯、碗等。陶鼎最少，
只有 3 件，陶釜最多，有 112 件，昙石山文化被考古界称为"陶
釜文化"，壳丘头和昙石山两处遗址发现的陶器是汉族先民创
造的，还是其他民族接受汉族影响而创制的，还无法断定，但
是不难看出，其中有汉族独特文化创造的器物，例如鼎。

　　北方的早期陶器多出土于华北平原西侧，处在从地势第
二阶梯向第三阶梯过渡地区的低山丘陵区域或丘陵外缘向平
原的过渡地带，重要遗址有山东临淄赵家徐姚遗址、河北阳原
于家沟、北京怀柔转年、北京门头沟东胡林、河北徐水南庄头、
河南新密李家沟等遗址，最早的陶器距今 11000~15000 年。赵
家徐姚遗址距今 11000~15000 年，其文化处于旧石器向新石器

过渡时期。在遗址中出土了动物骨骼、陶片、陶塑为主的遗物，也有少量的石制品和蚌壳制品，陶塑制品达 100 多件，制作工艺相对成熟。结合考古发现可以证实，以赵家徐姚遗址为代表的人群已处于农业起源的早期阶段。河南灵井许昌人遗址出土了早期陶片 91 件，对其中 58 件陶片研究后表明，灵井陶片的烧成温度较低，陶土中掺杂物差异大，陶片较厚，底部多为平底。大部分陶片表面没有纹饰，少量陶片为波状绳纹；经过对其中 7 件陶片上附着的碳残留物进行碳 –14 年代测定，可知这些陶片距今有 9305~10870 年，许昌人遗址是目前中原地区发现早期陶片数量最多、年代较早的遗址，处于旧石器时代末期。河南新密李家沟遗址有南、北两个发掘区，北区文化层厚约 3 米，共分 7 层，1~3 层为近代堆积；4~6 层为新石器时代早期堆积，发现数量较多的陶片、石制品和动物骨骼碎片；第 7 层为旧石器文化层，仅含打制石器。南区分 4 层，第 2 层为沙砾层，含零星陶片，与北区第 5、6 层是同期堆积。根据加速器碳 –14 测年，南区第 4 层的年代为距今 10300~10500 年（经树轮矫正），北区第 5 层和第 4 层的年代分别为距今 9000 年和距今 8600 年（均经树轮矫正）。河南淅川坑南遗址是一处旧石器时代遗址，发现一些陶片。考古人员对陶片特征进行综合观察，同浙江浦江上山遗址、河南新密李家沟遗址、河南舞阳贾湖一期文化出土早期陶片进行比较，初步认为第二层出土陶器残片可能稍晚于新密李家沟、早于舞阳贾湖一期；其绝对年代距今 9000~10000 年。结合南北两区发现的陶器，有人认为世界上最早的陶器出现在中国。

　　重庆玉溪遗址的下层文化遗存距今 6350~7844 年，出土了一些陶片；中坝遗址一、二期距今 4300~4600 年，第三期距今 4000~4300 年，也都出土了陶器。据巫山大溪及岷江流域文化遗址发现的陶器可证，巴蜀地区的陶器制作已有 2000~6000 年的历史，这比中原地区晚得多。重庆巫山县大溪遗址出土了陶罐、釜、豉脚，属大溪文化遗址。距今 5300~6500 年。距今 6000 年的湖南常德汤家岗遗址出土了粗泥红陶、夹砂红陶、粗黑陶、泥质酱褐胎黑皮陶、泥质白陶等，都是手制的，大部分有红色陶衣；早期灰坑中还出土一件陶塑猴头，刻出的眼、鼻孔和嘴，吻部和眉骨明显突出，能使人一窥原始社会的艺术造诣。

广西桂林甑皮岩遗址出土陶器

浙江义乌桥头遗址发现了距今约 9000 年的彩陶，是世界上最早的彩陶，上面有太阳纹、线圈纹。甘肃秦安大地湾发现了距今约有 8000 年的彩陶，是我国北方发现的最早的彩陶，彩陶选择黑彩，纹饰多鱼、鸟、花瓣、叶片图案，也有几何形图案。后来，在我国南北各地的汉族聚居区都有彩陶出土。例如黄河流域一带的河南渑池仰韶村、陕西半坡、甘肃临洮马家窑都出土了彩陶，距今 6000~7000 年；湖南和浙江桐乡出土了距

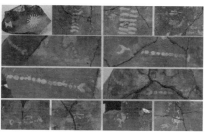

浙江义乌桥头遗址出土彩陶及其纹路

今 6000~7000 年的白陶；山东泰安出土了距今 4000~6000 年的典型黑陶；湖北宜都距今 7000~8000 年的城背溪遗址出土的陶器以夹砂红褐陶为主，器形主要有罐釜、盘钵及陶支座等；秭归距今 6000~7000 年的柳林溪遗址发现的遗迹主要有墓葬和灰坑，出土遗物以石器和陶器为主，其中有少量彩陶，是迄今所见长江中游地区最早的彩陶；距今 4000~6000 年的枝江关庙山遗址出土的陶器基本上跟饮食有关，普遍涂红陶衣，陶器纹饰有戳印纹、弦纹、镂孔、彩陶等，也有少量的蛋壳彩陶。距今 4500~5100 年的湖北荆门市京山市一带的屈家岭遗址发现的黑彩陶是国内已知最早的高温黑釉陶，这一发现将中国高温黑釉技术的历史至少提前了 1000 年，陶器普遍使用快轮制作技术，多泥质黑、灰陶，流行弦纹、镂孔等装饰。

甘肃秦安大地湾遗址出土彩陶

烧制陶器、瓷器工艺的发

展，形成了龙窑，龙窑多建在江南地区坡地上。闽北浦城猫耳山遗址发现了距今 4000 多年的窑炉，该窑炉是长条形的窑炉形态，可算是早期的龙窑，龙窑中烧制出的大量的黑衣陶，品质过硬，外表美观。浙江上虞也发现了龙窑，是商代窑址。

　　我国少数民族地区发现陶器的时间远晚于汉族地区，陶器的制作和使用应该是从汉族地区传播到民族地区去的。雅砻江中游的考古遗址，如雅江呷拉、甘孜吉里龙、炉霍卡莎湖、新龙谷日、九龙查尔村等地陆续发现有石棺墓葬遗存，但炉霍卡莎湖下层墓地仅有石、铜、骨器等随葬，未见陶器，上层则有陶器；其余墓地均随葬有陶器。雅砻江上中游流域出土的陶器具有相似性，炉霍卡莎湖下层墓地未见陶器，可能反映制陶工艺当时还没有到达这一带；上层有陶器，时间显然晚于下层，反映制陶工艺当时已经到达这一带。西藏昌都地区的卡若遗址距今 4300~5300 年，出土了 20000 多件陶片，能够辨认器形的有 1234 件；拉萨市北郊的曲贡文化遗址距今 3500~3750 年，也出土了一些陶器。距今约 4000 年的康马县玛不错遗址发现 10 座墓葬，以及火塘、灰坑等人类生活遗迹，出土器物中有陶器。有人说，藏族是很晚才从中原地区移居到西藏的，这没有可靠依据。现在可知，西藏早在旧石器时代就有人群居住，他们的文化跟后来的藏族文化一脉相承。如果藏族是很晚才从中原移民过去，那他们为什么没有将制陶工艺带过去呢？

　　贵州中部牛坡洞遗址第四期文化层距今 4700~4800 年，其中出土了一批陶器。贵州以西，主要是川西南和滇北的金沙江流域及附近地区，这一区域新石器时代遗址主要有四川的礼州遗址和云南大墩子、菜园子等遗址，都出土了陶器，年代都很晚。大墩子遗址经测定年代为距今 3190±80 年，经树轮校正为距今 4290±135 年。据此看来，西南地区的陶器应该是汉族地区文化渗透的结果。

制陶技术后来传到了越南，越南昆嵩省沙特县沙平乡龙陵遗址的土壤层上方是新石器时代之后的遗迹，属金属初期时代（2000~4000 年前），考古发现证实，当时的越南人定居，形成了村落，懂得耕种、狩猎、捕鱼、制作陶器和冶炼有色金属。俄罗斯远东地区以及蒙古等国都在多处出土了早期陶器，例如俄罗斯远东地区出土了距今 10000~13000 年的陶器。印度恒河中游出土陶器距今 9000~11000 年，西亚出土陶器不早于 9000 年前，美洲出土最早陶器距今才 5000 年。考古人员发现，东亚、东北亚、东南亚出土的陶器年代较早，西亚、中亚、北非、欧洲出土的陶器年代较晚，都晚于汉族地区。

根据陶器和彩陶的出土时期完全可以证实，汉族独立为族至少距今有 19000~20000 年的历史了，我国民族地区陶器的出现是受汉族地区的影响所致。如果在 19000~20000 年前这些少数民族跟汉族是同一个民族，后来才分化为不同民族，那么他们不可能很晚才从汉族地区引进制陶工艺。

（三十二）漆器

我国汉族地区制漆工艺产生得很早。制漆离不开漆树，漆树在我国和印度、日本、朝鲜、韩国都有分布。我国除黑龙江、吉林、内蒙古和新疆外，其余省区都有漆树分布。

据《说文》，油漆的"漆"是假借字，本字当作"桼"，画的是漆树的形状。上古文献证明夏代已有制漆工艺，《书·禹贡》："济河惟兖州：九河既道，雷夏既泽，灉、沮会同。桑土既蚕，是降丘宅土。厥土黑坟，厥草惟繇，厥木惟条。厥田惟中下，厥赋贞，作十有三载乃同。厥贡漆丝，厥篚织文……荆河惟豫州：伊、洛、瀍、涧既入于河，荥波既猪。导菏泽，被孟猪。厥土惟壤，下土坟垆。厥田惟中上，厥赋错上中。厥贡漆、枲，绨、纻。"周代也有制漆工艺的记载，《诗·鄘风·定之方中》："树之榛栗，椅桐梓漆。"

　　据史前考古发现，制漆工艺起源于汉族地区，这是普遍看法。史前漆器多出土于长江中下游流域，距今 7800~8300 年的浙江余姚井头山新石器遗址，发现了涂漆的一块木头和一根扁木棍，据说这是我国最早的漆器遗迹。距今 6500 年的河姆渡遗址第三文化层发现了一件朱漆木碗，距今 7000 年的

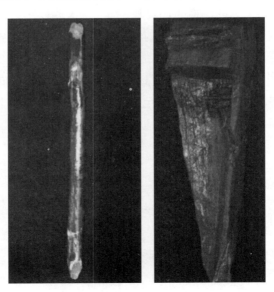

浙江余姚井头山新石器遗址出土涂漆的一块木头和一根扁木棍

第四文化层发现了一件髹漆木筒。萧山跨湖桥遗址发现了距今 7000~8000 年的涂漆的弓箭和碟形器。这些漆器的工艺相当纯熟，说明汉族地区漆器工艺的萌芽远在 8000 年以前。距今约 5000 年的湖北荆州阴湘城遗址出土了三件精美的漆木器，其中有一件形态类似剑柄。距今 4300~5000 年的湖北沙洋城河遗址，在王家塝墓地，M112 为同穴三室墓，每个墓室内各置有一座独木棺，三座墓室的主人都是成年男性，棺内棺外都有漆器、陶器、象牙器等丰富的随葬品。到战国时期，楚国的漆器已经到达非常高的工艺水平，大量出土漆器都可以为证。在北方，距今 4000~4300 年的山西襄汾的陶寺遗址出土了漆器残件。距今约 4000 年的青海民和的喇家遗址也出土了漆器残迹残片，其中 F4 房址东壁发现一组玉器标本，摆放在一块黑色的墙壁下，有人推测这个黑色墙面有可能就是一个涂漆的墙面。

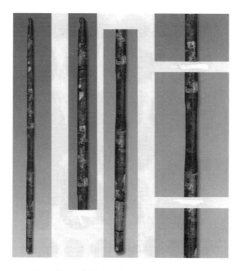

浙江萧山跨湖桥遗址出土涂漆弓箭

汉族周边地区所发现的制漆工艺是由汉地传过去的。西藏当雄县发现的时间在 7~9 世纪的当雄墓地是一处吐蕃时期的墓地，其中有封土墓 52 座，包括石室墓和土坑墓两大类，出土了金银器、珠饰、陶器、围棋子等各类器物 300 余件（套），还出土了石质黑白围棋子、纺织物、漆器残片等。泰国的制漆工艺出现的时间可能比缅甸早一些。据缅甸文献，在缅族人建立的东吁王朝时期（1531~1752 年），勃印囊王曾攻占泰国清迈，将大批泰国匠人掳入缅甸，从此，缅甸有了漆器制作技术。

制漆工艺后来传到朝鲜、日本，日本发现最早的漆器是公元前 392 年的，漆器传到朝鲜的时间比日本早；制漆工艺也传到东南亚和南亚，目前看到各地的考古证据都比较晚；制漆工艺传到欧洲的时间大概在 15 世纪末。

可能汉族地区发明的制漆工艺在史前时期就已经对周边民族地区产生了影响，但是现在没有考古证据可以证实这一点。不过，这也说明，汉族至晚在 8000 年以前，就已经是一个独立的民族了。制漆工艺是汉族独立成族以后的文化创造，距今有 8000 年的历史。如果汉族跟南方、西南方的少数民族是 4000~6000 年之间才分化的，那么他们为什么不在当时就将这种工艺带到少数民族地区去，而要等几千年后才从汉族地区借去这种工艺？

（三十三）饕餮纹

饕餮是汉族地区传说中的一种凶恶贪食的野兽，为四大凶兽之一。《山海经·北山经》："又北三百五十里，曰钩吾之山，其上多玉，其下多铜。有兽焉，其状如羊身、人面，其目在腋下，虎齿、人爪，其音如婴儿，名曰狍鸮，是食人。"郭璞注："为物贪惏，食人未尽，还害其身，像在夏鼎，《左传》所谓‘饕餮’是也。"可见郭璞知道夏朝的铜鼎上绘有饕餮形状，当有根据，不可能是郭璞编造出来的。《吕氏春秋·先识》："周鼎著饕餮，有首无身，食人未咽，害及其身，以言报更也。"可见周鼎上也绘有饕餮纹，饕餮纹也叫"兽面纹"。由古书的记载可知，饕餮这种想象出来的动物在史前时代已经出现，至于商周时期青铜器上的饕餮纹，今天多能见到。不过，有些纹饰是否为饕餮纹，还可以继续研究。如果某种器物上的纹饰不是饕餮纹，但它是汉族地区独有的纹饰，那么这也不妨碍本书的结论。

　　据史前考古资料，至晚在距今 7800 年的湖南洪江高庙遗址中发现的白陶器上已经出现饕餮纹饰，器物上的饕餮露出长长的獠牙，面目狰狞，可算是饕餮纹的早期形式，是迄今为止陶器上见到的最早的饕餮。距今 6520~7020 年的河姆渡文化遗址、距今 4020~5020 年的山东龙山文化遗址、距今 3620~4220 年的夏家店下层文化遗址的陶器、玉器上都出现了饕餮纹。在距今 5000 年前的良渚文化的反山及瑶山遗迹的玉器上还出现了复杂的饕餮纹。湖北石家河文化遗址发掘的距今 4000~4600 年的玉器中有部分纹饰，据邱诗萤、郭静云《饕餮神目与华南虎崇拜——饕餮神目形象意义和来源》研究，属于"饕餮纹饰"，"饕餮神目的特殊形状为内眼角下陷，外眼角上扬，并且眼瞳突出眼眶"，"石家河文化玉器上的神人面双眼造型，具备饕餮神目的所有特征，包括眼瞳突出于眼眶、外眼角上扬、内眼角下陷，显然与饕餮神目最为相似，造型规律且非孤例，年代也最早，作为饕餮神目的源头有较高的可能性"。山东日照两城镇遗址是新石器时代文化遗址，其中发现了一件龙山文化时期的玉锛，其下端两面有线刻的饕餮纹。半坡文化的彩陶上绘有人面鱼纹；临潼马陵遗址出土的一个陶瓶上，绘着一个戴尖顶帽的神面，一双大眼睛圆圆的，嘴角宽大，向上龇出一对大獠牙，神面左右绘有一对倒立的大鱼。有人说，这都跟饕餮纹有关。商代许多青铜器上都有饕餮纹，例如铜觚、铜鼎、铜镜、铜卣、铜尊等。到后来，距今2033~3052年的西周中期出土文物中就很难见到饕餮纹了，但直到战国时期，仍然能见到饕餮纹瓦当。

　　"饕餮"本是汉族先民想象出来的一种恶兽，为什么东南西北各地的汉族聚居区都在各种器皿上绘有各种饕餮纹？有什么文化意义？应该注意到，很多饕餮纹都有獠牙（当然，有人逢有这类有獠牙的器物纹饰，不主张叫饕餮纹）。饕餮纹跟远古时期的凿齿习俗可能有相同的文化含义。凿齿习俗中，常常是拔掉上颌的双侧或单侧的门齿（所拔之牙有少到只有一颗的，也有多到好几颗的），装上像凿子一样的长牙，目的是象征人美观而有威严，所以习凿齿，字彦威。据此以推，饕餮纹饰应该象征着威严的美，对各种害人之物有威慑作用，象征神圣不可侵犯。

湖南洪江高庙遗址出土陶器表纹饰

山东日照两城镇遗址出土玉锛

饕餮纹是汉族文化中产生的一种想象的动物，是汉族成为一个独立民族以后才产生的文化现象，据这则材料可证汉族独立至晚有 7800 年的历史。

（三十四）阴阳

周秦古书表明，那时我国汉族地区已经有非常成熟的"阴阳"观念。《书·洪范》《甘誓》《周易》等古书都明确地反映出汉族先民有这种观念。由于对于先秦古书的真伪问题有不同看法，因此人们对于汉民族"阴阳"观念的形成有分歧意见。据井上聪《先秦阴阳五行》考证，《诗经》中有些历法的例子、殷墟甲骨刻符，以及《左传》《国语》、商代的干支使用情况等，都反映了"阴阳"观念，从而证明商周时期我国已有"阴阳"观念。井上聪的研究角度比较新颖，所得结论是正确的，足证20世纪初以来，某些人以为汉族地区的"阴阳"观念起源于春秋战国时期的说法是不确切的。

我们还可以通过史前考古资料证明汉族地区的"阴阳"观念早在9000多年以前就已经出现。我们知道，八卦由"阴爻"（－－）和"阳爻"（—）组成，要形成八卦，必须以阴阳爻为基础，舍"阴阳"无以生八卦。本书在前面已指出，浙江义乌桥头遗址中发现了豫卦图案，反映9000年以前后原始汉族居民已经到达浙江义乌一带，当时有"阴阳"的观念。河南舞阳贾湖遗址发现装有石子的龟甲，刻有符号，据考跟龟卜及八卦象数有关。贾湖遗址的墓葬中，最常见的是成年男子随葬八个龟甲，有的握在手里，龟甲里有几个到二三十个石子不等，有人也认为与八卦类数卜有关，有的龟甲上的符号可能记录了卦象或占卜的结果。距今7000~8000年萧山跨湖桥遗址，也发现了彩绘或刻在陶器、骨器等上面的六个一组的阴阳爻卦画、数字卦象符号，这都反映出汉族地区很早就有"阴阳"的观念。

我国汉族地区的史前考古证据表明，在汉族聚居地的许多地方都发现了类似于后代"太极图"形状的图案，它们应是后世"太极图"的前身，"太极图"必然包含"阴阳"观念。当然，有人发现，在国外，例如乌克兰、墨西哥、洪都拉斯等地也有类似于"太极图"的图案，它们跟汉族地区的"太极图"是什么关系，还可以再研究；但是汉族地区不同时空发现的这些太极纹，应是一脉相承的，有共同的源头，都含有"阴阳"的观念。湖北屈家岭文化晚期和石家河文化早期的遗址群都发现了太极纹，这应是国内考古发现的时代最早的史前太极纹饰，出现在彩绘的陶纺轮上，其中以石家河文化遗址为盛。这类太极纹必有文化意蕴，有人认为，这一纹饰是石家河先民原始"阴阳"观念的形象化的表现。另有人认为，距今 5000 年左右的安徽凌家滩遗址的玉版透露出八卦的信息，也含有"阴阳"的观念。玉版有圆的，象征天，也就象征阳；有方的，象征地，也就象征阴。

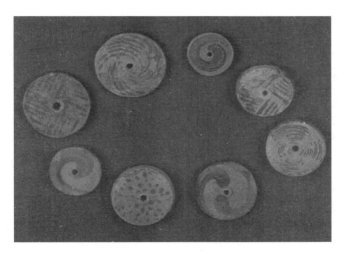

湖北屈家岭文化晚期遗址群出土太极纹彩陶纺轮

汉语史学界的共识是："阴阳"观念的萌芽跟太阳光的隐现直接关联。"阳"是"阳光"一义的引申，"阴"是"山水背阳的一面"一义的引申。从词义发展线索去探讨"阴阳"观念的形成，结论最为可信。

"阴阳"的观念是相当抽象的，唯其抽象，所以很少见到周边民族借用汉族地区"阴阳"观念。如果汉族跟周边一些民族在 9000 年以后还是同一个民族的话,那么我们很难解释为什么汉族 9000 年前就有"阴阳"的观念,影响至今;而周边民族中却很罕见这种观念。只能这样解释:就"阴阳"观念的起源来看,汉族独立至少有 9000 年的历史,是汉族独立为族以后才产生"阴阳"观念,这一观念很长时间都只在汉族内部传承,很晚才扩散到周边的某些民族、国家中。

(三十五)墓葬

世界各地的墓葬形式很不相同,汉族各地的墓葬形式在不同时期也会有变化,但有些墓葬习俗是汉族最先形成的,具有独特性。"葬"字的造字理据也反映出该字的产生远在商代以前。汉族先民很早就区分活人和死人,人失去生命,断气了,专门造一个词"死",死人的尸骸叫"尸",后来写作"屍"。"死、尸"是同源词,说明古人很早就认识到尸体跟死亡之间的相因关系。先民很早就懂得收敛死人,据先秦人的说法,汉族地区起先殓葬死人的办法是将死尸用厚厚的草裹束起来,埋在地下,《周易·系辞下》:"古之葬者,厚衣之以薪,葬之中野,不封不树,丧期无数,后世圣人易之以棺椁。""葬"是"藏"的同源词,将死尸掩埋起来,不让它暴露在外,就成了"葬",这个说法也可以从史前考古成果得到证实。甲、金文已经出现"葬"字,说明丧葬文化在商代或商代以前就出现了。据甲骨文"葬"的字形,画的是一个人躺在棺椁之中;"葬"也有做形声字的异体字,是加一个"爿"做声旁。甲、金文反映的字形有限,相较而言,小篆反映的字形应该更加古老,《说文·茻部》："葬，藏也。从死在茻中，一其中，所以薦之。《易》曰：'古之葬者，厚衣之以薪。'"可见，小篆的"葬"是在死尸四周都有草，也就是《周易》所说"厚衣之以薪"，这是极为原始的丧葬，远在夏商以前，小篆的"葬"反映的是这种丧葬文化，看来小篆"葬"的这个字体的产生可能在夏商以前，小篆来自这个字体。

据先秦古书记载，汉族很早就有殓棺、土葬的习俗，汉族先民起先有不同的葬制，但用木制的棺材来安顿死者的方式逐渐成为主流。世界上采用木制棺材埋葬死者的丧葬文化的民族不少，但是在汉族及周边的丧葬文化中，采用木制棺材埋葬死者的民族，以汉族为最早。从商代到战国时期，为彰显死者的身份地位，有身份地位的贵族，有"棺"有"椁"。"棺"跟"关"同源，《说文·木部》："棺，关也，所以掩尸。"《释名·释丧制》："棺，关也，关闭也。""椁（槨）"跟"郭、鞹（鞟）、革"同源，强调"椁"在"棺"之外。《白虎通·崩薨》："槨之为言廓，所以开廓辟土，无令迫棺也。"《释名·释丧制》："槨，廓也，廓落在表之言也。"（可参王力《同源字典》）

《礼记·檀弓上》："有虞氏瓦棺，夏后氏堲周，殷人棺椁，周人墙置翣。周人以殷人之棺椁葬长殇，夏后氏之堲周葬中殇、下殇，以有虞氏之瓦棺葬无服之殇。"这是说，舜帝时已经不再"厚衣之以薪"了，当时时兴用瓦棺，但没有说不用木棺；夏代时兴烧土为砖绕于棺材四周，这是"椁"的前身；到了商代，已经有棺椁制；至周，在棺椁的基础上，又加上墙和翣这两样遮挡灵柩的装饰物，"墙"是覆盖棺椁上部的木材和装饰性帷幔，"翣"是置于椁旁的羽制装饰性帷幔。这段话说明，汉族的丧葬制度的这些变迁是汉族独立为族以后的文化创造，具有独特性。《檀弓上》又说周代丧制："天子之棺四重：水兕革棺被之，其厚三寸，杝棺一，梓棺二，四者皆周。棺束缩二衡三，衽每束一。伯椁以端长六尺。"郑玄注："诸公三重，诸侯两重，大夫一重，士不重。"《庄子·天下》："天子棺椁七重，诸侯五重，大夫三重，士再重。"《荀子·礼论篇》也说："天子棺椁十重，诸侯五重，大夫三重，士再重。"《周礼·地官·司徒》："凡庶民不畜者祭无牲，不耕者祭无盛，不树者无椁，不蚕者不帛，不绩者不衰。"可见周代继承发展了棺椁制度。

上引《礼记·檀弓上》"有虞氏瓦棺"云云，跟出土材料反映的丧葬制度大致吻合，《礼记》之说应该是当时的主流情况，并没有说没有其他的丧葬方式。出土材料显示木棺的出现远在尧舜之前，在许多新石器时代遗址中已有出土。

据考，新石器时代，黄河流域已流行木质葬具，这种丧葬习俗在长江下游崧泽文化中晚期以及良渚文化遗址中也有发现，但是数量很少。《越绝书·越绝外传记地传》："禹始也，忧民救水，到大越，上茅山，大会计，爵有德，封有功，更名茅山曰会稽。及其王也，巡狩大越，见耆老，纳诗书，审铨衡，平斗斛。因病亡死，葬会稽。苇椁桐棺，穿圹七尺，上无漏泄，下无即水。"可见，夏禹安葬在会稽时，有棺椁。

在北方，距今5600~6800年的半坡遗址，墓葬M152是一个十多岁小孩的墓葬，已出现木棺雏形，墓室是长方形的竖井坑，四周有木板作为葬具，和棺材的作用相同。葬具遗留了很明显的灰白色木灰；在墓室的西边人头骨所在位置的左右和顶部，有木材腐朽后留下的遗迹。由空隙推测木板厚约0.1米，高约0.6米。东西两端的木板插入生土约0.5米。木板与坑边之间宽0.2~0.3米，形成自然的"二层台"。在距今4500~5500

年的山东泰安的堡头遗址所发现的墓葬中，有 14 座有木质葬
具痕迹，这些木质葬具中就包括四壁叠放原木、顶部用原木铺
排的木椁式葬具。距今 3900~4300 年的山西襄汾陶寺遗址发
现 1000 多座墓地，大中型墓葬中都发现有木棺痕迹，小型墓
地大多没有木棺。距今 5000 多年的山东诸城呈子遗址中，占
总数 5.7% 的大型墓葬都有木质葬具。最早的三重棺（一棺二
椁结构）是在山东临朐西朱封与泗水尹家城遗址发现的，它们
都属于龙山文化遗址。西朱封遗址共发现 3 座大型墓葬，其中
89M203 的面积近 30 平方米。棺椁形制一般是棺、椁相套，个
别棺椁上有彩绘。泗水尹家城遗址共清理出墓葬 65 座，坟墓
都是长方形或近似长方形的土坑竖穴墓，有木质葬具的共 30
座，多为一棺，少数大墓有一椁一棺，最大的 M15 使用两椁一
棺。目前发现木棺数量最多的是黄河上游甘青地区的马家窑
文化和齐家文化遗址，距今 3100~4500 年的青海柳湾墓地最
具代表性，在该墓地共清理出半山类型墓葬 257 座，广泛使用
木质葬具；马厂类型墓葬 872 座，其中 729 座墓有木质葬具，
占总数的 83.6%；齐家文化墓葬 366 座，有木质葬具的有 288
座，占总数的 78.7%，这些葬具多用松柏类树干制成。另外，
在内蒙古匈奴贵族墓葬中还发现了双重结构棺。

　　在南方，距今 4300~5000 年的湖北沙洋城河遗址的王家
塝墓地，规模很大，出土了多种类型的独木棺和长方形边框的
板棺，独木棺有的直径达 1.5 米，还有的在棺内设有隔板，隔
板下面放置随葬器物，隔板上放置死者尸体，这是长江中游首
次发现大规模的史前独木棺。目前所见时代最早的双重木质
棺椁（一棺一椁结构）出现在距今 4270~5420 年的浙江普安
桥良渚文化遗址中。棺椁由两重发展到三重，成为地位、权力

和身份的象征。双层棺结构到战国时期仍旧使用，如曾侯乙墓出土了双重木质漆棺。广东英德岩山寨遗址是新石器至夏商周时期的遗址，其墓葬区共发掘出墓葬 66 座，少数墓葬保存了木质葬具残痕，这在岭南同类遗址中极罕见。其随葬陶器组合以鼎、盘、豆、壶、罐为主，磨制石器以锛、锛为主，玉器有琮、钺、环、玦、璧、锛、锥形器及圭形器等，这显然是汉族的丧葬文化。

湖北随州曾侯乙墓出土双重木质漆外棺和内棺

目前发现的较早的木棺残余的证据见于陕西宝鸡北首岭 4 号墓，可追溯到 5000 年前。可以确定的长方形木棺证据能在半坡遗址 152 号墓里找到。半坡棺的主人是一位 4 岁大的女童，棺长 1.4 米，宽 0.45~0.55 米，木板厚度为 3~9 厘米。在山东诸城呈子大汶口文化（公元前 4100~ 前 2600 年）的 12 座墓葬中发现了 10 个有木椁的墓葬。

汉族的墓葬跟藏族、缅族等使用汉藏诸语言的民族及周边使用其他非汉藏诸语言的民族的墓葬很不相同，古书这方面的记载比比皆是，反映了先秦以来汉族人一直都在关注着跟周边民族在丧葬文化方面的异同，使我们得以窥见不同民族丧葬制度的异同和联系，看出汉族地区丧葬制度自有其特色。

例如《墨子·节葬下》："楚之南有啖人国者，其亲戚死，朽其肉而弃之，然后埋其骨，乃成为孝子。秦之西有仪渠之国者，其亲戚死，聚柴薪而焚之，熏上，谓之登遐，然后成为孝子。"《后汉书·东夷列传》载扶余国"死则有椁无棺"，东沃沮"其葬，作大木椁，长十余丈，开一头为户，新死者先假埋之，令皮肉尽，乃取骨置椁中。家人皆共一椁，刻木如生，随死者为数焉"，《南蛮西南夷列传》载冉駹夷"死则烧其尸"，《乌桓鲜卑列传》载乌桓"俗贵兵死，敛尸以棺，有哭泣之哀，至葬则歌舞相送"。《三国志·魏书·乌丸鲜卑东夷传》所载的扶余国的丧葬比《后汉书》更详细，"男女淫，妇人妒，皆杀之。尤憎妒，已杀，尸之国南山上，至腐烂……其死，夏月皆用冰。杀人殉葬。多者百数。厚葬，有椁无棺"；载高句丽"男女已嫁娶，便稍作送终之衣。厚葬，金银财币，尽于送死，积石为封，列种松柏"。《南史·扶南国传》："死者有四葬，水葬则投之江流，火葬则焚为灰烬，土葬则瘗埋之，鸟葬则弃之中野。"《周书·异域上·库莫奚》："死者则以苇薄裹尸，悬之树上。"《异域下·突厥传》："死者，停尸于帐，子孙及诸亲属男女，各杀羊马，陈于帐前，祭之。绕帐走马七匝，一诣帐门，以刀剺面，且哭，血泪俱流，如此者七度，乃止。择日，取亡者所乘马及经服用之物，并尸俱焚之，收其余灰，待时而葬。春夏死者，候草木黄落，秋冬死者，候华叶荣茂，然始坎而瘗之。葬之日，亲属设祭，及走马剺面，如初死之仪。葬讫，于墓所立石建标。其石多少，依平生所杀人数。又以祭之羊马头，尽悬挂于标上。是日也，男女咸盛服饰，会于葬所。"

《隋书·流求国传》："其死者气将绝，举至庭，亲宾哭泣相吊。浴其尸，以布帛缠之，裹以苇草，亲土而殡，上不起坟。

子为父者，数月不食肉。南境风俗少异，人有死者，邑里共食之。"《林邑传》："王死七日而葬，有官者三日，庶人一日。皆以函盛尸，鼓舞导从，舆至水次，积薪焚之。收其余骨，王则内金罂中，沉之于海，有官者以铜罂，沉之于海口；庶人以瓦，送之于江。男女皆截发，随丧至水次，尽哀而止，归则不哭。每七日，然香散花，复哭，尽哀而止。尽七七而罢，至百日、三年，亦如之。"《真腊国传》："其丧葬，儿女皆七日不食，剔发而哭，僧尼、道士、亲故皆来聚会，音乐送之。以五香木烧尸，收灰以金银瓶盛，送于大水之内。贫者或用瓦，而以彩色画之。亦有不焚，送尸山中，任野兽食者。"《女国传》：" 其女王死，国中则厚敛金钱，求死者族中之贤女二人，一为女王，次为小王。贵人死，剥取皮，以金屑和骨肉置于瓶内而埋之。经一年，又以其皮内于铁器埋之。"《焉耆传》："婚姻之礼有同华夏。死者焚之，持服七日。"《附国传》："有死者，无服制，置尸高床之上，沐浴衣服，被以牟甲，覆以兽皮。子孙不哭，带甲舞剑而呼云：'我父为鬼所取，我欲报冤杀鬼。'自余亲戚哭三声而止。妇人哭，必以两手掩面。死家杀牛，亲属以猪酒相遗，共饮啖而瘗之。死后十年而大葬，其葬必集亲宾，杀马动至数十匹。"《突厥传》："有死者，停尸帐中，家人亲属多杀牛马而祭之，绕帐号呼，以刀划面，血泪交下，七度而止。于是择日置尸马上而焚之，取灰而葬。表木为茔，立屋其中，图画死者形仪及其生时所经战阵之状。尝杀一人，则立一石，有至千百者。"《奚传》："死者以苇薄裹尸，悬之树上。"《契丹室韦传》："部落共为大棚，人死则置尸其上。居丧三年，年唯四哭。"《北史·勿吉传》："若秋冬，以其尸捕貂，貂食其肉，多得之。"《明史·爪哇传》："父母死，舁至野，纵犬食之；不尽，则大戚，燔其余。

妻妾多燔以殉。"《柔佛传》："居丧，妇人薙发，男子则重薙，死者皆火葬。"《丁机宜传》："丧用火葬。"

一些人认为藏缅等民族跟汉族有同源关系，但是他们的丧葬文化跟汉族地区自古以来就有极大差别。藏族地区迄今都没有发现早期木棺葬的证据，考古发现的早于吐蕃时期的木棺葬的证据也很晚，据研究，西藏腹地的切热遗址距今 8000~10000 年，是一处旧石器时代遗址，遗址的发现表明，当时切热一带的先民就已经在创造文化，但没有发现埋葬死者的痕迹；玛不错遗址距今约 4000 年，墓葬形制有石棺墓、竖穴土坑墓两类；格布赛鲁遗址是一处青铜时代晚期至铁器时代早期的遗址，发现早、晚两期墓葬，第一期距今 3000~3600 年，以石室墓为主，第二期距今 2100~2700 年，以洞室墓为主，这种墓葬广泛出现在象泉河中游一带。考古人员在距今 1700~2300 年的顶琼洞穴遗址发现了堆积的人类骨骼，个体数至少有 100 个，看来是一种特殊的丛葬方式，当时当地的藏族先民将他们的祖先搬到这个洞穴中安葬。西藏西部阿里地区札达县的曲踏墓地距今 2000 多年，墓地发现了木棺，木棺下面往往有石砌棺床，见于 M2、M3 右室 2 号木棺。曲踏墓地的木棺底板上有一层毡状铺垫物，木棺跟底板之间铺了一层谷物种子，木棺下面有石砌棺床。7~9 世纪的当雄墓地发现了封土墓 52 座，并对其中14 座进行了发掘，发现：大型墓葬包括竖穴土坑石室墓和圆形穹隆顶石室墓两大类，小型墓葬包括石室墓和土坑墓，墓室外围有石块和片石垒砌而成的茔墙，葬式主要为拣骨二次葬，狗、马、牛、羊等动物殉牲较为普遍。《旧唐书·吐蕃传上》："重兵死，恶病终。累代战没，以为甲门。临阵败北者，悬狐尾于其首，表其似狐之怯，稠人广众，必以徇焉，其俗耻之，以为次死。拜必两手据地,作狗吠之声,以身再揖而止。居父母丧,截发,青黛涂面,衣服皆黑,既葬即吉。其赞普死,以人殉葬,衣服珍玩及尝所乘马弓剑之类,皆悉埋之。仍于墓上起大室,立土堆,插杂木为祠祭之所。"这些都显示了西藏的从早期墓葬开始就跟汉族地区不同。

暹罗(今泰国的前身)的丧葬方式,古人的记载表明也跟汉族大不一样。《隋书·赤土传》:"父母兄弟死则剔发素服,就水上构竹木为棚,棚内积薪,以尸置上。烧香建幡,吹蠡击鼓以送之,纵火焚薪,遂落于水。贵贱皆同。唯国王烧讫,收灰贮以金瓶,藏于庙屋。"赤土,后来叫"暹罗"。《明史·暹罗传》:"富贵者死,用水银灌其口而葬之。贫者则移置海滨,即有群鸦飞啄,俄顷而尽,家人拾其骨,号泣而弃之于海,谓之鸟葬。"

缅甸是一个多民族国家,共有135个民族。据史前考古的证据,缅甸在我国的史前时期就跟汉族先民有频繁的交往。缅甸的各个民族中缅族约占65%,有火葬、土葬,有木棺。掸族约占8.5%,一般实行土葬,也有火葬。穷人用席子裹埋,有钱人家死了人都装入棺木埋葬,有些地方尸体要用白布包裹后再装入棺木中。克伦族约占6.2%,丧葬有土葬、火葬、穴葬,有置于高台的,也有送尸骨到山上的。在克伦邦北部的丹当镇区以及在东吁镇区居住的克伦人多用土葬,在克伦邦中部瑞贡市一带居住的克伦人多用火葬。若开族约占5%,其丧葬有土葬,也有火葬,一般老人和僧侣的父母死后都要火葬。土葬要在选定的地方由死者的丈夫或长辈插上四根木桩,然后由长辈或头人在插木桩处用大锄头刨七下,再由其他人挖墓穴。下葬前,要用大刀砍棺木五下,用这种方式阻止死者再回家来。孟族约占 3%，丧葬既有火葬，也有土葬，采用棺木殡葬的，到墓地时，则从灵车上抬下棺木，绕墓场六圈，然后敲棺木的尾部七次。如属一般死亡，则多用火葬。克钦族约占 2.5%，人死以后打造棺木，将竹子插在丧家房前成竹丛状，棺木多选用苦楝木。棺木多在独木上挖槽，棺盖为六英寸宽的木板，棺木漆成大红色。如果想把尸体放在家里一段时间，就要在棺木放脚的一端打一小洞，用竹管插入，使臭水流到屋子的下面。钦族约占 2.2%，其丧葬一般是将尸体放入竹瓦棺中，并用火烤，防止腐烂发臭；也有的把尸体放入木槽中，盖严后用龙脑香脂将缝隙封住，在棺的下部打一洞，再插入竹管。克耶族约占 0.4%，跟克伦族的习俗大致相同。缅族入主缅甸之前，缅甸的主体民族是骠人，曾经建立骠国。骠人盛行瓮葬，人死后将尸体火化，骨灰装入瓮、罐中。在毗湿奴城出土了大量的有骨灰的瓮、罐，这种墓葬习俗，跟后来汗林、室利差咀罗时期骠人的习俗完全相同。

彝族原来可能实行火葬，这一风俗至今在部分彝族地区还有保留，嘉靖《贵州通志》说当地彝人"焚于野，掷散其骸骨"，《越嶲厅志·夷俗志》："丧葬不用棺椁，以火焚化，用土石掩盖也。"《西昌县志·夷族志》说，彝族火化尸体以后，"收骨殖于瓮，命忠实年老娃子数人，负瓮荷锄入深山崖洞密埋之，不令人知，防冤家盗掘也"。

有些民族后来逐步改从汉族地区的土葬习俗，或小有变化。例如《周书·异域上》载高丽"父母及夫丧，其服制同于华夏"，百济"父母及夫死者，三年治服；余亲，则葬讫除之"，稽胡"其丈夫衣服及死亡殡葬，与中夏略同"，《异域下·吐谷浑传》载"死者亦皆埋殡。其服制，葬讫则除之"，

《高昌传》载"其刑法、风俗、婚姻、丧葬，与华夏小异而大同"。《隋书·高丽传》"死者殡于屋内，经三年，择吉日而葬。居父母及夫之丧，服皆三年，兄弟三月。初终哭泣，葬则鼓舞作乐以送之。埋讫，悉取死者生时服玩车马置于墓侧，会葬者争取而去"，《新罗传》"死有棺敛，葬起坟陵。王及父母妻子丧，持服一年"，《倭国传》"死者敛以棺椁，亲宾就尸歌舞，妻子兄弟以白布制服"。滇、黔、桂等地的彝族在明清以后逐渐以棺木土葬代替了传统的火葬，土葬习俗与当地汉族类似。

根据考古发现的最早的汉族地区墓葬完全可以证实，汉族独立为族距今至少有 5000 年的历史。如果在 5000 年前这些少数民族跟汉族是同一个民族，后来才分化为不同民族，那么民族地区也会有早期墓葬的发现，但是迄今却没有找到这种证据。

要是考虑到汉族在今天火葬之前一直实行土葬这一文化现象，那么，汉族独立为族的历史就会大大提前。大家公认，在北京房山区周口店一带，曾生活着距今 20 万~70 万年的北京人、距今 10 万年左右的新洞人以及山顶洞人。山顶洞人住在距今 27000~34000 年的周口店龙骨山北京人遗址顶部的山顶洞中。山顶洞分为洞口、上室、下室和下窨 4 部分，上室是山顶洞人居住的地方，发现有婴儿头骨碎片、骨针、装饰品和少量石器。下室是家族墓葬区，发现一老年男性、中年女性、青年女性头骨各一具，在老年头骨的左侧发现穿孔的介壳、穿孔的狐狸犬齿，在骨盆和股骨周围找到赤铁矿粉和赤铁矿石，可证是一处墓地，也是至今所知国内这个时代唯一的墓葬遗存，采取的是聚族而葬这一土葬的早期形式。说明当时人死后，人们懂得埋葬他们，山顶洞人的群居生活是由血缘关系结合起来的氏族关系，住在山顶洞的应该是一个家庭，他们过的应是狩猎、捕鱼和采集的生活。

就山顶洞四周的考古发现看，跟他们毗邻而居的还有其他人家，可能跟他们有血缘关系，这一块区域，应该是一个家族的居住地。

这些人骨至少分属 8 具人类遗骸，年龄范围自新生儿至老年：2 个小孩，1 个少年，5 个成年人。成年人中，2 个是成年男性，其中 1 个是老人，年龄 60 多岁；有 3 个女性，1 个年轻，2 个为壮年女性。他们应该属于一家人，都有铲形门齿。我国学者研究后发现，老年男性头骨几乎所有的面骨测量指数都和蒙古人种相近，跟西欧的智人化石差别大，头骨的鼻骨较窄，有鼻前窝，颧骨较直且突出，有下颌圆枕。女性头骨之一有人工变形，她的面骨部分的主要测量数值和指数都接近蒙古人种，相似程度大于与现代美拉尼西亚人相似的程度，所有的形态特征也都更接近于蒙古人种。另一个女性头骨的测量结果表明，她是与因纽特人、美洲印第安人和中国人有密切联系的原始蒙古人种的代表，比以上两个头骨具有更为显著的蒙古人种的典型形态特征。洞中的居民，就一般情况说，实行的应是族外婚。

山顶洞人遗址的发现具有一定的偶然性，这是大自然的馈赠。但也留下不少盲点。这里可以略举几点。第一，由于山洞容积有限，因此当这一家人开枝散叶后，洞里就不可能住下那么多人，那么他们就必须分开，另组家庭。山顶洞旁还有一些住人的岩洞，是不是跟这一家有血缘关系呢？这是需要考虑的问题。第二，如果这一家世世代代住在这里，那么下室墓葬区发现的尸体应该相当多，可是现在发现的尸体却十分有限，这是什么原因造成的？山顶洞是这一家的临时住所还是祖祖辈辈的世居地？这值得研究。第三，一般情况下，小孩死了，应该另外埋葬，可是为什么在住人的上室发现有婴儿头骨碎片？这也是需要研究的问题。第四，在葬人的下室，为什么会在人的骨盆和股骨周围找到赤铁矿粉和赤铁矿石？有学者说，这表明山顶洞人不是蒙古人种。现在看来，这个结论是有问题的。

在墓地的死者尸体周围撒赤铁矿粉，这是欧亚大陆旧石器时代经常能见到的丧葬习俗，不限于印欧人种。有一个术语，叫"阿凡纳谢沃文化"，这是 20 世纪 20 年代苏联考古学家根据米努辛斯克盆地巴捷尼村墓地的发现，并以所在的阿凡纳谢沃山而命名的一种文化现象。这种文化是南西伯利亚铜石并用时代的文化，时间是在公元前 3500~ 前 2500 年，从红铜时代晚期到青铜器时代早期，相关的文物是在西伯利亚中部偏南、叶尼塞河附近的米努辛斯克被挖掘出的，此文化的范围遍及蒙古西部、我国新疆北部、哈萨克斯坦的东部和中部，甚至可能扩展到塔吉克斯坦和咸海地区。在阿凡纳谢沃文化圈中，流行在墓主身上撒赤铁矿粉染色，这在母婴合葬墓特别多。杨健吾《上古之时华夏先民的色彩习俗》指出，我国从南到北、从东到西，多地都发现了埋葬死者时撒赤铁矿粉的现象。广西桂林甑皮岩遗址距今 7000~12000 年，遗址中发现有墓葬，墓葬的时间距今 7000~8000 年。洞内至少埋葬了 35 位死者，有 4 个头骨上有人工伤痕，有 2 具男性人骨旁有 2 把蚌刀，有 1 座母子合葬墓。值得注意的是，有 1 具人骨上撒有赤铁矿粉，这跟山顶洞人的丧葬习俗一致。距今 4500 年的新疆哈巴河县阿依托汗一号墓地，死者可能是印欧人种，他们生前的食物有粟、黍，尸体呈仰卧屈肢的姿势，有的在身上撒了赤铁矿粉。这些在尸体上或尸体旁撒赤铁矿粉的现象，出现的时代都晚于山顶洞人。这说明，在史前时期，我国大陆的汉族文化，从南到北，跟蒙古西部、我国新疆北部、哈萨克斯坦的东部和中部，甚至可能扩展到塔吉克斯坦和咸海地区，都有文化交流，"阿凡纳谢沃文化"不限于我国新疆、内蒙古以及蒙古国、中亚、俄罗斯远东地区，实际分布远大于此区间。

有人根据对山顶洞人生活年代新的测定数据推断说，早在27000 年前，中国人的祖先就已经实行埋葬死者、撒赤铁矿粉的原始宗教仪式。这是有道理的论断，后来汉族地区的土葬与此一脉相承。如果是这样的话，那么结合各种考古材料可知，山顶洞人是汉族先民，由此可知汉族独立为族、汉语独立为语至晚有 27000 年的历史了。

（三十六）薏苡

薏苡，所结的仁又叫苡米、薏仁米、沟子米、薏米等。薏苡广泛分布于亚洲东南部与太平洋岛屿，例如地处亚洲热带和亚热带地区的印度、锡金、缅甸、泰国、越南、马来西亚、印度尼西亚爪哇、菲律宾等。在我国，辽宁、河北、山西、山东、河南、陕西、江苏、安徽、浙江、江西、湖北、湖南、福建、台湾、广东、广西、海南、四川、贵州、云南等地区也都有分布。野生薏苡几乎在我国大部分地区都有分布，北起黑龙江，南至海南岛，东到沿海的江苏、浙江，西达新疆，或多或少都有种植，薏苡在温暖潮湿的十边地和山谷溪沟等处均可生长，在海拔200~2000 米的地方既有野生的，也有栽培的。1983 年，科研人员在西藏日喀则市南部的聂拉木县考察时，发现有野生薏苡分布，聂拉木县的南边就是尼泊尔，可见西藏也有薏苡生长的地方。我国迄今还有部分地区栽种薏苡，例如湖北蕲春的薏米远近闻名。考虑到在距今 44000~28000 年这一时段内，地球上出现了较温暖的亚间冰期，而距今 30000 年前的时候正是这段亚间冰期的最高温期，那么薏苡在我国及我国周边国家的分布可能更加广泛。

我国汉族地区很早就以薏苡为食，在史前时期已有栽培。可以推定，史前时期人们对薏苡的需求远大于后世。就文献记载看，夏代之前已如此。《吴越春秋·越王无余外传》："禹父鲧者，帝颛顼之后。鲧娶于有莘氏之女，名曰女嬉。年壮未孳。嬉于砥山得薏苡而吞之，意若为人所感，因而妊孕，剖胁而产高密。家于西羌，地曰石纽。"《史记·夏本纪》："夏禹，名曰文命。"正义：《帝王纪》云：'父鲧妻脩己，见流星贯昴，梦接意感，又吞神珠薏苡，胸坼而生禹。'"夏禹的母亲因为吞食薏苡而生禹，说明在夏朝以前汉族地区就知道薏苡可食，而且不难得到。《山海经·海内西经》："昆仑之虚，方八百里，高万仞。上有木禾，长五寻，大五围。"有人说，其中的"木禾"就是薏苡，这是毫无科学根据的谬说，郭璞注："木禾，谷类也，生黑水之阿，可食，见《穆天子传》。"《穆天子传》卷四："黑水之阿，爰有野麦，爰有答堇，西膜之所谓木禾。"郭璞注："木禾，粟类也，长五寻，大五围。见《山海经》云。"据原文和郭璞注，"木禾"只是一种传说中的粟类作物，不可能指薏苡。

夏朝统治者本是黄帝后裔，黄帝本姓公孙，后改为姬姓。到夏朝，夏禹这一支改为姒姓。"薏苡"是一个准叠韵联绵词。

《说文·艸部》："薏，薏苡。"薏苡，可能跟"菡萏"同源，都取"含苞待放貌"。"姒"跟"苡"都从"以"声，"姒"邪母，"苡、以"余母，"姒、苡、以"在夏朝可能都是舌音字，声母极相近。夏朝之所以改为姒姓，跟夏禹母亲脩己吞食薏苡有关，于是截取"薏苡"的"苡"为姓，"苡"读音小变，就构成了"姒"。《论衡·奇怪》："禹母吞薏苡而生禹，故夏姓曰姒；卨母吞燕卵而生卨，故殷姓曰子。后稷母履大人迹而生后稷，故周姓曰姬。"《诘术》："若夏吞薏苡而生，则姓苡氏；商吞燕子而生，则姓为子氏；周履大人迹，则姬氏。"均可以为证。夏商周三代，除夏朝外，商朝姓子，得名于指"鸟卵"的"子"，周朝姓姬，得名于姜嫄"履大人迹""履帝武敏"而得基址的"基"，"姬、基"同音，故周人姓姬。（参看孙玉文《研究上古音的材料和方法》）由此看来，夏商周得姓都跟其女性祖先有关，这说明夏朝人的历史，跟薏苡有不解之缘，那时候汉族先民已经以薏苡为食了。

　　夏商周三代，都说自己的祖先来自人体之外的某种事物，这种以人体之外的某种事物作为自己族群来源的模式，在世界上具有普遍性，是原始社会万物有灵观念的遗存。图腾的形成与此密切相关，图腾崇拜，是认为某种动物、植物或无生物和自己的氏族有血缘关系，是本族的始祖、亲人及保护神，于是将其作为本氏族的徽号或象征，祖先崇拜与图腾信仰一致。云南红河州金平县的莽人在 1949 年以前还是原始部落，该族群坚信妇女受孕是某种神秘力量进入妇女腹内的结果，因此，他们将孕期的生病、分娩时的难产，畸形儿的降临、婴儿的死亡等，都归结到超自然的神秘力量的作用，对这种超自然的神秘力量的作用，从而对这种超自然的神秘力量产生恐惧和依赖。

莽人既然认为妇女生孩子是拜天神所赐，于是遇到妇女不育就祭神，莽人这种信仰是我们认识图腾起源的一个活化石。

史前考古材料可以证实，汉族地区在 10000 年前已经吃薏米了。在北方，距今 9305~10870 年的河南灵井遗址的陶片上附着的碳残留物的淀粉粒分析显示，当时的食物主要有粟、小麦族、薏苡等。淅川坑南遗址是旧石器时代晚期至新石器时代的文化遗址，通过分析该遗址新石器早期的 2 个层位出土的 35 件石制品，在其中 17 件石制品表面发现 150 粒淀粉粒，它们可能分别来自黍族、薏苡属、小麦族秸秆和根茎类植物。这都是中原腹地的考古发现，薏苡应是一种主食，先民已经有意栽培它了。

据史前考古遗址的发现，到距今 7000~8000 年的新石器时代中期，北方地区薏苡逐渐增多，分布区域开始扩大，主要集中于黄河、淮河中下游地区。在黄河中下游地区，裴李岗文化和后李文化遗址都发现了薏苡遗存。裴李岗文化一些遗址出土的部分石磨盘和石磨棒上，发现有薏苡类淀粉粒残留，可见先民用石磨盘和石磨棒加工薏苡；河南新郑裴李岗遗址（距今 8000 年）的人类牙结石上有薏苡类淀粉粒残留。淮河中下游地区的江苏泗洪顺山集遗址（距今 8300 多年），安徽蚌埠双墩遗址（距今 7000 年左右），濉溪石山子遗址（距今 7000 年左右），出土的石器和陶器内壁上都残留有薏苡类淀粉粒。此后，一直到新石器时代晚期和青铜时代，我国北方关中地区、河南多地的考古遗址都发现有薏苡类淀粉粒残留。距今 5500~6000 年的陕西西安高陵杨官寨遗址、距今约 5000 年的蓝田新街遗址、距今约 4900 年的西安米家崖遗址都在陶器上都发现有薏苡类淀粉粒，是北方用薏苡酿酒的证据。

　　南方地区的不少遗址中也发现有薏苡遗存。距今 10000 多年的浙江浦江上山遗址、距今 8700~9000 年的义乌桥头遗址，都发现其中有水稻、薏苡及其他块根植物的淀粉粒以及丰富的霉菌和酵母，这也是拿薏苡来酿酒的证据。距今 9000 年左右的浙江嵊州小黄山遗址出土的磨石、距今 8000~9000 年的荷花山遗址出土的石器和陶器、距今 8000 年的萧山跨湖桥遗址出土的陶器内壁上，都发现有薏苡类淀粉粒。距今 5000~7000 年的浙江余姚河姆渡遗址、距今 4820~6020 年的湖南澧县城头山遗址都出土了炭化薏苡种子。

　　长江中游、赣江中游和成都平原的新石器时代末期文化遗址中都有薏苡遗存。距今 5800 年的湖北屈家岭文化遗址的陶器表面有薏苡、莲藕、栎属以及野豌豆属植物的淀粉粒。有人对赣江中游地区距今 4000~5000 年的樊城堆遗址、拾年山遗址、筑卫城遗址、尹家坪遗址的 13 件石器工具进行残留物淀粉粒分析，发现有薏苡类淀粉粒。四川宝墩遗址一期是新石器时代的文化层，在发掘与浮选工作中发现的植物遗存多见水稻、薏苡、苍耳、黍、粟、豇豆、树叶、木头等，其中水稻出土最多。秦汉以后，在广西合浦二炮厂东汉墓中发现有薏苡遗存。

　　后来，汉族地区有关薏苡的工艺技术传到了非汉族地区，民族地区史前考古很少发现薏苡，即使有发现，时代也比较晚。广西武鸣县锣圩的古骆越文化遗址发现距今 6000 年的成片的野生薏苡遗存。据《后汉书·马援传》："初，援在交阯，常餌薏苡实，用能轻身省欲，以胜瘴气。南方薏苡实大，援欲以为种，军还，载之一车。时人以为南土珍怪，权贵皆望之。援时方有宠，故莫以闻。及卒后，有上书谮之者，以为前所载还，皆明珠文犀。"可见,在交趾,至晚东汉时已经食用薏苡。至今,我国各地大都出产薏苡。

现在,薏苡在亚洲热带和亚热带地区,如印度、缅甸、泰国、越南、马来西亚、印度尼西亚和菲律宾等地都有种植,迄今为止的考古证据表明,这些国家食用薏苡都晚于汉族地区。距今 5000 年左右,印度先民就已经开始用薏苡制作的珠子进行贸易和交易,新疆山普拉墓地出土了距今 2000 年的由薏苡和玻璃珠制成的项链。不仅南亚、东南亚,而且欧洲、日本等地现在都食用薏苡。

根据考古发现最早的汉族地区的薏苡完全可以证实,汉族独立为族至少距今有 10000 年的历史。如果在 10000 年前汉族周边的这些少数民族跟汉族是同一个民族,后来才分化为不同民族,那么民族地区也会有早期薏苡的发现,但是迄今却没有找到这种证据。

有人说,汉语跟南方、西南方许多少数民族同源,其分化是 4000~6000 年之间的事,少数民族的人群原来也居住在中原,后来被迫迁徙到南方、西南方民族地区。可是史前考古证明,南方、西南方多地都在旧石器时代以前有人群居住,而且多跟今天少数民族文化有一脉相承的关系。说南方、西南方少数民族是后来被迫迁徙到民族地区去的,这不能解释:薏苡到处都有,汉族地区 10000 年前就食用薏苡,少数民族地区的人群当时不从中原地区不带去,而要在几千年甚至上万年之后才食用薏苡。薏苡的考古完全可以证实,驯化薏苡作为栽培作物,作为主食,是汉族先民独特的文化创造,时间在 10000 年前,因此将薏苡作为主食,可以证明汉族独立为族至少有 10000 年的历史。

（三十七）耒耜

《说文·耒部》："耒，手耕曲木也。从木推丰。古者垂作耒耜以振民也。"据此，"耒"本义指翻土的农具上面的曲木柄，所以《周易·系辞下》说："神农氏作，斫木为耜，揉木为耒。"引申为翻土的农具，《韩非子·五蠹》："因释其耒而守株。""耜"指一种类似锹的翻土农具，装在耒的末端，也就是犁头。《诗·小雅·大田》："以我覃耜，俶载南亩。"如果"耒、耜"对文，那么"耒"指耜柄，"耜"词义范围缩小，只指耒下端的铲土部分。《说文》收的是它的早期形体"梠"，《木部》："梠，臿也。从木，目声。"古人对"耒、耜"的解释我们不能轻易否定。出土文字中，"耒"最早见于西周金文，"梠"最早见于战国文献，已出土的甲骨文、金文记录汉语、汉字有限，它们不可能将当时汉语的词以及全部汉字都反映下来，但是商代出土器物有耜，而且从"耒"为形的"耤"字在甲、金文中都出现了，所以商代肯定有"耒、耜"二词、二字。值得注意的是，无论《周易》还是《说文》，都强调了耒耜是汉族先民独特的文化创造。

汉族地区是东亚一带最早进入农业社会的，我国最早的农具以石、木、骨、蚌器为主，最早的"耜"不可能是金属制品。距今 7800~8200 年的湖南澧县彭头山遗址出土了骨耜。距今 5000~7000 年的河姆渡遗址第二文化层距今 5500~6000 年，出土了绑柄（即"耒"）的骨耜，长 18 厘米，刃宽 9.8 厘米，骨耜木柄外有 16 圈藤条捆绑。距今 5700 年的浙江宁波慈湖遗址出土的木器中有三件木耜。

在史前农业考古中，考古人员还在史前遗址坑、沟的壁上发现了使用耒耜的痕迹。例如在河南陕县庙底沟距今 4800 ± 145 年的 HG553 北壁发现双齿形工具的印痕，每齿的直径和两齿之间的距离都是 4 厘米，有的宽达 6 厘米。距今 5020 年的陕西临潼姜寨一期的坑壁上也发现了类似的齿痕，证明是耒耜一类的工具，H33 南壁保留了四组木耒痕迹，每组有两条耒齿痕，齿痕间距 16 厘米，每齿宽 6 厘米。

浙江余姚河姆渡遗址第二文化层
出土绑柄骨耜

后来，耒耜传到了少数民族地区和国外，韩国收藏了一件青铜器，据说来自大田一带，是一件盾形器，下部残缺，除去表面的锈斑之后，发现它的正反两面都有精细的纹饰；没有衔环桥状钮的一面，右上方有人双手执耒耜的纹饰。这反映了汉族地区的耒耜可能在战国时期已传到朝鲜半岛。日本爱知县春日井市胜川遗址也出土了公元前 1 世纪的耒耜，跟大田所出盾形器图像相似；千叶县茂源市国府关遗址出土了 3 世纪的耒耜；长野县长野市石川条里遗址出土了 4 世纪的连柄双齿耒耜。日本使用耒耜延续到 5 世纪。

根据考古发现最早的汉族地区的耒耜材料完全可以证实，

汉族独立为族至少距今有 8000 年的历史。如果在 8000 年前这些少数民族跟汉族是同一个民族，后来才分化为不同民族，那么少数民族地区在当时进入了农耕社会，也会有早期来耜的发现，但是迄今却没有找到这种证据。

（三十八）杵臼

《说文·午部》："午，牾也。五月阴气午逆阳，冒地而出。此予（大徐本作此，当为'与'之讹）矢同意。"许慎是拿后起的用法解释"午"的本义，不妥，戴侗、高鸿缙以为"杵"的古字，今人据甲、金文字形，进一步考定"午"为"杵"的古字，是很有道理的（也有人以为甲骨文的"午"像丝交叉之形），古文字的"舂"上面就是"午"字，"舂"会双手持"午"捣米之形。木部："杵，舂杵也。从木，午声。"许慎时，"午"主要用作干支字，跟"杵"读音相远，所以他将"午"看作纯声旁，有他的道理。事实上，"午"在甲金文中，没有作"杵"用的例子，都用作地支名，金文中还用作人名。可见"午"字的出现，远在商代之前。甲骨文有一个上面从"午"、下面画一个倒三角形的"午"字，有人以为是"杵"字，但是没有办法论定。"午"作"忤逆"讲，可能是其本义"木杵"的引申义，木杵捣物，与臼相撞，因有"忤逆"义。《说文·臼部》："臼，舂也。古者掘地为臼，其后穿木石。象形。中，米也。"据《周易》《世本》，杵臼是汉民族的独立创造，《系辞下》："黄帝尧舜垂衣裳而天下治……断木为杵，掘地为臼，臼杵之利，万民以济。"

有些史前考古遗址发现了与地臼配套的木杵。距今7000~12000 年的广西桂林甑皮岩遗址出土过短柱状的石杵，甑皮岩遗址的居民以蒙古人种为主体，可能在那时，后原始汉族的人群已经到达了那里。距今约 8000 年的湖南澧县八十垱遗址中，出土过木杵一件，通体刨光，杵头呈球形，头柄接处内束，长约 22 厘米，柄径 2.6 厘米。距今 7000 年前的河姆渡遗址第一期遗存中，发现了两件木杵，杵头为椭圆球形，通长92 厘米，柄粗 5 厘米。

石质杵臼出现的年代与木杵大约同时。距今约 7000 年的安徽定远侯家寨遗址第一期出土了三件石臼；距今约 5000 年的河南淅川黄楝树遗址的一座房址中，也出土了一套石杵臼。

我国黄河中游地区在旧石器时代晚期已经开始使用不规则的石质研磨工具，而研磨工具世界多地都有发现，这可能是不同地域各自独立发展的。而汉族地区发明杵臼的时间较早，跟周边民族地区相比，具有原创性。在进入距今 7000 年后的仰韶文化阶段，杵臼类脱壳工具逐渐取代磨盘、磨棒成为主要的食物加工工具。距今约 7000 年的安徽蚌埠双墩遗址既发现了磨盘、磨棒这类石质加工工具，也发现了杵臼这类石质加工工具。有人提取了该遗址出土的 6 件石器表面的古代淀粉粒残留物，发现有来自小麦族、水稻、薏苡、莲藕、豇豆属等不同植物种属的古代淀粉粒；从不同类型的加工工具表面提取到的淀粉粒种类及损伤程度的差异较明显，杵臼类组合工具同时具有砸击和研磨两种功能，加工对象更为多样，而农作物水稻的淀粉粒仅发现于杵臼样品表面。这说明杵臼类工具有更高的脱壳效率。

距今约 5000 年的河南荥阳青台遗址，考古人员在一座房址的白灰地面上识别出房屋中的柱子洞和地臼，地臼呈锅底形，直径约 20 厘米，深约 5 厘米，坑底和坑壁都烧成硬土，周缘比四周地表稍高；地臼附近有一个石杵，有人推测这个地臼是捣臼。距今 4500~6000 年的江苏邳县大墩子遗址，考古人员在一处居住遗迹中，发现了三个臼形烧土窝，南北整齐排列，间隔 1 米左右；湖北宜昌红花套遗址也是一处新石器时代的文化遗址，发现了两个土臼，为锅底状圆坑，周壁坚硬光滑，口径 0.27~0.44 米、深 0.23~0.29 米；在土臼的附近发现木杵痕迹，长 1.4 米，中部较粗处直径 0.14 米，两端呈圆头状。这些都证明当时当地已经有杵臼。

　　杵臼很早就出现在五岭以南及其周边地区。石质的杵臼出现的年代与木杵大致相同，距今约 7000 年的广西南宁豹子头出土 1 件石杵，长 14.8 厘米，器身为圆锥形，较扁宽的两面还有便于握持的窝穴，杵头有因舂捣而形成的崩裂麻点。贵州平坝飞虎山遗址的新石器文化层距今 4000~6000 年，出土了 1 件体积较小的石臼。属于商周时期的贵州毕节瓦窑遗址出土石杵 1 件，两端均有使用痕迹，但没有发现臼。属于战国至西汉时期的贵州普安铜鼓山遗址经历了试掘和两次发掘，试掘时发现石杵、石臼各 1 件，第一次发掘时出土石臼 16 件、石杵 6 件，都有使用的痕迹。

　　据传世文献记载，最晚我国在战国时期已用杵臼来捣药。从考古资料看，有一些杵臼是医用的，例如广州汉代南越王墓出土了铜铁杵臼，铜铁杵臼旁边有五色药石。汉代诸侯王墓、官宦贵族墓，甚至在一些平民百姓墓中都常发现杵臼，杵臼是汉代常见的随葬品，就南越王墓的情况来推断，墓葬中的这些杵臼可能有不少跟医用有关。江苏仪征石碑村汉代木椁墓出土了铁臼，还有铜过滤器、铜量、铜碟形器、铜圭表等，都是跟炼丹有关的器具。西安何家村窖藏出土了玛瑙臼和玉杵，还有丹砂、钟乳石、紫石英、白石英等矿物药以及盛药、煮药、温药的器具。

在我国的少数民族地区，至今还有使用杵臼的少数民族，例如云南拉祜族、佤族、哈尼族基本使用木杵、木臼；四川凉山彝族使用小型的石杵、石臼舂面、捣辣椒、盐巴，还使用木杵木臼；海南岛黎族也使用木杵木臼捣米。今汉族地区也有使用杵臼的，但是使用得很有限。

根据考古发现最早的汉族地区的杵臼材料完全可以证实，汉族独立为族至少距今有 8000 年的历史。如果在 8000 年前这些少数民族跟汉族是同一个民族，后来才分化为不同民族，那么民族地区也会有早期杵臼的发现，但是迄今找到的证据时代一般都晚于汉族地区。

（三十九）葛麻

葛是年生草质藤本植物，我国南北各地，除新疆、青海及西藏外，其他地方几乎都有分布，东南亚至澳大利亚也有分布。葛麻在我国海南、我国台湾、日本，粉葛在我国海南、我国台湾、我国西藏、印度、缅甸也都有分布。

麻指一种茎皮纤维植物，也指从各种麻类植物取得的纤维。麻纤维的种类繁多，包括一年生或多年生草本双子叶植物皮层的韧皮纤维和单子叶植物的叶纤维。韧皮纤维作物主要有苎麻、黄麻、青麻、大麻、亚麻、罗布麻和槿麻等，其中苎麻、亚麻、罗布麻等胞壁不木质化，纤维的粗细长短同棉相近，可做纺织原料，织成各种凉爽的细麻布、夏布，也可与棉、毛、丝或化纤混纺；黄麻、槿麻等韧皮纤维胞壁木质化，纤维短，只适宜纺制绳索和包装用麻袋等。我国麻类作物产区地跨热带、亚热带、温带等不同的自然环境，是世界上麻种类最多、分布最广的国家。

汉族先民很早就剥取葛藤的皮和麻茎，用它们的纤维织布，再制成衣、巾等服饰。"葛、麻"这两个词的产生应该是很早的，但是在商代甲骨文中都没有出现，这只能是因为甲骨文收字有限。在出土古文字中，"葛"最早只见于战国文献，"麻"最早可能始见于西周文献。《书·禹贡》："海岱惟青州……厥贡盐绨，海物惟错。岱畎丝、枲、铅、松、怪石。"绨，细葛布。枲，不结子实的大麻，其茎皮纤维可织夏布。又："荆河惟豫州……厥贡漆、枲、绨、纻。"纻，苎麻。《诗·周南·葛覃》："葛之覃兮，施于中谷，维叶莫莫。是刈是濩，为絺为绤，服之无斁。"《诗·陈风·东门之枌》："不绩其麻，市也婆娑。"《东门之池》："东门之池，可以沤麻。"《韩非子·五蠹》："尧之王天下也，茅茨不翦，采椽不斫；粝粢之食，藜藿之羹；冬日麑裘，夏日葛衣。"《华阳国志·巴志》载巴地"其地东至鱼复，西至僰道，北接汉中，南极黔、涪。土植五谷，牲具六畜。桑、蚕、麻、苎，鱼、盐、铜、铁、丹、漆、茶、蜜、灵龟、巨犀、山鸡、白雉，黄润、鲜粉，皆纳贡之。"这是指向周朝进贡。《蜀志》载："其宝则有璧玉、金、银、珠、碧、铜、铁、铅、锡、赭、垩、锦、绣、罽、氂、犀、象、毡、氍、丹黄、空青、桑、漆、麻、苎之饶，滇、獠、賨、僰僮仆六百之富。"

据古书记载，随着中原汉族开枝散叶，葛麻织布的技术也带到了四夷地区，汉袁康《越绝书·越绝外传记地传》："葛山者，勾践罢吴，种葛，使越女织治葛布，献于吴王夫差。去县七里。"《论语·宪问》："子曰：'管仲相桓公，霸诸侯，一匡天下，民到于今受其赐。微管仲，吾其被发左衽矣。岂若匹夫匹妇之为谅也，自经于沟渎而莫之知也。"值得注意的是，孔子没有说华夏和四夷服饰的质料不同，而是讲服饰的形制有别，看来孔子是承认四夷在当时也穿着布帛。今天有人将这里的"被发左衽"者理解为周边少数民族，这是不妥当的。"被发左衽"者，指的是"夷狄"，跟"华夏"相对，包括边地的后原始汉族人群和少数民族的人群，我们据此文无法的定孔子所指的只是少数民族人群。如果是少数民族人群，也容易理解：因为汉族至晚6000年前就已发明了葛麻织品，到了2000多年以前，少数民族地区应该早已引进了这项工艺；如果他们是后原始汉族人群，就更容易理解：他们穿着葛麻织品做的衣服，这也许是沿袭了他们还没有进入四夷地区时汉族早期的文化现象，但是随着他们与中原地区的疏隔，导致他们的服饰文化跟中原有隔阂。他们跟中原汉族分化以后，各自的文化在发展中有差异，他们是"被发左衽"，跟中原汉族不同。孔子这句话显示边地的后原始汉族人群将制造葛麻织品的技术带到了四夷地区。

我国汉族地区利用葛麻制成布，已有6000多年的历史。就本书前面"蚕和丝绸"部分所考而论，葛麻织品出现的时间远远晚于丝绸织品出现的时间。如果是这样的话，那么这只能是因为葛麻织品没有丝绸织品那样耐久，而且发掘得不够。它们的原材料容易获得，成本低，实用性强，尽管美观程度比丝绸织品低，但是也有一定的美感。

在南方，浙江余姚河姆渡遗址出土了距今约6900年的苎麻织物残片，还出土有苎麻编制的草绳和苎麻的叶子。考古人员在江苏苏州市吴中区草鞋山在第十文化层中发现3块纺织品，它们是以野生葛为原料、纬线起花的罗纹织品。经测定，该遗址第十文化层出土的木板，距今 5620±115 年，树轮校正 6275±205 年；炭化木桩经测定，距今 5370±110 年，树轮校正为 6015±145 年。距今 4400 年的浙江吴兴钱山漾遗址曾出土过苎麻平纹织物残片多件及苎麻绳。浙江省衢州市衢江区庙山尖土墩墓是西周时期的土墩墓，墓主人为当时越国上层贵族，墓中出土了多套青铜马具，在一种短管状青铜马具内普遍伴有细绳状纤维遗存，多件青铜管的一端或两端残存有一小截绳状物，经检测，断定这种纤维的属性为苎麻纤维。江苏六合东周墓曾出土过出土铜匜的包裹物，经检测为苎麻纤维，经密每厘米 24 根，纬密每厘米 20 根。重庆李家坝战国墓葬中出土多件青铜器，上面保留的织物痕迹经检测亦为苎麻。江西贵溪仙岩遗址出土的战国早期墓中，发现了一批纺织品，其中就有苎麻和大麻织品。

在北方，距今约 5500 年的河南荥阳青台遗址出土了苎麻布，科研人员在几座瓮馆葬中，发现在骨架与瓮棺内壁有多处褐灰网状已炭化的织物，经测定为麻布。距今 5000~7000 年的西安半坡仰韶遗址发现了 100 多件在器物底部带有麻布印痕的陶器，编织方法多样，有平纹编织法、斜纹编织法、一绞一的纱罗绞扭编织法、绞扭与绕环混合的手编法等，在经与纬的配置上使用了纬粗于经的方法，从而使织纹凸出。距今 4000~6000 年的陕西华县泉护村遗址中，考古人员曾在陶器上发现有附着纺织品的痕迹，每厘米经纬线各 10 根，可见纺织技术已相当成熟。

汉族的葛麻织品及相关工艺深受各族、各国喜爱，很早便传到少数民族地区及其他国家，有的还改进了工艺，选用别的原材料。因为是一种传播关系，所以在少数民族地区及其他国家发现葛麻织品的时间远晚于汉族地区。例如距今约3450年的福建崇安武夷山白岩洞悬棺葬中发现楠木船棺一座，船棺盖下压着猪下颚骨和一块花纹木。棺内随葬品包括棕团、竹席碎片、麻布碎片以及炭化的麻、丝、棉织物。这是福建省发现的最早的纺织品遗物，在国内也是较早的，棺中主人是一位古代越人。《后汉书·南蛮西南夷列传》载哀牢夷："哀牢人皆穿鼻儋耳，其渠帅自谓王者，耳皆下肩三寸，庶人则至肩而已。土地沃美，宜五谷、蚕桑。知染采文绣，罽氎帛叠，兰干细布，织成文章如绫锦。有梧桐木华，绩以为布，幅广五尺，洁白不受垢污。先以覆亡人，然后服之。"李贤注引三国吴康泰《外国传》："诸薄国女子织作白叠花布。"《史记·西南夷列传》："及元狩元年，博望侯张骞使大夏来，言居大夏时见蜀布、邛竹杖，使问所从来，曰'从东南身毒国，可数千里，得蜀贾人市'。或闻邛西可二千里有身毒国。"《汉书·张骞传》："骞曰：'臣在大夏时，见邛竹杖、蜀布，问安得此，大夏国人曰："吾贾人往市之身毒国。身毒国在大夏东南可数千里。其俗土著，与大夏同，而卑湿暑热，其民乘象以战。其国临大水焉。"以骞度之，大夏去汉万二千里，居西南。今身毒又居大夏东南数千里，有蜀物，此其去蜀不远矣。'"由此可见，至晚西汉，我国的葛麻织品就已经传到了身毒、大夏等南亚、中亚、西亚国家。

据考古发现的汉族地区的最早的葛麻织品完全可以证实，汉族独立为族距今至少有六七千年的历史。如果在6000年前当今汉族周边的少数民族跟汉族是同一个民族，后来才分化为不同民族，那么在民族地区也会有早期葛麻织品的发现，但是迄今所找到的证据都晚于汉族地区。

（四十）小结及余论

根据上面的证据可以知道：上述具体的文化创造有的在10000 多年或 20000 多年以前，有的有 5000 年以上的历史，都是先在后来汉族的生活圈中出现的，这些文化创造多在后来的汉族东西南北的文化圈中具有普遍性。然后从汉族地区传播到四周少数民族地区，少数民族地区出现这些文化创造的时间远远晚于汉族地区；有的文化创造一直没有传递到四周，只滞留在汉族地区，这在精神文化创造方面表现得尤其明显。这些文化创造，如果在少数民族地区也出现，则它们不是先出现在周边的少数民族地区，然后出现在今汉族地区，而是先在汉族地区出现，然后出现在少数民族地区，这只能理解为由汉族地区传播到民族地区。

如果出现这些文化创造时，原始汉族跟今天周边一些被人们认定为属于"汉藏语系"的民族还是一个族群，而且像有些学者所猜想的那样，在炎黄时期汉族和其他民族还没有分化，直到夏商时期（还有人说是在商周之交），汉族跟藏族等民族才刚刚分化不久，语言之间的差别还只是方言的不同，那么这些文化创造，包括后来传递到周边民族地区的那些文化创造，在早期不应该只是汉族地区的人群独享，在同时期或稍晚的民族地区考古发现中也能见到其踪迹，在今天的民族地区也有相同、相近时期的考古发现，然而在民族地区没有出现这种情况；事实上，有的文化创造后来由汉族地区传播到民族地区，但那是在相当晚的时间以后。

这些文化事实都可以说明，汉民族作为一个独立的民族，汉语作为一种独立的语言，至少有一万几千年甚至两万几千年以上的历史。可以推测，当时说汉语的人群结成了不同部落，分散在东亚大地，东西南北都有，中原一带是主体，汉族先民分布在中原周边的，也应该基本上是在邻近中原汉族的地区。分布在"四夷"地区的部落，有相当多是说汉语的，可以认为是汉语的一种方言，一种与中原汉语不同的方言。当然，也可以换个说法，将这些说汉语的"四夷"部落所说的语言不看作汉语方言，而看作原始汉语分化出来的一种语言。这两种处理实质上是一样的，这些周边地区的汉语不是从所谓的原始汉藏语直接分化出来，而是从原始汉语中直接分化而出。如果是这样的话，那么汉语跟周边民族语言分化至少有一万几千年、两万几千年。一万至两万多年的时间，足以使同源的语言面目全非，尤其是在音值方面。因此，即使"汉藏同源"的假说真能成立，我们也不能要求《诗经》时代的音值跟 7~9 世纪的藏语音值相近。

本书基本上很少利用旧石器时代的考古资料，这并不是说汉族、汉语独立是从新石器时代开始的，而是因为我们还没有找到根据迄今为止的旧石器时代的考古发现将汉族文化特征提取出来的方法，没有得出反映汉族文化特色的足够的结论，因此，目前的研究现状不利于探讨汉族、汉语独立的时代。如何利用旧石器时代的考古资料发现汉族文化特征，是可以继续探讨的问题，也许将来这方面的研究会有突破。例如距今28000 年的山西朔城区峙峪遗址是 1 处旧石器时代遗址，出土了大批精巧的细小石器，在 20000 多件人工砸击过的碎骨片中，有数百件留有清晰的数目不等的直道，有人据兽骨片的刻画痕迹推测：在文字发明以前，这很可能是人类最早使用的计数符号。该遗址的剖面有两个灰烬层，下面的灰烬层中出土了1件有较为复杂图像的骨片，刻画痕迹清晰，是峙峪人有意识的骨雕；出土了1件石墨磨成的钻孔装饰品，说明峙峪人已能使用技术很高的石制工具；还发现了1件石镞，说明当时人类已发明了弓箭。通过对在此发现的一块枕骨化石特征的分析可知：峙峪人早于山顶洞人，但晚于山西丁村人，距今至少有10万年的历史，说明我们的祖先十几万年前已经开始集体劳动。再如在河南许昌灵井遗址，考古人员发现5件距今125000~105000 年的古人类头骨化石，称为"许昌人"。经考证，他们得出结论：许昌人跟周口店北京猿人、北方早期现代人血脉相承，跟非洲古人类没有相似性。有的考古人员指出，这一发现"终结了中国北方现代人来自非洲的假说"，是否如此，还需要更多的史前考古发现加以证实或证伪。

不难推定，我国及周边国家还有大量的史前遗址没有被发掘出来。在历史上，历朝历代肯定挖掘出不少的史前遗址，但由于在古代不可能形成系统的以田野调查发掘为基础的近代考古学，也没有今天这样的科学手段来确定遗址的大致年代，因此并没有引起古人的研究兴趣，被忽略了。如果将来有新的史前遗址不断发掘出来，研究的方法更加精密科学，那么今天的一些结论肯定会得到修正。但迄今为止的史前考古成果，已经足以能使我们看出汉族独立成族、汉语独立成语至少有一万几千年、两万几千年的历史。

汉族传说有所谓"三皇五帝"，以及"三皇五帝"之前的一些人物的传说，比起汉族独立成族、汉语独立成语的时间，都可能是比较靠后的人物传说，是汉族独立为族以后的人物传说。学术界公认，汉民族是远古时期不同部落融合而成的。这种认识没有问题。但我们必须注意并且要追问：这不同的部落又是怎么来的？等到开始融合时，绝大多数部落的语言可能都是汉语的一个分支，东西南北都有操汉语的人，包括今天的吴语区域、湘语区域等，不像有人所设定的那样，汉语是完全不同语言的混合。有人说，在融合之前，不同部落说的都是不同的语言，这在逻辑上是以偏概全。事实只能是，处于"四夷"地区的人群，多数都是说后原始汉语的，只有距离中原遥远的极边远地区的人群，才没有受汉语的影响。即使是浙江一带，也是说汉语的人群和说民族语言的人群杂处；在时代距今极远的史前时期，汉语可能没有延伸到福建一带，但也有可能延伸到福建部分地区。后来的炎黄二部落融合，应是操汉语的不同部落之间的融合。

今天的少数民族人群，在以前当然主要属于"四夷"地区的人群，但是他们在先秦时，大部分应该属于"四夷"人群的极小的部落或个体。迄今为止，有的民族的人口都十分有限。史书上的"四夷"，可能主要不是针对这些人群说的。我国现在法定的民族有 56 个，实际情况比这个要复杂一些。根据第 7 次人口普查的数据，55 个少数民族的人口分布是：壮族 16926381 人，回族 10586087 人，满族 10387958 人，维吾尔族 10069346 人，苗族 9426007 人，彝族 8714393 人，土家族 8353912 人，藏族 6282187 人，蒙古族 5981840 人，侗族 2879974 人，布依族 2870034 人，瑶族 2796003 人，白族 1933510 人，朝鲜族 1830929 人，哈尼族 1660932 人，黎族 1463064 人，哈萨克族 1462588 人，傣族 1261311 人，畲族 708651 人，傈僳族 702839 人，东乡族 621500 人，仡佬族

550746 人，拉祜族 485966 人，佤族 429709 人，水族 411847
人，纳西族 326295 人，羌族 309576 人，土族 289565 人，仫
佬族 216257 人，锡伯族 190481 人，柯尔克孜族 186708 人，
景颇族 147828 人，达斡尔族 131992 人，撒拉族 130607 人，
布朗族 119639 人，毛南族 101192 人，塔吉克族 51069 人，普
米族 42861 人，阿昌族 39555 人，怒族 37523 人，鄂温克族
30875 人，京族 28199 人，基诺族 20899 人，德昂族 20556 人，
保安族 20074 人，俄罗斯族 15393 人，裕固族 14378 人，乌孜
别克族 10569 人，门巴族 10561 人，鄂伦春族 8659 人，独龙
族 6930 人，赫哲族 5354 人，高山族 4009 人，珞巴族 3682 人，
塔塔尔族 3556 人。少数民族人口加起来有 12547 多万人。全
国人口中汉族人口占 91.11%；少数民族人口占 8.89%。其中
有一半的少数民族不在传统所划分的汉藏语系范围之内。今
天，有的民族改说汉语或几乎都说汉语，例如回族、满族，另
有一些民族都不同程度说汉语，例如蒙古族，这说明基因分析
不能解释好语言和族群的关系。在人们认定的汉藏语系各民
族中，人口数量最多的是壮族，有 16926381 人；人口少的只
有 3000 多人，这是民族自身发展和互相融合、分化的结果。
至于有的暂时被纳入已有少数民族中的存在争议的人群或者
暂时搁置争议的一些人群，例如贵州西北地区的"穿青人"
（云南镇雄一带也有自称穿青人的人群，但划入白族），属于
"未识别待定的民族"，大约有 670000 人；云南河州金平县境
内的"莽人"2009 年才划归布朗族，人口只有 600 多人等。
人们所说的"汉藏语同源"，是就当今的这些民族语言跟汉语
之间的语言关系来说的，不能在先秦的"四夷"和今天的这些
民族的语言之间画等号。

　　本书所谈到的 30 几项文化创造，其中有一些是汉族地区和周边民族地区共享的物质文化、精神文化创造，但它们不是汉族跟周边民族共同继承下来的，而是形成一种传播关系，由汉族地区传播到少数民族地区。上述汉族地区的物质文化、精神文化创造，都是汉族独立为族以后产生的，有些传播到少数民族地区，有些则没有。如果汉族跟某些民族具有同源关系的话，那么汉族跟这些民族分离，至少有一万几千年、两万几千年的历史。当然，人们所划分的汉藏语系语言不限于中国境内的民族语言，但即使将这种因素考虑在内，也不会影响本书的结论。

　　跟动物世界比起来，人类最本质的属性在于他们拥有音义匹配的符号系统，人类所有的文化都是在这个符号的基础上创造出来的。汉民族先民的物质文化和精神文化的创造是在汉语符号的基础上创造出来的，之所以在几千年以前、一万几千年以前、两万年以前就出现这三十几项文化创造，并传播开，那一定是先存在着汉语，然后才出现这些文化创造。因此，在一万至两万多年以前，汉藏诸语言中，说汉语和其他语言的人群已经是不同的族群，他们的语言是不同的语言，不是同一语言的不同方言。也就是说，在一万几千年前至两万年前，汉语跟藏语、跟其他民族语言已经是不同的语言，不可能直到夏商之际、商末周初还是一种语言的不同方言。判定有同源关系的语言是不同的语言还是同一语言的不同方言，除了语言本身的差异的因素，还有使用者对民族的认同和政治因素在起作用。但是这三十几项文化创造，足以证明汉族和藏缅族在文化上、在经济生活上不是扭结在一起，而是汉族先民独立成族、因而也是汉语独立成语以后的文化创造。在东亚，汉族地区最早进入农耕社会，因此，即使存在着一个汉藏语系，汉语跟其他民族语言的分化至少有一万几千年、两万多年了。

　　研究汉语史，只能先从有系统文字记载的殷商时期开始。周秦两汉时期的上古汉语，绝非汉语源头，它只是早期汉语的延伸。研究汉语史，必须避免将周秦两汉当作汉语源头的研究模式。这种研究模式，主观设想先秦两汉的语言现象不稳定，到后来才变得稳定；当时一个词只有一个读音、一个本义，后来产生异读、产生引申义，这些意识都是错误的；那时的汉语早已是一种非常成熟的语言，所以到了汉字创制时，一个词会有不同的音义匹配，汉字多记录本义，那是因为本义往往比较具体，容易造出词素、词构体系的文字。

六　中原文化四周的史前考古发现

　　"汉藏语系"的假说，未经严格的证实和证伪。即使汉语跟周边的一些民族语言具有同源关系，它们的分化也是相当早的。例如生活在云南省西北，四川、云南交界处丽江泸沽湖畔的摩梭人，直到现在，仍保留着母权制家庭形式。这个族群不可能是进入父系社会以后再回到母系社会。因此，如果摩梭语跟汉语同源，那么分化至少是在母系社会时或在此之前。1949年以前，居住在西藏错那县勒布区的门巴族用木锹翻地，墨脱县的门巴族实行刀耕火种；西藏东南部的珞巴族、僜人处在原始社会向奴隶制社会过渡的状态；居住在云南哀牢山、无量山一带的苦聪人，现在划归拉祜族，在 20 世纪 50 年代中期以前，一直过着原始社会的狩猎生活；西双版纳的基诺族也是处于原始社会末期向阶级社会过渡的农村公社阶段，以刀耕火种为主，基诺族的一支采取了农村公社的组织形式；独龙族在1959 年以前也曾长期处于原始公社阶段，刀耕火种和采集、狩猎的生活方式并存。如果门巴、珞巴、僜人、苦聪人、基诺族、独龙族的语言跟汉语同源的话，那么它们跟汉语的分化应该是在原始社会。这样的人群在云贵高原和青藏高原还有一些。

　　同一个民族，由于所处环境不同，跟其他民族接触的情况不同，社会变化的速度不一样，有的快一些，有的慢一些。变化慢一些的，能够帮助我们研究它们跟汉语的疏密程度。例如在 1949 年以前，分布在西双版纳和澜沧江一带的哈尼族，有些地方还残存一定的原始农村公社土地所有制的特点。白族主要分布于云南，湘西、贵州毕节、四川凉山也有少量分布，还有怒江边上白族的勒墨人，他们在 1949 年以前，都处于原始社会向阶级社会过渡阶段。由此可以推定，哈尼语、白语即使跟汉语同源，它们的分化也在原始农村公社时期或以前。

　　汉民族很早进入农业社会，但汉族周边许多少数民族进入农业社会很晚，他们长期处于游牧社会阶段，在先秦时期还没有进入阶级社会。例如《吕氏春秋·恃君览》："北滨之东，夷秽之乡，大解陵鱼其鹿野摇山扬岛，大人之居，多无君；扬、汉之南，百越之际，敝凯诸夫风余靡之地，缚娄、阳禺、骧兜之国，多无君；氐、羌、呼唐、离水之西，僰人野人篇笮之川，舟人送龙、突人之乡，多无君；雁门之北，鹰隼所鸷、须窥之国，饕餮、穷奇之地，叔逆之所，儋耳之居，多无君。此四方之无君者也。"这些族群中无疑包含被人认为是跟汉族同源的族群，如果汉语真跟他们使用的语言同源的话，那么它们跟汉语的分化远在阶级社会形成之前，因为这些族群一直到战国晚期直至秦朝还"多无君"。西汉仍然有西南夷部落如此，《史记·西南夷列传》："西南夷君长以什数，夜郎最大；其西靡莫之属以什数，滇最大；自滇以北君长以什数，邛都最大。此皆魋结，耕田，有邑聚。其外西自同师以东，北至楪榆，名为嶲、昆明，皆编发，随畜迁徙，毋常处，毋君长，地方可数千里。"

　　上面所关注的 30 多项汉民族独有的或汉族借鉴西亚文化而产生的较早的文化创造，有些一直都没有渗入汉族周边的少数民族，有的渗透进去了，但远晚于汉族，是一种文化传播现象，不是文化传承现象。

底下将结合少数民族地区的考古发现来对此做一步的论证。必须指出，很多被一些人看作在语言上跟汉语有同源关系的民族，它们生活的地域常常是地广人稀，远不像汉族地区，开发得很厉害，经过几千年的开发而变得面目全非；他们的聚居地，多开发得有限，因此可能保留了更多的史前文化遗址，但我国民族地区的考古工作展开得很不够，因此所获史前文化的认识有限，期待今后在民族地区有更多的考古新发现，以便更好地解决这些民族跟汉族、他们的语言跟汉语的关系问题。

（一）东方

居住在东方的不都是"东夷"，属于"东夷"的人群不尽是少数民族。例如齐国、鲁国不属于东夷的范围。在山东青州苏埠屯村发掘出了殷商墓葬遗址，出土了大量殷商风格的文物。考古专家研究发现，这是商朝晚期的墓葬。由此可见，商朝已经扩张到了东部沿海。东方是日出之地，濒临大海，多鱼盐之利，比较富庶，所以汉族先民很早就向东方扩张，人们讲到"四方"的概念，先从东方算起。新泰、泰安一带相继出土带有"淳于"铭文的兵器，泰山虎山东路一座战国中晚期墓葬中出土了1件铭有"淳于右造"青铜戈，反映出淳于国（在今山东安丘一带）应该说汉语，写汉字。

杞国本是夏王朝的封国，姒姓，是夏禹的后裔，跟越国同一支脉，此国商朝沿袭下来，商代甲骨文就提到过杞国，但其封号在历史上多次被废。周初重新建国，分封到今河南杞县，西周懿王前已迁徙到山东，随后被周朝迁往新泰、宁阳一带。春秋早期杞国灭了淳于国，将国都迁到淳于国故地。春秋中期，宋国、淮夷、徐国等攻击杞国，杞国被迫向东迁都到缘陵（今山东昌乐县一带）。春秋晚期，杞人被迫再次迁徙到淳于，杞国最终为楚国所灭。杞国地处东夷日久，所以采用了很多夷礼，有时也被视为东夷，《左传·僖公二十七年》："杞桓公来朝，用夷礼，故曰子。公卑杞，杞不共也。"杜预注："杞先代之后，而迫于东夷，风俗杂坏，言语、衣服有时而夷。故杞子卒传言其夷也。"新泰等地出土的杞国青铜器铭文可以证明杞国是使用汉字，因此杞国是说汉语的诸侯国。

东夷指战国时期齐国一带，包括今山东、安徽、江苏的非王化地带。东夷的语言、文字留下了一些遗迹。例如《说文·玉部》"珣"："医无闾珣玗琪，《周书》所谓夷玉也。从玉，旬声。一曰器。读若宣。"段玉裁注："医无闾之珣玗璂。《尔雅》曰：'东北之美者，有医无闾之珣玗琪焉。'璂、琪同。医无闾，山名，在今盛京锦州府广宁县西十里，《屈原赋》谓之于微闾。'珣玗璂'合三字为玉名，'玗、璂'二字又各有本义，故不连举其篆也。盖医无闾、珣玗璂皆东夷语，《周书》所谓夷玉也。夷玉，《顾命》文，郑注云：'东北之珣玗琪也。'"医无闾、珣玗璂，都是东夷语言的遗留。东夷语言有后原始汉族的语言，也有非汉语，现在还不知道"医无闾、珣玗璂"是后原始汉族的语言还是非汉语。即使是非汉语，也可以知道这种不说汉语的民族早已汉化了，而且使用了汉字，"珣"是专门为"珣玗璂"这个词造的字，应该来自使用"珣玗璂"一词的这种语言。

东夷绝大多数国家都是后原始汉族人群。据《书·禹贡》，九州的兖州、青州、徐州已在夏的版图之中，是夏禹所定的九州的范围。《左传·昭公九年》："王使詹桓伯辞于晋曰：'……及武王克商，蒲姑、商奄，吾东土也。'"蒲姑、商奄，都是原始汉族的苗裔，都姓嬴。蒲姑本是商周间诸侯国，在山东滨州博兴县，周成王时作乱，成王消灭他们之后，将其土地封给师尚父，成为齐国领地。商奄，夏朝时已是强大的方国，都城在曲阜旧城东，后为周公所灭，封给伯禽建立鲁国。一部分奄人被迁往同姓的秦国；一部分继续南迁过长江，春秋中期为宜国所灭。《诗·豳风·破斧》："周公东征，四国是皇。"郑笺："四国：管、蔡、商、奄也。"正义："以淮夷是淮水之上东夷之夷耳，此言四国，谓诸夏之国。"可见蒲姑、商奄在周代属于诸夏之国。

淮夷是东夷的分支，聚居在我国东部黄淮、江淮一带，据说蚩尤在与炎黄部落在涿鹿之战中失败，南迁至淮河流域定居，称淮夷。夏商周时期多次跟中原王朝发生战争。蚩尤是九黎部落的首领，兄弟众多，是炎帝族的后裔，古代也有其他的说法，但都不出汉族先民之外。炎帝和黄帝都是少典氏的后裔，都是原始汉族的后人。《书·吕刑》："蚩尤惟始作乱。"旧题孔传："九黎之君，号曰蚩尤。"可见淮夷是汉族先民的后裔，说的当然是一种有别于中原的汉语。

东夷有朝鲜。古代"朝鲜"和今天"朝鲜"是相关而有所不同的两个概念。古朝鲜是西周初年分封的一个诸侯国，是周武王灭商之后，商纣王的叔父箕子在朝鲜半岛建立的政权。燕昭王时曾和真番一同归属燕国，西汉时箕子朝鲜的哀王箕准被燕国人卫满所灭，卫满建立了卫氏朝鲜，其国土除了箕准辖地，还包括高句丽、真番、临屯、沃沮、扶余五国之地。箕准渡海南逃马韩，自立为韩王，不与卫氏朝鲜相往来，后来马韩人又自立为辰王。卫氏朝鲜的丞相历谿卿也去了辰国（也就是辰韩），跟他一起去的有二千余户，也跟卫氏朝鲜不相往来。

箕子、卫满去朝鲜，至少带去了很多同部族的人，因此至晚此时朝鲜半岛肯定已有说汉语的居民。西汉时进入朝鲜半岛的汉人相当多，而且往往聚居在一起。例如西汉乐浪郡旧址在平壤市南郊大同江乐浪区内土城洞的土城，考古人员在此发现了 2000 多座墓葬，其中 1000 多座有棺椁，出土了大量的铜镜等用具，多有铭文，这可以证明留在乐浪郡的汉人当时是说汉语。后来因为朝鲜语在朝鲜半岛有优势地位，这些汉族居民慢慢改说朝鲜语，但也影响了朝鲜语。据《三国志·魏书·东夷传》："濊南与辰韩，北与高句丽、沃沮接，东穷大海，今朝鲜之东皆其地也，户二万。昔箕子既适朝鲜，作八条之教以教之，无门户之闭而民不为盗……陈胜等起，天下叛秦，燕、齐、赵民避地朝鲜数万口。燕人卫满，魋结夷服，复来王之……辰韩在马韩之东，其耆老传世，自言古之亡人避秦役来适韩国，马韩割其东界地与之。有城栅。其言语不与马韩同，名国为邦，弓为弧，贼为寇，行酒为行觞，相呼皆为徒，有似秦人，非但燕、齐之名物也。名乐浪人为阿残；东方人名我为阿，谓乐浪人本其残余人。今有名之为秦韩者。"可见直到三国时期，辰韩话还深受汉语的影响。

再看南北朝时期汉语对朝鲜半岛的影响。据《南史·夷貊传下》载，当时的百济："言语服章略与高丽同，呼帽曰冠，襦曰复衫，袴曰裈。其言掺诸夏，亦秦、韩之遗俗云。"可见，百济的语言掺杂着早期汉语词汇。据《周书·高丽传》："大官有大对卢，次有太大兄、大兄、小兄、意俟奢、乌拙、太大使者、大使者、小使者、褥奢、翳属、仙人并褥萨凡十三等，分掌内外事焉。"这里的官名无疑是汉语和本民族的固有词语的结合。

朝鲜半岛很早就有人居住。以黑隅里遗址为代表的朝鲜半岛旧石器时代早期遗址距今有 40 万~60 万年的历史，是目前朝鲜半岛出土的最早期的旧石器时代遗址；平安南道德川郡胜利山人遗址下层发现的古人臼齿化石已经具有新人臼齿的原始特征，距今有 4 万~10 万年的历史。

朝鲜半岛以陶器的出现作为其进入新石器时代的标志。在距今 6000~8000 年的新石器时代早期，包括朝鲜半岛在内的渤海沿岸，出现了原始平底栉纹陶器和隆起纹陶器，逐步形成新石器时代中期的"栉文陶器"文化。栉纹陶器分布很广，在半岛的东北区（图们江流域），器形与俄国远东沿海州地区和中国东北地区的陶器有联系；在西北区（鸭绿江流域），跟中国辽宁省的出土陶器近似；在中西区（大同江—汉江流域）、南区（洛东江流域），则是典型的栉纹陶器。南区的栉纹陶器出现较晚，有明显的中西区特色。距今 3000 年前，朝鲜半岛的陶器与其他出土物品发生了重大变化，栉纹陶器消失了，代之而起的主流陶器是素面（无纹）陶器，有人将这个时期称为"无纹陶器时期"。新石器时代末期出土的陶器，形制丰富，有储藏器、炊器与食器等，是褐色彩陶。海州市龙塘浦遗址中，出土有被称作"高足杯"的"豆"。"豆"形器与彩陶器都是中国特有的文化，此器在朝鲜半岛出土，说明原始时代中国大陆的龙山文化跟朝鲜半岛有文化交流，印证了原始人群由东亚内陆向朝鲜半岛移动的历史。朝鲜半岛中西部地区的考古发现，跟朝鲜族"檀君神话"描述的有关的史前社会展开的情节大体吻合。早期原始平底无纹陶器和隆起纹陶器文化似属熊氏族和虎氏族所有，以栉纹陶器为中心的文化可能属于檀君天神族，而褐色纹彩器或许是华夏"仙人"的遗存，这三支势力的融合构成了朝鲜半岛的史前黎明期的社会。

朝鲜半岛新石器时代古墓遗址出土陶器残片

　　肃慎氏也属东夷。《左传·昭公九年》："王使詹桓伯辞于晋曰：'……肃慎、燕、亳，吾北土也。'"肃慎在吉林长白山一带，在周代已是周天子的版图。这是东北的一个不说汉语的民族，没有文字，《晋书·东夷传·肃慎氏》："肃慎氏，一名挹娄，在不咸山北，去夫余可六十日行。东滨大海，西接寇漫汗国，北极弱水。其土界广袤数千里，居深山穷谷，其路险阻，车马不通。夏则巢居，冬则穴处。父子世为君长。无文墨，以言语为约。"有人说，肃慎氏是满族的祖先，可能有些道理：至少可以说，满族人中有来自肃慎氏的。

　　倭人是居住在东方岛屿上的人群。《晋书·东夷传·倭人》："倭人在带方东南大海中，依山岛为国，地多山林，无良田，食海物。旧有百余小国相接，至魏时，有三十国通好。户有七万。男子无大小，悉黥面文身。自谓太伯之后，又言上古使诣中国，皆自称大夫。昔夏少康之子封于会稽，断发文身以避蛟龙之害，今倭人好沉没取鱼，亦文身以厌水禽。计其道里，当会稽东冶之东……泰始初，遣使重译入贡。"据此可知，倭人中可能有一些吴越等地居民，不一定都是汉族人，他们因某种原因移民到倭人所居的岛上，所以有"自谓太伯之后"之语。大概是没有形成强大的族群，不能改变东南山岛上原住民的语言，因此，他们没有将汉语或吴越一带的民族语保留下来，而是改变自己的语言习惯，说的是汉语以外的倭人的语言。

（二）南方

南蛮指战国时期楚国、吴国一带的非王化部落、国家，包括今北至湖北、南至两广、西至云贵、东至浙江一带。《左传·昭公九年》："王使詹桓伯辞于晋曰：'我自夏以后稷……巴、濮、楚、邓，吾南土也。'"可见，周初南蛮许多地方已归属于周的版图。"Ancient DNA indicates human population shifts and admixture in northern and southern China"发现，以秦岭淮河为界，我国南北方古人群早在9500年前已经分化，至少在8300年前南北人群融合与文化交流的进程即已开始，4800年前这种融合与交流出现强化趋势，至今仍在延续。南北方同期人群的演化基本是连续的，没有受到明显的外来人群的影响，迁徙互动主要发生在东亚区域内各人群间。现今南北方大部分省市的汉族人群，他们携带的东亚古北方人群成分和古南方人群成分的混合比例基本相似。这项研究说明，即使汉语跟南方的一些民族语言之间存在同源关系，但汉语跟这些民族语言的分化也在9500年前，汉语很少受到东亚以外语言的明显影响。

江西乐平县涌山赣鄱古人类文化遗址在鸡公山南面半山腰，此地曾发现过距今50万年前的涌山古人类洞穴遗址，另在此洞里发现过10000年前原始人类的疑似"画刻"。后来还发现了距今约5000年的陶鼎足、距今3300年的商代陶片、距今约3000年的西周原始青瓷豆，万年县仙人洞、吊桶环遗址发现了距今12000~14000年的水稻植硅石。这种情况看来，至晚在距今500000年，这一带就一直有人聚居，当然是否一脉相承，由一个祖先相袭而来，是否有弱肉强食的现象出现，还无法证实。

江西各地史前遗址的发现情况不一。北部的清江盆地和鄱阳湖平原以及东部的抚河流域都发现大量的史前遗址，但吉泰盆地较少发现。2019年在吉安市吉水县乌江镇发现距今5000年以上的史前遗址，这是迄今为止整个吉泰盆地唯一一处史前环壕遗址—盆形地遗址，在这里出土了红衣陶、黑皮陶，说明当时此地已有人居住。南昌瑶湖吕蒙岗遗址发现了距今4000~5000年的半地穴式房址，出土了大量陶器与石器，陶器多为生活用具，器形有鼎、豆、壶、盘、碗、杯等，这应该是汉族或深受汉族影响的人群的聚居区，很有可能是汉族聚居区。

江西有大量跟中原夏商时代文化相同的考古发现，这应反映出江西一带，至少是江西南部，最晚从夏商时代开始，已经属于中原文化的圈子，而不仅仅是不同民族之间的交往。本书在前面说到，根据汉代以前古书的记载，至晚炎帝时期，汉族文化就已经到达交趾一带，也就是五岭以南。那么说汉族文化在夏商时代已到达江西，是顺理成章的事。《史记·五帝本纪》："三苗在江、淮、荆州数为乱。"三苗部落的聚集中心，据张守节《正义》："《左传》云：'自古诸侯不用王命，虞有三苗，夏有观扈。'孔安国云：'缙云氏之后为诸侯，号饕餮也。'吴起云：'三苗之国，左洞庭而右彭蠡。'案：洞庭，湖名，在岳州巴陵西南一里，南与青草湖连。彭蠡，湖名，在江州浔阳县东南五十二里。以天子在北，故洞庭在西为左，彭蠡在东为右。今江州、鄂州、岳州，三苗之地也。"《书·禹贡》中，"彭蠡既猪，阳鸟攸居……嶓冢导漾，东流为汉，又东为沧浪之水，过三澨，至于大别，南入于江。东汇泽为彭蠡，东为北江，入于海"。旧题孔传："彭蠡，泽名。随阳之鸟，鸿雁之属，冬月所居于此泽。"嶓冢，即今陕西汉中宁强县境内的汉王山；今天的鄱阳湖是原来的彭蠡泽的一部分，原来彭蠡泽还可能延伸到今武汉一带，孔疏："彭蠡是江、汉合处。"可见，鄱阳湖早已在禹贡版图之内。

九江荞麦岭遗址是夏商考古研究的重要发现，出土的陶器有鼎、鬲、斝、鬶、爵、甗、罍、尊、簋、瓿、圜底罐、汲水罐、豆、盘、大口缸、器盖等，石器有石镞、石刀、石凿、石斧、石锛、各式砺石，还有少量青铜箭镞。荞麦岭南面的樟树、新干等地之前曾出土了大量具有本地特色的青铜器；北面的瑞昌铜岭铜矿遗址跟荞麦岭遗址直线距离只有40公里。这些出土器物与中原商文化中心区器物联系密切，是夏商时期中原文化强力辐射南方的重要证据。其他包含有夏文化因素的遗址还有高安下陈、广丰社山头三期、鹰潭龙冈、板栗山、新余珠珊以及萍乡市虹桥等。商代，樟树市发现了距今3500多年的吴城遗址，许多陶瓷器物上还带有刻划的文字符号，出土文物既有浓厚的地方特色，又受到中原商殷青铜文化的深刻影响。新干县大洋洲商代遗址发现了距今3000多年前的铜器、玉器、陶器等，青铜器中礼器种类最多，有鼎、鬲、簋、豆、匕、罍、瓿、卣、壶、瓒、勺等。《淮南子·泰族训》："纣之地，左东海，右流沙，前交趾，后幽都。"由此看来，江西早已在殷商版图之内。这些发现，有力地证明江西在商周时期不是"蛮夷腹地"，已经进入中原文化圈，因此，夏商时期，江西这些地方都应该是说汉语的区域。

江西新干县大洋洲商代大墓出土伏鸟双尾虎青铜器

在史前时期，汉族先民不可能跟两广没有交往。广东博罗、梅县、揭东、佛山等地，发现了殷商墓葬群，由此推测殷商人已经居住于此，或者说在此设立了"据点"。

海南岛、台湾岛在史前时期应该没有汉族先民生存在那里。海南岛 10000 年前已经有人居住，距今 5500~6000 年的英墩早期文化遗址，距今约 5000 年的莲子湾文化遗址，距今约 5000 年的东方新街大桥沙（贝）丘遗址，距今 4400~4900 年（依据碳 −14 测年数据经树木年轮校正）石贡遗址，距今 3000~3590 年的桥山遗址，距今 3430~3610 年的移辇沙丘遗址，距今约 3000 年的踏头遗址等表现出来的文化特色，都表明那时汉族文化没有到达海南岛。

起先，百越跟汉族居民杂处，随着汉族先民的扩张，百越民族不断南移，有的到了海外。从出土文物和语言特征说，海南岛的黎族本来居住在广东、广西一带，属"骆越"，可能在 3000 年前的殷周之际，就定居在海南岛上。海南黎族聚居区发现了大量新石器时代文化遗址，它们和广东及东南沿海地区发现的、带有鲜明百越文化特征的新石器文化同属一个文化系统，跟广西钦州、广东湛江发现的原始文化遗存更相似。明代以后，海南岛出土了具有百越文化鲜明特征的铜鼓。1949 年以后，黎族地区也出土了许多铜鼓，跟广西发现的铜鼓在形制上基本相同。黎族的鸡卜跟百越的占卜习惯也是一样的。

中原汉族对福建的影响也比较早，而且不同地域的汉族文化到达的时间不同。福建三明市万寿岩遗址距今约 18 万年，在遗址的灵峰洞里发现一些石制品，动物化石有中国犀、巨貘、牛类、竹鼠、社鼠、鼯鼠、鼬、蝙蝠等，证明 18 万年前福建有人类活动。福建发现的新石器时代和青铜时代文化遗存点近 3000 处，遗址多集中于水流两翼、滨海沿岸相对高度在 50~150 米的山麓坡地和低缓山丘，很少在平地上，而且规模很小。内陆地区基本上是山地遗存，沿海地区则多是贝丘遗存。这种小规模分散居住的环境，使得福建一带史前文化发展缓慢。

距今 6000~5500 年前的福建平潭壳丘头遗址，跟平潭的南厝场遗址、距今 7450~5890 年的金门富国墩遗址，粤东北的潮安陈桥遗址等处 8 遗址属于同一类型，地处滨海沿岸或海岛之上，背靠大山，面向海洋，在山上采集狩猎，在海岸边捕捞采贝，是这些遗址的居民最主要的经济活动，可能当时没有农业，经济生活很大程度上依赖自然，难以形成较大规模的聚居。

漳平奇和洞遗址距今 7000~17000 年，在其中发现了人工石铺活动面、灰坑等，以及新石器时代早期的房址、灶、火塘、柱洞、灰坑等。遗物包括人骨、打制石器、磨制石器、陶器、骨器、动物化石、煤矸石、动物骨骼、螺壳等。跟 8400 年前的奇和洞人和现今生活在东亚北方和西部人群（如达斡尔族人群）进行对比可知，奇和洞人跟东亚中部和南方现今的人群（如汉族和傣族人群）之间遗传联系更多，跟台湾岛的阿美人和泰雅人的人群遗传联系最强，反映出奇和洞人跟现今族群之间的血缘联系。但这只是问题的一个方面，奇和洞遗址延续的时间很长，在新石器初期的文化层中发现了陶器，还发现了一个灶，距今 9000~12000 年，这表明汉族文化到达了奇和洞遗址。

距今约 7500 年的闽侯洋里乡大坪顶山史前遗址发现了少量的炭化稻谷颗粒。距今 4500~5000 年前的三明市明溪南山遗址是在一个洞穴中，出土了炭化稻谷，这证明处于穴居时期的南山遗址的先民已经掌握较发达的生产方式；出土的粟、黍是目前在整个华南地区最早的小米遗存，这应该是北方传播过来的种植作物。还出土以前较少发现的彩陶和磨光黑陶，这种器物是新石器时代晚期到夏商周时期非常有代表性的器物。出土的 8 座墓中，有 5 座保存有人骨，这是福建除昙石山遗址外史前人骨保存最多的遗址。头骨额头宽而直，下颌粗而宽，跟福建漳平奇和洞遗址、广东鲤鱼墩贝丘遗址、台湾亮岛人以及泰国、越南等类似遗址中的特征相似。这说明，在福建的一些史前居民，他们的文化表现出汉族文化的特色，但是人种特征跟汉族不同。距今 4000~5000 年前的闽侯昙石山文化遗址基本上是一处原始社会晚期的公共氏族墓地，第 137 座墓主人为 25 岁左右的青年女性，其左侧颧骨分上下两部分，下方颧骨块被称为"日本人骨"，日本人大部分有这块颧骨。这可能还表明，在当时，福建一带有大量的说汉语以外的语言的区域，当然，汉语应该已经到达了那里。

　　"Ancient DNA indicates human population shifts and admixture in northern and southern China"一文的研究，通过中国南北方史前人类大规模的基因组分析的结果表明，最早的台湾海峡、东南亚和太平洋西南部岛屿的南岛语系人群起源于南方的福建及其毗邻地区，也就是沿海一带，这些人群跟新石器时代的我国南方沿海人群有着非常密切的遗传联系，时间可以追溯到 8400 年前。那时候，来自北方的人群开始挤压说南岛语的人群，迫使他们迁徙到台湾岛及太平洋岛屿等地，有的迁徙到越南，有的应该还迁徙到日本，导致整个东亚沿海族群之间都存在遗传联系。后来的福建及周边的人群跟距今 8400 年的南亚及太平洋岛屿的古人群不属于同一祖先，但与现今东亚人群、南岛语系人群都有着直接而延续的遗传关系，迁徙到台湾岛及太平洋岛屿等地的民族后裔有些再迁徙到福建及周边，形成"回迁"。

该项研究通过探讨来自北方山东、内蒙古地区 5 个遗址（扁扁洞、小荆山、小高遗址、博山遗址、裕民遗址）距今 7700~9500 年的 7 个个体，及南方福建、台湾海峡 2 个遗址（奇和洞、亮岛）距今 7600~8400 年的 3 个个体人群的基因组，发现：沿着黄河流域直到西伯利亚东部草原的人群，至少从 9500 年前起，都携带有一种以新石器时代山东个体为代表的古北方人群成分，我国大陆沿海及台湾海峡岛屿的人群至少从 8400 年前起就携有一种以新石器时代福建及其毗邻岛屿个体为代表的古南方人群成分，这两种成分截然不同。随着时间的推移，东亚大陆南北方人群之间的这种差异性和分化程度逐渐缩小，这暗示着从新石器时代以来南北方之间频繁的人群迁移与混合，既有南方人向北迁徙的，也有北方人南迁的。在距今 7700~8300 年的山东人群中发现了和古南方人群间的联系，在距今约 8300 年亮岛 1 号人中发现有少量古北方人群的影响，反映南北方人群已经开始互动，可见南北交往不仅仅是北方人单向流入南方。

研究数据还显示，大概在新石器时代晚期，人群的迁移和融合继续对东亚人群产生影响。距今 4200~4800 年的锁港、溪头村、昙石山等遗址 13 个南方个体为代表的新石器时代晚期人群，表现出与东亚北方沿海人群具有基因上的联系，并且这种联系是双向的，南方人群遗传成分也对北方产生影响。

这项研究更从另外的角度证明，至晚从距今 8300 年开始，北方汉族就已经进入了福建等东南沿海一带，相应地，汉语也从这时起，进入了这一带。从事理上分析，北方汉族人群到达东南沿海一带应该是逐步由北向南迁徙的，那么，远在距今 8300 年，汉族的人群早已到达东南沿海向北的地区。

贵州一带属于西南地区，我们放到南方进行讨论。贵州贵安新区招果洞遗址发现了距今10000多年的磨制石器、用火遗存、墓葬和随葬品，这是旧石器时代的文化遗址。六枝特区县城西北30公里的岩脚镇老坡底村，发现了新石器时代遗址8处，这8处遗址分布密集，直线距离不超过1公里，属同一时期。通过对其中4个遗址的发掘，获得了一批陶器、骨器和磨制石器，陶器多为夹砂粗陶，陶质疏松，烧制火候低。距今有3000年以上历史的毕节县瓦窑村古文化遗址处在云南、贵州交界处，出土了商周时期的一件铜手镯残件，是贵州发现的时代较早的青铜器。威宁鸡公山遗址距今3000~4000年，在其中一处祭祀坑内，发现和铜手镯同时期的铜锛，是贵州体重最大且时代最早的青铜器。除了鸡公山遗址，威宁中水发掘的营盘山遗址、红营盘墓地和银子坛墓地等不同时期的文化类型遗存，可建立起滇东黔西地区青铜时代至早期铁器时代的年代框架和演进序列，都体现了当地受中原文化的深刻影响，表明当时当地逐步汉化。铜仁市的方田坝商周遗址中发现了汉族礼器牙璋，这可能是从四川传播到贵州产生的文化现象。这说明贵州在商周时期明显融入了汉族文化。

（三）西方

西戎指战国时期秦国一带非王化的部落、国家，地域包括今陕西、甘肃、青海等西部地区。《左传·昭公九年》："王使詹桓伯辞于晋曰：'我自夏以后稷，魏、骀、芮、岐、毕，吾西土也……先王居梼杌于四裔，以御螭魅，故允姓之奸，居于瓜州，伯父惠公归自秦，而诱以来，使逼我诸姬，入我郊甸，则戎焉取之。戎有中国，谁之咎也？’”可见，西部地区有后原始汉族居民。

　　藏族本是西羌的一些部落融合而成的，“盖百有五十种，散处河、湟、江、岷间，有发羌、唐旄等，然未始与中国通”（《新唐书·吐蕃传》），藏族应该是不同民族融合而成的，具体融合时代今已不可考。吐蕃王室的始祖是在西藏山南地区的雅隆河谷发迹的，为“六牦牛”部的首领，在松赞干布以前已传二十多代。请注意：“羌”在上古不是一个单一族群的称谓，而是对西部游牧部族的统称。有人说“羌”的本义指我国古代西部民族之一，这是不可靠的，当时还没有“民族”的概念。《说文·羊部》：“羌，西戎牧羊人也。从人，从羊，羊亦声。南方蛮、闽从虫，北方狄从犬，东方貉从豸，西方羌从羊。此六种也。西南僰人、僬侥，从人，盖在坤地，颇有顺理之性。唯东夷从大，大，人也。夷俗仁，仁者寿，有君子不死之国。孔子曰：‘道不行，欲之九夷，乘桴浮于海。’有以也。”这一解释不容易理解，段玉裁《说文注》以为有错讹。但有一点可以肯定，蛮、闽、狄、貉、羌、夷绝不只指一个具体的族属。很多人将“羌”和藏族或今天的羌族挂钩，又将“羌”跟“姜”姓挂钩，还采纳“羌”作“我国古代西部民族之一”讲的释义作为推论的前提，从而拐弯抹角地推测藏族原来居住在中原，后来进入青藏高原，这样的论证是很成问题的，它的论证基础不牢靠。

　　《新唐书》所说的“百有五十种”部落，可能大多是原始藏族分化出来而形成的部落，到了唐朝或唐朝以前，又融合在一起，成为今天的藏族。据巴俄·祖拉陈瓦的藏族史书《智者喜筵》（成书于1564年）记载，在悉勃野部兴起时，它的邻近地区有“十二小邦”的地方势力，分布在藏北、工布（今林芝一带）、塔布（今山南地区东部）及雅鲁藏布江中游的拉萨河、年楚河流域等地，它们跟悉勃野部彼此之间语言相通，交往比较密切，这说明，这些小邦当来自原始藏族。（参看《中国民族史》第 355 页）从情理上说，藏族也有可能融合了非原始藏族的人群，例如部分鲜卑族的族群。是不是有极少的汉族先民融入这个族群，目前没有找到可靠的材料加以证实。但是，随着藏族政权势力范围的扩充，逐步跟边地汉族人群邻接，交往加深，汉族人群中有人融入藏族，是非常有可能的。藏族原属吐番，也写作"吐蕃"，这是藏族人建立的政权，唐朝始见于汉族史书记载，这应该反映了藏族先民在早先跟中原王朝交往不太密切，唐代以后西藏跟汉地的中原王朝才变得交往频繁。但是朝廷之外的交往肯定是有的，而且不排除密切交往的可能性，西藏阿里地区噶尔县古如加木寺大门外附近发现的墓葬中，墓主人头戴黄金面具，浑身裹满丝绸，在头部附近的丝绸上写着"王侯"两个汉字。这应该是汉代从汉地传过来的丝绸，可见当时青藏高原对中原文化的钦慕，也可见汉藏的交往远非从唐朝开始。

由于深信"汉藏同源"的假说，人们围绕这个假说对青藏高原的人种来源展开讨论，提出所谓青藏高原人口迁徙的多种推测。近些年来，在基因分析的帮助下有关这种推测的研究多了起来，他们推测了使用藏缅语族语言的族群的迁徙路线，但是没有可靠的史料证据作为支撑。青藏高原何时开始有人居住，现在还不知道。考古人员在甘肃甘南州夏河县甘加乡的白石崖溶洞中发现了一块夏河丹尼索瓦人（简称"夏河人"）下颌骨化石，是除西伯利亚阿尔泰山地区丹尼索瓦洞以外发现的首例丹尼索瓦人化石，化石仅保存了古人类下颌骨的右侧，下颌骨附着了第一臼齿和第二臼齿，其他的牙齿仅保留了牙根部分，颌骨形态粗壮原始，臼齿较大，可以很清楚地看到它没有下巴。有人认为，这现象说明它不是现代人化石。但这说明青藏高原史前人类最早活动时间可以推早至距今16万年前。丹尼索瓦人是已灭绝的古人类种群，最早发现于西伯利亚南部阿尔泰山脉的一个名叫"丹尼索瓦"的山洞里，因此丹尼索瓦人是不是现代藏民的祖先还难以说定。有人认为，丹尼索瓦人的遗传物质已经发生了一种突变，这种突变有助于在青藏高原这种环境中的生存；今天的西藏人群基因中也有同样的突变，他们希望证实丹尼索瓦人对青藏高原上的藏族人群和夏尔巴人群有基因贡献，贡献了适应高寒缺氧环境的基因，但这基于一个前提：丹尼索瓦人跟后来登上青藏高原的人群没有生殖隔离，因此还得追问他们为什么没有生殖隔离。

　　有的研究人员通过青藏高原史前动物化石推测，青藏高原的地质在史前发生过很大的变化。因此造成今天青藏高原南北的动物群很不一样。在青藏高原北侧出现了大量距今2000万~3000万年的巨犀化石，而最早只有在高原南侧的巴基斯坦发现过巨犀化石，而且是孤零零的一个点。他们由此证明，巨犀生活的时期，青藏地区海拔高度不超过2000米，动物可自由迁徙。而在铲齿象动物群时代，青藏高原南侧没有铲齿象活动的迹象，也就是说在1500万年前，青藏高原已经阻碍了铲齿象向南扩散和迁徙，因此青藏高原是逐渐隆升的。距今370万年的时期，属于全球暖期，除了青藏高原，其余地区以炎热为主；距今250万年前，全球进入冰河时期。在16万年前，全球进入较为暖湿的勃令－阿罗德暖期，人类才有进入青藏高原的生存条件。

有人推测，人类可能是在青藏高原气候比较温暖湿润的时期定居于此的。四川甘孜藏族自治州稻城县皮洛遗址位于青藏高原东部，海拔 3750 米左右，在这里发现了不晚于距今 13 万年的更新世末至晚更新世以来连续的地层堆积和文化层位，保留了"砾石石器组合－阿舍利技术体系－石片石器体系"的旧石器时代文化发展过程。由于阿舍利技术体系在我国中原地区及与其他和藏族邻近的其他国家也有发现，因此无法断定皮洛遗址的阿舍利技术体系的直接来源。皮洛遗址并不在青藏高原腹地，青藏高原腹地一直没有发现早期人类化石，其早期旧石器遗址主人的族群和遗传学特征，以及跟现代藏族有无血缘关系等问题至今还是未解之谜。从严格的逻辑分析角度说，我们既不能肯定那时候西藏腹地没有早期人类存在，也不能否定那时候西藏腹地没有早期人类存在。如果有人群存在，那么他们跟现代说藏缅语的人群是什么关系，这也没有办法论定。总之，青藏高原何时出现早期人类，他们跟西藏现代说藏缅语的人群是什么关系，需要有更多的考古发掘和研究。如果这些史前考古中发现的人群是今天说藏缅语的人群的祖先，那么他们在青藏高原开始生活的时间是相当早的，这对有人所坚持的青藏高原的藏族人是新石器时代、新旧石器之交、夏商之时或商周之际由中原迁徙过来之类的说法都是极其不利的，对于这种材料不能视而不见。

藏北羌塘高原也发现了旧石器时代的尼阿底遗址，位于海拔 4600 米的高海拔地区，遗址中有大量石制品，包括石叶、石核、石片、刮削器、砍砸器、尖状器、石锥等，人们推测可以用于采集果实、逐猎野兽、肢解动物、加工皮革，从而证实古人在距今 3 万 ~4 万年已生存于青藏高原高海拔地区。这些石制品具有鲜明的石叶技术特征，该技术体系主要流行于非洲、欧洲、西亚和西伯利亚等地区，在我国乃至东亚旧石器文化中不很发达，仅在新疆、宁夏、内蒙古、黑龙江等地有少量发现。研究人员推测，西藏跟西伯利亚的早期人类在 3 万~4 万年前就出现了基因的相互交流。有的考古人员甚至认为，西藏高原 3 万~4 万年前居住的人类，可能是藏族的祖先。因此，即使汉藏同源，它们的分化也在 3 万~4 万年之前。当然，截至目前，"汉藏同源"还是一个不太牢靠的假说。退一万步讲，即使承认这个假说，这也并不是说藏族及其前身跟汉族没有交往，根据大量的证据，考古人员认为，藏族跟汉族自旧石器时代起就一直发生非常密切的接触，这在语言上也有反映。据气象史学者对青藏高原 40000 年气候变迁的研究，38000~25000 a B. P.，青藏高原的气候是潮湿的，跟今天不一样。气象史家们还注意到，距今 2000~3000 年，西藏地区经历过较好的一个气候期，拉萨河谷和年楚河谷较低处，有森林覆盖，山坡有树木生长。正是在这个气候适宜期，吐蕃前身雅隆部落在藏南河谷兴起壮大，最终完成了一统高原的大业。

上面通过考古资料证实，作为汉族居住地的长江中下游、黄河中下游流域至晚在一万几千年或两万几千年以前就进入了农耕社会。现在我们又通过新石器时代青藏高原的考古资料证实，该地区在几千年以前还处于渔猎时代，藏族地区原来可能是吃鱼的，跟后来不同。青藏高原腹地的西藏自治区阿里地区噶尔县发现距今 8000~10000 年的切热遗址，这是西藏西部首批系统发掘的史前旷野遗址，已发现连续的地层堆积，出土遗物 5000 余件，有大量石制品、少量动物骨骼和烧石，还发现火塘、灰坑等遗迹。有一处是石制品密集分布区，出土遗物超过 2000 件，考古人员推测，这是古人制作石器并原地埋藏的遗迹。他们还发现了石片工业、细石叶工业两种石器技术类型，并由此推测为两个不同时期人类活动的遗存，可能表明这里是一处风水宝地，青藏高原腹地的不同族群在这里至少经历了两次争夺，后来的族群占领了原来族群的居住地，带来了另外的制作技术。可以推测，此地居住的各个不同的族群过的是采集、狩猎生活，没有发现陶器。青海果洛藏族自治州玛沁县下达武遗址地处青藏高原腹地，挖掘出几十件细石叶、石片等石制品，其年代在公元前 10000~ 前 11200 年。西藏西部的日土县发掘了距今 7500~8500 年前的夏达错石器时代遗址，挖掘出包含有燃烧过的灰烬或炭粒的土层，这表明史前有高原人群在这个地区生存、活动。考古人员清理出 10 处人类生活遗迹和 1835 件石制品，此地还出土了 1300 多件动物骨骼，也出土了青藏高原最早的磨制器，它是一枚带有穿孔的石针，应是用来缝制衣服的。在西藏林芝雅鲁藏布江和尼洋河汇合处，人们陆续发现了古代人类头骨和伴生石器、陶器等，据分析，尼洋河流域早在 5000~8000 年前就已经有古人类在活动。经鉴定，这些头骨是新石器时代或金石并用时期的人类遗骸，属蒙古人种，是现代 A 组西藏人的祖先。林芝文化遗存所表现出来的文化特征同黄河上游的新石器文化联系密切，发现的一些石制工具等遗物，在甘肃、青海一带的齐家文化遗址中都是较为常见的器物，反映了林芝文化跟齐家文化有接触，表明其跟汉族地区有交往。

西藏高原尚未发现新石器时代早期的农耕遗址，早期人类可能主要从事狩猎和游牧，估计高原上的农耕种植出现在新石器时代中期。不过，在当今藏民中狩猎和游牧文化一直是存在

的。在青藏高原西南部的日喀则康马县，考古人员发现了海拔
最高的新石器时代湖滨渔猎遗址玛不错遗址，这是一处史前聚
落遗址，也是一处考古学的新文化类型，距今约4000年，发掘
出墓葬10座，以及火塘、灰坑等人类生活遗迹，出土了石器、
陶器、骨器、蚌饰品、滑石珠、玉管珠等遗物，在地层里还发现
了土拨鼠牙齿、羚羊趾骨、鱼骨、鸬鹚骨等动物骨头、燃烧过
的木炭。墓葬形制有石棺墓、竖穴土坑墓，葬式主要有俯身抬
头直肢葬、二次捡骨葬及疑似为"乱葬"等三种类型，根据形
制大致可以分为三期。陶器装饰纹样以刻划纹为主，还有戳点
纹、压印纹、抹划纹等，技术风格与横断山区同期的遗存类似。
可以推定，居住在玛不错遗址一带的族群过的是采集、渔猎生
活。西藏东部的卡若遗址位于昌都县卡若村，海拔为3100米，
遗址内发掘了距今4750~5555年（经树轮校正）的原始村落，
跟卡若遗址相同的还有昌都县的烟多遗址和小恩达遗址。拉
萨曲贡遗址、山南邦嘎遗址、昌果沟遗址出土的陶器群、石器
的种类具有一致性，邦嘎遗址有建筑遗迹，但与卡若遗址建筑
有明显差异。研究人员推定，作为藏族文明发祥地之一的山南
雅砻一带，发现了新石器时代晚期使用的房屋建筑，从形式到
结构跟今天基本未发生很大的变化，说明至晚距今4750~5555
年的这些遗址的文化跟今天藏南的文化一脉相承，跟汉族文化
差别极大。《西藏王统记》《玛尼全集》以及藏族口头传说都有
猕猴化人的传说，跟汉族地区以及东南、中南和西南少数民族
地区的人类起源传说不一样。西藏山南地区首府泽当，传说是
猕猴及其子女戏耍之处，附近山上还有"猴子洞"的古迹。在
曲贡遗址发现的陶器中，出土了一件栩栩如生的塑猴面像陶
器，有人以为这似乎可以将西藏人类起源的神话传说上推到

距今 3000 多年以前。据此看来，藏族人认为他们是土生土长的族群，也能跟西藏地区的考古相吻合。距今 2100~3600 年的西藏阿里地区札达县格布赛鲁遗址，是一处包含有建筑和墓地的综合性遗址，发掘出墓葬 20 座、石构遗迹 4 处、石墙 1 处。墓葬分两期：第一期距今 3000~3600 年，以石室墓为主，葬式主要为仰身直肢葬，随葬的器物有小型圜底彩绘陶罐、珠饰、铜饰、石器等，遗存反映出带有畜牧、狩猎经济特征的文化，与新疆地区同期的墓葬有较为密切的联系。第二期距今 2100~2700 年，以洞室墓为主，类型丰富，葬式包括侧身屈肢葬、捡骨二次葬，随葬的器物陶器以夹砂红褐圜底器为主，器形较大，多装饰粗绳纹和刻画纹、戳印纹，具有明显的本地考古学文化特征，该类型遗存广泛存在于象泉河中游地区。

西藏山南地区雅隆河流域是吐蕃的发源地。关于吐蕃的来源，有西羌说、鲜卑说、印度释迦王系说、猕猴和罗刹女后裔说（即本地起源说）、马来半岛人说、缅甸说、蒙古人说、伊朗血统说、土著与氐羌融合说等，不一而足。有人以为吐蕃是发羌后裔，根据不足。有人以为是鲜卑族的南凉王朝秃发利鹿孤之后，但鲜卑族的语言跟藏语不属于一个语系，鲜卑语一般归入蒙古语系统。《旧唐书·吐蕃传》说吐蕃是"南凉秃发利鹿孤之后也"，这只能证明鲜卑族有后裔融入了藏族。有人以为来自印度，印度的主体语言属于印欧语系，跟藏语很不相同，但这个说法反映了藏族跟印度曾有密切交往。还有人以为是古羌人西迁而形成的，《中国民族史》批评说："此说忽视了民族的发展和演变，将吐蕃的形成过程，包括与其他民族同化、融合的历史简化甚至曲解，自然不是科学的论断。"（第 353 页）

西藏史前考古材料对吐蕃是古羌人西迁而形成的说法不利，至少在许多万年之前，西藏就有人居住，如果真是古羌人西迁而形成的，那么至少在多少万年前就已经迁徙到此地。可是这么遥远的事，后人是怎么知道的？《旧唐书·吐蕃传》说得很清楚："吐蕃……其种落莫知所出也。"还谈到，吐蕃是逐步壮大起来的，起先，由于在中原王朝和吐蕃之间隔了诸羌，"历周及隋……未通于中国"，所以藏族原来居住在西藏自治区内地的人群是否属于西羌，还很难说定，大概是跟中原接触密切的那部分藏人祖先，还没有进入农耕文化的那一部分族群，才可以算"西羌"，因为"羌"是"西戎牧羊人也"。史前考古遗址表明，青藏高原农业出现的时代远早于汉藏文献记载，早在 4000~5000 年前，青藏高原就有先民逐渐脱离渔猎采集活动，从事作物种植、家畜饲养和渔业活动，蓄养的家畜以牦牛和猪为主；种植业跟北方黄土高原相似，以旱地作物为主，作物主要有青稞、小麦、粟、豌豆等，这部分族群也不是《说文》所说"羌"人的范围。所以，将"羌"跟藏民挂钩的证据不充分。至晚到汉朝，西藏内地已跟"西羌"处于一个辖域内，所以《旧唐书》说"吐蕃，在长安之西八千里，本汉西羌之地也"。《旧唐书》特地在"西羌"之前加了一个"汉"字，这可能意味着西藏在秦代以前还没有算作"西羌"辖地。

有人对现代藏族头骨进行测量分析后认为藏族存在着至少两个不同的种族类型，在地理与形态学上都有着明显的区别：第一种类型称之为藏族 B 型（也称卡姆型），大多来自和云南、四川相邻的西藏东部昌都地区，头骨一般比较粗壮，头骨测量尺寸比较大，为中长颅型，面部高而较宽，也较扁平，眼眶较高而圆，鼻突起弱，鼻形较狭，有突颌倾向。第二种类型称之为藏族 A 型，头骨主要来自与尼泊尔、锡金相近的南藏地区，头骨与其同族的 B 型头骨区别明显，在主要直径（长、宽、高）上更小，颅型更短，面型明显更低而狭。这项研究对部分人所持的藏族来自中原的说法是不利的。考古人员在拉萨以东约五英里的辛多山处发现了一批古代墓葬，从墓葬中出土了大量古人类骨骼的碎片，包括三个完整的人头，其中编号为第五号的头颅保存最为完好，属于藏族 A 型的中间型。1958 年在塔工地区林芝村附近发现的人头骨也接近藏族 A 型。在距今 4000 年的拉萨曲贡遗址中出土的人骨，指数则接近于藏族 B 型，与现代西藏东部的居民体质特征相近。在西藏西南部的昂仁县布马村吐蕃时期墓葬中，也出土了一批人骨材料，据发掘时的初步观察，它们相近于西藏 A 型。

考古人员在西藏阿里地区噶尔县发现了故如甲木墓地，其中 8 座墓葬的时代为 3~4 世纪，相当于中原的汉晋时期，共发现 32 例个体。有人对其中保存较好的 16 例个体（7 例男性，9 例女性）的头骨进行了形态观察和测量分析，类聚分析结果是：当时该墓地的居民跟四川卡莎湖古代居民最接近，跟陕西、山西、河南等地古代居民的关系相比，故如甲木居民跟新疆多岗和察吾乎四号墓地的古代居民更接近；跟近现代人群比较，故如甲木与广西壮族和藏族 A 型的现代居民接近。线粒体 DNA 的分析结果表明，故如甲木居民的母系来源多元化，大多数为欧亚东部类群，也有少量是欧亚西部类群，他们都对中国现代藏族人群以及西藏的其他一些民族具有母系遗传的贡献。

从新石器时代到青铜、铁器时代，西藏古代居民虽然主要特征符合蒙古人种特点，但人群的体质特征变异范围比较大，人群之间也存在着一些差异，有的更接近蒙古人种的北方类型，有的更相似于蒙古人种的南方类型，这说明西藏高原人群的来源和组成复杂，这种现象在现代藏族中也有同样的表现。这些人群的融合和基因交流发生的时间还不是很清楚，但外围人群渗入的规模应该有限，没有大规模发生人群的替代。

由此看来，藏族来源是多源的。有一点可以肯定下来，青藏高原在几万年以前就有人居住，当时的居民跟后来的藏民的关系，是值得研究的。如果说当时的居民跟后来的藏民没有关系，那么就得拿出确凿的证据加以证实，不能自己编造一个理由作为证据。如同本书上文所说，只借助基因分析是不可能解决这个问题的。

（四）北方

北狄指战国时期燕国一带的人群组成的部落、国家，地域包括今河北北部以上非王化之地。《左传·襄公四年》："戎狄荐居，贵货易土。"这就是北狄中的游牧部族说的，不能包括所有的北狄。北狄分为白狄、赤狄、长狄，主要有潞氏、皋落氏，留吁氏、甲氏、铎辰氏、廧咎如氏、有狄氏、袁纥氏、斛律氏、解批氏、护骨氏、异奇斤氏等。

赤狄分为潞氏、甲氏、留吁、铎辰、廧咎如等族群，赤狄人崇尚红色，身着红衣，故名。赤色是汉族先民崇尚的颜色，而赤狄是后原始汉族人群。潞氏在今山西潞县，炎帝后裔，姜姓，后来晋国灭了潞氏。皋落氏也是炎帝后裔，在今山西，现在垣曲县、昔阳县都有地名皋落镇，长治县有地名平皋，皋落氏应早已中原汉族化了。留吁氏在今屯留县，甲氏在河北曲周县一带，铎辰氏在今山西长治市，被晋国兼并。廧咎如氏姓隗，隗姓出自炎帝魁隗氏。有人以为廧咎如不是汉族先民，因此附会为少数民族姓氏，根据不足。这些部落、国家早先应该说的是一种边地汉语，后来中原汉语化了。春秋中叶活动在今山东、河南、河北一带的长狄，又名鄋瞒，他们也是后原始汉族，后文还要讨论。

白狄可能也是后原始汉族，原居雍州，跟秦国相处，后来逐渐迁移到晋东，再东至鲁西。这一支，以河北中部的肥、鼓、鲜虞三国最大。肥国在今山西昔阳县一带，鼓国是祁姓，在河北省藁城县西南，后来都为晋国所灭。春秋末鲜虞改称中山，河北平山县曾经发现中山国都遗址及中山王墓，表明白狄正在逐步融入中原汉族，到了战国中期已经跟中原汉族没有什么两样。

吉林和内蒙古的赤峰发现了商朝青铜文化的遗迹，说明中原汉族文化已经延伸到了那里。例如吉林省伊通商周时期山城遗址发现有红褐、黄褐和黑褐色夹砂陶片，可辨器形有鼎、鬲、壶、罐、钵等。因此，这些地方即使有少数民族人群，也免不了会发生汉化。

匈奴人说的是非汉语，原来叫"鬼方"，王国维《鬼方昆夷猃狁考》考之甚详，可从。但匈奴跟汉族有相当频繁的接触，汉化非常严重，至少匈奴的部分族群如此。汉代匈奴的官名，有的是取本民族语，有的是采用汉语。《史记·卫将军骠骑列传》："汉轻骑校尉郭成等逐数百里，不及，得右贤裨王十余人。"索隐："小颜（师古）云：'裨王，小王也，若裨将然。'"这应理解为匈奴仿汉族"裨将"而造出"裨王"一词。"控弦"是匈奴的用词，《说文·手部》："控，引也。从手，空声。《诗》曰'控于大邦'。匈奴名引弓曰控弦。"这表明至少有一部分匈奴人说汉语，还有自己的组词用语的习惯，是汉语的一种地方变体。段玉裁注："此引匈奴方语以证'控、引'一也。"《史记·匈奴列传》："是时汉兵与项羽相距，中国罢于兵革，以故冒顿得自强，控弦之士三十余万。"可见司马迁写《史记》，写《匈奴列传》时采用了匈奴的一些用词，以增强《史记》的真实感。《匈奴列传》"单于之庭直代、云中"《索隐》："谓匈奴所都处为'庭'。乐产云：'单于无城郭，不知何以国之。穹庐前地若庭，故云庭。'"可见匈奴不但使用汉语的"庭"，还引申出新的词义，这也应可以说明汉代时匈奴不但说匈奴语，也有说汉语的人群。《汉书·匈奴传》载，王莽篡位后，准备授单于印章，朝廷跟单于接洽时有翻译在场，可见单于不会汉语，但大臣有深通汉语的，这也足证汉语对匈奴语的影响。陕西神木县的一个村庄内曾发现一座汉代的匈奴古墓，应该反映了南匈奴归附汉朝以后曾迁徙到陕西神木一带，这部分匈奴人后来当然汉化了，陕北一些姓氏、地名还保留了匈奴语痕迹。据说，陕北刘姓，富县、洛川的成姓多是匈奴屠各成氏后裔；呼延是匈奴贵族姓，陕北呼家川、呼家窑子、呼家渠等，都是呼姓聚居地，有的还保留"呼延"的姓，有的简称"呼"或"延"；贺氏、卜氏、林氏、赫连氏、乔氏、郝氏，大部分是匈奴人，贺赖改姓贺，独孤改姓刘，须卜改姓卜，丘林改姓丘或林，乔姓、张姓为屠各后裔。2020年7月18日新华社消息，蒙古国国立乌兰巴托大学18日宣布，他们在蒙古国中部杭爱山一带找到匈奴单于庭"龙城"遗址，有的巨型瓦当上写有汉字"天子单于""与天无极，千（秋）万岁"，而"天子单于"瓦当在蒙古国境内属首次发现。

当时匈奴没有自创的文字，这是汉代汉语对匈奴语有重要影响的实物证据，都有力地证明了匈奴汉化严重。

北方其他的少数民族如，《魏书·高车传》说："高车，盖古赤狄之余种也，初号为狄历，北方以为敕勒，诸夏以为高车、丁零，其语略与匈奴同而时有小异，或云其先匈奴之甥也。其种有狄氏、袁纥氏、斛律氏、解批氏、护骨氏、异奇斤氏。"《旧唐书·回纥传》说："回纥，其先匈奴之裔也，在后魏时，号铁勒部落。其众微小，其俗骁强，依托高车，臣属突厥，近谓为特勒。"这些都算是北狄中不说汉语的部落、国家。

进入农业社会以后，汉族对欧洲人群产生了冲击。根据"Ancient DNA indicates human population shifts and admixture in northern and southern China"，在约9000年前农业出现以来，欧洲人群不断受到近东农业人群及欧亚草原人群等外来群体的深刻影响而实现大换血。也就是说，外来人群一直在重构欧洲人群遗传信息，对现今欧洲人产生重要影响。换句话说，汉语对邻近的操印欧语的北方居民产生了极大制约作用。

从四夷地区的史前考古来看，我们完全可以得出结论：上文所列汉族地区的文化创造，有些传播到汉族周边，有些没有。传播到汉族周边的，是在相当晚的时候传播去的，各地传播的速度不一。四夷地区有自己独特的文化创造，个别的文化创造在很晚的时候也传播到了汉族地区。如果真的存在着一个汉藏语系，汉语跟该语系的其他语言分化也在一万年甚至两万年以上。

七 原始汉语和皮钦语、克里奥尔语

有些学者看到了汉藏同源这一假说的缺陷，也看到了"语言谱系说"并不能解释清楚汉藏诸语言之间的复杂关系，尝试提出原始汉语是不同民族语言混合而成的假说。这种假说有一定的积极意义，但有相当大的缺陷。

陈其光《汉语源流设想》全面对比某些人认定为汉藏语系的各种语言，看出汉语与其他汉藏语系的语言之间，在音系、词汇、语法方面有一系列重要差别，例如"词汇方面，学者们认出了许多汉藏同源的基本词根，但是从这些词根归纳不出系统的语音对应规律。汉苗瑶、汉侗台的同源词根少一些，也没有系统的语音对应规律"，因此认为："汉族的前身夏族是在新石器时代的晚期，由羌、夷、蛮诸族中的一部分人，在黄河中下游经过长期的联合斗争融合而成的。汉语的前身雅言是由羌、夷、蛮等语言的不同成分聚合而成的。汉语形成以后不断融合别的语言而发展壮大。别的语言停止使用以后留下一些底层成为汉语的方言特征。"这个说法认为原来存在着羌（藏缅语前身）、夷（侗台语前身）、蛮（苗瑶语前身）等民族及其语言，但是没有汉族、汉语，汉语是"羌、夷、蛮等语言"的不同成分聚合而成的，从羌、夷、蛮等语言中各取一些，凑成汉语这个系统。至于"羌、夷、蛮等语言"原来是否具有同源关系，该文没有谈到；他也没有否认汉藏同源之说，但提出疑问：藏缅、苗瑶、侗台语之间"如果是同一祖语分化的结果，为什么结构差异会变得如此之大"，这种认识跟汉藏诸语言同源的假说很不相同。该文承认藏缅语、苗瑶语、侗台语各"语族"内部具有同源关系，尽管他说"古羌语、夷语、蛮语是不是由更古的某个语言分化而来，限于材料，本书还不能回答"，但他实际上提出了对藏缅语跟苗瑶语、侗台语之间有同源关系这一假说的不利证据。他由此提出汉语是由"羌、夷、蛮等语言"融合形成的新假说，这是对汉藏诸语言比较研究做出的重要贡献，是一种新见解，非常值得重视。

陈先生说，汉语跟藏缅语、苗瑶语、侗台语之间的同源词没有"系统的语音对应规律"，这是很冷静的分析，对比那些将没有系统的语音对应规律断定为有系统的语音对应规律的结论要符合事实得多。既然如此，那么拿这些"同源词"作为汉藏诸语言具有同源关系的证据就有问题了。他还认为，说藏缅语、苗瑶语、壮侗语的人群原来跟说汉语的人群一样，都是中原地区的居民，尽管他承认中原地区一直都有汉族人群，这无疑是非常正确的；但他没有提供说藏缅语、苗瑶语、壮侗语的这些族群原来生活在中原地区的确凿证据。根据我们上文提到的30多项文化创造，像粟、黍之类是中原地区一万几千年甚或两万年以前的物质文化创造成果，龟甲占卜、八卦之类的精神文化创造成果在中原地区至少有8000多年的历史，可是说藏缅语、苗瑶语、壮侗语的人群被迫离开中原时，为什么在他们离开中原时，没有将这些文化创造带到他们今天的居住地？由此看来，至少一万几千年前甚至两万年前，说藏缅语、苗瑶语、壮侗语的人群就不可能是中原地区的人群。如果他们原来是中原地区的居民，那至迟也在两万多年以前因为各种原因离开中原，然而我们找不到确凿的证据证明他们原来是中原地区的居民。由本书提供的证据看来，汉族至迟在旧石器时代晚期和新石器早期就是一个独立的民族，所以说汉语是新石器时代晚期由羌、夷、蛮诸族语言融合而成，就存在问题。

有人甚至认为直到商末，汉族跟藏族还处在分化过程中，但证据薄弱，不能接受汉藏两地考古事实的检验。我先在此说出自己的一种推断：汉族形成时，一定融合了跟汉语没有同源关系的其他民族人群，也有个别跟汉语没有同源关系的民族人群，但原始汉族在其中占据了主导地位，汉语不可能是杂凑原始汉语和跟其他语言形成的洋泾浜语（皮钦语）或混合语（克里奥尔语是混合语的极端形式），最多受到了其他语言一点影响。这是应该肯定下来的，因为理论上只能是这样：凡接触，必然产生影响，哪怕是极为细微的影响。像藏族也是融合了不同部落、国家形成的，这些部落、国家的人民所说的语言不一定都是跟藏语同源的语言，但我们得承认，原始藏语在其中占据了主导地位。

皮钦语和克里奥尔语是西方殖民的产物。及时关注新起的语言现象，发现皮钦语和克里奥尔语的存在，加以深入分析，是西方学者对语言研究做出的重要贡献。皮钦语只是语言发展的一个阶段，是殖民地和半殖民地文化的产物，在没有共同语言而又急于进行交流的人群间产生的一种语言变体，是语言接触的一种特殊产物，具有临时性，没有形成为一种自然语言。汉语有悠久的历史，是一种自然语言，因此它不可能是皮钦语。

克里奥尔语则与此不同，它以皮钦语为基础，是在皮钦语这种使用范围极其有限的特殊语言现象的基础上发展起来的一种自然语言。当皮钦语作为母语延续下去，成为一个社会交际语时，就开始逐步形成音系，扩大词汇，严密语法，迅速发展丰富起来成为共同的交际语言或独立语言。人们认识到，"所有的克里奥尔语都有相类似的语法"。即使是克里奥尔语，也不是不同的语言平分秋色，而是"每一种克里奥尔语中都有一种占统治地位的语言，其绝大词汇来自这种统治语言，并因此而得名，例如法语克里奥尔语（路易斯安那州，法属圭亚那、海地、毛里求斯），英语克里奥尔语（夏威夷），荷兰克里奥尔语（乔治敦）"。（以上均见哈杜默德·布斯曼，《语言学词典》，第 290 页）哈杜默德·布斯曼强调"每一种克里奥尔语中都有一种占统治地位的语言"，跟比他早观察这种语言现象的房德里耶斯略有不同。房德里耶斯《语言》（1920 年）是更早谈到混合语的著作，他说："在两种或几种互相竞争的语言之间往往会建立一种平衡，结果构成一种混合语，用来作为共同语。这时，原则上总有一种占优势的语言作为混合的基础。但共同语有时也可能是几种语言以差不多相等的份额互相混合的结果；地中海各港口的萨比尔语（sabir）就属于这种情况。它是法语、西班牙语、希腊语、意大利和阿拉伯语混合的结果。所有这些语言对萨比尔语的形成都曾作出贡献，主要使一些词汇事实成为公有，至于各自的语法特点则都被抹煞了。"（第 327 页）

请注意：房德里耶斯承认"原则上总有一种占优势的语言作为混合的基础"，这跟哈杜默德·布斯曼所说同中有异，因为房德里耶斯在承认这一点的前提下，还承认总体原则之外的情况，即"有时……"云云。即使承认存在着这种情况，但房德里耶斯在表述上还留有余地，他在"相等的份额"前面加上"差不多"，暗含还是有不完全相等的份额。有人说原始汉语是一种克里奥尔语，实际上是说它属于总体原则之外的情况产生的一种混合语。既然持此说者将原始汉语理解为属于不符合一般情况形成的克里奥尔语，那么就应该拿出有力的证据，论证作为克里奥尔语的原始汉语为什么不符合一般情况，可是很遗憾，我们没有看到这样论证。

克里奥尔语是在人类航海技术达到极高程度、各民族文化差异天差地别、残酷的奴役和被奴役达到令人发指的极为特殊的殖民背景下产生的，能否用来解释史前时期的语言来源，这是需要进行严密的论证的。用克里奥尔语来解释原始汉语，这是一种类比论证，逻辑学告诉我们，类比论证得出的结论是或然性的。说原始汉语是克里奥尔语，这是承认先有原始藏缅语、原始苗瑶语、原始壮侗语，可是支撑这个前提的证据何在，持此说者没有告诉我们。持原始汉语是克里奥尔语说者，认定原始汉语的语音系统来自甲语族，词汇系统来自乙语族，语法系统来自丙语族。关键还不在于人们会质疑：原始汉语的不同部分来源太整齐了，好像有神灵推动似的，从而从原始藏缅语、原始苗瑶语、原始壮侗语中混合形成原始汉语这种克里奥尔语；而在于：支撑这说法的证据在哪里。类比论证是一种通过已知事物（或事例）与跟它有某些相同特点的事物（或事例）进行比较类推，从而证明论点的论证方法。人们会问：认定原始汉语的语音系统来自甲语族，词汇系统来自乙语族，语法系统来自丙语族，这是"已知事物（或事例）"吗？由此生发开去，可以继续追问：能利用类比推理将原始汉语的形成跟克里奥尔语的形成挂钩吗？它们有采用类比推理的充要条件吗？有人可能会辩解：我拿不出可靠的证据，我是拿假说的情况作为证据，从而形成一种假说。数学里面不是也有很多命题是建立在尚未证明的猜想上的吗？对此，我可以明确指出：这种辩解是苍白无力的。是的，数学史上是有这种情况形成的假说，但是支撑各种假说的证据是"已知事物（或事例）"，只是各种假说不是这些"已知事物（或事例）"中必然推出来的，带有一定的假设成分。如果支撑这个假设的证据不是"已知事物（或事例）"，那么就不成其为假说。从这个角度说，说原始汉语是一种混合语的论证基础还不太稳固，我们还没有找到汉族先民曾经处于像西方殖民时期作为奴隶的人群那种被奴役地位的有力证据。

克里奥尔语的产生基于说不同母语的人群之间交际的必要。最初形成时，是一群具有生杀予夺大权的族群将来自说不同语言的、隶属于不同族群、部落的人掠夺过来，强迫他们长久地处于同一个社会之中，这群被奴役的、被迫长期处在一个社会共同体之中的个体，彼此完全不懂对方母语，为了生存等需要，被迫进行交际，从对方母语中吸收有用成分进行交流，逐步形成新"母语"，一代一代传递下去，逐步成为混合语，即克里奥尔语，最终形成势力，使得奴役者也说这种混合语。跟源语言相比，混合语语音系统简单，音素大大缩减；词汇量很少，尽量通过多种手段，使用有限的词汇表达各种思想感情；语法系统大大简化，缺乏语法系统的复杂性。克里奥尔语是西方殖民带来的后果之一，是西方民族及民族语言远征的结果，是殖民者的语言远渡重洋，来到落后地区带来的后果。例如南美洲的苏里南语，又称斯拉南通戈语或苏里南汤加语，是一种由英语、荷兰语、葡萄牙语、西非诸语言混合而成的混合语，在形成过程中还吸收了印第安语、法语、西班牙语甚至希伯来语等语言的词汇，在语法上带有明显的欧洲语言和非洲语言的特征。随着西方人群在苏里南的殖民活动，原住民印第安人、荷兰人、葡萄牙人、英国人、犹太人、被掳掠到苏里南的非洲黑人共处一个社会之中，其中来自非洲的黑奴居多，欧洲奴隶主不允许这个社会圈子中的黑奴说自己的母语，也不允许黑奴学说奴隶主的母语，奴隶被迫失去了自己的交际工具。于是奴隶们逐渐尝试使用英语等欧洲语言的单词、非洲原籍语言的词汇、土著居民印第安人语言的用语，掺杂、拼凑在一起，伴着手势来表达思想。奴隶主们对这种不伦不类的混合语给予容忍和认可，并命令奴隶们使用下去，最后成为各种民族成员之间相互交流的共同语言。据研究，苏里南语只有 340 个单词。可见克里奥尔语是在极端的社会环境里形成的。

猜想原始汉语就是一种克里奥尔语，这对比被动接受既往"汉藏语系"的假说，无疑是一个巨大的进步。但很明显，原始汉语的产生不具有克里奥尔语产生的条件，汉语的发展历程也表明，作为一种语言系统，有史以来的汉语完全不符合假定它来自克里奥尔语的语言条件，汉语的高度发达性也不允许人们做这样的推测。既然混合语是在极为特殊的交际背景下产生的，那么在一般的情况下，原始汉族的先民是不可能形成的这种语言的。蒙古族统治中原近 100 年，满族政权统治中原近 270 年，他们都大力推行蒙古语和满语，但这些语言既没有形成混合语，更没有取代汉语；相反，许多蒙古族人群、满族人群都改说汉语。有的族群没有改说强势族群的语言，但是以自己母语的系统为基础，大量吸收强势族群语言中的词汇，只是没有形成克里奥尔语。例如汉语持续影响着朝鲜语和日语、越南语，达数千年之久，它们的语言中充斥着大量的汉语借词，但朝鲜语、日语、越南语都不是克里奥尔语。

近几十年来，有人注意到国内广西壮族的诶话、东乡族的唐汪话、甘肃土族的五屯话、四川甘孜藏族自治州雅江县藏族的倒话，都大量借用汉语的词汇、语音，语法方面虽不可避免地受到汉语的强烈影响，但仍顽强地保持本民族的语法系统。湖南西部和广西交界处的瓦乡话，是湖南的一种民族语言，几千年来都深受汉语词汇影响，管鞋叫"履"，蛇叫"虺"，篮或筐叫"豆"，裤子叫"裈"，岁叫"载"，喜欢、爱叫"字"，雨停了叫"霁"，吃叫"食"，等等，都保留了早期汉语的一些词语。"履"在汉语里原来指踩、践踏，是动词，大约战国时期发展出"鞋"的意义，后来"履"指鞋被"鞋"取代了，可见瓦乡话从汉语借去"履"，不可能早于战国时期；但瓦乡话的语法系统跟汉语却有相当大的不同。正因为如此，关于瓦乡话是一种汉语方言还是一种独立的语言，学术界有不同看法。这有力地证明，克里奥尔语的形成需要极为特殊的语言环境，是一种极端的社会现象，因此克里奥尔语极罕见。上面说到，通过当今出现的混合语推测原始汉语来自一种克里奥尔语，这本身就是类比论证。还要指出，史前时期是否存在克里奥尔语，这本身就是一个未知数。

如果接受克里奥尔语的假说，就得假定：汉语形成之前，中原地区遍布"羌、夷、蛮等语言"的人群，完全没有汉族先民，也就是没有汉族，羌、夷、蛮等民族先于汉族独立成族，形成藏缅语、侗台语、苗瑶语，而且他们不居住在今天的住地，而聚居在中原一带；原始汉语的形成是因为某种原因或者是某种强制性的力量，让说"羌、夷、蛮等语言"的部分人群聚集在一起，这部分人群被迫说一种皮钦语，然后一代一代传承下来，最终迫使上层人群也说这种语言，这种混合性的语言于是成为原始汉语，一种克里奥尔语。这种推定实际上建立在原始汉族是弱势族群的基础上，"羌、夷、蛮等语言"是中原主宰，跟已知的知识相左。这种假定的进一步假定就是：原始汉族形成后，逐步发展壮大，成了中原的主宰，最后将说藏缅语、苗瑶语、壮侗语的人群赶到边地，一统中原。可是这个假定没有可靠材料来支撑。而且就汉族聚居区和民族地区的史前考古成果看，还得假定他们被赶出中原，这一情况至晚发生在一万几千年、两万几千年之前，因为如果是这以后才被赶出中原，那么他们必然会带去此前已经创造出来的、对他们过幸福生活极为有益的物质文化、精神文化。有史以来的材料可证，是汉语深深影响了周边民族语言，而不是相反。就拿表示天然单位的名词（有人归为量词）来说，汉藏诸语言以及日语都有这一类的词。根据王力先生《汉语史稿》《汉语语法史》和刘世儒《魏晋南北朝量词研究》的研究可知，汉语表示天然单位的名词在商周时期还没有产生，《汉语语法史》说，"表示天然单位的单位词在先秦已经萌芽了，但真正的发达还在汉代以后"。（第30页）由此可见，汉语表示天然单位的量词是后起的，不会早于汉代，那么汉语跟其他民族语言都有表示天然单位的量词，应该是语言接触的结果，而不是原始汉藏语或采用说藏缅语、苗瑶语、壮侗语的人群的表示天然单位的名词的遗留，这应该理解为是汉语影响了其他的民族语言，汉代以后也不可能从民族语言中借来这种表达方式。

瞿霭堂、劲松《论汉藏语语言联盟》提出了新的语言联盟的假说，他们认为汉藏不存在同源关系，起先有中原语言（汉语的前身）、北方语言（"戎、狄"的语言，藏缅语的前身）、南方语言（"蛮、越"的语言，分别是苗瑶语和侗台语的前身，苗瑶语和侗台语原来是一个语族，他们叫"苗瑶壮侗语语族"），是各自独立的语言。后来北方语言跟汉语混合，形成中原－北方语混合语，形成藏缅共同语，变成今天的藏缅语族；南方语言跟汉语混合，形成中原－南方语混合语，进一步形成苗瑶壮侗语语族，再分化为苗瑶语群、壮侗语群。这种假说更为可信。

藏缅语、苗瑶语、侗台语肯定深受汉语影响，它们是否是典型的混合语，还可以讨论。在接受瞿蔼堂、劲松语言联盟假说的前提下，我们注意到，还有一种更大的可能性：据各地的史前考古遗址，原来中原地区主要是汉族先民居住，藏缅语、苗瑶语、壮侗语的先民的主体没有占居中原的可靠证据，他们一直居住在西方、南方、西南方，还居住在西北一带。由于汉族先民很早进入农耕社会，北方适合农业生产，西方、南方、西南方更适合农耕，因此，后来汉族先民开枝散叶，向这些适合农耕的地区拓展。有些原住民（主要是少数民族人群）被迫往距离汉族地区更远的地域迁徙，甚至漂洋过海；跟汉族地区杂居或邻居的民族，开始了汉化的历程，有的成了汉族，有的维持民族独立，但是汉化既早且深。汉语向西部、北部的戎、狄语言渗透，形成藏缅共同语；向南部、东南部的蛮、越语言渗透，形成苗瑶壮侗共同语。藏缅共同语和苗瑶壮侗共同语都是在相当早的时期就深受汉语影响的语言，近乎混合语，不一定就是混合语。在有史以来的材料中，藏缅语、苗瑶语、侗台语受到汉语的强烈影响，班班可考。相反，这些语言很少影响到汉语，如果有一点影响，那可能主要是在词汇系统上，没有影响到汉语语法、语音系统。

　　根据上面的讨论，我们可以知道：至少从一万几千年甚至两万多年以来，原始汉族及后原始汉族一直是东亚的强势民族，远在炎黄之前。说藏缅语、苗瑶语、侗台语（即壮侗语）都是深受汉语影响、近乎混合语的语言，也就意味着至少一万几千年前、两万几千年前，它们就是跟汉语很不相同的语言。

　　有人可能会这样维护"汉藏语系"的说法：如果假定说藏缅语、苗瑶语、侗台语是在史前某个时期深受汉语影响产生的各种近乎混合语的语言，那么这个假定并没有驳倒"汉藏语系"的假说，因为在此之前汉语和藏缅语、苗瑶语、侗台语是不是同源的语言，这个假说并没有涉及，所以汉藏语系的假说仍然可以成立。这就有点强词夺理了，我的回答是：陈其光和瞿霭堂、劲松的假说，实际上已经对支撑汉藏同源假说的证据做出了重新解释，原来作为汉藏诸语言同源的证据，在陈其光和瞿霭堂、劲松的假说中都当作语言接触的证据了，因此支撑汉藏同源假说的证据就不存在了。如果同意陈其光和瞿霭堂、劲松的解释思路，我们又找不出一万几千年甚或两万年前汉语和藏缅语、苗瑶语、侗台语同源的新证据，那么"汉藏语系"只是一个空壳，没有任何证据可以支撑，这样去维护"汉藏同源"假说，就没有任何意义了。从这个角度说，"汉藏语系"的假说难以成立，也没有什么实际意义。在我看来，既然对于"汉藏同源"假说有了更加合理、解释力更强的假说，那么我自然愿意接受这个新假说了。

　　据平婉菁、张明、付巧妹《古DNA研究——洞察欧亚东部大陆人群历史》的研究，在新石器时代，"欧亚大陆东部也存在着各种有着不同遗传特征的祖先人群，主要包括古西伯利亚人群、东亚古北方人群、东亚古南方人群、两种不同的古老的亚洲人群及青藏高原人群等，他们的迁徙与融合使欧亚东部人群的遗传结构发生着巨大变化，并对后期人群产生遗传影响"，可见，青藏高原的人群在新石器时代之前，在古 DNA 方面就跟欧亚大陆其他的种群有不同的遗传特征。这项研究在古 DNA 的样本采集是否具有代表性方面有研究者自己的考虑，东亚古北方人群采集样本的代表是新石器时代早期东亚北部的人类，"包括俄罗斯远东地区鬼门洞 7700 年前的 6 个个体，中国北方黄河流域下游山东省 9500~7400 年前的 6 个个体，以及西伯利亚南部贝加尔湖地区 7100~6300 年前的 15 个个体。这些个体形成一个支系，显示与古代和现今的东亚北方人群有最近的遗传联系"，这应该包括汉族先民。至于东亚古南方人群，文章"以中国南方福建省 8400 年前的奇和洞个体和台湾海峡 8300~7500 年前的亮岛个体为代表"，这应该不包括汉族先民，而包括说南岛语、南亚语、苗瑶语、壮侗语的一部分先民。研究结果表明，"东亚古北方人群成分曾广泛分布在东亚北部地区，且向北扩散至西伯利亚"。那么，东亚古南方人群跟东亚古北方人群遗传特征如何？该文说，"东亚古南方人群成分与东亚古北方人群成分截然不同，研究表明东亚南北方人群至少在 9500 已经发生分化，而自新石器时代早期以来随着人群的迁徙流动开始发生融合。后期，古南方人群成分在 4600~4200 年前的福建人群中仍持续存在并占据较高比例，直到如今在东亚大陆的大部分人群里仅占有较小比例，而对现今南岛语系人群及部分东南亚人群显示有重要的遗传贡献"。无论原来汉语、藏缅语、苗瑶语、壮侗语之间是一种什么关系，但这项研究是从古 DNA 的角度支持"自新石器时代早期以

来"的汉语、藏缅语、苗瑶语、壮侗语之间是一种接触关系的
结论的，对研究汉语、藏缅语、苗瑶语、壮侗语之间的语言关
系有一定参考价值。

　　汉语跟少数民族的接触应该比较早。据上引该文的研究，
"青藏高原人群与东亚古北方人群有更多的遗传联系。最近相
关的古线粒体基因组研究显示，青藏高原及周边地区 3000~
5000 年前的人群对现今藏族人群有部分遗传贡献，这表明青
藏高原上可能有更古老的祖先人群尚未被探明。现有证据表
明青藏高原人群远比以前想象的要复杂多样，需要补充更多
古基因组数据以深入了解青藏高原史前人群的迁徙和演化
历史"，这应该理解为东亚古北方人群可能较早时期，也就是
3000~5000 年之前就跟青藏高原的人群有融合。至于汉族对
南方民族的影响，也有好几千年的历史，"新石器时代晚期，
4600~4200 年的东亚南方人群已经显示含有少量东亚古北方
人群相关成分，且显示与新石器时代早期的北方人群有更密切
的联系。这表明在东亚版图里，该时期北方人群的南迁活动已
经开始，并显示出其遗传成分的明显影响"，"在现今东亚南方
大陆的人群里，尽管东亚古南方人群成分依然以一定比例存
在，但是东亚古北方人群成分——与新石器时代早期黄河流域
下游的山东人群最为相关的成分已呈现出显著影响；同时在
现今部分东亚北方人群中，也发现有少量东亚古南方人群成
分。这表明，在新石器时代之后出现了大量黄河流域人群向南
迁徙的现象，从而形成现今东亚南北方人群的基本遗传格局"。
这项研究跟本书所考北方汉族地区的文化现象传播到南方的
时间大致是吻合的。

　　在研究相近地域语言之间的某种相似性时，还得注意这样

的现象：地域相近的语言之间的某种相似性，有一些可能没有任何历史的原因，而只是偶合性的。这一点以往被人忽略了，李方桂敏锐地观察到这一现象，在《李方桂先生口述史》中，李方桂说："由于地域原因，语言之间会存在某种语音相似。这些相似的出现可能没有任何历史原因可言。"（第 137 页）如果真的出现这种情况的话，那么我们可能应该在语言和社会历史之外的因素中寻找导致造成语音相似的理论解释。

八　汉藏诸语言比较研究的坦途

（一）汉藏诸语言比较研究面临困境

经过百多年的艰辛探索，我们现在知道，汉族独立为族、汉语独立为语至少有一万几千年至两万几千年的历史，实际上可能还要长得多。一百多年来，中外众多语言学家殚精竭虑，试图通过各种手段，特别是语言类型的手段，证明汉藏同源的假说，受印欧系语言同源假说的鼓舞，人们在早期对汉藏同源的假说坚信不疑。但是原始印欧语的假说之所以能成立，最有决定性的证据是构形形态，而汉语及一大批少数民族语言没有这个东西，于是只好采取别的手段试图证明汉藏同源的假说。随着研究的深入，人们开始对此假说表示怀疑，不断有人从事各种证伪工作，形成一种新趋势；这种趋势的出现意味着该假说面临严峻的研究局面。例如人们发现，通过语言类型的手段证明汉藏诸语言同源，这种证明手段没有坚强的说服力。于是有人试图通过寻找同源词的手段开展这项证明工作，他们寻找同源词具体的办法各异，这当然推动了汉藏同源的研究。后来人们又发现，即使找到汉藏诸语言之间有些词具有严整而系统的对应关系，也不能证明这一假说，因为不同语言之间的深度接触，也会造成在借词上形成严整而系统的对应关系，所以在不同语言之间找到一批具有严整而系统对应关系的对应词，只是证明语言同源的必要条件，不是充分条件。此外，有人还试图从人种、基因的角度证明汉藏诸语言的同源关系，其面临的困境是极其明显的。

在此背景下，民族语言学界出现对于该假说的反思声浪。来自汉语史学界也提出深刻质疑，史前考古的重要进展也与汉藏同源的既有假说有龃龉之处，如此等等，都是不可回避的学术成果。这些反思、质疑以及考古的新进展，都使得该假说暴露出来的问题越来越深刻，出现的矛盾越来越不可调和，看来汉藏诸语言同源的假说越来越难以成立了。这些新的研究动态都给汉藏诸语言的比较研究、汉藏同源的假说带来前所未有的挑战，采取不闻不问的处理策略是不符合科学精神的，也不可能解决问题；从科学方法论的角度说，从事汉藏诸语言比较研究的学者必须直面各种质疑，无视或回避意味着对各种质疑的默认，意味着既往的假说不能跟上科学研究的新节奏，意味着该假说的没落。当然，如果将这种无视或回避作为一种"经验"传递给莘莘学子，那无疑是对学术的亵渎，跟科学求真的本质背道而驰，是对科学事业的严重不负责任，那样必然会坑害青年学生，万万要不得。

无情的挑战同时带来了崭新的机遇，与其坐观该学科走向没落，何如起而行之，探讨对策，让它焕发新的勃勃生机？为了使汉藏诸语言的比较研究走出死胡同，走向坦途，我们必须总结既有的汉藏同源研究的经验和教训，开拓新的研究范式，以便更好地揭示汉藏诸语言的各种规律，服务于语言研究，服务于传承中华文明。

即使是没有任何关系的语言之间，人们也可以通过比较发现一些现象以及现象背后潜藏的规律。汉藏诸语言之间是有各种复杂关系的，许多语言之间存在深度接触；汉语是世界上使用人口最多的语言之一，时空影响巨大，环绕汉语周围有大量的民族语言，非常方便人们揭示语言的多方面规律。因此，汉藏诸语言之间的比较研究是值得继续走下去的一条康庄大道，关键是如何进行比较。在既有的研究基础上，为了将汉藏诸语言研究导向深入，我们完全应该、并且可以采取如下的研究路线进行比较研究。

（二）描写与比较

研究民族语言，首先还是应该在语言调查、描写上着力，对用来比较的民族语言的语音、词汇、语法系统等进行翔实的调查、描写；匆忙接受汉藏诸语言同源的假说，不顾基本事实，进行过度推阐，必然会跟真理擦肩而过。要进行详尽的调查、描写，就不能满足于多少年前制订的语言调查表，仅凭事先制好的语言调查表规定的项目开展所有的调查工作。从理论上说，鉴于不同民族语言表现出来的那种超出一般人想象的特殊的语言规律，仅仅那样做，会遗漏相当多重要的、能反映各民族语言特色的语言现象，尤其是词汇、语法现象，深度调查是怎么强调都不过分的。

李方桂致力于汉藏诸语言的研究，他一直强调对于民族语言的调查、描写。他在 1939 年 12 月 29 日为国立北京大学文科研究所做的《藏汉系语言研究法》报告中强调，"将来的研究途径不外是'博而能精'，博于各种藏汉语的知识，而精于自己所专门的系统研究"，所谓"精于自己所专门的系统研究"，就是要求民族语的研究人员扎扎实实地进行具体的民族语言调查，所以他又说，"当然是要收集材料，尤其是要实地收集材料"。李方桂的这个学术报告虽然距今已近90年，但没有过时。

直到晚年，李方桂仍然强调民族语言的调查、描写。据《李方桂先生口述史》，李方桂认为，既往汉藏诸语言的比较研究"仍处于相当低级的阶段"（第104页），"长期以来，亚洲语言的系属关系方面存在许许多多的困难和麻烦—因为语言影响，尤其是文明悠久的语言倾向于影响别的语言"（第106页），"所以，对我来说，我认为自己对某门语言与另一些语言的联系这个问题并不十分感兴趣，我更感兴趣的是，发现那些语言中的结构（规律）。研究一门语言，又再研究别的语言，这样，它们之间的相似性和非相似性最终会冒出来。在未把相互有关的语言都弄清楚之前，不值得费尽心机去过早地作比较工作"（第107页），"所以，我并不热衷于想方设法把这种语言与那种语言联系起来。我只想知道这门语言的面貌如何；是否把它与别的语言联系起来，那是次要的问题"（第108页），"首先，我的兴趣不在于试图把两种不同的语言联系在一起。目前我的兴趣在于了解某种语言的面貌如何，结构如何。我的兴趣不在于去探索这种语言与其他某一特定语言有没有关系"（第124页）。李方桂反复强调民族语言描写的重要性，强调"把相互有关的语言都弄清楚"，这些话都反映出李方桂认为首先要知道用来比较的语言的详尽面貌。

近几十年，我国汉语史研究和民族语言的共时描写都取得了一些进展，人们由此对汉藏同源的假说提出了不同的意见，尝试从语言接触的视角去探索汉藏诸语言的关系，这是很大的进步。但对民族语言的描写并没有走到尽头，只走了很有限的距离，有很多共时、历时的规律等待着人们去发掘，我们不能满足于下车伊始的民族语言调查。应该想到，随着汉藏诸语言比较研究的深化，下车伊始式的民族语言调查结果肯定不行，因为材料太单薄了，留下了诸多空白，根据这种调查的材料去推阐，不可能得出更深入的结论。

现在，国家非常重视民族地区的研究，这方面的科研经费很充足，进入民族地区的交通以及其他衣食住行等条件远非李方桂调查民族语言时所可比拟，是历史上进行民族语言调查、研究的最好时机。为了更细致地研究具体的民族语言，我们应鼓励民族语言的研究人员每年花 6~10 个月的时间深入民族地区，特别是要进村寨，跟民族地区的调查对象同吃、同住、同语言交流、同文化活动，也就是力争做到"四同"；选择在不同季节开展调查研究，参加他们的一切节日活动和婚丧嫁娶，这样坚持 5~10 年，反复核对，做到记音准确，基本上将他们的词汇、语法系统记录下来，内容无误，我们就有对具体民族语言进行共时描写分析的好条件，也有进行汉藏诸语言比较研究的好条件。

为了进行汉藏诸语言的比较研究，应该先编写出每一种民族语言的断代性描写词典，将它们的词汇面貌尽可能详尽地展现出来。这项工作需要相当大的投入，最好是着力培养以各民族语为母语的语言研究人员，他们对本民族语言、文化都很熟悉，编写这样的词典有得天独厚的语言资源优势。

只有对用来比较的语言有深切的了解，才好用来进行比较。王力先生《中国文法学初探》曾经谈到："假使我们看见中国上古文法有动词变化的痕迹，我们似乎可以拿藏语某一动词的变化作比较。例如'充'字在藏文里：现在式 gens，过去式 b-kan，将来式 d-gan，命令式 k'on。但是，这些动词是否依着时间而起屈折作用的尚是问题……藏语的文法系统本身尚未得到满意的解决，我们如果拿某人一偏之见所定的藏语文法系统来比较汉语，其结论就未必能有价值。"这虽然是就语法比较而言的，但对语音、词汇的比较研究都有警醒作用，我们应高度重视对用来比较的各个语言进行充分、细致的描写。在这方面，戴庆厦《景颇语参考语法》对景颇语语法描写得相当细致，值得推荐。

有的民族语言还有较早的文字和书面文献留下来，这是反映古代民族语言和汉语及其关系的宝库，是必须深入钻研的好材料，千万不能错过。李方桂曾经研究过古藏文，写了《古代西藏碑文研究》，做出了表率。王力先生《汉越语研究》研究了仿照汉字造成的越字，都是极有眼光的研究。试想：如果没有早期的藏文，那么藏语研究的成果就会大大逊色，藏语不同方言之间的很多对应关系、演变规律就不可能这么顺利地揭示出来。另一方面，历代汉族文献也或多或少地记录了一些民族语语音、词汇、语法现象，著名的《越人歌》《白狼王歌》等都是这样。尤其是历代史书和笔记，这方面的记载不少。例如宋范成大《桂海虞衡志·志蛮》："獠，在右江溪洞之外，俗谓之山獠。依山林而居，无酋长、版籍，蛮之荒忽无常者也。以射生食动而活，虫豸能蠕动者皆取食，无年甲姓名。一村中惟有事力者曰郎火，余但称火。"周去非《岭外代答》，保留了宋代以前岭南地区民族语言的一些词语以及一些特殊的文字，跟当地汉语方言、汉字夹杂记录。"方言"条："方言，古人有之。乃若广西之蒌语，如称官为沟主，母为米囊，外祖母为低，仆使曰斋捽，吃饭为报崖，若此之类，当待译而后通……余又尝令译者以《礼部韵》按交趾语，字字有异，唯'花'字不须译，又谓'北'为'朔'，因并志之。"这都是很好的材料。这些记载不限于汉藏诸语言，还有其他语言的材料，都弥足珍贵。例如《辽史》有《国语解》，看了《国语解》可知，辽代汉化很严重，例如"祭东"解释是"国俗，凡祭皆东向，故曰祭东"，"旗鼓拽剌"解释是"拽剌，官名。军制有拽剌司，此则掌旗鼓者也"，"㬏节"解释是"岁时杂礼名"等等；《金史》有《金国语解》，例如金完颜宗弼叫"兀术"，《金国语解》告诉我们："兀术，曰头。"可见"兀术"得名可能是取"头"的意义。《元史·兵志四·站赤》："元制站赤者，驿传之译名也。"可见，汉语驿站的"站"是借自蒙古语，不是现代学者的新见，至晚明朝宋濂等人已经有大致相同的认识，他们指出"站赤"相当于早期汉语的"驿传"，不过今天"站赤"省掉了后面的"赤"字。这项研究还有许多工作要做，就我本人的浏览所及，这方面有相当多的汉语古书，尤其是宋元以来的古书，它们或多或少都有民族语言方面的记载，但是没有引起研究人员的重视，因此也没有提及，不无遗憾。

（三）古书阅读能力及汉语史研究的重要性

研究汉藏诸语言是否具有源流关系，只是进行汉藏诸语言对比研究的思路之一。基于历史和现实的原因，研究人员多在汉语跟其他民族语言是否具有同源关系上着力，研究的热点和重点往往不是不同的少数民族语言之间的关系，例如各种藏缅语之间的关系，壮侗语之间的关系，苗瑶语之间的关系，而是主要倾力于研究汉语跟其他民族语的关系，这足以引起汉语史研究人员的高度重视，这无疑是有价值的研究取向。

既然目前汉藏诸语言的研究着力点主要是要探讨汉语跟其他语言的关系，那么，受研究对象和研究目的的制约，要进行汉藏诸语言的比较研究，就必须了解汉语史，既要深入了解汉语语音史、词汇史、语法史、修辞史、汉字史的研究历史和现状，也要对其他被比较的语言的历史和现状有深切的了解。这就要求汉藏诸语言比较研究者除了深通民族语言，还必须对汉语史有深湛的了解，除非你不从事这种比较研究，否则你不可能绕开这一领域，因此研究难度极大。可以肯定地说，如果研究人员没有深湛的汉语史知识，那么他要想在汉语跟其他民族语言比较研究中取得进展，那无异于竹篮打水。

职是之故，我们特别提出汉语史研究来谈。这正是当今从事汉语和其他民族语言比较研究者最为缺乏的方面。我国民族语言的教学和研究基本上跟汉语史学科不搭界，民族语言专业几乎没有开设汉语史课程，这造成许多从事汉语和其他汉藏诸语言比较的学者并没有经过严格的汉语史学科的学术训练，对该学科缺乏必要的了解。要想使汉语跟其他民族语言的比较研究工作走向深入，就必须使研究者有基本的汉语史学术训练。通过较为系统的训练，使他们具备相当深厚的汉语史知识和古书阅读能力，从而能科学评判既有汉语史研究论著的水准，做一个开展汉语跟其他民族语言比较研究合格的学术人才。为此，我建议在民族语言专业开设汉语史课程。

我们看到，有一些利用我国古书材料研究汉藏诸语言同源的论著和杂志上的文章，特别是有的民族语言研究的重要的论著和重要杂志，其论著与刊载的文章中对于古书材料引文不确、不规范，以及理解失误之处层出不穷，错误、歪曲理解材料的情况比比皆是，这反映了有的研究者不具备基本的古籍阅读能力和传统的汉语言文字学修养，也反映了有的编辑人员在汉语史方面的业务水平有待提高，由于汉语史、古书阅读方面的知识储备不足，导致他们在审稿时对稿件中出现的古书阅读方面堪称"惨不忍睹"的知识性错误看不出来；至于一些论著中在误读古书的基础上展开的无根论证，逻辑推理上的失误，更让人咋舌，有些知识性错误甚至是对用作核心证据的古书材料的理解失误。然而这样的"比较研究"却得到一些人的捧抬，甚至被视为"典范"研究著作，这无疑是给学术蒙羞。这种令人担忧的严重问题，极大影响了人们对汉藏诸语言比较研究的信心，是今后应该坚决杜绝的现象。我希望民族语言研究的杂志或者出版社能引进一些古籍阅读水平较高、具有较高汉语史修养的编辑，严格把关，提高编校质量，不能使这种情况接二连三地发生。

总体来看，当今一些从事民族语言比较研究的学者，由于历史原因，大多在汉语史方面下功夫不够，往往只能采用汉语史学界既有的研究结论，但缺乏必要的鉴别能力。要补足汉语史研究的这种短板，就必须在汉语古籍阅读理解和汉语史研究结论的把握上加大投入，其中古书阅读是更为基础的工作，是汉语史学科的主要材料来源，研究人员必须逐步具备很好的古书阅读能力，弥补不应有的科学研究缺环。具备很好的古书阅读能力，是检验既有汉语史研究结论优劣的一项基本能力。这是今后进行汉藏诸语言比较必须要跨过去的门槛，因此，今后应该加强汉语史研究工作者和民族语言研究工作者的协作，真正推进比较研究。否则，表面上会出现不少比较研究的成果，而实际上完全经不起推敲，有的比较研究甚至害人害己，给学术研究造成重大损失。

既然是从事汉藏诸语言的比较，那么研究人员必须要用到汉语史研究者的相关研究成果。当今汉语史研究泥沙俱下，有优秀的研究，有劣质的研究，采用哪些，如何采用，这需要从事比较的学者具有基本的科学评判能力，这种能力的养成绝非一日之功，必须日积月累。要采用科学、有用的汉语史研究成果，就要看具体研究结论是否真正揭示了汉语史上大大小小的各种规律，绝不能以符合不符合自己的臆见而任意采纳那些完全不符合基本事实，因而是不入流的研究成果。千万不能先入为主，不分良莠，尤其要重视那些跟自己的意见相左但确有真知灼见的研究，坚决摒弃那种符合自己臆见但属于汉语史研究的伪劣成果。

这些年的汉藏诸语言比较，在这方面是有深刻的教训的，予取予求地采纳汉语史研究的劣质成果，阻碍了汉藏诸语言比较研究的进步，这种现象十分令人担忧。有的汉语史研究者，他们的研究成果，由于不入流，只好利用学术之外的因素获得青睐，主动投怀送抱，捞取个人利益。从事汉语跟其他语言关系研究的学者，对此应有清醒认识，保持冷静头脑，不能被这些成果忽悠了。只有虚心吸取这方面的教训，才能将比较工作真正推向前进，否则会给我国的科学研究事业带来伤害。例如在上古音研究方面，弃清代以来的科学研究成果于不顾，在没有验证的情况下匆忙采纳白一平、沙加尔、郑张尚芳等人的那些不合上古汉语基本事实的无根之谈，忽略学术界早已存在的对这些无根之谈的有力批评；弃学术界认定汉语是孤立语的典型这样的定论于不顾，或者根本就不关注，匆忙采用经不起基本检验而任意构拟的各种构形形态，这一类做法已经给研究工作带来负面影响。至少应该认真阅读一下对此进行批评的论著，对比原始材料做出自己的判断，以免自己的学术滑向浅陋无知。即使无法做出客观判断，也应该采取"阙疑"的态度，不能听信一面之词。

人们之所以愿意采用那些不可靠的上古音构拟从事他们的汉藏诸语言的比较研究，是因为他们先抱着要证明汉藏同源这样一个目的，而这些不可靠的上古音构拟常常能满足他们的目的。这是因为：（一）这些"上古音"本来是根据民族语言弄出来的构拟，容易跟他们心目中认定的"同源词"对接；而纯粹根据上古内证材料构拟出来的上古音很难跟他们心目中认定的"同源词"对接上。（二）这些"上古音"在韵部方面分拆得很细，原来一个韵部被主观拆成几个韵部，弄出来多个主元音，便于找到他们心目中认定的"同源词"的韵母"相近"，在他们看来，"相近"也就意味着"对应"；将声母、介音方面的一些音素用词缀来解释，这样容易将声母、介音对不上榫的音素掐头去尾，便于找到他们心目中认定的"同源词"声母、介音方面的"对应"；将声调处理为一种韵尾，又将这种韵尾处理为一种构形形态，当遇到有些民族语言没有声调时，就先找到这些"上古音"跟民族语言其他音素的声调"对应"，即使不对应也不要紧，因为研究者可以处理为带没带某种形态标志的不同。由于面对学术界有理有据的学术批评时无力应对，因此他们利用多种学术之外的操作形成社会效能，企图打压不同意见，例如利用所掌握的刊物多刊登这样的比较研究论文，利用互联网诱导初涉学坛的学子等，造成一种"轰炸"效应，希望借此对学术界形成挤压态势；又在无法做出科学评判的窘境下，抱着一种侥幸心理，寄希望于随着时光的推移，这种"上古音"构拟自动地具有科学性，企图形成这种"上古音"构拟者和坚信汉藏诸语言同源说的学者的"双赢"局面，获取一种似是而非的满足。对此，我要当头棒喝，这样的愿望是不可能实现的，明眼人一眼能看出来的谬误，它永远不可能变成真理；在此基础之上的比较研究是不科学的，是典型的以未知求未知，除了不深入上古内证材料、主观臆测、忽视科学的上古音构拟，还免不了循环论证。再说，不加甄别地选用这种构拟来进行汉藏诸语言的比较研究，不符合基本的科研程序，科学研究必须以已知求未知。因此这种研究是没有前途的，现在是回到正视科学的上古音构拟上来的时候了。

我们也希望国内外从事汉语史和汉藏诸语言比较研究的学者，要补足自己阅读中国古书能力不强、因而不能有效利用古书从事研究工作的短板。应清醒地认识到：严格地说，从事汉语史和汉藏诸语言比较研究，无论你是研究词汇、语法，还是语音，如果没有古书的阅读能力，就不具备从事这种研究的基本条件，岂可忽哉！我们千万不要替自己的知识短板找借口、托词，主动拒斥古书的阅读，放弃增进自己学养的必要条件。这种做法，对研究者个人来说，只能是一个巨大的损失。以前，我们可以找托词：古书不容易得到，所以客观上没有办法利用。现在形成这种托词的客观条件已经不存在了，随着互联网的兴起，获取古书不是困难的事。

李方桂注意到了这个问题，他看出国外有的学者从事汉藏诸语言的比较，受制于自幼接受拼音文字系统形成的阅读习惯，只愿意阅读音标形式记录下来的著述，主动放弃汉字记录的文献材料的利用，造成从事汉语史和汉藏诸语言比较研究的严重缺失。《李方桂先生口述史》中，他对忽视文献资料的研究进行了辛辣的讽刺："假使是在谈论古代汉语，古代汉语有书面系统可资研究。而台语很晚才有书面语言，大约是十三四世纪才有的；在此之前，在有关书面材料出现之前的情况一无所知。所以，研究台语时史前情况完全依赖对当代各方言的研究而得知，运用的是纯粹的比较方法。当然，研究汉语的方法，是可以借助方言来研究，但也有一些早期的文字记载必须处理。谈到古汉语重构时，许多美国人和某些中国人说：'既然我们在没有任何古老的书面材料的情况下都能够重构某些更加古老的语言，我们干吗还为汉语发愁呢？我们甚至可以连汉字都不看就能重构古汉语。'汉字的的确确是件令人发愁的麻烦事。除中国学者之外，许多学者不喜欢有汉字【笑声】。如果能消灭汉字，很好！"李方桂的话值得我们记取，千万不要为自己缺乏利用汉字阅读中国古书的能力编造理由，那是采用严格的历史语言学方法还是只采用传统考据方法之别，因而是"趋新"还是"守旧"的不同派别这样的藏拙之谈来欺瞒青年学人，必须补足的短板一定要补足。短板就是短板，它永远不可能自动变成长处，这样的拙是藏不了的。

（四）语言接触的视角

语言接触方面的研究，既对研究民族语有益，又对研究历代汉语有益。李方桂 1945 年在《哈佛燕京学社亚洲研究杂志》（ *Harvard—Yenching Journal of Asiatic Studies* ）发表的《台语中的若干汉语借词》（ "Some Old Chinese Loan Words in the

Tai Languages"）有很好的研究，但这方面有深度的、令人信服的成果还不多。就研究汉语史来说，利用民族语研究汉语语音、词汇，有人进行过尝试，取得若干进展，但是很不够。例如利用民族语中汉语借词的读音研究汉语的语音发展，首先要找到科学方法，确切地论证这个词是什么时候借到民族语去的，不能信口开河，予取予求；也不能找一点不可靠的、似是而非的证据来凑数，今后应该在这方面花大力气刻苦攻关。

将民族语跟汉语进行比较，能解决历代汉语的一些棘手问题。例如可以通过民族语的汉借词来帮助研究历代汉语的词语源流及反映的音值，前提是要弄清楚汉语的某个词是什么时候借到民族地区去的。我们知道，表达"荸荠"的概念，先秦用到"芍"一词，见于《尔雅·释草》："芍，凫茈。"郭璞注："生下田，苗似龙须而细，根如指头，黑色，可食。"指头，手指或脚趾的指端。《释文》："芍，户了反。凫，音扶。茈，本又作'菭'。沈、顾徂斯反，谢徂咨反。"茈、斯，上古支部，中古支韵；咨，上古脂部，中古脂韵。南朝梁沈约之子沈旋和顾野王"茈、斯"都是支韵，跟脂韵不混；谢峤支脂相混，用"咨"字做切下字注"茈"字读音。"芍"是单音词，"凫茈"是双音词。从出现的时序来说，应该先有"芍"，后来又叫"凫茈"。据《说文》艸部，"芍"是专门给作"荸荠"讲的"芍"造的字："芍，凫茈也。从艸，勺声。"大徐本读"胡了切"，小徐本朱翱注音"坚鸟反"。由此可知，"芍"作"荸荠"讲，不是药部字，它是宵部字，声母是见母或匣母，声调是上声。

这个词汉代以后就不用了，在古文献中没有书证。但"芍"这个词在泰国、老挝和我国云南、广西、贵州等其他民族语言中有遗存。据《侗台语族概论》（第 485、610 页），侗台语中，泰语、老挝语读［hɛ:u³］，西双版纳、德宏傣语读［heu³］，龙州、柳江壮语读［he:u³］，武鸣壮语读［he:u⁵］，布依语读［jiu³］，侗语南部方言读［khiu³'］，侗语北部方言读［kiu³'］，仫佬语读［khɣəu³］，水语读［thiu³］，毛南语读［chi:u¹］，莫语读［thəu³］，拉珈语读［chi:u³］。这些表达"荸荠"概念的词很显然跟"芍"的见、匣二母的两个读音对得起来，是借用了汉语的"芍"，既然汉代的汉语已经不用这个词了，那么这些民族语应该是在汉代以前就借过去了。这说明，上古汉语的阴声韵是没有辅音韵尾的，上古汉语有声调，声调不是韵尾的差别，宵部是一个复合元音。

上古汉语有五个声调，入声分为两类，其中有一个长入，中古变成去声。这个长入在泰语的汉借词十二地支的"未"字中有反映，在白语的汉借词中也有反映。详细的讨论可参拙作《从出土文献和长韵段等视角看上古声调》一文，这里不赘。这也是民族语的借词帮助研究上古音的一例。

再如利用汉语"败"字的民族语借词形式，完全可以证实"败"原来在汉语口语中有帮、并两读别义，读并母是原始词，义为失败；读帮母是滋生词，义为使失败，打败。颜之推《颜氏家训·音辞篇》："江南学士读《左传》，口相传述，自为凡例，军自败曰败，打破人军曰败。（原注：'败，补败反。'）诸记传未见补败反，徐仙民读《左传》，唯一处有此音，又不言自败、败人之别，此为穿凿耳。"有人把这个例子作为"败"的补败反一读是经师人为的证，并且作为论证"两声各义"为经师人为的有力证据。但颜之推并没有说"败"的清浊两读是经师人为的，也没有讨论这两读跟实际口语的关系；他只是说，经师把并母读法的词义归结为"军自败"，把帮母读法的词义归

421

结为"打破人军",前人没有这样明确的说法,因而缺乏故训的根据。况且,即使陆德明是这样的意见,那也是他个人的看法。是否如此,需继续论证。陆德明《经典释文·条例》说:"夫质有精粗,谓之好恶;(原注:'并如字。')心有爱憎,称为好恶。(原注:'上呼报反,下乌路反。')当体即云名誉,(原注:'音预。')论情则曰毁誉。(原注:'音余。')及夫自败(原注:'蒲迈反。')败他(原注:'补败反。'原文作'蒲',当作'补'。此从黄焯校)之殊,自坏(原注:'乎怪反。'原文作'呼',当作'乎'。此从黄焯校)坏撤(原注:'音怪。')之异,此等或近代始分,或古已为别,相仍积习,有自来矣。"所谓"近代始分""古已为别",应该理解为训释古书时分没分,不当理解为实际口语中分没分。结合颜之推的议论,可以认为陆德明把"败"的破读音看作来自徐邈,如字和破读的词义分别是"近代始分",但陆氏也没有讨论"败"的两读跟实际口语的关系。所以不能根据颜、陆二氏之说断定"败"的两读是经师人为。有两则材料可证"败"的清浊两读有实际语言的依据。(一)徐世荣《古汉语反训集释》"败"字条:"古人欲以音读区分词性,殆已感汉语缺乏'形态',以此裨补。然学者亦多不赞同'读破'之说。按今南通方言犹有此别。""败"在南通话中确实是两读别义,说明后代的南通话仍保留"败"的如字和破读的分别,它的古全浊塞音塞擦音变为送气清音。(二)据戴庆厦《汉语研究与汉藏语》所列例证,汉语"败"的"自败"和"败他"跟藏缅语的普米语、怒语、景颇语、载瓦语、独龙语、彝语有关系。其中,普米语、怒语、彝语"自败"读 b,景颇语、载瓦语读 p;普米语、怒语、景颇语、载瓦语、彝语"败他"读 ph。戴庆厦说,这种用法"显然与汉语有词源上的关系"。我认为上述几种语言"自败""败他"的两个词跟汉语是关系词，应该是汉语借词，因此可以证明"败"在实际口语中有清浊两读。

我举这些例子是想证明，民族语中不同时期的汉语借词对于研究历代汉语是有很好的论证作用的。湖南西部和广西交界处的瓦乡话，也是研究汉语史的好材料，研究汉语史应该关注这些材料，这对深化汉语史研究甚有帮助。

反过来说，其他民族语言也有可能影响到汉语。这种情况比较少见，多集中在汉族和少数民族杂居的区域，主要是反映在词汇上，汉语从周边民族那里借过来一些词，它们对汉语语音系统和汉语口语语法的影响不太明显。试想：中国历史上，外族语中对汉语影响最大的应该是西方语言，主要是英语，鸦片战争迄今，西方语言影响汉语快二百年了，但是它们对汉语语音系统以及汉语口语的语法并没有带来多大影响。据此以推，汉语周边的少数民族语言的语音系统、语法系统对汉语的影响应该是微乎其微的。即使是词汇方面，也一定要有坚强的论证，特别是不要将汉语自身所造的词，看作外族语的借词。在这方面，有不少探索得不太成功的例子，研究中有很大漏洞。

例如"马蹄"在南方有的方言中指荸荠。有人说，马蹄和荸荠的形状不相同，"马蹄"指荸荠，不是根据荸荠形似马蹄而命名的。这说法没有什么道理，荸荠和马蹄的形状是否形似，要看你怎么去认识，我们不能钻牛角尖。人们利用比喻的方法造词，不一定要求喻体和本体完全一样，有时候只要外形大体相似就可以了；人们造词时，除了追求生动形象，还要追求新鲜有趣，切合命名当地人的认识心理。例如将大丸子叫"狮子头"，将一种多年生草本植物叫"仙人掌"，将一种真菌叫"猴头"，将蝶类的蛹叫"缢女"，将芡实叫"鸡头、雁头、乌头、雁喙"，将一种食用菌叫"木蛾、木菌、木耳"等，细究起来，本喻二体都有很大不同，可是人们就这样命名了；人们还用"马蹄"指莼菜、指水蛭，也只是一个大概的比喻，通过这种角度去证明"马蹄"指荸荠不是根据荸荠的形状来命名的，说服力不强。

　　"马蹄"在古书中用例甚多，但指荸荠很晚，目前只找到清代的例子，这种事实也对"马蹄"指荸荠是来自古壮侗语的说法不利。清代梁绍壬《两般秋雨庵随笔·菱落》："又粤人呼荸荠曰马蹄，以对'龙眼'，亦甚工也。"郑祖庚《闽县乡土志·物产琐记上（天然品）》："荸荠即凫茨，呼马蹄。"从古至今，人们远取诸物，用马牛羊的各部位给植物命名，例如"马尾"指初生的芦苇，"牛舌"指车前子，"牛筋"指杻木，"羊角"指豇豆，"羊蹄"指牛蘈，等等。徐松石《泰族壮族粤族考》以为"马蹄"是壮侗语的音译，没有可靠依据，而且令人感到奇怪：两广、福建一带，即使从海外引进的物种，起名时，往往是借助我国相类似的物种，在该物种名前加一个"番"字来构词，例如南瓜叫"番瓜"，西红柿叫"番柿"，一种洋种鸭叫"番鸭"，红薯叫"番葛、番薯"等，荸荠是当地土生土长的物种，汉语很早就有"芍、凫茈"一类本语言的叫名，为什么不从汉语自身起名，要从壮侗语借一个跟"马蹄"音近的词来作为当地汉语的用词呢？"马蹄"是近代汉语新产生的一个词，不可能远绍到原始壮侗语。将两广一带的"马蹄"看作从别的民族借来的词，应该跟清末海禁大开以后，什么都喜欢跟别的民族那里扯上关系的思维定式有关，论证不严格。由此看来，这种研究思路是有待改进的。

（五）类型比较的视角

民族语言研究者可以利用自己的民族语言研究优势，在汉语史研究上取得真正的突破，也就是说，利用汉语进行民族语言比较研究的学者不能仅仅满足于采用汉语史学界既有的研究成果，对民族语言研究做出贡献，而且应该利用自己比较的视角，在汉语史研究上有独到的真知灼见。看来需要多在语言类型比较上多下功夫，多了解汉语的历史，这样才好进行历史比较。从类型学的意义上进行语言比较，是值得深入开掘的研究方向，它能帮助解决汉语和汉族周边民族语的不少问题。当然，我们也可以将汉藏诸语言跟世界上其他的语言进行类型比较，可是这只是语言比较研究的一个方面，在深化汉藏诸语言的研究方面赶不上汉藏诸语言之间的比较，汉藏诸语言之间的比较更能有助于发掘汉语和民族语言的个性及共性。王力先生从事学术活动的时代，汉藏同源说占居上风，他在《中国文法学初探》中指出："比较语言学并不限于同系统的族语互相比较；有时候两族语的关系越浅，其文法上的异同越足以引起我们的兴趣。但是，如果我们希望从甲族语的文法上研究出乙族语的文法系统，寻觅其相符或相似之点，以作乙族语的文法分析的根据，那么，甲乙两族语就该是同一系统的，而且关系越深越好"（第 186~187 页），"如果我们要从语言比较上寻求中国的文法，与其拿印欧语系来比较，不如拿支那语系来比较"（第 187 页）。他所谓的支那语系就是后人所说的汉藏语系。现在看来，汉藏诸语言的关系很深，应主要从语言接触的角度去考虑。因为是将汉语跟与汉语有深度接触的周边语言进行比较，所以这种比较不必局限于传统上所认定的汉藏诸语言的范围。

《中国文法学初探》借鉴法国房德里耶斯《语言》的研究成果，提到"语像"（也叫"语言观念"）的概念："我们首先该注意中国语的'语像'（法文 image verbale）的结构与西洋语的'语像'的异同，而且我们该直溯到'语像'未成立时的精神行为的两个步骤：（1）分析作用；（2）综合作用。"借助"语像"的概念，我们可以知道，汉语的"赤子"跟台湾阿眉斯语、日语表达"赤子"概念的语像结构是一样的。汉语"赤子"指婴儿，对于其中"赤"的得名缘由，原来都理解为赤色，到明清时期，有人开始理解为通"尺"，令人莫衷一是。但阿眉斯语管婴儿叫"kahəŋaənj a wawa"，其中"kahəŋaənj"意义是"红的"，为修饰语；"a"是结构助词，连接修饰语和被修饰语，修饰语在"a"之前；"wawa"是"婴儿"的意义，是被修饰语。日语"婴儿"一词现在一般用"赤ん坊［akannbou］""赤子／赤儿［akago］"，昵称为"赤ちゃん［akachann］"，这里的汉字"赤"使用训读音"あか［aka］"，是红色的统称，都能帮助判断"赤子"的"赤"得名于赤色，而非通"尺"。

清代的顾炎武在他的《音论》卷中《古人四声一贯》中说："四声之论，虽起于江左，然古人之诗已有迟疾轻重之分，故平多韵平，仄多韵仄。亦有不尽然者，而上或转为平，去或转为平、上，入或转为平、上、去，则在歌者之抑扬高下而已，故四声可以并用。"在顾炎武看来，上古的声调只是发音的"迟疾轻重"，所以在上下文中随着"歌者之抑扬高下"，可以互相转化，跟分辨不分辨意义没有关系。通过比较汉藏诸语言有声调的语言可知，其他语言的声调都具有辨义功能，例如普米语箐花话 2 调，彝语墨江话 3 调，巴哼语滚董话 4 调，巴哼语西山街话 5 调，藏语拉萨话 6 调，拉祜语糯福话 7 调，苗语养蒿话 8 调，苗语董上话 9 调，侗语车江话 11 调，苗语宗地话 12 调，不同声调都有区别意义的作用。而且现代汉语不同方言的声调无一不是利用不同声调区别意义。由此可以知道，顾炎武说上古汉语"四声一贯"，是没有科学根据的。我们通过比较还可以知道，顾炎武所说的"入为闰声"的说法也没有科学道理，因为没有这样的声调系统。

任何民族都有诗歌，但是不同语言的押韵习惯是不一样的。也许有些民族规定在一定位置上重复出现相同的音所形成的那种格律，不能叫作"押韵"。人们称作"押韵"，是站在汉语诗歌格律的立场上给予的名称，但是民族地区诗歌的这种格律跟汉语押韵明显不同，人们为了方便跟汉语诗歌对比，有时候管相当于汉语押韵的那种格律叫"谐音"。例如汉语从《诗经》时代开始，就在句尾押韵，同一个韵段的字，不管声母、介音，一般是主元音和韵尾（如果是有韵尾的话）相同的字互相押韵，但这不是天经地义的。蒙古语诗歌押韵要求每句开头的字字音相同，也就是押头韵；黔东苗语诗歌的谐音不在元音和韵母上，这种语言"押韵"要求的是声调相同，也就是押调。据戴庆厦《景颇语参考语法》，景颇语的押韵跟汉语有同有异，有相当多不同于古今汉语的押韵规则。由此可见，诗歌押韵的传统不是天经地义的，不同民族格律传统跟各民族的语言、文化是紧密相连的。

《景颇语参考语法》还敏锐观察到，景颇语诗歌在语言上跟散文不完全不同，传统诗歌使用了不同于口语的"诗歌词"，有的不完全同于现在的口语词，是沿用"古词"；有的是口语词加诗歌词组成，构词灵活，口语中不能构词的，诗歌词可以。在词和词的组合上，有少数组合只能在诗歌中出现，口语中不出现。汉语自《诗经》以来的诗歌也有不同于散文的特点。从这个角度看，景颇语跟汉语诗歌有不少共同之处，景颇语诗歌的这些语言特点对研究汉语诗歌跟散文的语言差异及其形成原因有启发作用。

类型学的视角给汉藏诸语言的比较研究提供了不少新的课题。例如所有的语言都有句调，句调贯穿整个句子或句段，以最末的音节为最明显，但是不同语言句调不完全相同。现代汉语普通话表示疑问的语气，不含疑问词的问句是升调，含疑问词的是降调，而英语表示数目未数完时，含疑问词的问句用升调。目前我们对民族语言中句调的研究比较薄弱，不便于用来比较。这方面的调查、描写当然应该加强。

由此可见，汉藏诸语言类型学的研究既可以帮助我们分析语言之间的相同之处，也可以帮助我们求得不同语言之间的相异之处，是非常有前途的一种研究视角，我们希望能有更多的这方面的研究，逐步摒弃比附的研究，走向科学的比较研究。

（六）区分原始汉语和后原始汉语

无论汉语是不是从某一种更原始的语言分化出来的，只能假定原来一定存在着一个单一的原始汉语，这个原始汉语的起点现在没有办法知道，但它一定处在发展变化之中，相对于原始汉语，我们今天知道的史前汉语都是原始汉语的后代，可以称为后原始汉语。

　　我之所以要做这样的区分，说到底，就是要贯彻科学的历史观和系统观，不能混淆不同的语言系统。现在我们已经知道，汉族独立为族、汉语独立为语的时间至少在一万几千年至两万几千年以前，因此，我们分离出原始汉语、后原始汉语，这样做是希望在深邃的历史长河中给《诗经》以迄两汉的上古汉语定位，避免将史前汉语和上古汉语混为一谈，从而构拟出跨度上万年的四不像"古音"。

　　这个观点，我在给郑妞《上古牙喉音特殊谐声关系研究》一书所作的"序"中已经表达出来了。下面以我在"序"中所言及的与此相关的几段话为基础，进一步申明这个问题。汉藏诸语言的历史比较研究和汉语史研究，第一要务是要建立和坚持科学的历史观，所以区分原始汉语和后原始汉语是一项基础性的工作。

　　传统所说的上古音，是研究周秦两汉时期汉语语音系统及其演变规律的一门学问。19世纪末叶，人们在河南安阳发现了商朝盘庚迁殷以迄商末的甲骨文，其中有一些是反映此期或此期以前语音现象的形声字和假借字，数量不多。这些形声字和假借字，因为都具有历史传承性，所以没有确凿的证据证明是盘庚迁殷以后才开始创制或使用的。不过，其中总有形声字和假借字可能反映了当时的语音现象。这是难得一见的材料，因此人们开始利用它们研究殷商音系，取得值得重视的成果，已有成为一门新学问的趋势，叫作远古音。上古音和远古音是不同时期的音系，不能混为一谈。

　　21世纪初以来，上古声母研究突飞猛进，历史观和系统观大大加强，研究方法渐加精密，考订日趋细致，结论逐步逼近上古声母的事实。学者们在上古音研究的实践，特别是21世纪初开始的汉语音韵学国际学术大讨论中，认真搜集不少反映上古声母的多方面材料，反复揣摩，深化认识，形成研究上古声母的新范式，跟高本汉以来的传统研究范式有诸多不同。

在新范式中，学者们坚定不移地贯彻执行科学的历史观和系统观，首先明确上古音研究的对象不是史前时期的原始汉语，而是有史以来的汉语，是周秦至两汉的古音，跟殷商时期的远古音也不一样。因此，研究此期语音规律的基本材料，只能是反映上古音的直接材料，任何别的材料都只能是辅助性的。

新范式致力于克服有意无意将周秦至两汉的上古音当作汉语源头的研究倾向，自觉地将这一时期的语音当作原始汉语发展到中古汉语的一个重要阶段，只是这个阶段相较于中古、近现代，离原始汉语更近一些，更多地保留原始汉语的语音特征。人们对原始汉语有不同的推测，我的推测是：原始汉语应是典型的孤立语，是单音节语，它的词都是单音节的，有声调，声调有利于维护单音节语，也利于一个音节不至于长度太长。所以后来汉语词的音节即使拉长了，形成一些多音节单纯词，但声调仍然都附丽在每一个音节上，不管这个音节是一个语素还是语素的一部分，跟斯堪的纳维亚语支有声调的语言声调兼跨一个词不同的音节不一样。当时汉语的声调是高低升降长短的不同，跟一些非洲语言只运用一组音高不同的平调不同，容易形成抑扬顿挫的韵律；声调往往只区别词义，不用来区别语法意义。那时单音节的音变构词很发达，构词发生在一个音节内部，因此它是采取内部曲折，不太可能采取单音节词缀的方式来构词，以适应单音词的格局。原始汉语无复辅音，元音不分长短，组合较复杂，辅音应该只有鼻音和同部位的塞音才可以放在元音之后形成韵尾，开音节丰富。因此，那时的汉语就富有乐感，从而孕育出甲金文以来汉语的排比、对偶格式和《诗经》《楚辞》等大量的语音技巧，整饬的诗句；非洲有声调的语言属于黏着型语言，有一套繁复的、自成音节的词缀，因此它们不能像原始汉语那样孕育出这些语言特征。自原始汉语开始，汉语一直没有发展出一套繁复的构形形态，也同样便于人们组织、理解语句和篇章，就跟汉语的这些语音特征密不可分。

在研究上古声母的材料取舍上，新范式竭力避免古今杂糅，将一些似是而非的材料，一些没有经过坚强论证而被有的学者坐实为反映上古音的材料，坚决剔除出去。即使是直接反映上古声母的各种材料，还必须综合分析它们是否只反映上古音的层次，是否还有更早的层次；充分考虑各种材料中，有一些反映的只是上古以前乃至原始汉语的语音特征。通过不同类型材料的比勘，抽丝剥茧，将只反映上古音的材料作为研究上古音的基本材料，将反映上古以前语音特征的材料作为研究上古以前语音特征的材料，将时代层次未定的材料作为存疑的材料。即使在上古音内部，还充分注意周秦两汉不同时段的发展演变，不僵硬地看待分期，而是根据材料显示出来的不同，根据材料的性质进行时空演变分析。

在研究取向上，新范式竭力避免以前只将跟《切韵》音系不同的材料堆砌到上古共时音系中的"堆杂物"的做派，避免只将眼光聚焦在如何根据这些堆叠在上古音方面的材料构拟上古声母系统的呆板、单一、扭曲事实真相的研究视角，明确认识到：反映早期汉语声母特殊相通的材料，有些不是上古声母语音相通的层次，而是更早的层次。异读、假借字、形声字反映的声母特殊相通，就是不同时代语音相通的堆积物，有些是上古的层次，有些不是。由此研究这些特殊的声母相通，原来是否一直是特殊相通，如果原来是一般相通，那么它们什么时候变成后来的特殊相通，变成特殊相通的动因如何，过程怎样。这就由静态的构拟走向动态和静态研究相结合的道路了，从而成为新的研究方向。

新范式主张：根据反映早期汉语声母特殊相通的材料构拟上古声母系统，必须注重汉字符号的音义匹配，注重汉语、汉字符号的历史同一性，注重形声字的谐声系列和谐声层级，注重区分语音相通的始见时代和沿用时代，重视材料在论证上的可靠性、充分性，重视声韵调的配合研究，要求构拟音值必须符合音类，以音类研究为基础构拟音值，所定的任何一个音类，都能够构成一个声韵调配合的严整系统，不能支离破碎，更不能想当然耳。

这是就上古音研究而言的，同理，在汉藏诸语言的历史比较研究中，我们必须坚持科学的历史观，如果采取将不同时空的材料"一勺烩"的办法研究汉藏诸语言的历史变迁，那是永远无法揭示汉藏诸语言的历史真相的。

九 结论

根据上文的讨论,本书得出或进一步推出如下结论:

(一)结合史前考古和文献资料可知,汉族地区至少在一万几千年甚至两万多年前就有跟今天周边少数民族地区不一样的独特的文化创造,后来有些文化创造传播到周边少数民族地区。这说明汉族在一万甚至两万多年前便已独立为族,因此汉语也在一万甚至两万多年前便已独立为语。这是据现有材料得出的结论。随着考古资料的进一步发掘,也许我们可以将汉族独立为族、汉语独立为语的时间大大推前,但目前的材料足以证明汉族、汉语的历史有一万甚至两万多年,这一万至两万多年以来,汉民族的先民创造了光辉灿烂的独特文化,其中有相当多的文化创造传播到周边地区甚至更遥远的地区。

(二)先秦两汉史料昭示的事实跟史前考古成果、基因分析正好可以衔接起来。史前考古成果表明汉族独立为族、汉语独立为语的时间在一万甚至两万多年以前,那么在这一万甚至两万多年的时间里,汉民族的先民不可能不向四周开枝散叶,他们必然会出现从中原到四周、从四周入中原不断迁徙的现象。先秦两汉史料非常明确地表明,中原汉族周边的"四夷"

有些是说汉语以外语言的少数民族人群，有些是说边地汉语的后原始汉族人群。后来一些说汉语以外语言的民族人群同化到汉族中，改说中原汉语；说边地汉语的后原始汉族人群融入中原汉语，也改说中原汉语。将"四夷"全部看作说汉语以外的少数民族人群，这不符合古书事实，是没有科学根据的说法，必须得到纠正。

（三）汉藏诸语言同源的说法只是一种需要证实、证伪的假说，还不是定论，不过经过近二百年的研究，汉藏同源的假说已经越来越显示出它的解释力不强，语言接触理论是解释汉藏诸语言关系的最佳方案。即使汉藏诸语言同源，那么汉语以外的少数民族语言跟汉语的分化也在一万几千年甚或两万年以上，汉语跟这些语言保留的原始汉藏语的共同语言特征很少，因此根据汉藏语系的其他语言去构拟汉语上古音是没有说服力的。拿汉语跟其他语言进行比较是可以的，但是根据别的语言的音值去构拟上古音，则是完全错误的。既然汉藏诸语言在语音、词汇、语法方面的关系可以从语言接触的层面得到合理的解释，那么就没有可靠的材料证实存在汉藏语系的假说了，我们自然不必坚持这个假说。

（四）汉语作为一种独立的语言既然有一万年甚至两万年以上的历史，那么我们就不能将周秦两汉有史料可以研究其语言面貌的上古时期跟汉语的史前时期混为一谈，在周秦两汉以前，汉语作为一种独立的语言至少存在了 7000 年至10000 年或 20000 年以上。我们不能要求根据未经证实、证伪的汉藏诸语言的同源关系去构拟夏商周各时期的汉语；即使汉藏语同源，但夏商周三代距离原始汉语至少有几千年甚至一两万年了，因此也不能要求根据别的民族的语音特征去构拟三代汉语。

（五）研究周秦两汉的语言系统，传统上叫作上古汉语。在语音、词汇、语法研究方面都必须充分利用此期的内证材料研究此期的汉语面貌，利用任何别的材料，都不可能将上古汉语研究清楚。

（六）有人提出藏缅语、壮侗语、苗瑶语都深受原始汉语以来的汉语影响，这是比较合理的推测，因此，我们研究藏缅语、壮侗语、苗瑶语的形成和发展，应该多注意历代汉语对它们的深刻影响。

（七）既然汉藏同源的假说不可靠，那么汉藏诸语言的比较研究，就必须深入描写这些语言的内部结构，开展民族语言跟汉语的比较研究。这就要求研究者必须具有相当深厚的汉语史知识的积累，要区分原始汉语、后原始汉语，多进行汉藏诸语言之间的接触研究、类型研究，从而通过汉藏诸语言的比较研究揭示各语言的共同规律和特殊规律。

参考文献

阿波：《上古巫咸国考析——中国盐文化探源》，《盐业史研究》，1991年第 1 期。

〔美〕爱德华·萨丕尔：《语言论》，陆卓元译，陆志韦校订，商务印书馆，1985 年。

〔丹麦〕奥托·叶斯柏森：《人类，民族和个人》，《叶斯柏森语言学选集》，任绍曾选编、译注，湖南教育出版社，2006 年。

〔俄罗斯〕B. 阔姆力：《语言与史前史》，丁石庆译，《中国民族语言文学研究论集（语言专集）》（2），民族出版社，2002 年。

白云翔：《汉式铜镜在中亚的发现与汉代丝绸之路》，《丝绸之路上的考古、宗教与历史》，文物出版社，2011 年。

《白族简史》编写组：《白族简史》，云南人民出版社，1988 年。

包哈申、巴·吉格木德、宝音图：《古代北方游牧民族熨灸疗法考》，《世界科学技术——中药现代化》，2009 年第 1 期。

宝音图、呼格吉乐巴图、包迎春：《"霍尔蒙古灸"考》，《中华医史杂志》，2006 年第 2 期。

〔澳大利亚〕彼得·贝尔伍德等：《史前亚洲水稻的新年代》，陈星灿译，《农业考古》，1994 年第 3 期。

毕氶：《"夷夏之辨"观念在清代中国发展中的嬗变研究——兼论"夷夏之辨"对"文化自信"重塑的启示》，《山东社会科学》，2020 年第 7 期。

〔美〕B.M. 费根 :《地球上的人们——世界史前史导论》,云南民族学院历史系民族学教研室译,文物出版社,1991 年。

〔美〕布龙菲尔德 :《语言论》,袁家骅、赵世开、甘世福译,商务印书馆,1985 年。

岑麒祥 :《普通语言学人物志》,北京大学出版社,1989 年。

曹锦炎 :《从青铜器铭文论吴国的国名》,《东南文化》,1991 年第 6 期。

曹俊 :《太湖地区夏商时代考古发现与谱系研究综述》,《东南文化》,2007 年第 5 期。

陈保亚 :《论语言接触与语言联盟》,语文出版社,1996 年。

陈秉义 :《对辽宁朝阳德辅博物馆藏史前石埙考察的一点认识——兼谈火烧沟和红山埙》,《乐府新声(沈阳音乐学院学报)》,2019 年第 4 期。

陈春晓 :《蒙古西征与伊利汗国的汉人移民》,《中州学刊》,2019 年第 6 期。

陈久金、陈美东 :《从元光历谱及马王堆帛书天文资料试探颛顼历问题》,中国社会科学院考古研究所《中国古代天文文物论集》,文物出版社,1989 年。

陈久金、卢央、刘尧汉 :《彝族天文学史》,云南人民出版社,1984 年。

陈克造、J. M. Bowler、K. Kelts :《四万年来青藏高原的气候变迁》,《第四季研究》,1990 年第 1 期。

陈陵康、陈林、张伟 :《西藏拉萨地区 5000a 来古气候古环境变迁》,《干旱区资源与环境》,2011 年第 5 期。

陈其光 :《汉语源流设想》,《民族语文》,1996 年第 5 期。

陈其光 :《语言调查》,中央民族大学出版社,1998 年。

陈其光 :《汉语苗瑶语比较研究》,《汉藏语同源词研究(二)》,广西民族出版社,2001 年。

陈士林 :《试论彝文的起源、类型和造字法原则问题》,《罗常培纪念论文集》,商务印书馆,1984 年。

陈士林 :《彝文研究的基础和前景》,《中国民族古文字研究》,中国社会科学出版社，1984 年。

陈涛、江章华、何锟宇、杨洋、Jade d'Alpoim GUEDES、蒋洪恩、胡耀武、王昌燧、吴妍：《四川新津宝墩遗址的植硅体分析》，《人类学学报》，2015 年第 2 期。

陈星灿：《比较考古学的魅力——评李学勤〈比较考古学随笔〉》，《传统文化与现代化》，1994 年第 3 期。

陈炎：《略论海上"丝绸之路"》，《历史研究》，1982 年第 3 期，又《北京大学哲学社会科学优秀论文选（第二辑）》，北京大学出版社，1988 年。

陈友冰：《十六国北魏时期的"夷夏之辨"》，《史林》，2000 年第 4 期。

陈宥成、曲彤丽：《中国早期陶器的起源及相关问题》，《考古》，2017 年第 6 期。

陈垣：《元西域人华化考》，《励耘书屋丛刻》，北京师范大学出版社，1982 年。

达力扎布主编：《中国民族史研究 60 年》，中央民族大学出版社，2010 年。

戴庆厦主编：《二十世纪的中国少数民族语言研究》，书海出版社，1998 年。

戴庆厦：《汉语研究与汉藏语》，《语言》第一卷，首都师范大学出版社，2000 年。

戴庆厦：《景颇语参考语法》，中国社会科学出版社，2012 年。

戴庆厦：《汉藏语研究的四个"困惑"及其前景》，《民俗典籍文字研究》，第 16 辑，商务印书馆，2015 年。

道布：《回鹘式蒙古文研究概况》，《中国民族古文字研究》，中国社会科学出版社，1984 年。

丁雨：《中国瓷器与东非柱墓》，《故宫博物院院刊》，2017 年第 5 期。

董楚平：《越国金文综述》，《杭州师范大学学报（社会科学版）》，1993 年第 5 期。

董珍、张居中、杨玉璋、姚凌、李为亚、贾庆元：《安徽濉溪石山子遗址古人类植物性食物资源利用情况的淀粉粒分析》，《第四纪研究》，

2014 年第 1 期。

段超、高元武：《从"夷夏之辨"到"华夷"一体：中华民族共同体意识形成的思想史考察》，《中南民族大学学报（人文社会科学版）》，2020 年第 5 期。

范佳：《成都平原史前农业研究》，《中华文化论坛》，2017 年第 12 期。

方光焘：《语言是社会现象》，《方光焘语言学论文集》，商务印书馆，1997 年。

〔瑞士〕费尔迪南·德·索绪尔：《普通语言学教程》，高名凯译，商务印书馆，1985 年。

冯时：《文字起源与夷夏东西》，《中国社会科学院古代文明研究中心通讯》，2002 年第 3 期。

冯时：《中国天文考古学》，中国社会科学出版社，2010 年。

冯永轩：《五水与五水蛮——两晋南北朝史札记一则》，《江汉论坛》，1962 年第 8 期。

〔美〕弗伯·菲利普斯：《东南亚漆艺简史》，王琥编译，《东南文化》，1994 年第 3 期。

傅大雄、阮仁武、戴秀梅、刘咏梅：《西藏昌果古青稞、古小麦、古粟的研究》，《作物学报》，2000 年第 4 期。

傅斯年：《民族与古代中国史》，河北教育出版社，2002 年。

付永旭：《贵州牛坡洞史前陶器来源初探》，《中原文物》，2020 年第 5 期。

甘肃博物馆文物工作队：《甘肃秦安大地湾遗址 1978 至 1982 年发掘的主要收获》，《文物》，1983 年第 11 期。

高大伦、岳亚丽：《四川出土铜镜概述》，《四川文物》，2013 年第 4 期。

郭净、段玉明、杨福泉主编：《云南少数民族概览》，云南人民出版社，1999 年。

郭硕：《"岛夷"称号与北朝华夷观的变迁》，《文史哲》，2020 年第 3 期。

郭伟川：《古"三苗"新考——兼论"三苗"与南方诸族及楚国之关系》，《汕头大学学报（人文社会科学版）》，2007 年第 2 期。

郭物：《马家塬墓地所见秦霸西戎的文化表象及其内因》，《四川文物》，

2019 年第 4 期。

郭锡良：《汉藏诸语言比较研究刍议》，《汉语研究存稿》，中华书局，
2017 年。

〔德〕哈杜默德·布斯曼：《语言学词典》，陈慧瑛等编译，商务印书馆，
2003 年。

韩建业：《〈简论中国新石器时代陶鼎的发展演变》，《考古》，2015 年
第 1 期。

韩建业：《略论文化上"早期中国"的起源、形成和发展》，《江汉考古》，
2015 年第 1 期。

郝焙旭：《浅析西藏地区农业现状及农作物种植方式改进措施》，《山西
农经》，2019 年第 20 期。

何嘉宁：《中国古代人骨体质人类学的研究进展与展望》，《人类学学
报》，2021 年第 2 期。

何九盈：《重建华夷语系的理论和证据（上）》，《民俗典籍文字研究》，
第 14 辑，商务印书馆，2014 年。

何九盈：《重建华夷语系的理论和证据（下）》，《民俗典籍文字研究》，
第 16 辑，商务印书馆，2015 年。

何驽：《陶寺遗址扁壶朱书"文字"新探》，《中国文物报》，2003 年 11
月 28 日。

何驽：《陶寺遗址 Ⅱ M26 出土骨耜刻文试析》，《考古》，2017 年第 2 期。

和志武：《纳西族古文字概况》，《中国民族古文字研究》，中国社会科学
出版社，1984 年。

和中浚：《药用杵臼考——兼谈药用杵臼与乳钵的关系》，《四川文物》，
1998 年第 6 期。

贺圣达：《稻米之路：中国与东南亚稻作业的起源和发展》，《东方论
坛》，2013 年第 5 期。

洪石：《中国古代漆器百年考古学研究述评》，《南方文物》，2021 年第
4 期。

侯绍庄、史继忠、翁家烈：《贵州古代民族关系史》，贵州民族出版社，

1991 年。

黄亚平 :《考古发现最早的"太极纹":原始"阴阳"观念的形象表达》，《鲁东大学学报（哲学社会科学版）》，2020 年第 4 期。

黄振华 :《于阗文研究概述》，《中国民族古文字研究》，中国社会科学出版社，1984 年。

霍巍 :《西藏曲贡村石室墓出土的带柄铜镜及其相关问题初探》，《考古》，1994 年第 7 期；

霍巍 :《西藏高原史前农业的考古学探索》，《民族研究》，2013 年第 2 期。

霍巍 :《西藏史前考古若干重大问题的思考》，《中国藏学》，2018 年第 2 期。

贾城会 :《罕见的隋代青釉人面埙》，《中国文物报》，2019 年 1 月 8 日。

〔日〕江上波夫 :《丝绸之路与东亚文明》，董耘译，《丝绸之路考古》（第 3 辑），科学出版社，2019 年。

江西省文物考古研究所等编 :《新干商代大墓》，文物出版社，1997 年。

江有诰 :《音学十书》，中华书局，1993 年。

姜竹仪 :《纳西族的象形文字》，《中国民族古文字研究》，中国社会科学出版社，1984 年。

金鹏 :《金鹏民族研究文集》，民族出版社，2002 年。

金启孮 :《女真文字研究概况》，《中国民族古文字研究》，中国社会科学出版社，1984 年。

〔日〕井上聪 :《先秦阴阳五行》，湖北教育出版社，1997 年。

〔美〕劳费尔 :《中国伊朗编》，商务印书馆，2001 年。

李方桂 :《台语中的若干古代汉语借词》（*Some Old Chinese Loan Words in the Tai Languages*），《哈佛燕京学社亚洲研究杂志》（*Harvard-Yenching Journal of Asiatic Studies*），1945 年。

李方桂 :《古代西藏碑文研究》，清华大学出版社，2006 年。

李方桂 :《藏汉系语言研究法》，《国立北京大学国学季刊》第 7 卷第 2 期，1951 年 5 月。

李方桂 :《李方桂先生口述史》，清华大学出版社，2003 年。

李健民：《陶寺遗址出土的朱书"文"字扁壶》，《中国社会科学院古代文明研究中心通讯》，2001 年第 1 期。

李琳之：《元中国时代》，商务印书馆，2020 年。

李龙章：《湖北麻城栗山岗新石器时代遗址》，《考古学报》，1990 年第 4 期。

李晴：《浅谈新疆少数民族古文字文献搜集与整理》，《新疆大学语言文化国际学术研讨会论文集》，新疆大学出版社，2002 年。

李水城：《从新疆阿依托汗一号墓地的发现谈阿凡纳谢沃文化》，《新疆文物》，2018 年 1—2 期合刊。

李水城：《考古所见制盐遗址与遗物的特征》，《盐业史考古》，2019 年第 3 期。

李水城：《考古视角：人类早期制盐出现的时间和地点》，《南方文物》，2020 年第 1 期。

李文瑛：《新疆境内考古发现的丝绸文物》，《东方早报》，2015 年 11 月 11 日第 10 版。

李新伟：《库库特尼－特里波利文化彩陶与中国史前彩陶的相似性》，《中原文物》，2019 年第 5 期。

李秀萍、聂玉海：《安阳八里庄龙山遗址发掘简报》，《中原文物》，1980 年第 2 期。

李学勤：《谈祝融八姓》，《江汉论坛》，1980 年第 2 期。

李学勤：《考古发现与古代姓氏制度》，《考古》，1987 年第 3 期。

李学勤：《良渚文化玉器与饕餮纹的演变》，《东南文化》，1991 年第 5 期。

李学勤：《中亚安诺遗址出土的石印》，《中国文物报》，2001 年 7 月 4 日。

李学勤：《探秘清华简，秦人本是东方迁来的商奄之民》，《光明日报》，2011 年 9 月 8 日。

李永燧、王尔松：《哈尼语简志》，民族出版社，1986 年。

李振宏、刘克辉：《民族历史与现代观念——中国古代民族关系史研究》，河南大学出版社，2010 年。

连登岗：《华夏文字与汉字的起源》，《文字学论丛》，第 5 辑，线装书局，

2010 年。

梁敏、张均如:《侗台语族概论》, 中国社会科学出版社, 1996 年。

梁启超:《中国文化史》, 武汉出版社, 2021 年。

〔法〕列维-布留尔:《原始思维》, 丁由译, 商务印书馆, 1981 年。

〔法〕列维-斯特劳斯:《野性的思维》, 李幼蒸译, 商务印书馆, 1997 年。

林一璞:《西藏塔工林芝村发现的古代人类遗骸》,《古脊椎动物学报》, 1961 年第 3 期。

林沄:《真该走出疑古时代吗? ——对当前中国古典学取向的看法》,《史学集刊》, 2007 年第 3 期。

刘宝元:《瑶族风俗志》, 中央民族大学出版社, 2007 年。

刘凤翥、于宝林:《契丹字研究概况》,《中国民族古文字研究》, 中国社会科学出版社, 1984 年。

刘礼堂、方正:《鄂东文化的人类学考察》,《武汉大学学报 (人文科学版)》, 2012 年第 1 期。

刘世儒:《魏晋南北朝量词研究》, 中华书局, 1965 年。

刘文:《瑶语方言历史比较研究》, 社会科学文献出版社, 2021 年。

刘晓勇:《湖南道县玉蟾岩遗址早期陶器探源》,《陶瓷科学与艺术》, 2021 年第 12 期。

刘兴禄:《湘西"瓦乡人"及其研究现状考察》,《湖北民族学院学报 (哲学社会科学版)》, 2013 年第 1 期。

刘迎秋:《凿齿习俗内涵与原因刍议》,《大同大学学报 (社会科学版)》, 2019 年第 1 期。

刘又辛:《纳西文字、汉字的形声字比较》,《刘又辛语言学论文集》, 商务印书馆, 2005 年。

刘源:《"五等爵"制与殷周贵族政治体系》,《历史研究》, 2014 年第 1 期。

刘自齐:《瓦乡话属辨——与王辅世先生商榷》,《中南民族大学学报 (人文社会科学版)》, 1987 年第 2 期。

卢央、邵望平:《考古遗存中所反映的史前天文知识》, 中国社会科学院考古研究所：《中国古代天文文物论集》，文物出版社，1989 年。

路遇、腾泽之：《中国人口通史》，山东人民出版社，2000 年。

陆锡兴：《汉字传播史》，商务印书馆，2018 年。

陆宗达、王宁：《训诂与训诂学》，山西教育出版社，1994 年。

栾丰实：《史前棺椁的产生、发展和棺椁制度的形成》，《文物》，2006 年第 6 期。

罗常培：《论藏缅族的父子连名制》，《语言与文化》，语文出版社，1989 年。

罗常培：《语言与文化》，语文出版社，1989 年。

罗琨：《陶寺陶文考释》，《中国社会科学院古代文明研究中心通讯》，2001 年第 2 期。

罗青松：《从"凿齿"习俗观察贵州仡佬族与仫佬族的民族源流》，《贵州民族研究》，2010 年第 4 期。

罗荣渠：《扶桑国猜想与美洲的发现——兼论文化传播问题》，《历史研究》，1983 年第 2 期，又《北京大学哲学社会科学优秀论文选（第二辑）》，北京大学出版社，1988 年。

吕厚远：《中国史前农业起源演化研究新方法与新进展》，《中国科学》，2018 年第 2 期。

马承源：《中国青铜器》，上海古籍出版社，1988 年。

马金磊：《运城盐池在史前考古学研究中的作用》，《科教导刊·电子版》，2013 年第 11 期。

马王堆汉墓帛书整理小组：《五十二病方》，文物出版社，1979 年。

马晓光：《马家浜文化晚期陶鼎的兴起及其影响》，《东南文化》，2018 年第 3 期。

马兴：《夷夏之争渊源考——兼论东夷有虞氏在民族发展史上的重要贡献》，《贵州民族研究》，2011 年第 5 期。

马祖毅：《中国翻译简史》，中国对外翻译出版公司，1984 年。

孟原召：《中国古陶瓷的外销与海上丝绸之路》，《CHINA 与世界——海上丝绸之路沉船与贸易瓷器》，文物出版社，2017 年。

南京博物院、江苏省考古研究所、无锡市锡山区文物管理委员会编著：《鸿山越墓发掘报告》，文物出版社，2007 年。

〔日〕内藤湖南：《尚书稽疑》，日本《支那学》，大正 10 年（1921 年）3 月第 1 卷第 7 号。

〔日〕内藤湖南：《禹贡的制作时代》，日本《东亚经济研究》，大正 11 年（1922 年）2 月第 6 卷第 1 号。

〔日〕能田忠亮：《夏小正星象论》，《中日文化》，1941 年第 2 卷第 9、10 期。

欧阳觉亚：《少数民族语言与粤语》，暨南大学出版社，2011 年。

彭书琳：《岭南古代居民拔牙习俗的考古发现》，《南方文物》，2009 年第 3 期。

彭永生：《试论黄河流域史前时代的陶鼎》，《西华师范大学学报》（哲学社会科学版），2010 年第 3 期。

平婉菁、张明、付巧妹：《古 DNA 研究——洞察欧亚东部大陆人群历史》，《光明日报》，2020 年 10 月 15 日。

齐广、唐淼：《成都新津宝墩西汉墓出土"羌眽君"印考》，《南方文物》，2022 年第 4 期。

钱文忠：《"印度"的古代汉语译名及其来源》，《中国文化》，1991 年第 1 期。

秦岭：《各美其美，美美与共，天下大同——从稻作起源到稻米之路》，《光明日报》，2021 年 12 月 12 日 12 版。

邱诗萤、郭静云：《饕餮神目与华南虎崇拜——饕餮神目形象意义及来源》，《民族艺术》，2021 年 1 期。

裘锡圭：《汉字形成问题的初步探索》，《古代文史研究新探》，江苏古籍出版社，1992 年。

裘锡圭：《甲骨卜辞中所见的"田""牧""卫"等职官的研究》，《古代文史研究新探》，江苏古籍出版社，1992 年。

瞿霭堂、劲松：《汉藏语言研究的理论和方法》，中国藏学出版社，2000 年。

瞿霭堂、劲松：《论汉藏语语言联盟》，《民族语文》，2013 年第 5 期。

任平：《良渚文化刻符》，《文字学论丛》，第 5 辑，线装书局，2010 年。

石硕：《西藏石器时代的考古发现对认识西藏远古文明的价值》，《中国藏学》，1992 年第 1 期。

史金波：《西夏文概述》，《中国民族古文字研究》，中国社会科学出版社，1984 年。

史云涛：《唐诗中流寓和出入长安之外域人》，《社会科学战线》，2016 年第 12 期。

宋馨：《汉唐丝绸的外销——从中国到欧洲》，《丝绸之路上的考古、宗教与历史》，文物出版社，2011 年。

宋兆麟：《史前食物的加工技术——论磨具与杵臼的起源》，《农业考古》，1997 年第 3 期；

宋兆麟：《中国史前考古发现的萨满遗迹》，《黑龙江民族丛刊（季刊）》，2001 年第 1 期。

苏秉琦：《中国文明起源新探》，生活・读书・新知三联书店，1998 年。

孙德海、刘勇、陈光唐：《河北武安磁山遗址》，《考古学报》，1981 年第 3 期。

孙宏开、胡增益、黄行主编：《中国的语言》，商务印书馆，2007 年。

孙宏开、陆绍尊、张济川、欧阳觉亚：《门巴、珞巴、僜人的语言》，中国社会科学出版社，1980 年。

孙敏：《中原地区史前出土乐器的文化特征》，《郑州大学学报》（哲学社会科学版），2005 年第 2 期。

孙孝良：《骨笛神韵——8000 年前骨笛研究》，《赤峰学院学报》（汉文哲学社会科学版），2015 年第 7 期。

孙永刚：《从历史文献到考古资料：论栽培大豆的起源》，《大豆科学》，2014 年第 33 卷第 1 期。

孙玉文：《上古汉语大量出现专指牲畜毛色的单音词的文化背景》，*Macrolinguistcs*（《宏观语言学》），1993 年第 4 期，Household World Publisher。

孙玉文：《上古音构拟的检验标准问题》，《语言学论丛》（31 辑），商务
　　印书馆，2005 年。

孙玉文：《从出土文献和长韵段等视角看上古声调》《扬雄〈方言〉与
　　方言特征词的判定问题》，《字学咀华集》，北京大学出版社，2020 年。

孙玉文：《研究上古音的材料和方法》，《语言学论丛》（64 辑），商务印
　　书馆，2021 年。

孙玉文：《"赤子"的"赤"得名解》，《文史知识》，2022 年第 1 期。

孙玉文：《"芍、凫茈、荸荠"诸词形音义流变》，《国学研究》47 卷，中
　　华书局，2022 年。

汤惠生：《青藏高原旧石器时代晚期至新石器时代初期的考古学文化及
　　经济形态》，《考古学报》，2011 年第 4 期。

唐春生、杨华：《"始诸饮食"：考古材料再现三峡先民经济生活》，《中
　　国社会科学报》，2014 年 10 月 22 日第 659 期。

陶绪：《中国古代夷夏观念的形成和发展》，《中州学刊》，1993 年第 5 期。

田成方、周立刚：《古代中国北方粮食种植的历史变迁——基于人骨稳
　　定同位素分析的视角》，《郑州大学学报》（哲学社会科学版），2020
　　年第 5 期。

田建文：《我看陶寺遗址出土的朱书"文字"扁壶》，《考古学研究》
　　（十），科学出版社，2012 年。

田清旺：《土家族占卜习俗述略》，《怀化学院学报》，2010 年第 10 期。

田余庆：《拓跋史探》，生活·读书·新知三联书店，2003 年。

仝涛：《北高加索的丝绸之路》，《丝绸之路上的考古、宗教与历史》，文
　　物出版社，2011 年。

《佤族简史》编写组：《佤族简史》，云南教育出版社，1986 年。

万群：《从汉语史角度看〈山海经〉的成书年代》，《中国典籍与文化》，
　　2013 年第 2 期。

万群：《谈从语言角度考释〈山海经〉山水名的相关问题》，《茶马古道
　　研究集刊》，2013 年第 3 辑。

万智巍、杨晓燕、葛全胜、樊昌生、周广明、蒋梅鑫：《淀粉粒分析揭示

的赣江中游地区新石器晚期人类对植物的利用情况》,《中国科学：
地球科学》,2012 年第 10 期。

汪锋：《语言接触与语言比较——以白语为例》,商务印书馆,2012 年。

汪桂海：《从出土资料谈汉代羌族史的两个问题》,《西域研究》,2010
年第 2 期。

汪化云：《说朝鲜族"朴"姓的读音》,中国语言学会第 12 届年会论文,
2004 年。

汪篯：《隋唐时期丝产地之分布》,《汪篯隋唐史论稿》,中国社会科学出
版社,1981 年。

汪少华：《〈考工记〉名物汇证》,上海教育出版社,2019 年。

王丹、王海明、刘勇：《浙江衢州庙山尖遗址出土绳状马具穿系物研
究》,《江汉考古》,2022 年第 3 期。

王冬力：《八千年石埙的发现及史前礼乐之器初探》,《乐府新声（沈阳
音乐学院学报）》,2019 年第 4 期。

王辅世：《湖南泸西瓦乡话语音》,《语言研究》,1982 年第 1 期。

王辅世：《再论湖南泸溪瓦乡话是汉语方言》,《中国语文》,1985 年第
3 期。

王国维：《鬼方昆夷猃狁考》,《观堂集林》,中华书局,1959 年。

王国维：《西胡考上》,《观堂集林》,中华书局,1959 年。

王国维：《西胡考下》,《观堂集林》,中华书局,1959 年。

王国维：《西胡续考》,《观堂集林》,中华书局,1959 年。

王国维：《西域井渠考》,《观堂集林》,中华书局,1959 年。

王国维：《古史新证》,武汉出版社,2021 年。

王晖：《古"凿齿民"写照：史前獠牙人头像玉雕属性考——兼释史前
东南方拔牙习俗与古"凿齿民"形象之矛盾》,《文史哲》,2015 年
第 4 期。

王敬：《砭石疗法：从旧石器时代到今天》,《光明日报》,2017 年 1 月
7 日 10 版。

王力：《古代汉语》,中华书局,2018 年。

王力：《汉越语研究》，《王力全集》第 19 卷，中华书局，2015 年。

王力：《同源字典》，《王力全集》第 13 卷，中华书局，2014 年。

王力：《汉语史稿》，《王力全集》第 1 卷，中华书局，2013 年。

王力：《中国语言学史》，《王力全集》第 5 卷，中华书局，2013 年。

王力：《汉语语法史》，《王力全集》第 3 卷，中华书局，2014 年。

王力：《中国文法学初探》，《王力全集》第 19 卷，中华书局，2015 年。

王力：《训诂学上的一些问题》，《王力全集》第 19 卷，中华书局，2015 年。

王明珂：《华夏边缘——历史记忆与族群认同》（增订本），浙江人民出版社，2013 年。

王明珂：《羌在汉藏之间——川西羌族的历史人类学研究》，上海人民出版社，2022 年。

〔美〕王士元主编：《汉语的祖先》，李葆嘉主译，中华书局，2005 年。

王仁湘：《中国史前的纵梁冠——由凌家滩遗址出土玉人说起》，《中原文物》，2007 年第 3 期。

王天云：《粮药兼用的作物种质资源——薏苡》，《西藏农业科技》，1993 年第 3 期。

王尧：《吐蕃文献叙录》，《中国民族古文字研究》，中国社会科学出版社，1984 年。

王钟翰主编：《中国民族史》，中国社会科学出版社，1994 年。

吴长峰：《科学考古揭秘史前人类食物加工方式演变》，《科技日报》，2022 年 1 月 20 日。

吴春明：《“岛夷卉服”、“织绩木皮”的民族考古新证》，《厦门大学学报（哲学社会科学版）》，2010 年第 1 期。

吴其昌：《印度释名》，《燕京学报》第 4 期，1928 年。

伍国栋：《乐史图说四则——骨哨、骨笛、陶钟和夔鼓图像的相关描述》，《南阳师范学院学报》，2002 年第 5 期。

伍铁平：《从外语词汇看我国对世界文化的贡献》，《比较词源研究》，上海外语教育出版社，2011 年。

武家璧：《〈尧典〉的真实性及其星象的年代》，《晋阳学刊》，2010 年第

5 期。

席永杰、张国强、杨国庆：《内蒙古敖汉旗兴隆洼八千年前骨笛研究》，
　　《北方文物》，2011 年第 1 期。

席泽宗：《马王堆汉墓帛书中的〈五星占〉》，中国社会科学院考古研究
　　所《中国古代天文文物论集》，文物出版社，1989 年。

夏鼐：《新疆新发现的古代丝织品——绮、锦和刺绣》，《考古学报》，
　　1963 年第 1 期。

夏鼐：《我国古代蚕、桑、丝、绸的历史》，《考古》，1972 年第 2 期。

夏鼐：《从宣化辽墓的星图论二十八宿和黄道十二宫》，《考古学报》，
　　1976 年第 2 期。

夏鼐：《考古学和科技史》，《考古》，1977 年第 4 期。

夏鼐：《碳 -14 测定年代和中国史前考古学》，《考古》，1977 年第 4 期。

夏鼐：《中国文明的起源》，《考古学论文集》，河北教育出版社，2000 年。

向光忠：《文字学刍论》，商务印书馆，2012 年。

谢亚军：《洋泾浜语、克里奥耳语及其语言特点》，《辽宁医学院学报
　　（社会科学版）》，2009 年第 1 期。

邢公畹：《汉台语比较手册》，商务印书馆，1999 年。

邢公畹：《汉藏语同源词初探》，《汉藏语同源词研究（二）》，广西民族
　　出版社，2001 年。

幸晓峰：《乐俑风姿》，《文史杂志》，2007 年第 6 期。

熊鸣琴：《超越"夷夏"：北宋"中国"观初探》，《中州学刊》，2013 年
　　第 4 期。

徐大立：《蚌埠双墩遗址刻画符号简述》，《中原文物》，2008 年第 3 期。

徐冬昌：《青墩出土麋鹿角上刻划纹之文化涵义探析》，《东南文化》，
　　1990 年第 5 期。

徐健顺：《高句丽使用汉语汉文的历史辨析》，《中国民族语言文学研究
　　论集（语言专集）》（2），民族出版社，2002 年。

徐燕：《峡江地区早期盐业的考古发现与研究》，《盐业史研究》，2013
　　年第 4 期。

徐紫瑾、陈胜前：《上山文化居址流动性分析：早期农业形态研究》，《南方文物》，2019 年第 4 期。

许宏：《东亚青铜潮：前甲骨文时代的千年变局》，生活·读书·新知三联书店，2021 年。

许洪国：《中国文字从起源到形成和书法同时产生》，《中国书法》，2001 年第 10 期。

许嘉璐：《中国古代衣食住行》，北京出版社，2002 年。

宣德五：《朝鲜文字的变迁》，《中国民族古文字研究》，中国社会科学出版社，1984 年。

玄奘、辩机：《大唐西域记》，季羡林等校注，中华书局，1985 年。

严敦杰：《释四分历》，中国社会科学院考古研究所《中国古代天文文物论集》，文物出版社，1989 年。

严文明：《中国古代的陶支脚》，《考古》，1982 年第 6 期。

严文明：《中国史前文化的统一性与多样性》，《文物》，1987 年第 3 期，又《北京大学哲学社会科学优秀论文选（第二辑）》，北京大学出版社，1988 年。

严文明：《大汶口文化居民的拔牙风俗和族属问题》，《大汶口文化讨论文集》，齐鲁书社，1979 年。

严学窘：《中国对比语言学浅说》，华中工学院出版社，1985 年。

严志斌、洪梅：《巴蜀符号述论》，《考古》，2017 年第 10 期。

阎小红：《论史前编织艺术》，《史前研究》，1998 年。

杨华：《长江三峡地区远古时代的盐业考古》，《长江文明》，2012 年第 1 期。

杨健吾：《上古之时华夏先民的色彩习俗》，《盐城师范学院学报（人文社会科学版）》，2007 年第 1 期。

杨树达：《释久》，《积微居小学述林》，中华书局，1983 年。

杨顺华：《揭开中华五色土的奥秘》，《北京日报》，2020 年 10 月 21 日，转引自《新华文摘》，2021 年第 1 期。

杨曦：《浅说西藏新石器时代陶器》，《西藏研究》，2001 年第 4 期。

杨玉璋、LI WeiYa、姚凌、程至杰、罗武宏、张居中、林留根、甘恢元、
　　闫龙：《淀粉粒分析揭示的江苏泗洪顺山集遗址古人类植物性食物
　　来源与石器功能》，《中国科学：地球科学》，2016 年第 7 期。

叶茂林：《史前漆器略说》，《四川文物》，2017 年第 6 期。

〔以色列〕尤瓦尔·赫拉利：《人类简史》，林俊宏译，中信出版集团，
　　2017 年。

游国恩：《南诏用汉文字考》，《游国恩学术论文集》，中华书局，1989 年。

游国恩：《文献中所见西南民族语言资料》，《游国恩学术论文集》，中华
　　书局，1989 年。

游修龄：《随心所欲的茶文化"考古"和"论证"》，《茶叶》，2005 年第
　　3 期。

俞敏：《汉藏同源字谱稿》，《俞敏语言学论文集》，商务印书馆，1999 年。

俞敏：《汉藏虚字比较研究》，《俞敏语言学论文集》，商务印书馆，
　　1999 年。

俞敏：《汉语的"其"跟藏语的 gji》，《俞敏语言学论文集》，商务印书
　　馆，1999 年。

俞敏：《东汉以前的姜语和西羌语》，《俞敏语言学论文集》，商务印书
　　馆，1999 年。

俞敏：《汉藏两族人和话同源探索》，《俞敏语言学论文集》，商务印书
　　馆，1999 年。

于宝林：《略论〈契丹文字的解读方法〉》，《中国民族古文字研究》，中
　　国社会科学出版社，1984 年。

于豪亮：《秦简〈日书〉记时记月诸问题》，《于豪亮学术文存》，中华书
　　局，1985 年。

于省吾：《甲骨文字释林》，中华书局，1979 年。

余小洪：《前吐蕃时代西藏西部丧葬习俗的考古发现及其特征》，《西北
　　民族大学学报（哲学社会科学版）》，2017 年 1 期。

〔法〕约瑟夫·房德里耶斯：《语言》，岑麒祥、叶蜚声译，商务印书馆，
　　1992 年。

《藏缅语语音和词汇》编写组：《藏缅语语音和词汇》，中国社会科学出版社，1991年。

曾繁模：《巫山地区汉代乐舞俑的文化考辨》，《重庆社会科学》，2008年第6期。

曾思奇：《台湾阿眉斯语语法》，中央民族大学出版社，1991年。

〔英〕詹·乔·弗雷泽：《金枝》，徐育新、汪培基、张泽石译，中国民间文艺出版社，1987年。

詹鄞鑫：《神灵与祭祀——中国传统宗教综论》，江苏古籍出版社，1992年。

张承志：《西北地区新石器时代史前先民的发式考述》，《青海民族研究》，2014年第3期。

张飞龙、吴昊：《漆器的发现与成长：从史前到战国》，《中国生漆》，2016年第3期。

张飞龙、赵晔：《中国史前漆器文化源与流——中国史前生漆文化研究》，《中国生漆》，2014年第2期。

张公瑾主编：《语言与民族物质文化史》，民族出版社，2002年。

张海燕：《中国医学考古研究述要》，《考古》，2018年第4期。

张济川：《仓洛门巴语简志》，民族出版社，1986年。

张立剑、杨峰、李素云、岗卫娟、徐文斌、徐青燕、冉升起：《针灸出土文物概说》，《上海针灸杂志》，2011年第5期。

张梦翰、金力：《成长中的演化语言学：汉藏语系的演化》，《科学》，2019年9月71卷5期。

张培瑜：《新出土秦汉简牍中关于太初前历法的研究》，中国社会科学院考古研究所《中国古代天文文物论集》，文物出版社，1989年。

张其昀：《试说甲骨文之前的远古汉字》，《文字学论丛》，第4辑，江西教育出版社，2008年。

张淑一：《先秦姓氏制度考索》，福建人民出版社，2008年。

张雅军、张旭、赵欣、仝涛：《从头骨形态学和古DNA分析探寻公元3—4世纪西藏阿里地区人群的来源》，《人类学学报》网络版，2020年

7 月 21 日。

张延昌主编：《武威汉代医简注解》，中医古籍出版社，2006 年。

张玉石：《中国古代版筑技术研究》，《中原文物》，2004 年第 2 期。

张元生：《壮族人民的文化遗产——方块壮字》，《中国民族古文字研究》，中国社会科学出版社，1984 年。

张政烺：《试释周初青铜器铭文中的易卦》，《考古学报》，1980 年第 4 期。

张正明：《荆楚族源通议》，《中南民族学院学报》，1984 年第 1 期。

张正明：《楚文化史》，上海人民出版社，1987 年。

张正明：《楚史》，湖北教育出版社，1995 年。

章炳麟：《检论》，《中国现代学术经典·章太炎传》，河北教育出版社，1996 年。

章炳麟：《论经史实录不应无故怀疑》，《章太炎国学讲演录》，中华书局，2020 年。

照那斯图、杨耐思：《八思巴字研究》，《中国民族古文字研究》，中国社会科学出版社，1984 年。

赵丛苍：《论医学考古学的现实意义》，《中原文化研究》，2021 年第 6 期。

赵艳、朱建平、袁冰、曹丽娟、方晓阳：《基于考古发掘报告的中医药起源相关文献研究》，《中医杂志》，2014 年第 16 期。

赵朝洪、吴小红：《中国早期陶器的发现及相关问题的讨论》，《考古学研究》，2003 年。

赵志军：《传说还是史实：有关"五谷"的考古发现》，《光明日报》，2021 年 7 月 10 日 10 版。

郑飞洲：《纳西东巴文字字素研究》，民族出版社，2005 年。

郑君雷：《百越融入"中华一体"的考古人类学考察》，《广西民族大学学报（哲学社会科学版）》，2018 年第 2 期。

郑妞：《上古牙喉音特殊谐声关系研究》，北京大学出版社，2021 年。

中国大百科全书出版社：《民族百科全书》，中国大百科全书出版社，1993 年。

中国民族古文字研究会编：《中国民族古文字研究》，中国社会科学出版社，1984 年。

中国科学院古脊椎动物与古人类研究所付巧妹团队及其合作单位：
Ancient DNA indicates human population shifts and admixture in northern and southern China，Science，2020 年 5 月 15 日。

中国科学院网站:《古脊椎所揭秘中国史前人群迁徙动态与族群源流》，2020 年 5 月 15 日。

周大璞:《训诂学要略》，湖北人民出版社，1984 年。

周霞:《湖南高庙文化兽面纹的风格演变和内涵研究》，《天工》，2021 年第 8 期。

周有光:《世界文字发展史》，上海教育出版社，2003 年。

朱立平、梁尔源:《代用资料揭示青藏高原的气候和环境变迁》，*CHINA NATURE*，2010 年第 2 期。

朱启新:《文物与语文》，东方出版社，1999 年。

朱世学:《巴蜀地区战国到两汉时期铜印章的考古发现与研究》，《三峡大学学报》，2017 年 5 月。

朱彦民:《甲骨文字的来源及其形成路线探索》，《文字学论丛》，第 4 辑，江西教育出版社，2008 年。

竺可桢:《二十八宿起源的时间和地点》，《思想与时代》，第 34 期，1944 年。

竺敏:《吐鲁番新发现的古代丝绸》，《考古》，1972 第 2 期。